KB022380

독자의 1초를 아껴주는 정성!

세상이 아무리 바쁘게 돌아가더라도
책까지 아무렇게나 빨리 만들 수는 없습니다.
인스턴트 식품 같은 책보다는
오래 익힌 술이나 장맛이 밴 책을 만들고 싶습니다.

길벗이지톡은 독자여러분이
우리를 믿는다고 할 때 가장 행복합니다.
나를 아껴주는 어학도서,
길벗이지톡의 책을 만나보십시오.

독자의 1초를 아껴주는
정성을 만나보십시오.

미리 책을 읽고 따라해본 2만 베타테스터 여러분과
무따기 체험단, 길벗스쿨 엄마 2% 기획단,
시나공 평가단, 토익 배틀, 대학생 기자단까지!
믿을 수 있는 책을 함께 만들어주신 독자 여러분께 감사드립니다.

홈페이지의 '독자마당'에 오시면
책을 함께 만들 수 있습니다.

(주)도서출판 길벗 www.gilbut.co.kr
길벗 이지톡 www.eztok.co.kr
길벗 스쿨 www.gilbutschool.co.kr

30장면으로 끝내는

스크린 영어회화

Disney
겨울왕국

스크린 영어회화 - 겨울왕국

Screen English – Frozen

초판 1쇄 발행 · 2014년 1월 30일
초판 20쇄 발행 · 2023년 12월 27일

해설 · 강윤혜
발행인 · 이종원
발행처 · (주)도서출판 길벗
출판사 등록일 · 1990년 12월 24일
주소 · 서울시 마포구 월드컵로 10길 56(서교동)
대표 전화 · 02)332-0931 | **팩스** · 02)323-0586
홈페이지 · www.gilbut.co.kr | **이메일** · eztok@gilbut.co.kr

기획 및 책임 편집 · 김지영 (jiy7409@gilbut.co.kr), 신혜원 | **디자인** · 신미연 | **제작** · 이준호, 손일순, 이진혁
마케팅 · 이수미, 장봉석, 최소영 | **영업관리** · 심선숙 | **독자지원** · 윤정아

교정교열 · 강윤혜 | **전산편집** · 조영라 | **오디오 녹음** · 와이알미디어
CTP 출력 및 인쇄 · 예림인쇄 | **제본** · 신정제본

▶ 길벗이지톡은 길벗출판사의 성인어학서 출판 브랜드입니다.
▶ 잘못된 책은 구입한 서점에서 바꿔 드립니다.
▶ 이 책은 저작권법에 따라 보호받는 저작물이므로 무단전재와 무단복제를 금합니다.
  이 책의 전부 또는 일부를 이용하려면 반드시 사전에 저작권자와 (주)도서출판 길벗의 서면 동의를 받아야 합니다.
▶ 책 내용에 대한 문의는 길벗 홈페이지(www.gilbut.co.kr) 고객센터에 올려 주세요.

ISBN 978-89-6047-795-7 04740 (길벗 도서번호 300692)
        978-89-6047-781-0 04740 (세트)

Copyright©2014 Disney. All rights reserved.

정가 18,000원

독자의 1초를 아껴주는 정성 길벗출판사

(주)도서출판 길벗 | IT교육서, IT단행본, 경제경영서, 어학&실용서, 인문교양서, 자녀교육서 www.gilbut.co.kr
길벗스쿨 | 국어학습, 수학학습, 어린이교양, 주니어 어학학습, 학습단행본 www.gilbutschool.co.kr

30장면으로 끝내는

스크린 영어회화

DISNEP
겨울왕국

해설 **강윤혜**

길벗
이지:톡

영어 고수들은 영화를 외운다!
30장면만 외우면 영화 속 생생한 표현이 술술 나온다!

영어 왕초보도 영화 주인공처럼 말할 수 있는 최고의 학습법!

재미있는 영화로 영어를 배우는 것은 많은 사람들이 선호하는 학습법입니다. 하지만 무작정 자막 없이 영화를 본다고 영어 실력이 늘까요? 영어 고수들이 입을 모아 추천하는 영어 학습법은 바로 영화 대본을 통으로 외우는 것입니다. 영화 대본을 통으로 외우면 영화 속 생생한 표현을 익힐 수 있을 뿐 아니라, 대사를 외우는 과정에서 자연스럽게 문장 구조를 파악할 수 있습니다. 또한 반복적으로 듣고 따라하는 과정 속에서 듣기 능력이 향상되고, 네이티브 같은 정확한 발음을 익힐 수 있습니다. 단언컨대, '영화 대본 통암기'는 재미있는 소스로 그래머, 리스닝, 스피킹을 한 번에 잡을 수 있는 가장 완벽한 영어 학습법입니다.

영어 학습을 위한 최적의 영화 장르, 애니메이션!

영어 학습법으로 '영화 대본 통암기'를 택했다면 이제 영화를 고를 차례입니다. 어떤 영화로 영어 공부를 해야 좋을까요? 먼저 슬랭과 욕설이 많이 나오는 영화는 영어 학습에는 별로 도움이 되지 않습니다. 실생활에서 자주 쓰지 않는 용어가 많이 나오는 의학 영화나 법정 영화, SF영화도 마찬가지죠. 영어 고수들이 추천하는 장르는 애니메이션입니다. 애니메이션은 문장 구조가 복잡하지 않으면서 실용적인 표현이 많이 나옵니다. 또한 성우들의 깨끗한 발음으로 더빙되어 있기 때문에 발음 훈련에도 도움이 되죠. 이 책은 월트 디즈니의 따끈따끈한 신작 영화인 〈겨울왕국〉 대본을 소스로, 현지에서 사용하는 신선한 표현을 배울 수 있습니다.

전체 대본을 외울 필요 없다! 딱 30장면만 공략한다!

'영화 대본 통암기'에 도전하는 사람은 많지만 성공한 사람은 많지 않습니다. 2시간 분량의 영화 대본을 모두 외우기가 쉬운 일이 아니기 때문이죠. 무작정 대본을 달달달 외울 필요는 없습니다. 중요하지 않은 장면은 걷어내고 실용적인 표현이 나오는 주요 장면만 뽑아서 외우는 것이 훨씬 효율적입니다. 이 책은 전체 영화에서 가장 실용적인 표현이 많이 나오는 30장면을 제시합니다. 대표 장면 30개를 외운다면, 훨씬 적은 노력으로 전체 대본을 외우는 것만큼의 학습 효과를 얻을 수 있습니다.

암기에 약한 사람들을 위한 '장면 암기 3단계 훈련법'!

암기에 약한 학습자들은 이 학습법에 거부감이 들 수도 있습니다. '외운다'는 것은 기계적이고 지루한 일이니까요. 하지만 이 책의 학습법인 '3단계 암기 훈련'을 잘 따라하면 깜지를 쓰지 않아도 대사가 저절로 외워집니다. ①구문 설명을 보며 내용과 발음에 대한 전반적인 이해를 하고 ②오디오 파일을 들으며 대화를 따라 말해보고 ③역할을 정해 롤플레잉하는 3단계 훈련으로 자연스럽게 대사를 머리에 입력하세요. '3단계 암기 훈련'으로 재미있고 확실하게 영화 속 표현을 내 것으로 만드세요!

이 책의 학습법 How to Use This Book

이 책은 스크립트 북과 워크북, 전 2권으로 구성되어 있습니다. 이 책은 워크북으로, 전체 대본에서 뽑은 주요 30장면을 집중 훈련할 수 있습니다. 영화 대본을 가장 효과적으로 외울 수 있는 '장면 암기 3단계 훈련법'으로 영화 속 생생한 표현을 익혀 보세요!

장면 암기 3단계 훈련

STEP 1 장면 파헤치기

오늘 외운 장면 속 대화의 구문 설명과 발음 설명을 보며 대본을 완벽하게 이해하세요.

STEP 2 따라 말하기

대본에 표시된 억양, 강세, 연음 표시를 참고하여 오디오 파일을 듣고 따라 말해 보세요. 대본을 보며 5회, 대본 없이 5회 반복합니다.

STEP 3 완벽히 외우기

우리말을 보며 영어로 말해보고 직접 써보기도 하세요. 틀려도 좋습니다. 그런 다음, 영화 속 주인공 한 명을 택해 롤플레잉을 해 보세요. mp3를 들으며 주인공이 된 것처럼 대사를 말해 보세요.

STEP 4 유용한 표현 익히기

우리가 외운 장면 외에도 영화 대본 곳곳에 숨어 있는 놓치기 아까운 표현을 정리했습니다. 입에 붙을 때까지 오디오 파일을 따라 읽으세요.

REVIEW 다시 보기, 확인학습

아무리 열심히 외워도 복습하지 않으면 힘들게 외운 표현을 잊어버리기 쉽습니다. 5일에 한 번씩 다시 보기와 확인학습으로 외운 표현을 상기하세요.

다시 보기
한 주 동안 외운 대사를 잊지 않도록 주요 표현을 큰 소리로 말해 보세요.

		1회	2회	3회
Day 01	This is getting out of hand. 이건 제도 어쩔없어	☐	☐	☐
	It was an accident. 사고였어.			
	I know where we have to go. 어디로 가야 하는지 내가 알아.			
Day 02	She won't remember I have powers? 안나는 내가 능력을 가진 걸 잊었니?	☐	☐	☐
	It's for the best. 그게 최선의 선택야.			
	You must learn to control it. 너는 네가 가진 마법을 제어하는 법을 배워야만 한단다.			
Day 03	I can't believe they're finally opening up the gates! 드디어 성문을 열다니 믿을 수가 없을 정도야!	☐	☐	☐
	I bet they are beautiful. 분명 환상적이야 볼 거야.			

확인학습
한 주 동안 외운 대사가 어떤 단어와 표현을 익히는지 확인해 보세요.

WORDS & PHRASES
1. 잡았다! _____ 2. 걷잡을 수 없게 되다 _____
3. 제한하다 _____ 4. ~을 포함해서 _____
5. 거래하는 곳 _____ 6. 착복하다, 사용하다 _____
7. 어쩌한 _____ 8. 참으로 멋진 _____
9. 황홀하게 까무러치다, 기절하다 _____
10. 애당초 _____

EXPRESSIONS
1. 발 조심해. _____
2. 나가서 혼자 놀아. _____

오디오 파일은 이렇게 들으세요!

STEP 2 따라 말하기
대본의 억양, 강세, 연음 표시를 보며 오디오 파일을 따라 말하세요. 자연스럽게 대사가 입에 붙게 됩니다.

A 연음 보고 따라 말하기 🔊 01-1.mp3 1회 ☐ 2회 ☐ 3회 ☐ 4회 ☐ 5회 ☐
B 대본 없이 따라 말하기 🔊 01-1.mp3 1회 ☐ 2회 ☐ 3회 ☐ 4회 ☐ 5회 ☐

B 역할 정해 말하기 삐 소리가 들리면 해당 역할을 연기하며 말해 보세요.
ⓐ 어린 엘사가 되어 말하기 🔊 01-2.mp3
ⓑ 어린 안나가 되어 말하기 🔊 01-3.mp3
ⓒ 왕과 왕비가 되어 말하기 🔊 01-4.mp3

15

STEP 2 따라 말하기는 대사를 따라 말할 수 있도록 대사와 대사 사이에 pause(잠시 멈춤)가 들어갑니다. 대사는 한 번만 들려줍니다.

STEP 3 완벽히 외우기의 B 역할 정해 말하기는 롤플레이 연습을 할 수 있게 구성했습니다. 연습할 배역의 대사만 묵음으로 처리됩니다. 삐 소리가 들리면 주인공처럼 연기하며 말해 보세요.

STEP 4
유용한 표현 익히기
Day 01의 모든 장면 중 놓치기 아까운 표현을 정리했습니다. 오디오 파일을 따라 읽으며 익혀 보세요.
🔊 01-5.mp3

1 Watch your step. 발 조심해
▶ 어두운 곳에서 미끄러지지 않게 조심 할 때 사용하는 표현입니다.

STEP 4 유용한 표현 익히기는 대표 예문을 한 번씩 들려줍니다. 큰소리로 따라 말해 보세요.

차례 Contents

안나 Anna

아렌델 왕국의 공주입니다. 밝고 씩씩한 천성의 소유자죠. 언니인 엘사가 마법을 쓸 수 있다는 사실이 기억에서 지워져 자신과 세상을 멀리하는 언니를 이해하지 못한 채 성장합니다.

크리스토프 Kristoff

사미족 출신 얼음 장수입니다. 어린 시절부터 스벤과 함께 트롤들의 손에 컸죠. 밝고 건장한 외모와 다르지 않게 건강한 성품을 타고난 사나이로 안나의 험난한 여정에 동행하게 됩니다.

엘사 Elsa

아렌델 왕국의 여왕이자 아렌델 왕국을 겨울 왕국으로 만든 장본인입니다. 마법을 쓸 줄 아는 힘을 가진 탓에 어린 시절 안나를 본의 아니게 해칠 뻔하게 되면서부터 사람들과 세상을 멀리하며 살아가죠.

한스 Hans

남쪽 섬의 13번째 왕자입니다. 귀티 나는 외모와 달리 마음속엔 아렌델 왕국을 자신의 것으로 만들고자 하는 음흉함을 품고 있죠.

올라프 Olaf

엘사의 마법으로 태어난 말하고 움직이는 눈사람입니다. 여름을 동경하는 아주 천진난만한 눈사람이죠. 안나와 엘사의 얼어붙은 관계를 녹여주는 다리 역할을 합니다.

스벤 Sven

크리스토프의 순록이자 둘도 없는 친구입니다. 안나와 크리스토프의 관계를 지속하고 사랑을 이어주는 데 소리 없이 큰 역할을 하죠.

Day 01 Beware the Frozen Heart 얼어붙은 심장을 조심하세요

영화는 북극의 오로라^{Northern Lights}가 영롱하게 빛나는 북구의 호수에서 원주민인 사미족^{Sami}들이 얼음을 채집하는 장면으로 시작됩니다. 이들이 부르는 노래는 영화의 주제를 암시하고 있죠. 어른들 틈에 어린 사내아이 크리스토프와 순록^{reindeer}인 스벤도 열심히 얼음을 캐고 있군요. 한편 산기슭에 자리잡은 평화로운 아렌델 왕국에서는 공주 자매인 엘사와 안나가 한창 재미있게 놀고 있습니다. 언니인 엘사는 마법을 사용할 줄 알죠. 둘은 눈사람^{snowman}인 올라프도 만들며 신나게 놀고 있던 중 그만 엘사가 던진 마법이 안나의 머리에 맞습니다.

 이 장면을 외우면! 이런 표현을 말할 수 있어요~

1	안녕, 난 ~야. 난 …을 좋아해.	Hi, I'm ~ and I like ....
2	너 대체 무슨 짓을 한 거야?	What have you done?
3	~는 걷잡을 수 없게 됐어.	~ is/are getting out of hand.
4	~는 사고였어.	~ was an accident.
5	우리가 어디에서 ~하면 되는지 내가 알아.	I know where we have to ~.

YOUNG ELSA
어린 엘사

❶ Hi, / I'm Olaf / and I like warm hugs.

안녕, 난 올라프야. 난 따뜻하게 안아주는 것을 좋아해.

YOUNG ANNA
어린 안나

I love you, / Olaf. / Catch me! 난 네가 너무 좋아, 올라프. 날 잡아!

YOUNG ELSA
어린 엘사

Gotcha! 잡았다!

YOUNG ANNA
어린 안나

Again! / Again! 다시 한 번! 다시 한 번!

YOUNG ELSA
어린 엘사

Slow down! / ANNA! / MAMA! / PAPA!

쉬었다 하자! 안나! 엄마! 아빠!

KING
왕

Elsa, / **❷** what have you done? / **❸** This is getting out of hand! 엘사야, 무슨 짓을 한 거냐? 이건 해도 너무했어!

QUEEN
왕비

Anna! 안나야!

YOUNG ELSA
어린 엘사

❹ It was an accident. / I'm sorry, / Anna.

사고였어요. 미안해, 안나야.

QUEEN
왕비

She's ice cold. 몸이 얼음처럼 차요.

KING
왕

...**❺** I know / where we have to go. 어디로 가면 되는지 내가 아오.

→ 올려 읽기 → 내려 읽기 / 끊어 읽기 ⌒ 이어서 읽기 ● 강하게 읽기

12

STEP 1
장면 파헤치기

구문을 이해해야 대본을 효과적으로 암기할 수 있습니다.
구문 설명과 발음 설명을 보며 대본을 완벽히 이해하세요.

1 **Hi, I'm Olaf and I like warm hugs.**

안녕. 난 올라프야. 난 따듯하게 안아주는 것을 좋아해.

and[앤드]의 [드]는 생략하고 뒤의 I를 잇달아 발음하면 and I는 [앤아이]라고 소리 나게 되죠.

세상을 처음 구경한 눈사람 올라프가 "내 이름은 올라프인데, 난 날 따뜻하게 안아주는 걸 좋아해."라고 인사를 하는군요. 처음 만난 사람에게 올라프처럼 자기 이름을 말하고 자신이 좋아하는 것을 덧붙이면 멋진 icebreaker(어색함을 누그러뜨리는 말)가 되겠죠?

Hi, I'm Anna **and I like** swimming. 안녕. 난 안나야. 난 수영을 좋아해.
Hi, I'm Elsa **and I like** listening to rock music. 안녕. 난 엘사야. 난 록 음악을 좋아해.

2 **What have you done?** 무슨 짓을 한 거냐?

엘사의 마법에 맞아 쓰러진 안나를 보고 놀란 왕이 "너 도대체 무슨 짓을 한 거니?"라고 소리치는군요. 이미 지난 일이지만 현재와 밀접하게 관련되어 있는 사항에 대해서는 〈have + 과거분사〉라는 현재완료를 사용합니다.

What have you done with your life? 넌 네 인생을 어떻게 산 거니?
What have you done for me lately? 넌 최근에 날 위해 뭘 해줬니?

3 **This is getting out of hand.** 이건 해도 너무했어!

getting out of는 getting의 -tt-와 out of의 -t를 [r]로 약화시키고 한꺼번에 이어서 발음하면 [게링아우러비]가 되죠.

get out of hand는 '손에서 빠져나가다' 즉 '걷잡을 수 없게 되다'란 의미이죠. 엘사가 지니고 있는 마법의 힘이 걷잡을 수 없게 되었다고 왕이 한탄하고 있습니다.

Crime in this neighborhood **is getting out of hand**.
이 지역의 범죄는 걷잡을 수 없게 되었어.

Technology **is getting out of hand**. 기술은 걷잡을 수 없이 발전하고 있어.

4 **It was an accident.** 사고였어요.

👄 accident는 a-에 강세가 있으니까 [액시던트]로 발음하면 됩니다.

📖 '사고'에 해당되는 영어는 accident와 incident가 있는데, 이 두 단어는 그 의미가 하늘과 땅만큼 차이가 나죠. accident는 인간의 의도가 개입되지 않은 채 우연히 일어난 일을 뜻하고, incident는 의도가 개입된 '사건'을 뜻합니다. 그래서 교통사고는 accident이고, 테러는 incident라고 하죠. 여기서 엘사는 안나가 쓰러진 것은 자신의 의도가 개입되지 않은 '사고'라는 의미로 accident라는 단어를 사용한 것입니다.

This song **was an accident**. 이 노래는 우연하게 만들어진 거야.
His death **was an accident**. 그 남자는 사고로 죽은 거였어.

5 **I know where we have to go.** 어디로 가면 되는지 내가 아오.

📖 왕은 의식을 잃은 안나를 어디로 데리고 가면 고칠 수 있는지 알고 있는 것 같습니다. 그래서 I know라고 한 다음에 where we have to go를 덧붙이는군요. 이렇게 우리가 어디로 가서 뭘 해야 하는지 내가 알고 있다고 할 때는 I know where we have to 다음에 동사를 붙이면 된답니다.

I know where we have to take our daughter for her birthday.
나는 우리 딸 생일에 어디로 데려가야 하는지 잘 알아.

I know where we have to spend our mornings.
나는 우리가 오전을 어디에서 보내야 하는지 잘 알아.

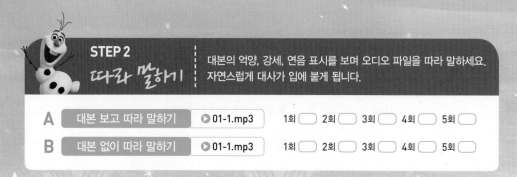

STEP 2
따라 말하기 | 대본의 억양, 강세, 연음 표시를 보며 오디오 파일을 따라 말하세요.
자연스럽게 대사가 입에 붙게 됩니다.

A 대본 보고 따라 말하기 ▶ 01-1.mp3 1회 ⃝ 2회 ⃝ 3회 ⃝ 4회 ⃝ 5회 ⃝

B 대본 없이 따라 말하기 ▶ 01-1.mp3 1회 ⃝ 2회 ⃝ 3회 ⃝ 4회 ⃝ 5회 ⃝

A **우리말 보며 말하기** 우리말을 참고해서 앞에서 외운 대사를 큰 소리로 말해 보세요.
그리고 빈칸에 외운 대사를 영어로 써 보세요.

안녕, 난 올라프야. 난 따듯하게 안아주는 것을 좋아해.

난 네가 너무 좋아, 올라프. 날 잡아!

잡았다!

다시 한 번! 다시 한 번!

쉬었다 하자!

안나! 엄마! 아빠!

엘사야, 무슨 짓을 한 거냐? 이건 해도 너무했어!

안나야!

사고였어요. 미안해, 안나야.

몸이 얼음처럼 차요.

어디로 가면 되는지 내가 아오.

B **역할 정해 말하기** 삐 소리가 들리면 해당 역할을 연기하며 말해 보세요.

ⓐ 어린 엘사가 되어 말하기 ▶ 01-2.mp3

ⓑ 어린 안나가 되어 말하기 ▶ 01-3.mp3

ⓒ 왕과 왕비가 되어 말하기 ▶ 01-4.mp3

Day 01의 모든 장면 중 놓치기 아까운 표현을 정리했습니다. 오디오 파일을 따라 읽으며 익혀 보세요.

▶ 01-5.mp3

1 Watch your step. 발 조심해.

▶ 어두운 길이나, 미끄러운 길을 갈 때 자주 사용하는 표현입니다.

2 Let it go! 놔라!

▶ 손에 쥐고 있던 것을 놓으란 의미이니까, '놔라, 풀어줘라, 그냥 놔둬라'란 뜻이 되는 거죠.

3 Go back to sleep. 가서 더 자렴.

▶ 〈go back to + 명사〉는 원래 하던 일이나 원래의 상태로 다시 돌아가란 의미입니다.

Go back to school. 학교로 돌아가.

Go back to where you came from. 네 나라로(고향으로) 돌아가.

4 I just can't. 그렇게 할 수가 없어.

▶ 상대방의 말대로 하고 싶어도 그렇게 할 수가 없다는 뜻이죠.

5 Go play by yourself. 나가서 혼자 놀아.

▶ 현재 동사 go는 go play(나가서 놀다), go see a doctor(진료 받으러 병원에 가다) 등과 같이 바로 뒤에 동사원형을 붙여 쓰는 게 현대 미국 영어의 특징이죠. by oneself는 '혼자서', 즉 alone이란 뜻입니다.

You should **go see a doctor.** 너, 병원에 가보는 게 좋겠어.

I'll do it **by myself.** 이건 나 혼자서 할 거야.

6 Do you want to build a snowman? 눈사람 만들래?

▶ Do you want to 다음에 동사만 넣으면 '~을 하고 싶어?'라며 상대의 의향을 묻는 말을 마음대로 만들 수 있죠.

Do you want to build robots? 로봇 만들래?

7 Do the magic! 마법을 부려봐!

▶ '마법을 부리다, 요술을 부리다'에서 '부리다'는 복잡하게 생각할 것 없이 do동사를 사용하면 됩니다.

8 This is amazing! 너무 신나!

▶ 너무 놀랍거나, 신나는 일을 보면 This is amazing!이란 감탄사가 자동적으로 입 밖으로 튀어나와야 영어회화가 좀 되는 단계에 온 거죠.

Day 02 Your Power Will Only Grow 그대의 힘은 더욱더 강해질 뿐이오

엘사와 쓰러진 안나를 데리고 왕과 왕비가 찾아간 곳은 바위투성이^{rocks}인 깊숙한 산골짜기 valley였습니다. 그러나 이 바위들은 사실은 지구^{the Earth}가 생길 때부터 존재해 온 트롤^{troll}이라 는 신비한 생명체입니다. 그중에서 제일 연장자인 파비는 안나를 보더니 심장이 맞지 않아서 다 행이라며 안나의 기억 속에서 마법에 관한 것은 모두 지우고 평범한 기억을 넣어주죠. 그리고 엘사에게는 마법이 더욱 강력해질 것이라고 경고하며 제어하는 방법을 배우라고 충고해 줍니다. 이후 엘사는 세상을 멀리하고 혼자 생활합니다. 당연히 안나도 멀리하죠.

 이 장면을 외우면! 이런 표현을 말할 수 있어요~

1	그 애는 ~를 기억 못하겠죠?	She/He won't remember ~?
2	차라리 잘됐지 뭐.	It's (all) for the best.
3	~는 더욱더 늘어날 거야.	~ will only grow.
4	넌 ~하는 법을 배워야 해.	You must learn to ~.
5	그때까진 우린 ~하는 수밖에 없어.	Until then, we'll ~.

GRAND PABBIE
파비 할아버지
She will be okay. 얘는 괜찮아질 것이오.

YOUNG ELSA
어린 엘사
But / ❶ she won't remember / I have powers?

하지만 안나는 내가 마법을 부릴 수 있다는 걸 기억하지 못하겠죠?

KING
왕
❷ It's for the best. 그게 차라리 낫단다.

GRAND PABBIE
파비 할아버지
Listen to me, / Elsa, / ❸ your power / will only grow.
/ There is beauty / in your magic.... / But also great
danger.

엘사야, 내 말 잘 들어라. 네 마법의 힘은 더욱더 강력해질 뿐이란다. 네 마법은 아름다운 면도 있지만 아주 위험
하기도 하단다.

❹ You must learn to control it. / Fear / will be your enemy.

너는 네가 가진 마법을 제어하는 법을 배워야만 한단다. 두려움이 너의 적이니라.

KING
왕
No. / We'll protect her. / She can learn to control it. / I'm
sure. 그런 일은 없을 것이오. 우리는 얘를 보호할 것이오. 엘사는 자신의 마법을 제어하는 법을 배울 수
있게 될 것이오. 난 확신하오.

❺ Until then, / we'll lock the gates. / We'll reduce the
staff. / We will limit her contact with people / and keep
her powers hidden / from everyone... / including Anna.

그때까지는 우리는 성문을 닫아둘 것이오. 성에서 일하는 사람의 숫자도 줄일 것이오. 엘사가 사람들과 접촉하는
것을 제한할 것이오. 마법을 부릴 수 있다는 것을 누구도 알지 못하게 할 것이오. 안나도 알지 못하게 할 것이오.

→ 올려 읽기　↘ 내려 읽기　/ 끊어 읽기　⌢ 이어서 읽기　● 강하게 읽기

18

STEP 1
장면 파헤치기

구문을 이해해야 대본을 효과적으로 암기할 수 있습니다.
구문 설명과 발음 설명을 보며 대본을 완벽히 이해하세요.

---

1 **She won't remember I have powers?**

안나는 내가 마법을 부릴 수 있다는 걸 기억하지 못하겠죠?

👄 자연스럽게 말할 때는 won't의 -t는 보통 발음하지 않기 때문에 [워운]으로 소리납니다.

📖 미국영화나 드라마를 보다 보면 평서문으로 말하고 끝만 올려 상대에게 질문을 던지는 경우가 비일비재하죠? She/He won't remember ~?도 바로 그런 경우입니다. 누군가가 어떤 일을 기억하게 될지 궁금할 때 유용하게 사용할 수 있는 표현이죠. remember 뒤에는 완전한 문장을 붙여도 되고, 간단히 명사를 붙여 쓸 수도 있어요.

She won't remember a thing about it? 그 여자는 그것에 대해서 전혀 기억하지 못하겠죠?
He won't remember my name? 그 남자는 내 이름을 기억하지 못하겠죠?

---

2 **It's for the best.** 그게 차라리 낫단다.

📖 all for the best는 그렇게 된 것이 '차라리 잘됐다'는 의미의 숙어 표현입니다. 여기서는 앞의 all이 생략되어 있는 거죠.

Perhaps **it's for the best**. 차라리 그게 잘됐는지도 몰라.
I lost my job, but **it's all for the best** since now I can start a business.
난 실직했는데, 그게 차라리 잘됐는지도 모르지 뭐. 지금 내 사업을 시작할 수 있으니까 말야.

---

3 **Your power will only grow.** 네 마법의 힘은 더욱더 강력해질 뿐이란다.

📖 파비는 엘사의 마법이 줄어들지 않고 더욱더 강력해질 뿐이라고 경고하면서 조심하라고 충고합니다. 이렇게 어떤 현상이 증가하면 했지 줄어들지는 않을 것이라고 말할 때는 〈주어 + will only grow〉의 패턴을 이용해 보세요.

Our love **will only grow** each and every day. 우리의 사랑은 매일 더욱더 크게 자랄 거야.
This area's electricity demand **will only grow**.
이 지역의 전기 수요는 더욱더 늘어날 것입니다.

4 **You must learn to control it.** 너는 네가 가진 마법을 제어하는 법을 배워야만 한단다.

👄 보통 must의 -t는 생략하고, learn to의 to는 가볍게 발음하죠.

📖 should는 '~을 하는 것이 좋다' 정도의 어감을 갖고 있는 반면, must는 '반드시, 꼭 ~을 해야 한다'라는 강력한 어감을 띠고 있죠. 따라서 상대에게 반드시 배워서 알게 되어야 한다고 강하게 조언을 하고 싶다면 〈You must learn to + 동사원형〉의 패턴을 이용해 보세요.

You must learn to follow before you can lead.
다른 사람을 이끌려면 먼저 다른 사람의 의견을 따르는 법을 배워야 하는 거야.

To be happy, **you must learn to** forget yourself.
행복해지려면 자신을 잊는 법을 배워야 하는 거야.

5 **Until then, we'll lock the gates.** 그때까지는 우리는 성문을 닫아둘 것이오.

👄 then의 th-는 혀를 이 사이에 살짝 넣고 성대를 울려야 제대로 소리가 나죠.

📖 until A, B라는 문장은 A라는 시점이 되면 B라는 상황이 바뀐다는 뜻입니다. 여기서 A에 해당되는 then은 엘사가 마법을 제어할 수 있게 되는 시점을 뜻하죠. 그때가 되면 B라는 상황, 즉 성문을 닫아두는 상황이 바뀐다, 다시 말하면 성문을 연다는 의미가 된답니다.

Until then, we'll have to remain here. 그때까지는 우리는 여기에 있을 수밖에 없어.
Until then we'll just have to keep our fingers crossed.
그때까지는 우리는 일이 잘되라고 기도하는 수밖에는 도리가 없어.

STEP 2
따라 말하기 ┊ 대본의 억양, 강세, 연음 표시를 보며 오디오 파일을 따라 말하세요.
자연스럽게 대사가 입에 붙게 됩니다.

| A | 대본 보고 따라 말하기 | ▶ 02-1.mp3 | 1회 ◯ | 2회 ◯ | 3회 ◯ | 4회 ◯ | 5회 ◯ |
| B | 대본 없이 따라 말하기 | ▶ 02-1.mp3 | 1회 ◯ | 2회 ◯ | 3회 ◯ | 4회 ◯ | 5회 ◯ |

STEP 3
완벽히 외우기

우리말을 보며 영어로 말하는 훈련과 롤플레잉 훈련으로
대사를 완벽히 내 것으로 만드세요.

A 우리말 보며 말하기 우리말을 참고해서 앞에서 외운 대사를 큰 소리로 말해 보세요.
그리고 빈칸에 외운 대사를 영어로 써 보세요.

애는 괜찮아질 것이오.

하지만 안나는 내가 마법을 부릴 수 있다는 걸 기억하지 못하겠죠?

그게 차라리 낫단다.

엘사야, 내 말 잘 들어라. 네 마법의 힘은 더욱더 강력해질 뿐이란다. 네 마법은
아름다운 면도 있지만 아주 위험하기도 하단다.

너는 네가 가진 마법을 제어하는 법을 배워야만 한단다. 두려움이 너의 적이니라.

그런 일은 없을 것이오. 우리는 애를 보호할 것이오. 엘사는 자신의 마법
을 제어하는 법을 배울 수 있게 될 것이오. 난 확신하오.

그때까지 우리는 성문을 닫아둘 것이오. 성에서 일하는 사람의 숫자도 줄일
것이오. 엘사가 사람들과 접촉하는 것을 제한할 것이오. 마법을 부릴 수 있다
는 것을 누구도 알지 못하게 할 것이오. 안나도 알지 못하게 할 것이오.

B 역할 정해 말하기 삐 소리가 들리면 해당 역할을 연기하며 말해 보세요.

ⓐ 파비 할아버지가 되어 말하기   ▶ 02-2.mp3

ⓑ 왕이 되어 말하기   ▶ 02-3.mp3

▶ 02-4.mp3

1 Shush. I'm trying to listen. 쉿. 무슨 말을 하는지 들어야지.

▶ 다른 사람들이 하는 얘기를 들으려고 하는데, 누가 떠들 때, '조용히 해. 난 무슨 말인지 들으려고 하잖아'라는 의미로 하는 말이죠. 이렇게 '난 무엇을 하려고 해'는 I'm trying to라는 표현을 이용해 보세요.

I'm trying to forget you. 난 너를 잊으려고 해.

2 You are lucky it wasn't her heart. 이 애의 심장이 맞지 않아서 다행이오.

▶ 왜 네가 운이 좋다고 생각하는지 그 이유를 말하고 싶으면 You are lucky 다음에 해당되는 이유를 완전한 문장으로 덧붙이면 됩니다.

3 Do what you must. 필요한 조치를 취해 주시오.

▶ must 뒤에 do가 생략되었습니다. 꼭 해야 된다고 생각되는 조치를 취해달라는 의미죠.

4 Hang in there, Joan. 계속 버텨, 잔 다르크.

▶ Hang in there는 죽 이어서 빨리 발음해야 합니다. 따라서 there의 th-는 생략하기 때문에 in과 -ere를 이어서 [행이네어]로 발음하면 됩니다. 어려운 상황 속에 있는 친구에게 '좀만 참고 버티라'고 격려할 때 곧잘 쓰이는 표현이죠.

5 Getting upset only makes it worse. 불안하면 더 나빠진단다.

▶ A라는 일을 하면 상태가 좋아지기는커녕 오히려 더 나빠진다고 말하고 싶으면 A only makes it worse라는 패턴을 사용해서 말해 보세요.

Scratching **only makes it worse.** 긁으면 오히려 더 나빠져.

6 I don't want to hurt you. 아버지를 해치고 싶지 않아요.

▶ want to는 구어체에서는 [워너]라고 발음하는 경우가 많고, hurt you는 -t와 you가 연음이 되어 [허ㄹ츄]라고 소리 나죠.

7 See you in two weeks. 2주 후에 뵐게요.

▶ 현재를 기준으로 '2주 후'는 in이란 전치사를 사용해서 in two weeks라고 해야 합니다. after는 과거나 미래의 시점을 기준으로 '~후에'란 의미를 나타낼 때 사용하죠.

Day 03 I've Got a Chance
나한테 기회가 왔다네

불의의 사고로 왕과 왕비가 죽은 후에도 엘사는 줄곧 성문castle gates을 굳게 걸어 잠근 채 안 나는 물론 세상과 등지고 살았습니다. 그러나 성년이 되자come of age 대관식coronation을 열고 정식으로 여왕이 됐다는 것을 세상에 알리지 않을 수 없습니다. 이제 성문이 활짝 열리고 모두들 부산을 떨며 대관식 준비를 하고 있죠. 외국에서 귀빈들dignitaries이 도착합니다. 여기에는 욕심이 사나운 대공(大公)Duke도 포함되어 있죠. 어른이 된 크리스토프와 스벤도 보이는군요. 안나는 대관식용 드레스coronation dress를 입고 신이 나서 돌아다닙니다.

 이 장면을 외우면! 이런 표현을 말할 수 있어요~

1	~라니 믿을 수 없을 정도야.	I can't believe ~.
2	~하고 싶어 좀이 쑤셔.	I can't wait to ~.
3	보나마나[틀림없이] ~일 거야.	I bet ~.
4	~해서 미안하지만…	Sorry to ~, but ...
5	~시간째 자지 않고 깨어 있어.	I've been up for ~.

23

PERSI
펄시

① I can't believe / they're finally opening up the gates!

마침내 성문을 열다니 믿을 수가 없을 정도야!

AGGIE
애기

And for a whole day! / Faster, Persi!

그것도 하루 종일 연대요! 빨리 와요, 펄시!

DUKE
대공

Ah, Arendelle, / our most mysterious trade partner.

야, 아렌델 왕국에 다 왔구나. 우리하고 거래하는 곳 중에서 제일 요상한 왕국이지.

Open those gates / so I may unlock your secrets and exploit your riches. / ...Did I just say that out loud?

문을 다 열어 놓으면 내가 그대의 비밀이 뭔지 밝히고, 그대가 갖고 있는 재물을 좀 나눠 쓰겠노라. 내가 방금 크게 말했나?

IRISHMAN
아일랜드인

Oh, ② me sore eyes / can't wait to see / the Queen and the Princess. / I bet / they're absolutely lovely.

아, 내 이 피곤한 눈은 여왕과 공주를 보고 싶어 안달하는구려. 얼마나 아름다울까?

SPANISH DIGNITARY
스페인 귀빈

③ I bet / they are beautiful. 아마 틀림없이 예쁠 겁니다.

KAI
카이

Princess Anna...? 안나 공주님?

ANNA
안나

...Huh? / Yeah? 어? 왜요?

KAI
카이

④ Sorry to wake you, ma'am / but... 공주님, 깨워서 죄송합니다만…

ANNA
안나

No, / you didn't. / ⑤ I've been up for hours.

아뇨, 이제 일어난 게 아니에요. 벌써 몇 시간 전에 일어났어요.

→ 올려 읽기　→ 내려 읽기　/ 끊어 읽기　⌒ 이어서 읽기　● 강하게 읽기

STEP 1
장면 파헤치기 | 구문을 이해해야 대본을 효과적으로 암기할 수 있습니다. 구문 설명과 발음 설명을 보며 대본을 완벽히 이해하세요.

1 I can't believe they're finally opening up the gates!

마침내 성문을 열다니 믿을 수가 없을 정도야!

can't의 -t는 보통 생략하는데, 대신 can-을 강하게 발음해서 긍정형의 can과 구별해 주는 것이 좋습니다.

좋은 일이든 나쁜 일이든 너무 뜻밖이라 믿을 수 없을 정도라는 느낌을 표현하고 싶으면 I can't believe라고 한 다음에 해당되는 일을 말해주면 되죠.

I can't believe you lied. 네가 거짓말을 했다니 믿어지지가 않아.
I can't believe you've done this. 네가 그런 짓을 했다니 믿어지지가 않아.

2 Me sore eyes **can't wait to** see the Queen and the Princess. 내 이 피곤한 눈은 여왕과 공주를 보고 싶어 안달하는구려.

무엇을 하고 싶어 안달이 난다거나 좀이 쑤신다는 어감을 나타내고 싶으면 〈주어 + can't wait to + 동사원형〉의 패턴을 사용하면 안성맞춤입니다. 덧붙여, Me sore eyes에서 Me는 My의 아일랜드 방언이라는 사실도 이참에 알아두세요.

I can't wait to read her new book. 그 여자가 새로 쓴 책을 읽고 싶어 좀이 쑤시네.
I can't wait to pass my driving test! 운전면허 시험에 합격하고 싶어 죽겠어!

3 I bet they are beautiful. 아마 틀림없이 예쁠 겁니다.

bet는 내기를 건다는 뜻이죠. 자신이 있어야 내기를 거니까, I bet는 I'm sure라는 의미를 더욱 강조하는 표현입니다. 일상생활에서 널리 사용하는 말이니까, 확실하다고 생각되는 일을 I bet 뒤에 넣어 보세요.

You're late. **I bet** you miss your train. 넌 늦었어. 보나마나 넌 기차를 놓칠 거야.
I bet you miss me now. 내 생각에 너는 지금쯤 나를 그리워할 게 틀림없어.

25

4 **Sorry to wake you, ma'am but...** 공주님, 깨워서 죄송합니다만…

📖 지난 일에 대해서 죄송(미안)하다고 할 때는 〈Sorry for/about + -ing〉라고 얘기하지만 현재 일어나고 있는 일에 대해서 죄송하다고 할 때는 〈Sorry to + 동사원형〉의 패턴을 사용하죠. Kai는 지금 Anna를 깨우고 있으니까, Sorry to wake you라고 말하고 있군요.

Sorry to bother you, **but** the box is empty.
귀찮게 해서 미안한데, 이 상자에는 아무것도 없어.

I'm sorry to disappoint you, **but** I can't come to your house.
실망시켜서 미안하지만 너희 집에 갈 수가 없어.

5 **I've been up for hours.** 벌써 몇 시간 전에 일어났어요.

👄 I've는 [아이브]이지만 약하게 발음하니까 [아브] 정도로 소리 내고요, been up은 강하게 [빈엎]이라고 발음해야 합니다. for는 약하게 소리 내야죠. 그래서 [아브빈엎포]라고 발음하면 됩니다.

📖 up은 똑바로, 즉 수직으로 있는 상태를 말하니까, '일어나 있다, 앉아 있다, 서 있다' 등의 의미를 나타내죠. 그래서 전부터 지금까지 얼마의 시간 동안 서 있다거나 잠을 자지 않고 깨어 있다는 등의 말을 하고 싶으면 I've been up for 다음에 경과된 시간을 말해주면 됩니다.

I've been up for two minutes and I am already exhausted.
2분째 서 있는데, 벌써 힘들어 죽겠어.

I've been up for over 30 hours, yet I can't fall asleep!
벌써 30시간 넘게 자지 않고 있는데, 잠이 안 와!

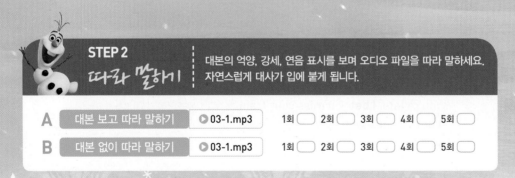

STEP 2
따라 말하기 : 대본의 억양, 강세, 연음 표시를 보며 오디오 파일을 따라 말하세요.
자연스럽게 대사가 입에 붙게 됩니다.

| A | 대본 보고 따라 말하기 | ▶ 03-1.mp3 | 1회 ⬜ | 2회 ⬜ | 3회 ⬜ | 4회 ⬜ | 5회 ⬜ |
| B | 대본 없이 따라 말하기 | ▶ 03-1.mp3 | 1회 ⬜ | 2회 ⬜ | 3회 ⬜ | 4회 ⬜ | 5회 ⬜ |

A 우리말 보며 말하기 우리말을 참고해서 앞에서 외운 대사를 큰 소리로 말해 보세요.
그리고 빈칸에 외운 대사를 영어로 써 보세요.

마침내 성문을 열다니 믿을 수가 없을 정도야!

그것도 하루 종일 연대요! 빨리 와요, 펄시!

야, 아렌델 왕국에 다 왔구나. 우리하고 거래하는 곳 중에서 제일 요상한
왕국이지. 문을 다 열어 놓으면 내가 그대의 비밀이 뭔지 밝히고, 그대가
갖고 있는 재물을 좀 나눠 쓰겠노라. 내가 방금 크게 말했나?

아, 내 이 피곤한 눈은 여왕과 공주를 보고 싶어 안달하는구려. 얼마나
아름다울까?

아마 틀림없이 예쁠 겁니다.

안나 공주님?

어? 왜요?

공주님, 깨워서 죄송합니다만…

아뇨, 이제 일어난 게 아니에요. 벌써 몇 시간 전에 일어났어요.

B 역할 정해 말하기 삐 소리가 들리면 해당 역할을 연기하며 말해 보세요.

ⓐ 펄시와 애기가 되어 말하기   ▶ 03-2.mp3

ⓑ 카이와 안나가 되어 말하기   ▶ 03-3.mp3

▶ 03-4.mp3

1 Why do I have to wear this? 왜 이걸 입어야 해요?

▶ 내가 도대체 왜 이런 짓을 해야 되는지 궁금할 때는 Why do I have to 다음에 동사원형을 넣어 물어 보세요.

Why do I have to pay taxes? 내가 도대체 왜 세금을 내야 하지?

2 Because the Queen has come of age. 여왕님이 성년이 되었거든.

▶ come of age는 특별한 나이, 즉 '성년이 된다'는 뜻입니다.

Now that you **have come of age**, you should know better.

너도 이제 어른이 되었으니 철이 좀 들어야지.

3 That's not my fault. 그건 내가 잘못해서 그런 게 아니잖아요.

▶ 영화나 드라마에 빠지지 않고 등장하는 대사이죠. 자신의 잘못이 아니라고 항변할 때 자주 사용하는 말이니까 잘 기억해 두세요.

4 What's the magic word? 말이 짧잖아.

▶ 아이들은 말버릇이 없죠. 그래서 버릇없는 말을 들으면 어른들은 종종 What's the magic word?라고 말한답니다. thank you, please, sorry 같은 말은 왜 빼먹고 말하느냐라는 의미이죠. 여기서는 크리스토프가 스벤에게 왜 please라는 말은 빼고 버릇없이 Give me a snack.이라고 말하냐고 핀잔을 주고 있군요.

5 Time to get ready. 준비할 시간이에요.

▶ 준비할 시간이 됐다고 말하고 싶으면 복잡하게 영어를 만들 생각하지 말고 간단하게 Time to get ready.라고 툭 뱉어내면 되죠.

6 Ready for what? 무슨 준비요?

▶ Time to get ready라는 말을 들었지만 무슨 준비를 하라는 건지 어리둥절할 때는 멍하게 바라만 보지 말고 Ready for what?이라고 반문하면 되겠어요.

7 What if I meet THE ONE? 그런데 진짜 백마를 탄 왕자를 만나면 어쩌지?

▶ 여기서 THE ONE은 자신이 그리던 이상적인 남자, 즉 백마를 탄 왕자를 뜻하죠. What if는 '~한다면 어떻게 하지?'라는 의미이고요.

Day 04
There's Instant Chemistry 첫눈에 반하다

안나는 대관식coronation이 열리기도 전에 성문castle gates을 벗어나 마을을 돌아다니다 부두dock로 갑니다. 그곳에서 말에 부딪혀 부두 끝에 걸쳐 있던 배 안으로 넘어지면서 자칫 물에 빠질 뻔하죠. 이렇게 말 주인인 한스와 처음으로 만나게 됩니다. 잘생긴데다 이웃 나라에서 온 왕자라는 젊은 청년 한스. 예의까지 뚝 부러지게 차리는군요. 안나는 이러한 한스에게 첫눈에 홀딱 빠지는데요. 그럼, 이 젊은 두 남녀의 어색한 첫 만남을 살짝 들여다볼까요?

 이 장면을 외우면! 이런 표현을 말할 수 있어요~

1	이건 ~하네요. 아니, 댁이 ~하다는 건 아니고요.	This is ~. Not you're ~.
2	~에 대해 정식으로 사과드리고 싶습니다.	I'd like to formally apologize for ~.
3	난 그런 ~가 아녜요.	I'm not THAT ~.
4	운이 좋으시네요, 그냥 ~일 뿐이니까요.	Lucky you, it's just ~.
5	난 ~해야 해요.	I better ~.

29

ANNA
안나

Ha. / [1]This is awkward. / Not you're awkward, / but just because we're... / I'm awkward. / You're gorgeous. / Wait, what?

아이쿠, 어색하네요. 아니, 제 말은 댁이 어색하다는 말이 아니고요, 우리가 그렇다는, 아니, 그게 아니고요. 제가 좀 서툴러서 어색하다는 뜻이에요. 댁은 참으로 멋져요. 잠깐만요, 왜 그러시죠?

HANS
한스

[2]I'd like to formally apologize / for hitting the Princess of Arendelle / with my horse... / and / for every moment after. 아렌델 왕국의 공주님을 제가 말과 함께 부딪힌 것을 정식으로 사과드리고 싶습니다.

그리고 그 후에 벌어진 일들도 모두요.

ANNA
안나

No. / No-no. / It's fine. / [3]I'm not THAT Princess. / I mean, / if you'd hit my sister Elsa, / that would be... / yeash! 아니, 아니에요. 괜찮아요. 난 그런 공주가 아니에요. 제 말은요, 제 언니인 엘사하고 부딪혔으면,

그때는 참 난리도 아니었을…

'Cuz, you know.... / Hello. / But, / [4]lucky you, / it's-it's just me. 왜냐하면 말이죠… 안녕. 하지만 운이 좋으셨어요. 그냥 나 같은 것과 부딪혔으니.

HANS
한스

Just you? 나 같은 것이라고요?

ANNA
안나

...The bells. / The coronation. / [5]I-I-I better go. / I have to... / I better go. / Bye! 종이 울리네요. 대관식이 열린다는 종이에요. 난,

난, 난 말이죠, 가야 해요. 가지 않으면 안 돼요. 가야겠어요. 저, 안녕!

→ 올려 읽기　→ 내려 읽기　/ 끊어 읽기　⌒ 이어서 읽기　● 강하게 읽기

STEP 1
장면 파헤치기

구문을 이해해야 대본을 효과적으로 암기할 수 있습니다.
구문 설명과 발음 설명을 보며 대본을 완벽히 이해하세요.

1 This is awkward. Not you're awkward.

어색하네요. 아니, 제 말은 댁이 어색하다는 말이 아니고요.

안나는 한스 위로 엎어지자 어색하다고 말합니다. 그런데 상대가 오해할까봐 얼른 당신이 어색하다는 뜻은 아니라고 덧붙이는군요. This is A로 안 좋은 상황을 나타내고는 얼른 Not you're A라고 해서 오해를 피하는 식의 표현법이죠.

This is crazy. **Not you're** crazy. 이건 미친 짓이야. 아니, 네가 미쳤다는 건 아니고.
This is stupid. **Not you're** stupid. 이건 어리석은 짓이야. 아니, 네가 어리석다는 건 아니야.

2 I'd like to formally apologize for hitting the Princess of Arendelle with my horse.

아렌델 왕국의 공주님을 제가 말과 함께 부딪힌 것을 정식으로 사과드리고 싶습니다.

어떤 잘못에 대해 상대에게 예의바르게 사과를 할 때면 I'd like to apologize for ~를 쓰면 되죠. 이보다 더 정식으로 예를 갖추고 싶다면 예의바른 한스처럼 formally를 붙여 I'd like to formally apologize for라고 한 다음에 사과의 내용을 이으면 됩니다.

I'd like to formally apologize for last night. 어젯밤 일에 대해서 정식으로 사과드리고 싶습니다.
I'd like to formally apologize for that pun.
그 말장난을 한 것에 대해서 정식으로 사과드리고 싶습니다.

3 I'm not THAT Princess. 난 그런 공주가 아니에요.

난 공주는 공주이지만 말에 부딪혔다고 큰문제가 되는 '그런' 공주는 아니라는 뜻이기 때문에 that에 강세를 두어야 어감이 제대로 전달됩니다.

난 당신이 생각하는 그런 사람이 아니라고 얘기할 때 유용하게 쓸 수 있는 표현입니다. I'm not that 뒤에는 명사나 형용사를 넣어 말하면 되죠. 물론 that에 강세를 둬야 하고요.

I'm not THAT girl. 난 그런 여자가 아니에요.
I'm not THAT innocent. 난 그렇게 순진한 사람이 아니에요.

31

4 **Lucky you, it's just me.** 운이 좋으셨어요. 그냥 나 같은 것과 부딪혔으니.

📖 큰일날 뻔했는데, 그냥 나 같은 사람과 부딪혔으니 다행이다. 즉 언니 같이 대단한 사람과 부딪혔으면 난리가 났을 거라는 안나의 얘기인 거죠. 이처럼 당신은 운이 좋은 사람이라며 상황의 긍정적인 면을 부각해 상대를 안심시키거나 격려하고 싶을 때 바로 Lucky you, it's just ~라는 패턴을 사용해 말해 보세요.

Lucky you, it's just raining. 운이 좋아요. 그냥 비만 오고 있으니까요.
Lucky you, it's just a migraine. 운이 좋아요. 그냥 편두통일 뿐이니까요.

5 **I better go.** 난 가야 해요.

👄 better의 -tt-는 앞뒤로 모음이 있기 때문에 편하게 말할 때는 흔히 [r]로 약화시켜서 발음합니다. 그래서 [베러]라고 소리 나죠.

📖 I had better를 간단히 말하면 I'd better라고 하기도 하는데, 더 줄여서 말할 때는 아예 I better라고 합니다. 바로 뒤에는 동사원형이 붙죠. 의미는 '~하는 것이 더 좋다'가 아니라 '~을 꼭 해야만 한다'입니다. 명심하세요!

I better get back to work. 난 일하러 돌아가야 해.
I better start doing something else. 난 뭔가 다른 일을 시작해야 해.

STEP 2
따라 말하기 ┊ 대본의 억양, 강세, 연음 표시를 보며 오디오 파일을 따라 말하세요.
┊ 자연스럽게 대사가 입에 붙게 됩니다.

A 대본 보고 따라 말하기 ▶ 04-1.mp3 1회 ⬜ 2회 ⬜ 3회 ⬜ 4회 ⬜ 5회 ⬜

B 대본 없이 따라 말하기 ▶ 04-1.mp3 1회 ⬜ 2회 ⬜ 3회 ⬜ 4회 ⬜ 5회 ⬜

A 우리말 보며 말하기 우리말을 참고해서 앞에서 외운 대사를 큰 소리로 말해 보세요.
그리고 빈칸에 외운 대사를 영어로 써 보세요.

아이쿠, 어색하네요. 아니, 제 말은 댁이 어색하다는 말이 아니고요, 우리
가 그렇다는, 아니, 그게 아니고요. 제가 좀 서툴러서 어색하다는 뜻이에
요. 댁은 참으로 멋져요. 잠깐만요, 왜 그러시죠?

아렌델 왕국의 공주님을 제가 말과 함께 부딪힌 것을 정식으로 사과드리고 싶
습니다. 그리고 그 후에 벌어진 일들도 모두요.

아니, 아니에요. 괜찮아요. 난 그런 공주가 아니에요. 제 말은요, 제 언니
인 엘사하고 부딪혔으면, 그때는 참 난리도 아니었을…

왜냐하면 말이죠… 안녕. 하지만 운이 좋으셨어요. 그냥 나 같은 것과 부
딪혔으니.

나 같은 것이라고요?

종이 울리네요. 대관식이 열린다는 종이에요. 난, 난, 난 말이죠, 가야 해
요. 가지 않으면 안 돼요. 가야겠어요. 저, 안녕!

B 역할 정해 말하기 삐 소리가 들리면 해당 역할을 연기하며 말해 보세요.

ⓐ 안나가 되어 말하기   ▶ 04-2.mp3

ⓑ 한스가 되어 말하기   ▶ 04-3.mp3

▶ 04-4.mp3

1 Are you hurt? 다치셨어요?

    ▶ 길에서 넘어진 사람에게는 멀뚱멀뚱 쳐다만 보지 말고 Are you hurt?라고 물어보는 센스를 발휘합시다.

2 Are you sure? 정말이에요?

    ▶ Are you hurt?라고 물어봤더니 I'm okay.라는 대답이 돌아왔다면, Are you sure?라고 다시 확인해봐도 좋습니다.

3 I just wasn't looking where I was going. 내가 앞을 보지 않고 가서 그랬던 거예요.

    ▶ 내가 가고 있는 데를 보지 않고 있었다는 것은 결국 앞을 제대로 보지 않고 걸었다는 의미죠. 걷다가 누군가와 부딪혔을 때 사과하면서 변명으로 자주 사용하는 말이니 기억해두기로 해요.

4 I'm great, actually.

    ▶ 여기서 actually의 의미를 제대로 이해하는 것이 중요합니다. 어떤 상황의 진상은 상대방이 생각하고 있는 것과는 다르다는 것을 강조할 때 바로 actually를 사용하죠.

    Global warming? No, **actually** we're cooling. 지구온난화라고요? 아닙니다. 사실은 지구는 식고 있어요.

5 Oh, thank goodness. 이런, 정말 다행이네요.

    ▶ 정말 다행이라는 말은 Thank God. / Thank goodness. / Thank heaven. 등으로 나타낼 수 있습니다.

6 Hi, again. 안녕하세요, 다시 인사하게 되는군요.

    ▶ 일이 꼬여서 방금 인사한 사람과 다시 인사하게 되어도 뻘쭘하게 웃지만 말고 Hi, again.이라고 당당하게 인사합시다.

7 Oh boy. 아, 이런.

    ▶ 여기서 boy는 '소년'이란 뜻이 아니고, '아이쿠, 이런', '야, 정말이지' 정도의 감탄사로 쓰인 것입니다.

Day 05
Queen Elsa of Arendelle 엘사, 아렌델 왕국의 여왕이 되다

드디어 엘사의 대관식coronation이 열립니다. 엘사는 두려움에 떨면서 대관식에 임하지만 그래도 침착하게 의식을 치러, 홀scepter과 보주orb가 얼어붙었다freeze over는 것을 들키지 않고 무사히 대관식을 끝냅니다. 엘사는 정식으로 아렌델 왕국의 여왕이 된 것입니다. 밤에 무도회가 열리자 야심에 가득 찬 대공Duke은 엘사에게 춤을 청하지만 거절당합니다. 대신 안나가 대공의 상대가 되어 춤을 추게 되죠. 춤도 제대로 출 줄 모르는 대공은 안나에게 아렌델 왕국의 비밀을 캐내려고 집요하게 이것저것 물어봅니다. 하지만 안나도 아는 게 없죠.

 이 장면을 외우면! 이런 표현을 말할 수 있어요~

1	고맙습니다만, 전 ~하지 않아요.	Thank you, only I don't ~.
2	하지만 ~는 해요.	But ~ does.
3	~하시게 되면 알려만 주세요. 제가 …를 해드릴게요.	If you ~, let me know, I'll ....
4	애당초 왜 ~인 거죠?	Why ~ in the first place?
5	사람들이 저를 ~라고 부르는 덴 다 이유가 있죠.	They don't call me ~ for nothing.

35

ELSA
엘사

① Thank you... / only I don't dance. 고맙습니다만, 전 춤을 추지 않아요.

DUKE
대공

Oh...? 아, 그러세요?

ELSA
엘사

② But my sister does. 하지만 제 동생은 춤을 추지요.

ANNA
안나

What? 뭐라고요?

DUKE
대공

Lucky you.... 공주님은 운이 좋으신 겁니다.

ANNA
안나

Oh, I don't think... 아니, 전 춤을 출줄 모르는…

DUKE
대공

③ If you swoon, / let me know, / I'll catch you.

제가 너무 춤을 잘 춰서 기절하실 것 같으면 알려 주세요. 제가 얼른 받을게요.

ELSA
엘사

Sorry. 미안.

DUKE
대공

Like an agile peacock... / CLUCK-CLUGGLE-CLUCK!

전 날랜 공작새처럼 추지요. 꼬꼬, 꾸꾸, 꼬꼬!

ANNA
안나

Ow. Ow. 아, 아야.

DUKE
대공

Speaking of, / so great to have the gates open. / Why did they shut them / **④** in the first place? / Do you know the reason? / Hmm?

그냥 하는 말인데요. 성문이 열려서 너무 좋아요. 그런데 애당초 왜 성문을 잠근 거예요? 그 이유를 아세요. 네?

ANNA
안나

...No. 몰라요.

DUKE
대공

Oh, / all right. / Hang on. / **⑤** They don't call me / the little dipper / for nothing.

아, 뭐, 괜찮습니다. 잠깐만요. 사람들이 저를 날쌘돌이라고 부르는 덴 다 이유가 있죠.

36

STEP 1
장면 파헤치기 ┊ 구문을 이해해야 대본을 효과적으로 암기할 수 있습니다.
┊ 구문 설명과 발음 설명을 보며 대본을 완벽히 이해하세요.

1 **Thank you, only I don't** dance. 고맙습니다만, 전 춤을 추지 않아요.

📖 상대가 뭔가 호의를 보이지만 달갑지 않을 때 사용할 수 있는 표현이죠. 쓸데없는 친절을 베푸는 상대에게 꿀 먹은 벙어리처럼 있다가 그냥 당하지 말고, 엘사처럼 정중하지만 단호하게 거절하는 말을 익혀 두세요.

Thank you, only I don't need any help. 고맙습니다만, 전 도움이 필요 없어요.
Thank you, only I don't want to take any risk. 고맙습니다만, 전 위험부담을 지기 싫어요.

2 **But** my sister **does.** 하지만 제 동생은 춤을 추지요.

👄 보통 do나 be동사는 약하게 발음하지만, 이 경우의 does는 dance라는 동사를 대신하는 말이기 때문에 조금 강하게 발음하는 것이 좋죠.

📖 엘사는 자신은 춤을 추지 않아서 같이 어울리지 못하지만 동생인 안나는 춤을 춘다고 대공의 파트너 역할을 떠넘기는군요. 이렇게 자신은 무엇을 못하거나 안 하지만 다른 사람은 한다고 할 때는 간단하게 do동사로 대체하면 됩니다.

I don't want kids **but** he **does**. 난 아이를 바라지 않지만 남편은 안 그래요.
I don't care about hair **but** she **does**. 난 머리카락에는 신경을 쓰지 않지만 걘 안 그래요.

3 **If you** swoon, **let me know, I'll** catch you.
제가 너무 춤을 잘 춰서 기절하실 것 같으면 알려 주세요, 제가 얼른 받을게요.

📖 'A를 하시게 되면 알려만 주세요, 그러면 제가 B를 해드릴게요'라고 말할 때 사용할 수 있는 표현이 바로 If you A, let me know, I'll B라는 패턴입니다.

If you don't like it, **let me know, I'll** remove your email address from the list. 별로 마음에 드시지 않으면 알려만 주세요. 그러면 리스트에서 댁의 이메일 주소를 삭제할게요.
If you notice any grammar mistakes, **let me know, I'll** correct my errors. 문법이 잘못된 게 있으면 알려만 주세요. 그러면 실수를 수정할게요.

4 Why did they shut them **in the first place?**

그런데 애당초 왜 성문을 잠근 거예요?

👄 first의 -t까지 다 발음하면 뒤에 나오는 p-를 소리 내기 어려우니까, [t]는 생략하고 바로 [p]를 소리 내기로 하죠.

📖 in the first place는 글자와는 달리 '애당초'라는 뜻을 지닌 숙어 표현이니까 조심해야 합니다.

Why was this ever secret **in the first place**? 이게 애당초 왜 비밀로 취급되었던 거죠?
How did I get infected **in the first place**? 내가 애당초 어떻게 감염되었던 거지?

5 **They don't call me** the little dipper **for nothing.**

사람들이 저를 날쌘돌이라고 부르는 덴 다 이유가 있죠.

👄 nothing의 -th-는 혀를 윗니와 아랫니 사이에 살짝 넣고 입김만 불어서 소리 내야 합니다. 이때 혀를 꽉 물면 발음이 제대로 되지 않으니 주의하시기를…

📖 사람들이 그냥 아무렇게나 나를 이렇게 부르는 것은 아니다, 즉 '내 별명을 이렇게 지은 것은 다 이유가 있다'는 의미의 표현이죠. 여기서 for nothing은 '그냥 아무렇게나' 정도의 의미입니다. 자신의 별명이 자랑스러울 때 사용할 수 있는 말이니까, 잘 익혀서 활용하세요.

They don't call me Mr. Fixes-Everything **for nothing**.
사람들이 저를 만능수리기사라고 부르는덴 다 이유가 있죠.
They don't call me Shakespeare **for nothing**.
사람들이 저를 섹스피어라고 부르는덴 다 이유가 있죠.

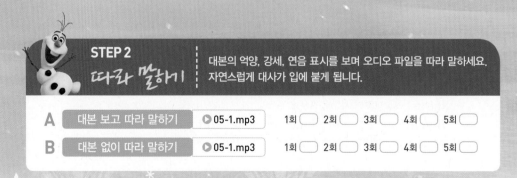

STEP 2
따라 말하기

대본의 억양, 강세, 연음 표시를 보며 오디오 파일을 따라 말하세요.
자연스럽게 대사가 입에 붙게 됩니다.

A | 대본 보고 따라 말하기 | ▶ 05-1.mp3 | 1회 ⬭ 2회 ⬭ 3회 ⬭ 4회 ⬭ 5회 ⬭

B | 대본 없이 따라 말하기 | ▶ 05-1.mp3 | 1회 ⬭ 2회 ⬭ 3회 ⬭ 4회 ⬭ 5회 ⬭

A 우리말 보며 말하기 우리말을 참고해서 앞에서 외운 대사를 큰 소리로 말해 보세요.
그리고 빈칸에 외운 대사를 영어로 써 보세요.

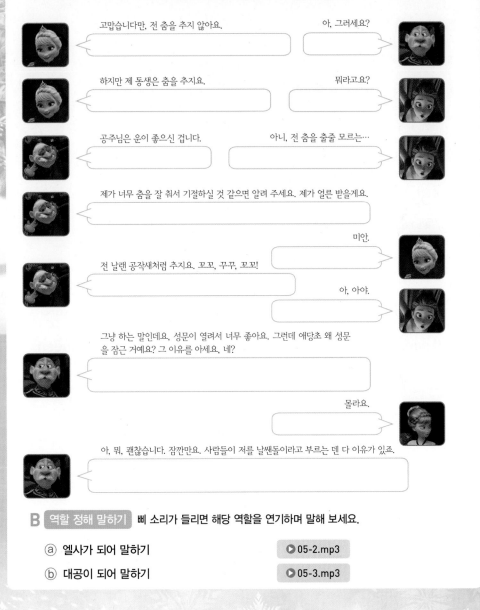

고맙습니다만, 전 춤을 추지 않아요.

아, 그러세요?

하지만 제 동생은 춤을 추지요.

뭐라고요?

공주님은 운이 좋으신 겁니다.

아니, 전 춤을 출줄 모르는…

제가 너무 춤을 잘 춰서 기절하실 것 같으면 알려 주세요. 제가 얼른 받을게요.

미안.

전 날랜 공작새처럼 추지요. 꼬꼬, 꾸꾸, 꼬꼬!

아, 아야.

그냥 하는 말인데요, 성문이 열려서 너무 좋아요. 그런데 애당초 왜 성문을 잠근 거예요? 그 이유를 아세요, 네?

몰라요.

아, 뭐, 괜찮습니다. 잠깐만요. 사람들이 저를 날쌘돌이라고 부르는 덴 다 이유가 있죠.

B 역할 정해 말하기 삐 소리가 들리면 해당 역할을 연기하며 말해 보세요.

ⓐ 엘사가 되어 말하기   ▶ 05-2.mp3

ⓑ 대공이 되어 말하기   ▶ 05-3.mp3

▶ 05-4.mp3

1 Here? Are you sure? 여기요? 확실해요?

> ▶ 상대가 의외의 장소로 데려갔을 때 반신반의하면서 확인하고 싶을 때 물어볼 수 있는 말이죠.

2 Hi me? 나한테 인사한 거야?

> ▶ 누가 나에게 Hi라고 인사했지만 정말 나에게 인사한 건지 의심쩍을 때는 그냥 멍하게 웃지만 말고, Hi me?라고 반문해 보세요.

3 So, this is what a party looks like? 그러니까 이런 게 파티구나?

> ▶ 오랫동안 세상 구경을 해보지 못한 엘사는 대관식날 밤에 열린 무도회를 보고는 눈을 휘둥그렇게 뜨고 이렇게 감탄조로 물어보는군요. 난생 처음 보는 데 와서는 이런 표현을 사용해 보는 것도 좋겠습니다.

So, this is what a courtroom **looks like?** 그러니까 이런 게 법정이구나?

4 It's warmer than I thought. 생각보다 따뜻하네.

> ▶ 내가 원래 생각하던 것보다 더 어떠하다고 말하고 싶으면 〈It's + 비교급 + than I thought〉라는 패턴을 사용하면 됩니다.

It's better **than I thought.** 생각보다 더 좋네.

5 And what is that amazing smell? 그런데 이 좋은 냄새는 뭐니?

> ▶ 그동안 초콜릿 냄새를 맡아보지 못한 엘사가 황홀한 냄새에 취해서 이렇게 물어보는군요. 뭔가 놀랍고 신기한 것을 보면 And what is that amazing ~?을 이용해 감정을 표현해 보세요.

And what is that amazing house on the hilltop? 그런데 언덕 꼭대기에 있는 저 근사한 집은 뭐니?

6 It seems only fitting that I offer you your first dance as queen.

제가 여왕님에게 제일 먼저 춤을 청하는 것이 예의라고 생각합니다만.

> ▶ It seems only fitting that I offer you는 무엇을 드리는 것이 도리라고 생각한다는 무척 예의바른 표현입니다.

It seems only fitting that I offer you not one but two cakes.

케이크를 한 개가 아니라 두 개 드리는 것이 예의에 어긋나지 않는다고 생각합니다.

1회 2회 3회

Day 01

This is getting out of hand. 이건 해도 너무했어!

It was an accident. 사고였어요.

I know where we have to go.
어디로 가면 되는지 내가 아오.

Day 02

She won't remember I have powers?
안나는 내가 마법을 부릴 수 있다는 걸 기억하지 못하겠죠?

It's for the best. 그게 차라리 낫단다.

You must learn to control it.
너는 네가 가진 마법을 제어하는 법을 배워야만 한단다.

Day 03

**I can't believe they're finally opening up
the gates!** 마침내 성문을 열다니 믿을 수가 없을 정도야!

I bet they are beautiful.
아마 틀림없이 예쁠 겁니다.

I've been up for hours.
벌써 몇 시간 전에 일어났어요.

Day 04

This is awkward. Not you're awkward.
어색하네요. 아니, 제 말은 댁이 어색하다는 말이 아니고요.

I'm not THAT Princess. 난 그런 공주가 아니에요.

Lucky you, it's just me.
운이 좋으셨어요. 그냥 나 같은 것과 부딪혔으니.

Day 05

If you swoon, let me know, I'll catch you.
제가 너무 춤을 잘 춰서 기절하실 것 같으면 알려 주세요. 제가 얼른 받을게요.

Why did they shut them in the first place?
그런데 애당초 왜 성문을 잠근 거예요?

**They don't call me the little dipper for
nothing.** 사람들이 저를 날쌘돌이라고 부르는 덴 다 이유가 있죠.

41

WORDS & PHRASES

❶ 잡았다! ....

❷ 걷잡을 수 없게 되다 ....

❸ 제한하다 ....

❹ ~을 포함해서 ....

❺ 거래하는 곳 ....

❻ 착복하다, 사용하다 ....

❼ 어색한 ....

❽ 참으로 멋진 ....

❾ 황홀해서 까무러치다, 기절하다 ....

❿ 애당초 ....

EXPRESSIONS

❶ 발 조심해. ....

❷ 나가서 혼자 놀아. ....

❸ 계속 버텨. ....

❹ 널 해치고 싶지 않아. ....

❺ 말이 짧잖아. ....

❻ 무슨 준비요? ....

❼ 난 가야 해요. ....

❽ 내가 앞을 보지 않고 가서 그랬던 거예요. ....

❾ 그러니까 이런 게 파티구나? ....

❿ 생각보다 따듯하네. ....

WORDS & PHRASES ❶ Gotcha! ❷ get out of hand ❸ limit ❹ including ❺ trade partner ❻ exploit ❼ awkward ❽ gorgeous ❾ swoon ❿ in the first place

EXPRESSIONS ❶ Watch your step. ❷ Go play by yourself. ❸ Hang in there. ❹ I don't want to hurt you. ❺ What's the magic word? ❻ Ready for what? ❼ I better go. ❽ I just wasn't looking where I was going. ❾ So, this is what a party looks like? ❿ It's warmer than I thought.

북유럽 원주민들의 일상

#1 사미족 Sami People

사미족Sami은 유럽의 북극the North Pole 과 가까운 지역에서 사는 원주민을 뜻 합니다. 현재 노르웨이, 핀란드, 스웨덴 등에 살고 있는데, 독특한 언어와 문화 를 유지하고 있으며, 순록reindeer을 기르 는 것을 중요한 산업으로 삼고 있죠. 크 리스토프가 바로 이 사미족 출신이며, 영 화의 첫 장면에 등장하여 주제를 노래하 는 ice harvester(얼음 채집꾼)들도 사미 족입니다. 올라프와 함께 true love(진정 한 사랑)의 상징이자 메신저 역할을 하는 스벤은 바로 사미족의 생계 수단인 순록이죠.

#2 얼음 채집꾼 Ice Harvester

여름에 팥빙수와 아이스크림을 즐기는 것은 현대인들만의 특권이라고 생각하면 오산입니다. 벌써 2천여 년 전부터 로마의 귀족들은 여름에 알프스 산맥에서 얼음을 채집해와 아이스크림을 즐겼다는 기록이 있습니다. 신라시대에도 석빙고가 있었으며, 조선시대의 석빙고는 유명하죠. 겨울에 강이 얼었을 때 얼 음을 채집하여 보관하던 장소가 석빙고(石氷庫)였던 것이죠. 사미족들도 이 얼음을 채집하여 여름에 팔 았던 것 같습니다. 이들을 ice harvester라고 부르죠.

Day 06 Love is an Open Door

사랑이란 문을 열어놓는 것이라네

대공Duke과 억지 춤을 춘 안나는 다시 엘사 곁으로 돌아옵니다. 자신에게 관심을 기울이는 엘사에게 안나는 언제나 이렇게 지내면 좋겠다고 말하죠. 엘사도 그랬으면 좋겠다고 말하려다 돌연 그럴 수는 없다고 태도를 바꿉니다. 안나는 실망해서 연회실parlor에서 나가다 한스와 다시만나게 되죠. 둘은 춤을 추면서 급속도로 가까워집니다. 서로에 관해 이런저런 이야기를 나누는 안나와 한스. 한스는 안나의 흰 머리에 관심을 보이고, 안나는 한스 역시 자신처럼 형제들에게 없는 사람invisible 취급을 당한다는 사실을 알게 되며, 동병상련의 마음을 나누는군요.

 이 장면을 외우면! 이런 표현을 말할 수 있어요~

1	태어날 때부터 ~했어요.	I was born with ~.
2	~는 날 없는 사람으로 취급했어요, 문자 그대로.	~ pretended I was invisible, literally.
3	~란 원래 그런 법이죠.	It's what ~ do.
4	그런데 어느 날부터[어느 날 갑자기] ~했어요.	But then, one day ~.
5	나라면 ~하는 일은 절대 없을 거예요.	I would never ~.

45

HANS
한스

What's this? 이건 왜 그래요?

ANNA
안나

1 I was born with it, / although I dreamt / I was kissed / by a troll. 태어날 때부터 그랬어요. 트롤이 키스해서 그렇게 된 꿈을 꾸긴 했지만.

HANS
한스

I like it. 난 좋은데요.

ANNA
안나

Yeah, / the whole thing! / You got it. / Okay wait, / wait. / So you have / how many brothers?
그래요, 다 먹어야 해요. 그렇게요. 자, 잠깐만요, 잠깐요. 그러니까 당신 형제는 몇 명이에요?

HANS
한스

Twelve older brothers. / **2** Three of them / pretended / I was invisible... / literally... / for two years.
형이 12명 있어요. 그 중에서 세 명은 나를 없는 사람으로 취급했어요. 문자 그대로요. 2년 동안이나요.

ANNA
안나

That's horrible. 끔찍했겠네요.

HANS
한스

3 It's what / brothers do. 형들이란 원래 그런 법이죠.

ANNA
안나

...And sisters. / Elsa and I were really close / when we were little. / **4** But then, / one day / she just shut me out, / and I never knew why. 그런데 언니들도 그래요. 엘사 언니랑 난 어렸을 때는 사이가 좋았어요. 그런데 어느 날부터 언니는 날 완전히 멀리했어요. 그 이유가 뭔지 전혀 몰랐어요.

HANS
한스

5 I would never / shut you out.
나라면 당신 같은 사람을 멀리하는 일은 절대로 없을 거예요.

→ 올려 읽기   ↗ 내려 읽기   / 끊어 읽기   ⌢ 이어서 읽기   ● 강하게 읽기

STEP 1
장면 파헤치기

구문을 이해해야 대본을 효과적으로 암기할 수 있습니다.
구문 설명과 발음 설명을 보며 대본을 완벽히 이해하세요.

---

1 **I was born with** it. 태어날 때부터 그랬어요.

안나는 자신의 하얀 머리카락이 태어날 때부터 그런 줄 아는군요. 이렇게 태어날 때부터 무엇을 가지고 있었다고 할 때는 I was born with 다음에 그게 무엇인지 밝히면 됩니다.

I was born with an enormous need for affection.
난 태어날 때부터 사랑을 받고 싶은 욕구가 엄청나게 많았어.

I was born with music inside me. 난 태어날 때부터 내 안에 음악이 있었어.

---

2 Three of them pretended I was **invisible, literally,** for two years. 그 중에서 세 명은 나를 없는 사람으로 취급했어요. 문자 그대로요. 2년 동안이나요.

invisible의 강세는 -vi-에 있기 때문에 뒤의 -si-의 모음은 약해져 [어]로 발음됩니다. 그래서 [인비저블]로 소리 나죠. literally에서 -ite-의 -t-는 양쪽에 모음이 있기 때문에 빨리 발음할 때는 [r]로 약화되죠.

한스는 형들이 자신을 보이지 않는(invisible) 사람으로 취급했다고 하면서 literally(문자 그대로)라는 말을 덧붙이고 있습니다. 이렇게 literally는 앞에서 한 말이 그냥 비유적으로 한 것이 아니라 글자 그대로의 뜻이라고 강조할 때 잘 사용하는 표현입니다.

To him, I'm **invisible, literally**. 나는 그 남자에게는 보이지 않는 사람이었어요. 문자 그대로요.

I feel so **invisible, literally**. 나는 아예 보이지 않는 사람처럼 느껴져. 문자 그대로.

---

3 **It's what** brothers **do.** 형들이란 원래 그런 법이죠.

영어에서 현재형은 진리나 습관 등을 나타낸다고 귀에 못이 박히도록 들었죠? 바로 이 경우가 진리를 나타내는 현재형입니다. 원래 형들이란 나이 어린 동생은 없는 사람으로 취급하는 법이라는 의미를 나타내기 위해 한스는 do라는 현재형 동사를 사용한 것이죠.

It's what men **do**. 남자들이란 원래 그런 법이죠.

It's what parents **do**. 부모들이란 원래 그런 법이죠.

4 **But then, one day she just shut me out.**
그런데 어느 날부터 언니는 날 완전히 멀리했어요.

🗣 then의 th-는 혀끝을 윗니와 아랫니 사이에 살짝 넣고 성대를 울려서 소리 내야 합니다. 이때 혀를 꽉 깨물면 소리가 제대로 나지 않으니까 주의해야 하고요. 또 but의 -t는 생략해야 자연스럽게 then과 이어지죠.

📖 but then은 앞의 말이 사실이기는 하나 뒤에 다른 일이 일어나서 앞의 일이 별로 의미가 없는 일이 되어버렸다는 어감을 나타내는 표현입니다. 어렸을 때는 아주 친했지만 어느 날부터인가 갑자기 자신을 멀리했다고 but then을 사용하여 안나가 과거를 회상하고 있군요.

But then, one day everything changed. 그런데 어느 날부터 모든 게 바뀌었어.
I once had a girlfriend, **but then, one day** she dumped me.
나도 한때 여친이 있었는데, 어느 날 갑자기 그 애가 날 차버렸어.

5 **I would never shut you out.**
나라면 당신 같은 사람을 멀리하는 일은 절대로 없을 거예요.

📖 한스가 안나의 환심을 사려고 자신은 엘사와는 달리 절대로 안나를 멀리하는 일은 없을 것이라고 말하고 있군요. 이런 말을 할 정도로 가까워진 사이는 아니지만, 만약 그런 사이가 된다면 그런 짓은 절대로 하지 않을 것이라고 가정법을 사용해서 말한 것입니다.

I would never do something like this. 나라면 이런 일은 절대로 하지 않을 거예요.
I would never die for my beliefs because I might be wrong.
나라면 신념을 위해서 죽는 일은 절대로 하지 않을 겁니다. 내 신념이 틀린 것 수도 있으니까요.

STEP 2
따라 말하기 | 대본의 억양, 강세, 연음 표시를 보며 오디오 파일을 따라 말하세요. 자연스럽게 대사가 입에 붙게 됩니다.

A 대본 보고 따라 말하기 ▶06-1.mp3 1회 ⬚ 2회 ⬚ 3회 ⬚ 4회 ⬚ 5회 ⬚
B 대본 없이 따라 말하기 ▶06-1.mp3 1회 ⬚ 2회 ⬚ 3회 ⬚ 4회 ⬚ 5회 ⬚

A 우리말 보며 말하기 · 우리말을 참고해서 앞에서 외운 대사를 큰 소리로 말해 보세요.
그리고 빈칸에 외운 대사를 영어로 써 보세요.

이건 왜 그래요?

태어날 때부터 그랬어요. 트롤이 키스해서 그렇게 된 꿈을 꾸긴 했지만.

난 좋은데요.

그래요, 다 먹어야 해요! 그렇게요. 자, 잠깐만요, 잠깐요. 그러니까 당신
형제는 몇 명이에요?

형이 12명 있어요. 그 중에서 세 명은 나를 없는 사람으로 취급했어요. 문자 그
대로요, 2년 동안이나요.

끔찍했겠네요.   형들이란 원래 그런 법이죠.

그런데 언니들도 그래요. 엘사 언니랑 난 어렸을 때는 사이가 좋았어요. 그런데
어느 날부터 언니는 날 완전히 멀리했어요. 그 이유가 뭔지 전혀 몰랐어요.

나라면 당신 같은 사람을 멀리하는 일은 절대로 없을 거예요.

B 역할 정해 말하기 · 삐 소리가 들리면 해당 역할을 연기하며 말해 보세요.

ⓐ 한스가 되어 말하기   ▶ 06-2.mp3
ⓑ 안나가 되어 말하기   ▶ 06-3.mp3

STEP 4

유용한 표현 익히기

Day 06의 모든 장면 중 놓치기 아까운 표현을 정리했습니다. 오디오 파일을 따라 읽으며 익혀 보세요.

▶ 06-4.mp3

1 Let me know when you're ready for another round.

다시 춤을 출 준비가 되면 알려주시기 바랍니다.

▶ 무엇을 다시 한 번 할 준비가 되면 알려달라는 표현이니까 써먹을 경우가 많겠죠?

Let me know when you're ready for another challenge.

다시 한 번 도전할 준비가 되면 알려주시기 바랍니다.

2 Especially for a man in heels. 힐을 신은 남자치고는 특히 그렇지 뭐.

▶ 여기서 for는 '~을 위해서'라는 뜻이 아니랍니다. for 뒤에 나오는 사람이나 사물이 보통은 그렇지 않은데, 이 경우는 특별하다는 의미를 나타내죠. 즉 '~치고는' 남다른 면에 대해 얘기할 때 곧잘 쓰입니다. especially는 그 어감을 더욱 강조하는 역할을 하고요.

It's **especially** warm **for** March. 3월 치고는 특히 따듯한 날이야.

3 I've never been better. 이렇게 좋았던 적이 없었어.

▶ 현재가 최고로 좋다는 말을 이렇게 비교급의 부정형을 이용해 나타낼 수 있습니다.

4 I wish it could be like this all the time. 언제나 이러면 얼마나 좋아.

▶ 자신을 없는 사람 취급하던 언니가 살갑게 대해주자 안나는 이 순간이 영원히 계속되었으면 얼마나 좋을까~ 하는 간절한 소망을 표현하는군요.

5 Why not? 왜 안 되는 건데?

▶ 상대가 부정적인 말을 했을 때 그 이유가 납득이 잘 안 되면 Why not?이라고 간결하게 반문하면 되죠.

6 I was thinking the same thing. 나도 똑같은 생각을 하고 있었어요.

▶ 살다 보면 상대가 내가 생각하고 있었던 것과 똑같은 말을 하는 경우가 간혹 있죠. 이럴 때 그냥 미소만 짓지 말고 I was thinking the same thing.이라고 말해 보도록 합시다. 상대방이 좋아할지, 당황할지는 알 수 없지만.

Day 07 Will You Marry Me?

나하고 결혼해 주시겠어요?

한스와 안나는 성castle 주위를 이곳저곳 뛰어다니며 노래하고 춤을 춥니다. 그러는 과정에서 두 사람은 천생배필이라는 사실을 확인하게 되죠. 드디어 아렌델 왕국이 내려다보이는looking out over 폭포waterfall 위에서 한스는 안나에게 청혼합니다. 안나는 뛸 듯이 기뻐하며 한스를 데리고 다시 무도장ball으로 가는군요. 여왕인 언니의 축복blessing을 받고 싶어서죠. 그러나 엘사는 한마디로 자릅니다. 결혼할 수 없다는 거죠. 안나는 어안이 벙벙합니다. 비극의 서막이 오르고 있습니다.

 이 장면을 외우면! 이런 표현을 말할 수 있어요~

1	좀 ~한 말을 해도 될까요?	Can I say something ~?
2	저와 결혼해 주시겠어요?	Will you marry me?
3	아, 그 애가 저기 있네.	Oh, there he/she is.
4	~를 소개해 드릴게요.	May I present ~?
5	~를/에 대해 축복해 주세요.	We would like your blessing of/for ~.

HANS
한스

[1] Can I say / something crazy? / [2] Will you marry me?

정말 말도 안 되는 소리를 하나 할까요? 저와 결혼해 주시겠어요?

ANNA
안나

Can I just say / something even crazier? / Yes.

나는 더 말도 안 되는 소리를 해볼까요? 네, 결혼해요!

Oops! / Pardon. / Sorry. / Can we just get around you there? / Thank you. / [3] Oh, / there she is. / Elsa!

이런! 죄송해요. 미안해요. 저희들이 좀 돌아서 가면 안 될까요? 고마워요. 아, 언니가 저기 있네. 엘사!

I mean... / Queen.... / Me again. / Um. / [4] May I present / Prince Hans / of the Southern Isles?

아니, 여왕님. 다시 왔어요. 저, 남쪽 섬의 한스 왕자를 소개해 드릴게요.

HANS
한스

Your Majesty. 폐하.

ANNA
안나

[5] We would like... 우리는 받고 싶어요…

HANS
한스

...your blessing... 여왕님의 축복을…

ANNA
안나

...of... …에 대해서…

ANNA/HANS
안나와 한스

...our marriage! 우리 결혼에 대해서요!

ELSA
엘사

Marriage...? 결혼?

ANNA
안나

Yes! 네!

ELSA
엘사

I'm sorry, / I'm confused. 미안하구나. 무슨 말인지 통 모르겠으니.

→ 올려 읽기   ↘ 내려 읽기   / 끊어 읽기   ⌢ 이어서 읽기   ● 강하게 읽기

STEP 1
장면 파헤치기

구문을 이해해야 대본을 효과적으로 암기할 수 있습니다.
구문 설명과 발음 설명을 보며 대본을 완벽히 이해하세요.

---

1 **Can I say something crazy?** 정말 말도 안 되는 소리를 하나 할까요?

청혼할 때 불쑥 "나랑 결혼해 주시겠어요?"라고 다짜고짜 물어볼 수도 있지만 대개는 앞에 뜸을 들이는 말을 하게 되겠죠? 이렇게 단도직입적인 말을 피하고 좀 돌려서 상대에게 무슨 말을 할 건지 힌트를 주고 싶으면 Can I say something 다음에 그 말의 성격을 나타내는 형용사를 붙여서 물어 보세요.

Can I say something positive? 좀 긍정적인 말을 해도 될까요?
Can I say something encouraging? 좀 격려가 되는 말을 해도 될까요?

---

2 **Will you marry me?** 저와 결혼해 주시겠어요?

청혼할 때 근사하게 말할 수도 있지만, Will you marry me?처럼 간결하고, 강력하고, 진심을 곧바로 전달하는 말이 달리 있을 수는 없겠죠. 자, 그러니 남자든 여자든 이 말을 잘 기억해 두었다가 필요한 때가 오면 망설이지 말고 써먹어 봅시다.

A: **Will you marry me?** / B: Yes, of course I will!
A: 나랑 결혼해 주시겠어요? / B: 그럼요, 그렇게 하고말고요!
A: **Will you marry me?** / B: No way!
A: 나랑 결혼해 주시겠어요? / B: 무슨 소리에요!

---

3 **Oh, there she is. Elsa!** 아, 언니가 저기 있네. 엘사!

there she is에서 is는 억양을 좀 올리고 약간 강하게 소리 내는 것이 좋습니다.

두리번거리며 엘사를 찾고 있던 안나는 언니가 저쪽에 있는 것이 보이자 반가운 마음에 언니가 여왕이라는 것도 잊고는 Elsa!라고 소리치네요. 이렇게 애타게 찾고 있던 사람을 발견하면 Oh, there (s)he is.라고 한 다음에 이름을 크게 불러 보세요.

Oh, there he **is**. Peter! 아, 저기 있네. 피터!
Oh, there they **are**. Hi! 아, 저기 있네. 안녕!

53

4 **May I present** Prince Hans of the Southern Isles?

남쪽 섬의 한스 왕자를 소개해 드릴게요.

👄 present가 동사로 쓰일 때는 -sent의 -e-에 강세를 두어 [프리젠트]라고 발음해야 합니다. '선물'이라는 명사로 사용될 때는 pre-의 -e-에 강세를 두어 [프레즌트]라고 소리 내고요.

📖 present가 동사로 쓰일 때는 '소개하다'라는 뜻이 있습니다. 그래서 누구를 소개하고 싶으면 May I present 다음에 소개할 사람의 이름만 붙이면 되는 거죠.

May I present Sarah and John Smith? 스미스 씨 부부를 소개해 드릴게요.
May I present myself? 제 자신을 좀 소개해 드릴게요.

5 **We would like your blessing of** our marriage!

우리 결혼에 대해 여왕님의 축복을 받고 싶어요!

📖 중요한 일을 앞두고 다른 사람에게 그 일에 대한 인정을 받고, 또 축복을 받고 싶어 하는 것은 인지상정(人之常情)이죠. 특히 결혼을 앞둔 남녀가 부모의 축복을 받고 싶어 하는 것은 동서양을 막론하고 똑같습니다.

Father, **we would like your blessing for** marriage.
아버지, 우리 결혼을 축복해 주세요.

We would like your blessing for our work.
우리 일에 대해 축복해 주세요.

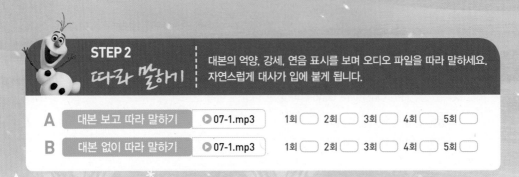

STEP 2
따라 말하기   대본의 억양, 강세, 연음 표시를 보며 오디오 파일을 따라 말하세요.
자연스럽게 대사가 입에 붙게 됩니다.

| A | 대본 보고 따라 말하기 | ▶ 07-1.mp3 | 1회 ⬜ | 2회 ⬜ | 3회 ⬜ | 4회 ⬜ | 5회 ⬜ |
| B | 대본 없이 따라 말하기 | ▶ 07-1.mp3 | 1회 ⬜ | 2회 ⬜ | 3회 ⬜ | 4회 ⬜ | 5회 ⬜ |

STEP 3
완벽히 외우기

우리말을 보며 영어로 말하는 훈련과 롤플레잉 훈련으로
대사를 완벽히 내 것으로 만드세요.

A **우리말 보며 말하기** 우리말을 참고해서 앞에서 외운 대사를 큰 소리로 말해 보세요.
그리고 빈칸에 외운 대사를 영어로 써 보세요.

정말 말도 안 되는 소리를 하나 할까요? 저와 결혼해 주시겠어요?

나는 더 말도 안 되는 소리를 해볼까요? 네, 결혼해요!

이런! 죄송해요. 미안해요. 저희들이 좀 돌아서 가면 안 될까요? 고마워요. 아,
언니가 저기 있네. 엘사!

아니, 여왕님. 다시 왔어요. 저, 남쪽 섬의 한스 왕자를 소개해 드릴게요.

폐하.

우리는 받고 싶어요…   여왕님의 축복을…

…에 대해서…   우리 결혼에 대해서요!

결혼?   네!

미안하구나, 무슨 말인지 통 모르겠으니.

B **역할 정해 말하기** 삐 소리가 들리면 해당 역할을 연기하며 말해 보세요.

ⓐ 한스가 되어 말하기   ▶ 07-2.mp3

ⓑ 안나가 되어 말하기   ▶ 07-3.mp3

55

▶ 07-4.mp3

1 That's what I was gonna say! 내 말이 바로 그거예요!

▶ 자신이 하려던 말을 상대가 먼저 했을 때는 멍하니 있지 말고 That's what I was gonna say!라고 말해주는 센스! gonna는 going to의 구어체적인 버전이죠.

2 Jinx, jinx again. 찌찌뽕, 다시 찌찌뽕.

▶ jinx는 우리도 흔히 사용하는 외래어죠. 우리는 '징크스'라고 하지만 영어로 말할 때는 [징크ㅅ]라고 해야죠. 즉 영어에는 없는 [으]라는 모음을 넣으면 안 된다는 뜻입니다. 그런데 이 jinx는 '악운, 재수 없는 것'이란 뜻으로만 쓰이는 말이 아니라, 두 사람이 동시에 같은 말을 했을 때 악마가 붙을까봐 미리 주의하는 의미로도 쓰인답니다. 우리말의 '고수레'에 해당된다고나 할까요?

3 We haven't worked out all the details ourselves.

우린 아직 세세한 부분까지 다 생각해 보진 않았어.

▶ work out은 일상생활에서 흔히 쓰이는 동사구이기 때문에 의미도 다양하죠. 보통 '운동하다'란 뜻으로 잘 쓰이는데, 여기서는 '곰곰이 생각해서 이것저것 다 고려하다' 정도의 어감을 가지고 있습니다.

Try to **work out** this little mystery. 이 알 수 없는 수수께끼 같은 문제를 해결해봐.

I **work out** three days a week. 전 일주일에 사흘은 운동을 하죠.

4 Slow down. 그렇게 서두르지 말고 좀 기다려봐.

▶ slow down은 문자 그대로 자동차 속도를 늦추라고 할 때 사용할 수 있지만, 처음 만난 남자와 결혼을 서두르는 안나 같이 일을 너무 서두르는 사람에게 서두르지 말라고 할 때도 사용할 수 있는 표현입니다.

5 No one is getting married. 누구도 결혼할 수 없어.

▶ 명령문이라고 해서 반드시 Stop that. 같이 동사의 원형을 사용할 필요는 없죠. 위 문장처럼 현재진행이나 미래형을 사용해서 명령의 의미를 나타낼 수도 있답니다.

No one is getting away with it. 누구도 그런 짓을 하고도 무사할 수는 없어.

Day 08 Elsa Flees 엘사, 도망치다

엘사는 안나에게 방금 막 만난[just met] 남자와 결혼할 수는 없다고 말합니다. 그러나 안나는 언니가 사람을 멀리하는[shut out] 것 이외에 진정한 사랑[true love]에 대해서 뭘 아냐고 대들죠. 엘사는 말문이 막혀 연회실에서 나가면서 파티는 끝났으니[over] 성문을 닫으라고 명령합니다. 안나는 뒤쫓아가며 엘사의 손을 잡으려고 하다가 그만 엘사의 장갑[glove]을 벗기고 말죠. 당황하고 흥분한 엘사의 손에서 돌연 얼음이 분출되고, 이에 놀란 사람들을 뒤로 한 채 엘사는 성문을 박차고 도망칩니다.[flee]

 이 장면을 외우면! 이런 표현을 말할 수 있어요~

1	할 말이 있으면 ~에서/에게 해.	**Whatever you have to say, you can say ~.**
2	네가 ~에 대해서 뭘 안다고 그러니?	**What do you know about ~?**
3	넌 ~하는 것밖에는 모르잖아.	**All you know is how to ~.**
4	넌 ~(해)달라고 했지만, 그럴 수는 없어.	**You asked for ~, but my answer is no.**
5	더 이상 ~한 상태로는 못 살겠어.	**I can't live ~ anymore.**

ELSA
엘사

May I talk to you, / please? / Alone.

안나야, 잠깐 얘기 좀 할 수 있을까, 우리 둘만.

ANNA
안나

No. / [1] Whatever you have to say, / you-you can say to both of us. 안 돼. 할 말이 있으면 우리 두 사람한테 모두 해야 돼.

ELSA
엘사

Fine. / You can't marry a man / you just met.

좋아. 넌 방금 만난 남자랑 결혼하면 안 되는 거야.

ANNA
안나

You can / if it's true love. 진정한 사랑이라면 해도 돼.

ELSA
엘사

Anna, / [2] what do you know about true love?

안나야, 네가 진정한 사랑에 대해서 뭘 안다고 그러는 거니?

ANNA
안나

More than you. / [3] All you know / is / how to shut / people out. 언니보단 많이 알아. 언니는 사람을 내쫓는 것밖에는 아무것도 모르잖아.

ELSA
엘사

[4] You asked for my blessing, / but my answer is no. / Now, excuse me. 넌 내 축복을 받고 싶다고 했다만, 그럴 수가 없구나. 자, 미안하구나, 가봐야겠다.

HANS
한스

Your Majesty, / if I may ease your...

폐하, 제가 폐하의 심기를 좀 누그러뜨릴 수 있다면…

ELSA
엘사

No, / you may not. / And I-I think / you should go. / The party is over. / Close the gates. 안 돼요. 당신이 그렇게 할 수는 없어요. 그리고 당신은 이제 그만 가보는 것이 좋을 것 같아요. 파티는 끝났어요. 성문을 닫으세요.

ANNA
안나

What? / Elsa, no. / No, / wait! 뭐라고? 언니, 안 돼. 안 된다고. 잠깐만!

ELSA
엘사

Give me my glove! 장갑을 내놔!

ANNA
안나

Elsa, please. / Please. / [5] I can't / live / like this / anymore.

언니, 제발 부탁이야. 더 이상 이렇게는 못 살겠어.

58

STEP 1
장면 파헤치기

구문을 이해해야 대본을 효과적으로 암기할 수 있습니다.
구문 설명과 발음 설명을 보며 대본을 완벽히 이해하세요.

1 Whatever you have to say, you can say to both of us.

할 말이 있으면 우리 두 사람한테 모두 해야 돼.

📖 여기서 have to say는 '말해야만 한다'라는 뜻이 아닙니다. whatever가 have의 목적어이고, to say가 whatever를 꾸며준다고 생각하면 됩니다. 따라서 '할 말이 있으면'이란 의미죠. 그리고 can say는 '말할 수 있다'라는 의미가 아니라 '말해라'라는 뜻입니다. 또한 Whatever ~ to say가 can say의 목적어가 되는 거죠. 문법적으로 따지면 이렇게 좀 복잡하지만 일단 이해했으면 패턴을 그냥 통째로 익혀서 활용하면 되는 거죠.

Whatever you have to say, you can say in front of everybody.
할 말이 있으면 다른 사람들이 다 있는 앞에서 해.
Whatever you have to say, you can say right here. 할 말이 있으면 바로 여기서 해.

2 What do you know about true love?

네가 진정한 사랑에 대해서 뭘 안다고 그러는 거니?

📖 인생이 어쩌고, 사랑이 어쩌고 떠드는 철없는 아이에게 핀잔을 줄 때 잘 사용하는 말이 What do you know about ~?이죠.

What do you know about life? 네가 인생에 대해서 뭘 안다고 그러는 거니?
What do you know about death? 네가 죽음에 대해서 뭘 안다고 그러는 거니?

3 All you know is how to shut people out.

언니는 사람을 내쫓는 것밖에는 아무것도 모르잖아.

📖 안나가 자신의 결혼을 반대하는 엘사에게 독설을 퍼붓는 장면에 등장하는 All you know is를 문자 그대로 '네가 아는 것의 전부는 ~이다'라고 이해하면 좀 곤란합니다. 이 말의 의미는 '네가 알고 있는 것은 고작해야 ~뿐이다'이니까요.

All you know is how to beat people up. 넌 사람을 패는 것밖에는 아무것도 몰라.
All you know is how to hate yourself. 넌 네 자신을 미워하는 것밖에는 아무것도 몰라.

4 **You asked for** my blessing, **but my answer is no.**
넌 내 축복을 받고 싶다고 했다만, 그럴 수가 없구나.

🗣️ 이 문장에서는 no가 가장 중요한 말이니까, no를 강하게 발음해야죠.

📖 엘사는 자신의 결혼을 축복해달라는 안나에게 냉정하게 my answer is no라고 잘라 말합니다. 무엇인가를 부탁하는 사람에게 사정이 여의치 않으면 이렇게 딱 자르는 것도 도움이 되겠죠? 이때 ask for는 '~을 (해)달라고 하다', '요청하다'란 의미입니다.

You asked for my money, **but my answer is no.** 넌 내 돈을 달라고 했지만, 그럴 수는 없어.
You asked for my love, **but my answer is no.** 넌 내 사랑을 달라고 했지만, 그럴 수는 없어.

5 **I can't live** like this **anymore.** 더 이상 이렇게는 못 살겠어.

🗣️ can't의 -t는 보통 발음하지 않는다고 말해주면, 그럼 can과 어떻게 구별하느냐고 묻는 사람들이 꽤 있지만, can이냐, can't냐는 문맥상 구별해서 들어야 되는 거죠. 또 보통 can은 약하게, can't는 강하게 발음하기 때문에 문제가 될 것은 없습니다.

📖 이제는 지겨워서 어떤 상태로는 더 이상 살 수 없다고 말하고 싶으면, 〈I can't live + 상태를 나타내는 표현 + anymore〉를 활용해 보세요.

I can't live with you **anymore.** 너하고는 더 이상 못 살겠어.
I can't live in this house **anymore.** 이 집에서는 더 이상 못 살겠어.

STEP 2
따라 말하기

대본의 억양, 강세, 연음 표시를 보며 오디오 파일을 따라 말하세요.
자연스럽게 대사가 입에 붙게 됩니다.

| A | 대본 보고 따라 말하기 | ▶ 08-1.mp3 | 1회 ☐ 2회 ☐ 3회 ☐ 4회 ☐ 5회 ☐ |
| B | 대본 없이 따라 말하기 | ▶ 08-1.mp3 | 1회 ☐ 2회 ☐ 3회 ☐ 4회 ☐ 5회 ☐ |

STEP 3
완벽히 외우기

우리말을 보며 영어로 말하는 훈련과 롤플레잉 훈련으로 대사를 완벽히 내 것으로 만드세요.

A 우리말 보며 말하기 우리말을 참고해서 앞에서 외운 대사를 큰 소리로 말해 보세요.
그리고 빈칸에 외운 대사를 영어로 써 보세요.

안나야, 잠깐 얘기 좀 할 수 있을까, 우리 둘만.

안 돼. 할 말이 있으면 우리 두 사람한테 모두 해야 돼.

좋아. 넌 방금 만난 남자랑 결혼하면 안 되는 거야. 진정한 사랑이라면 해도 돼.

안나야, 네가 진정한 사랑에 대해서 뭘 안다고 그러는 거니?

언니보단 많이 알아. 언니는 사람을 내쫓는 것밖에는 아무것도 모르잖아.

넌 내 축복을 받고 싶다고 했다만, 그럴 수가 없구나. 자, 미안하구나, 가봐야겠다.

폐하, 제가 폐하의 심기를 좀 누그러뜨릴 수 있다면…

안 돼요, 당신이 그렇게 할 수는 없어요. 그리고 당신은 이제 그만 가보는
것이 좋을 것 같아요. 파티는 끝났어요. 성문을 닫으세요.

뭐라고? 언니, 안 돼. 안 된다고, 잠깐만!

장갑을 내놔! 언니, 제발 부탁이야. 더 이상 이렇게는 못 살겠어.

B 역할 정해 말하기 삐 소리가 들리면 해당 역할을 연기하며 말해 보세요.

ⓐ 엘사가 되어 말하기 ▶ 08-2.mp3

ⓑ 안나가 되어 말하기 ▶ 08-3.mp3

STEP 4
유용한 표현 익히기 | Day 08의 모든 장면 중 놓치기 아까운 표현을 정리했습니다. 오디오 파일을 따라 읽으며 익혀 보세요.

▶ 08-4.mp3

1 What did I ever do to you? 도대체 내가 언니에게 뭘 잘못했다고 이러는 거야?

▶ 영문도 모른 채 계속 괴롭힘을 당하다 보면 폭발하는 때가 있기 마련입니다. 참다 참다 더는 못 참겠다 싶을 때면 '도대체 내가 너한테 뭘 어쨌다고 이러는 거야?'라는 말이 곧잘 입 밖으로 나오는데요, 이럴 때 쓸 수 있는 영어 표현입니다. 여기서 ever는 강조의 어감을 띠죠.

2 What are you so afraid of? 언니는 뭐가 무서워서 그러는 거야?

▶ 엘사가 마법을 부릴 수 있는 능력이 있다는 것을 모르는 안나는 언니가 무엇이 그렇게 두려워서 사람을 멀리하는지 모릅니다. 이런 경우에 따지듯이 물어볼 수 있는 말이 바로 What are you so afraid of?이죠.

3 I said, enough! 그만하라고 했잖아!

▶ 이것을 문자 그대로 '나는 충분하다(enough)고 말했다'라고 받아들이면 좀 곤란합니다. enough는 '충분한 것이 지나쳐서 이제는 지겹다'는 의미도 있거든요. 그래서 I said, enough!는 '그만하라고 했잖아!'라는 어감을 전달하는 표현이죠.

4 I knew there was something dubious going on here.
여기서 수상한 일이 벌어지고 있는 것 같더라니.

▶ 왠지 뭔가 수상쩍은 일이 벌어지고 있는 줄 알고 있었다는, 뒷북치는 발언입니다.

I knew there was something wrong going on here. 여기서 뭔가 잘못된 일이 벌어지고 있는 것 같더라니.

5 Long live the Queen! 만수무강 하옵소서, 여왕님!

▶ '대한민국 만세!'라고 할 때의 '만세'에 해당되는 표현이 Long live입니다. '만세'가 만 년 동안 살라고 기원하는 말인 것처럼 Long live는 오래오래 살라, 즉 만수무강하라는 의미죠.

Long live the King! 만수무강 하옵소서, 임금님!

6 Are you all right? 괜찮으십니까?

▶ 안색이 안 좋은 사람에게는 그냥 지나치지 말고 Are you all right?이라고 물어볼 줄 아는 사람이 됩시다. Are you OK?도 똑같은 표현입니다.

I'll Bring Her Back

내가 언니를 데려오겠어

안나는 엘사에게 장갑glove을 돌려주려고 따라가지만follow 엘사는 이미 해안에 도달합니다. 해안선shoreline이 얼어붙습니다.freeze 엘사가 물 위로 걸음을 옮길 때마다 물이 얼어붙어 피오르드가 온통 얼음으로 채워져 배들이 꼼짝없이 갇혀버립니다. 엘사는 산으로 오릅니다. 안나와 한스가 성으로 돌아오니 눈보라blizzard가 치기 시작합니다. 7월에 눈보라가 치자 사람들은 동요하죠.panicking 안나는 언니를 찾아오겠다는 결심을 하고, 만류하는 한스에게 아렌델 왕국을 보살펴달라는 당부를 남긴 채 말을 타고 떠납니다.

 이 장면을 외우면! 이런 표현을 말할 수 있어요~

1	~는 일부러 그런 게 아녜요.	**~ didn't mean it.**
2	~해야 하는 사람은 바로 나예요.	**I'm the one that needs to ~.**
3	당신은 여기 남아서 ~해 주세요.	**I need you here to ~.**
4	~에게 관리를 부탁합니다.	**I leave ~ in charge.**
5	당신이 ~되지 않았으면 좋겠어요.	**I don't want you getting ~.**

ANNA
안나

It was an accident. / She was scared. / [1] She didn't mean it. / She didn't mean / any of this.... / Tonight was my fault. / I pushed her. / So, / [2] I'm the one / that needs to / go after her.

그건 사고였어요. 언니는 무서웠던 거예요. 일부러 그런 게 아니에요. 일부러 그런 건 하나도 없어요. 오늘밤 일은 내 잘못이에요. 내가 언니를 너무 몰아쳤어요. 그러니까 언니 뒤를 쫓아가야 하는 사람은 나예요.

DUKE
대공

Yes. / Fine. / Do. 맞아요. 좋습니다. 그렇게 하세요.

HANS
한스

What? 뭐라고요?

ANNA
안나

Bring me my horse, / please. 내 말을 가져다 주세요.

HANS
한스

Anna, / no. / It's too dangerous. 안나. 안 돼요. 너무 위험해요.

ANNA
안나

Elsa's not dangerous. / I'll bring her back, / and I'll make this right. 언니는 위험한 사람이 아녜요. 내가 언니를 데려와서 이렇게 된 것을 바로잡겠어요.

HANS
한스

I'm coming with you. 나도 같이 갈게요.

ANNA
안나

No, / [3] I need you here / to take care of Arendelle.

안 돼요. 당신은 여기 남아서 아렌델 왕국을 보살펴 주세요.

HANS
한스

...On my honor. 제 명예를 걸고 임무를 완수하겠나이다.

ANNA
안나

[4] I leave / Prince Hans in charge!

한스 왕자를 우리 왕국을 보살피는 사람으로 임명하노라!

HANS
한스

Are you sure / you can trust her? / [5] I don't want you / getting hurt. 언니를 믿을 수 있나요? 언니한테 다치면 안 되는데요.

ANNA
안나

She's my sister; / she would never hurt me.

엘사는 내 언니예요. 언니는 날 해치지 않아요.

STEP 1
장면 파헤치기

구문을 이해해야 대본을 효과적으로 암기할 수 있습니다.
구문 설명과 발음 설명을 보며 대본을 완벽히 이해하세요.

1 She **didn't mean it.** 언니는 일부러 그런 게 아니에요.

📖 She didn't mean it.을 '그녀는 그것을 의미하지 않았다'라고 받아들였다면 지금까지 영어 공부한 것이 수포로 돌아가니까 이번 기회에 점검해 보도록 하죠. mean에는 '일부러, 작정하고 무엇을 하다'라는 뜻이 있기 때문에 I didn't mean it.이라는 말은 '일부러 그런 게 아닙니다'라고 변명하는 말이 됩니다. it 자리에 〈to + 동사원형〉을 쓰면 구체적으로 뭘 하려던 게 아닌지를 밝힐 수 있죠.

I didn't mean to hurt your feelings. 일부러 네 감정을 상하게 하려고 그랬던 게 아냐.
I didn't mean to offend you! 일부러 너에게 모욕을 주려고 그랬던 게 아냐.

2 I'm the one that needs to go after her.
언니 뒤를 쫓아가야 하는 사람은 나예요.

📖 무엇을 할 필요가 있는 사람은 다름 아닌 바로 '나'라고 말하고 싶으면 이 표현을 활용해 보세요. 교활한 대공이 부하들을 시켜 엘사의 뒤를 쫓으려고 하자 안나는 언니를 쫓아가야 하는 사람은 바로 '나'라고 하면서 이렇게 말하는군요.

I'm the one that needs to change. 변할 필요가 있는 사람은 바로 나예요.
I'm the one that needs to apologize. 사과해야 되는 사람은 바로 나예요.

3 I need you here to take care of Arendelle.
당신은 여기 남아서 아렌델 왕국을 보살펴 주세요.

👄 need와 you는 이어서 [니쥬]라고 발음하면 됩니다.

📖 같이 가겠다고 하는 한스에게 안나는 왕국을 관리하려면 당신이 필요하니 그냥 여기에 있으라고 하면서 이렇게 말하는군요. 그러니 누군가가 필요하면 I need you here to라고 하고 왜 필요한지 이유를 말해 보세요.

I need you here to guide me. 당신은 여기에 남아서 나를 이끌어줘야 해요.
I need you here to wipe my tears away. 당신은 여기에 남아서 내 눈물을 닦아줘야 해요.

4 **I leave Prince Hans in charge!**

한스 왕자를 우리 왕국을 보살피는 사람으로 임명하노라!

📖 in charge는 어떤 일이나 집단에 대한 책임을 진다는 뜻이죠. 그래서 〈leave + 사람 + in charge〉는 그 사람을 책임자로 임명한다는 의미입니다. 안나는 결혼을 약속한 한스에게 왕국 관리의 책임을 맡기면서 이렇게 선포하는군요.

He **left** his neigbor **in charge** of his cats on vacation.
그 남자는 휴가를 떠나면서 이웃사람에게 고양이 관리를 부탁했어요.

Should I **leave** Tom **in charge**? 탐에게 관리를 부탁해야 하나?

5 **I don't want you getting hurt.** 다치면 안 되는데요.

👄 이 경우에 getting은 중요한 단어가 아니기 때문에 제대로 다 발음하기보다는 약하게 소리 내게 되죠. 그래서 모음 사이에 있는 -tt-은 [r]로 약화되어 [게링]으로 소리 납니다.

📖 〈want + 목적어 + to + 동사원형〉은 기본적으로 알고 있는 패턴이지만 〈want + 목적어 + -ing〉라는 패턴에는 익숙하지 않은 분들도 있을 겁니다. 하지만 이 패턴도 널리 쓰이는 것이니 이 기회에 익혀 두세요. 두 패턴 사이에는 본질적인 차이가 없습니다.

I don't want you getting emotionally involved with these.
당신이 이 문제에 대해 감정적으로 개입되지 않았으면 좋겠습니다.

I don't want you getting arrested. 당신이 체포되면 안 되는데요.

STEP 2
따라 말하기

대본의 억양, 강세, 연음 표시를 보며 오디오 파일을 따라 말하세요.
자연스럽게 대사가 입에 붙게 됩니다.

A	대본 보고 따라 말하기	▶ 09-1.mp3	1회 ⬭	2회 ⬭	3회 ⬭	4회 ⬭	5회 ⬭
B	대본 없이 따라 말하기	▶ 09-1.mp3	1회 ⬭	2회 ⬭	3회 ⬭	4회 ⬭	5회 ⬭

STEP 3
완벽히 외우기

우리말을 보며 영어로 말하는 훈련과 롤플레잉 훈련으로
대사를 완벽히 내 것으로 만드세요.

A 우리말 보며 말하기 우리말을 참고해서 앞에서 외운 대사를 큰 소리로 말해 보세요.
그리고 빈칸에 외운 대사를 영어로 써 보세요.

그건 사고였어요. 언니는 무서웠던 거예요. 일부러 그런 게 아니에요. 일
부러 그런 건 하나도 없어요. 오늘밤 일은 내 잘못이에요. 내가 언니를 너
무 몰아쳤어요. 그러니까 언니 뒤를 쫓아가야 하는 사람은 나예요.

맞아요, 좋습니다. 그렇게 하세요.

뭐라고요?   내 말을 가져다 주세요.

안나, 안 돼요. 너무 위험해요.

언니는 위험한 사람이 아녜요. 내가 언니를 데려와서 이렇게 된 것을 바로잡겠어요.

나도 같이 갈게요.

안 돼요. 당신은 여기 남아서 아렌델 왕국을 보살펴 주세요.

제 명예를 걸고 임무를   한스 왕자를 우리 왕국을 보살피는 사람으로
완수하겠나이다.   임명하노라!

언니를 믿을 수 있나요? 언니한테 다치면 안 되는데요.

엘사는 내 언니예요. 언니는 날 해치지 않아요.

B 역할 정해 말하기 삐 소리가 들리면 해당 역할을 연기하며 말해 보세요.

ⓐ 안나가 되어 말하기   ▶ 09-2.mp3   ⓑ 한스가 되어 말하기   ▶ 09-3.mp3

67

▶ **09-4.mp3**

1 Did you know? 알고 있었어요?

▶ 한스는 안나에게 언니가 마법을 부릴 수 있는 능력이 있다는 것을 알고 있었느냐고 묻고 있습니다. 이렇게 새롭게 알게 된 사실에 대해서 '넌 알고 있었냐?'며 확인할 때는 간단히 Did you know?라고 하면 됩니다.

2 The Queen has cursed this land! 여왕이 이 땅에 저주를 내렸던 거야!

▶ 자연 재해를 비롯해 사회적으로나 개인적으로 나쁜 일이 생기면 나약한 마음에 한 번쯤 신의 저주라는 둥, 다른 사람의 저주라는 둥하면서 누군가를 탓하기도 합니다. 이럴 때 바로 '~에(게) 저주를 내리다'란 의미의 동사 curse 를 이용해 A has cursed B!(A가 B에게 저주를 내린/내렸던 거야!)라고 말해 보세요.

3 You have to go after her. 너희들은 여왕을 쫓아가라.

▶ go after는 물리적으로 뒤쫓는다는 말도 되고, 비유적으로 사용되기도 하죠. 즉, 명성이나 돈을 추구한다는 의미로도 쓰인답니다.

You have to go after the person you like. 네가 좋아하는 사람은 쫓아다녀야 하는 거야.

4 Is there sorcery in you, too? 당신도 마법을 하는 거요?

▶ 당신 안에도 마법이 있냐는 말은 당신도 마법을 부릴 수 있는 힘이 있냐는 뜻이겠죠? 원래 어떤 속성이나 능력을 갖고 있냐고 물어볼 때 사용할 수 표현입니다.

Is there love **in you?** 당신은 사랑할 수 있는 힘이 있나요?

5 I'm completely ordinary. 난 그냥 아주 평범한 사람이에요.

▶ 이 ordinary는 경우에 따라서 좋은 어감을 갖기도 하고, 또 어떤 때는 찌질한 사람의 대명사로 전락하기도 합니다. 서양인에게 You're ordinary.라고 하면 대부분 언짢은 기색을 띠죠. 겉으로 드러내지는 않아도 마음속으로 괘씸하게 생각할 수 있습니다. 이 세상에서 나는 특별한 사람이라고 생각하기 좋아하니까요. 하지만 평범한 사람이 되는 것이 얼마나 어려운지, 또 얼마나 자랑스러운 것인지 아는 사람은 이 말을 들으면 환한 웃음을 지을 것입니다.

I am a completely ordinary teacher. 난 그냥 아주 평범한 교사일 뿐이야.

6 She nearly killed me. 난 당신 언니 때문에 죽을 뻔했어요.

▶ 이런 말은 할 기회가 없으면 없을수록 좋겠지만, 각박한 사회에 살다 보면 누군가 때문에 십년감수하기도 하고, 또는 내 마음이 각박해서 별것 아닌 일로도 누군가 때문에 죽을 뻔했다고 느끼기도 합니다. 이런 마음을 ~ nearly kill me라는 말로 풀어내 보세요.

Day 10 Let the Storm Rage On 눈보라여, 몰아쳐라

산정^{peak}에 올라간 엘사는 장갑, 왕관,^{crown} 망토^{cape}를 벗어던지고는 자신의 내부에 응축되어 있던 마법을 폭발시켜 얼음 왕궁^{ice palace}을 만듭니다. 엘사는 이 얼음 왕국에서 혼자 살 결심을 하죠. 한편 안나는 언니를 찾아 발이 푹푹 빠지는 눈 속을 헤치며 나아갑니다. 언니가 마법을 부린다는 것을 자신에게 미리 말해 줬더라면 이런 일이 생기지 않았을 것이라고 원망해 보지만 아무런 소용이 없네요. 게다가 말까지 도망가고,^{run away} 시내^{stream}로 굴러 떨어지기까지 하죠. 과연 안나는 어디에 있는지도 모르는 언니를 무사히 찾아갈 수 있을까요?

 이 장면을 외우면! 이런 **표현을** 말할 수 있어요~

1. 나야, ~, 언니 동생. — It's me, ~, your sister.
2. 내가 일부러 널 ~하게 한 건 아냐. — I didn't mean to make you ~.
3. 다 내 잘못이야. — It's all my fault.
4. ~가 …했더라면 이런 일은 일어나지 않았을 거야. — None of this would have happened if ~
5. ~는 …하지 못했을 거야. — ~ couldn't have + p.p. ....

ANNA
안나

Elsa! / Elsa! / [1]It's me, / Anna... / your sister / who [2]didn't mean / to make you freeze the summer. / [3]I'm sorry. / It's all my f-f-f-f-f-fault.

언니! 언니! 나야, 안나, 언니 동생. 언니가 여름을 꽁꽁 얼어붙게 만들도록 내가 일부러 그렇게 한 건 아니야. 미안해, 다 내 잘못이야.

Of course, / [4]none of this / would have happened / if she'd just told me / her secret... / ha... / she's a stinker.

물론 언니가 자신의 비밀을 나에게 얘기해 줬더라면 이런 일은 전혀 일어나지 않았겠지… 언니는 진짜 깍쟁이야.

Oh / no. / No. / No. / No. / Come back. / No. / No. / No. / No.... / Oooo-kay.

안 돼, 안 돼. 그러면 안 돼. 돌아와. 안 돼, 안 돼. 그러지 마… 할 수 없지 뭐.

Snow, / it had to be snow, / [5]she couldn't have had / tr-tr-tropical magic / that covered the f-f-fjords / in white sand, / and warm...

눈이야. 그건 눈이었어. 언니는 피오르드를 하얗고 따듯한 모래로 뒤덮을 수 있는 그런 뜨거운 열대 지방을 만들 수 있는 마법을 부릴 수는 없었을 거야.

Fire! / WHOA! 불이다! 야!

Cold, / cold, / cold, / cold, / cold... 추워, 추워, 추워, 추워, 추워…

→ 올려 읽기   ↗ 내려 읽기   / 끊어 읽기   ⌒ 이어서 읽기   ● 강하게 읽기

70

STEP 1
장면 파헤치기

구문을 이해해야 대본을 효과적으로 암기할 수 있습니다.
구문 설명과 발음 설명을 보며 대본을 완벽히 이해하세요.

1 **It's me, Anna, your sister.** 나야. 안나. 언니 동생.

안나는 눈이 2피트나 쌓인 산길을 말을 타고 가면서 이런 독백을 했지만, 사실은 전화를 할 때 자주 사용하는 표현이죠. 얼굴을 보지 못하는 상대에게 우선, It's me(나야)라고 한 다음, 이름을 말하고, 어떤 관계에 있는 사람인지 보충해서 설명하는, 알고 보면 아주 과학적이고도 친절하게 자신을 나타내는 방법이죠.

It's me, Cathy, **your** classmate. 나야. 캐시. 네 반친구.
It's me, Tom, **your** cousin. 나야. 탐. 네 사촌.

2 **I didn't mean to make you freeze the summer.**
언니가 여름을 꽁꽁 얼어붙게 만들도록 내가 일부러 그렇게 한 건 아니야.

make you는 [메이ㅋ유]라고 해도 되지만 보통 빨리 말할 때는 연음해서 [메이큐]라고 하죠.

언니가 여름을 꽁꽁 얼어붙게 만들도록 하려고 내가 일부러 언니의 심기를 건드리고 장갑을 벗긴 건 아니라고 안나가 혼자 넋두리를 하고 있네요. 이렇게 '내가 일부러 당신이 어떤 행동을 하도록 만든 건 아니'라고 해명을 하고 싶으면 I didn't mean to make you 다음에 동사원형을 넣어 주세요. 안나는 I 대신 your sister 뒤에 관계대명사 who를 써서 그대로 말을 덧붙이고 있습니다.

I didn't mean to make you cry. 내가 일부러 당신을 울린 건 아니야.
I didn't mean to make you suffer. 내가 일부러 당신을 괴롭힌 건 아니야.

3 **I'm sorry. It's all my fault.** 미안해, 다 내 잘못이야.

잘못을 모두 내 탓으로 돌릴 때 잘 사용하는 표현이 It's all my fault.입니다.

I have lost everything and **it's all my fault**.
나는 모든 걸 잃었어. 모두 내 탓이지 뭐.

My boyfriend is mad at me and **it's all my fault**.
남친이 나한테 엄청 화가 났어. 모두 내 탓이야.

71

4 **None of this would have happened if** she'd just **told** me
her secret. 언니가 자신의 비밀을 나에게 얘기해 줬더라면 이런 일은 전혀 일어나지 않았겠지.

'과거에 어떤 일이 있었다면 이런 일은 일어나지 않았을 것'이라는 말은 문법적으로는 가정법 과거완료라고 한다는 것은 다 알고 있는 것이죠? 다시 한 번 정리하자면 〈주어 + 조동사의 과거형 + have + 동사의 과거분사형〉은 주절이고 if절은 〈if + 주어 + had + 동사의 과거분사형〉이 바로 가정법 과거완료죠. 이런 문법 사항은 공식만 죽어라 외워 봐야 도움이 안 되고, 실제로 어떻게 쓰이는지 그 느낌을 익혀야 자신의 것이 되죠. 안나의 언니에 대한 이런 독백을 들으니까 느낌 알겠죠?

None of this would have happened if you **had listened** to me.
네가 내 말을 들었다면 이런 일은 일어나지 않았을 거야.

None of this would have happened if you **had called** me this morning.
오늘 아침에 네가 나한테 전화를 했었다면 이런 일은 일어나지 않았을 거야.

5 **She couldn't have had** tropical magic.
언니는 뜨거운 열대 지방을 만들 수 있는 마법을 부릴 수는 없었을 거야.

이것도 가정법 과거완료네요. if절이 없는 구문이죠. 경우에 따라서는 if절은 생략될 수도 있으니까 당황하지 마세요.

I couldn't have managed without you. 네가 아니었다면 해내지 못했을 거야.
They **couldn't have done** it without us. 그 사람들은 우리가 아니었다면 그것을 하지 못했을 거야.

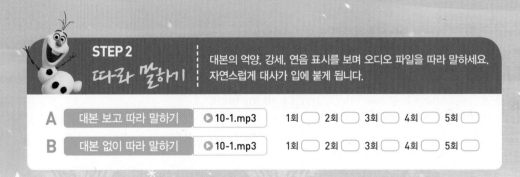

STEP 2
따라 말하기

대본의 억양, 강세, 연음 표시를 보며 오디오 파일을 따라 말하세요.
자연스럽게 대사가 입에 붙게 됩니다.

| A | 대본 보고 따라 말하기 | ▶ 10-1.mp3 | 1회 ◯ 2회 ◯ 3회 ◯ 4회 ◯ 5회 ◯ |
| B | 대본 없이 따라 말하기 | ▶ 10-1.mp3 | 1회 ◯ 2회 ◯ 3회 ◯ 4회 ◯ 5회 ◯ |

완벽히 외우기

우리말을 보며 영어로 말하는 훈련과 롤플레잉 훈련으로
대사를 완벽히 내 것으로 만드세요.

A 우리말 보며 말하기 | 우리말을 참고해서 앞에서 외운 대사를 큰 소리로 말해 보세요.
그리고 빈칸에 외운 대사를 영어로 써 보세요.

언니! 언니! 나야, 안나, 언니 동생. 언니가 여름을 꽁꽁 얼어붙게 만들도
록 내가 일부러 그렇게 한 건 아니야. 미안해, 다 내 잘못이야.

물론 언니가 자신의 비밀을 나에게 얘기해 줬더라면 이런 일은 전혀 일어
나지 않았겠지… 언니는 진짜 깍쟁이야.

안 돼, 안 돼. 그러면 안 돼. 돌아와. 안 돼, 안 돼. 그러지 마…
할 수 없지 뭐.

눈이야, 그건 눈이었어. 언니는 피오르드를 하얗고 따듯한 모래로 뒤덮을
수 있는 그런 뜨거운 열대 지방을 만들 수 있는 마법을 부릴 수는 없었을
거야.

불이다! 야!

추워, 추워, 추워, 추워, 추워…

B 역할 정해 말하기 | 삐 소리가 들리면 해당 역할을 연기하며 말해 보세요.

ⓐ **안나가 되어 말하기** ▶ 10-2.mp3

73

▶ 10-3.mp3

1 It looks like I'm the queen. 난 이 왕국의 여왕처럼 보이는구나.

▶ 실제로 그렇든, 아니면 겉모습만 그렇게 보이든 무엇처럼 보인다고 할 때는 It looks like 뒤에 보이는 모습을 넣어 주면 됩니다.

It looks like your child has a nut allergy. 당신의 아이는 견과류 앨러지가 있는 것 같아요.

2 Heaven knows I tried. 내가 노력했다는 것은 하늘이 알고 있지.

▶ 하늘이 알고 땅이 알고 있다는 우리 표현의 영어식 버전이 바로 Heaven knows입니다. 주의할 것은 heaven에는 아무런 관사도 붙지 않는다는 사실이죠.

Heaven knows I'm lonely now. 내가 지금 외롭다는 것은 하늘이 알고 있지.

3 I can't hold it back anymore. 이제는 더 이상 내 안에 감출 수 없구나.

▶ 자신의 내부에 감춰놓았던 분노, 사랑, 슬픔 등의 감정을 이제는 더 이상 억누를 수 없다는 절절한 감정의 표현이죠.

4 I don't care what they're going to say. 세상 사람들이 뭐라 하든 난 상관없어.

▶ 네가 뭐라고 하든, 뭐라고 생각하든, 다른 사람들이 뭐라고 떠들든 난 상관없어, 내 길을 갈 뿐이라고 말하고 싶을 때 꼭 필요한 표현이 바로 I don't care입니다.

I don't care what you think about me. 네가 나를 어떻게 생각하든 난 상관없어.

5 The cold never bothered me anyway. 어쨌든 난 추위 따위는 상관없었어.

▶ bother는 '귀찮게 하다, 신경을 쓰게 만들다'라는 뜻이니까, A never bothered me anyway는 'A라는 것은 전에도 상관없었고 지금도 상관없다'는 의미이죠.

6 I'll rise like the break of dawn. 나는 새벽처럼 일어날 것이니라.

▶ 새벽처럼 일어날 것이라는 말은 일상적인 표현은 아니죠. 좀 멋있게 말하고자 할 때 사용하는 직유 표현이라고 할 수 있죠. 매일 똑같은 말만 되풀이하는 것이 싫증이 나면 어쩌다가는 이런 문학적인 표현을 사용해 폼 좀 잡아보는 것도 좋겠죠?

I'll rise like the phoenix. 나는 불사조처럼 일어날 것이다.

1회 2회 3회

Day 06

I was born with it. 태어날 때부터 그랬어요.

It's what brothers do. 형들이란 원래 그런 법이죠.

I would never shut you out.
나라면 당신 같은 사람을 멀리하는 일은 절대로 없을 거예요.

Day 07

Can I say something crazy?
정말 말도 안 되는 소리를 하나 할까요?

Oh, there she is. Elsa! 아, 언니가 저기 있네. 엘사!

We would like your blessing of our marriage! 우리 결혼에 대해 여왕님의 축복을 받고 싶어요!

Day 08

What do you know about true love?
네가 진정한 사랑에 대해서 뭘 안다고 그러는 거니?

All you know is how to shut people out.
언니는 사람을 내쫓는 것밖에는 아무것도 모르잖아.

I can't live like this anymore. 더 이상 이렇게는 못 살겠어.

Day 09

She didn't mean it. 언니는 일부러 그런 게 아니에요.

I'm the one that needs to go after her.
언니 뒤를 쫓아가야 하는 사람은 나예요.

I need you here to take care of Arendelle.
당신은 여기 남아서 아렌델 왕국을 보살펴 주세요.

Day 10

I didn't mean to make you freeze the summer. 언니가 여름을 꽁꽁 얼어붙게 만들도록 내가 일부러 그렇게 한 건 아니야.

I'm sorry. It's all my fault. 미안해. 다 내 잘못이야.

None of this would have happened if she'd just told me her secret.
언니가 자신의 비밀을 나에게 얘기해 줬더라면 이런 일은 전혀 일어나지 않았겠지.

WORDS & PHRASES

❶ 눈에 보이지 않는 ....

❷ ~를 따돌리다, 멀리하다 ....

❸ 소개하다 ....

❹ 뭐가 뭔지 모르겠는 ....

❺ ~을 (해)달라고 하다 ....

❻ 끝나다 ....

❼ ~뒤를 쫓아가다 ....

❽ ~을 돌보다, 보살피다 ....

❾ 얼어붙게 하다 ....

❿ 열대 지방의 ....

EXPRESSIONS

❶ 이렇게 좋았던 적이 없었어. ....

❷ 언제나 이러면 얼마나 좋아. ....

❸ 내 말이 바로 그거예요! ....

❹ 그렇게 서두르지 말고 좀 기다려봐. ....

❺ 대체 내가 너한테 뭘 어쨌다고 그래? ....

❻ 그만하라고 했잖아! ....

❼ 당신도 마법을 하는 거요? ....

❽ 난 그냥 아주 평범한 사람이에요. ....

❾ 내가 노력했다는 것은 하늘이 알고 있지. ....

❿ 세상 사람들이 뭐라 하든 난 상관없어. ....

WORDS & PHRASES   ❶ invisible ❷ shut out ❸ present ❹ confused ❺ ask for ❻ be over ❼ go after ❽ take care of ❾ freeze ❿ tropical

EXPRESSIONS   ❶ I've never been better. ❷ I wish it could be like this all the time. ❸ That's what I was gonna say! ❹ Slow down. ❺ What did I ever do to you? ❻ I said, enough! ❼ Is there sorcery in you, too? ❽ I'm completely ordinary. ❾ Heaven knows I tried. ❿ I don't care what they're going to say.

북유럽 신화에 단골로 등장하는 괴물과 언어

 **#1 트롤** Troll

트롤은 원래 북구의 신화나 전설에 등장하는 괴물로, 주로 바위나 동굴에 살고 있다고 전해지고 있습니다. 선과 악의 2분법적 구분에 익숙했던 서구인들은 이 트롤을 주로 인간에게는 별로 도움이 안 되는 괴물로 묘사하면서, 북구 이외의 여러 지역에서도 이야기에 트롤을 등장시켰죠. 해리 포터 시리즈에도 이 트롤이 등장하는 것을 보면 꽤 보편적인 괴물이라는 것을 알 수 있습니다. 그런데 이 영화에서는 사랑을 신봉하는 love expert(사랑 전문가)이자, 마법에 걸린 인간을 치료해 줄 수 있는 신비한 능력을 가진 집단으로 그리고 있죠.

 #2 고대 노르드어 룬 문자 Old Norse Runes

고대 노르드어(Old Norse)는 북구에 아직 라틴어나 그리스어가 침투하기 이전에 이 지역 주민들이 사용하던 언어를 뜻하며 runes는 이 언어를 표기하던 문자를 뜻합니다. 이 runes는 얼핏 보면 나뭇가지를 여러 형태로 묘사한 것처럼 보이죠. 이 글자들이 나중에 라틴어와 그리스어의 영향을 받아 현재의 문자 형태로 바뀌었답니다. 엘사의 아버지인 왕은 runes로 적힌 책을 펼쳐서 트롤들이 있는 곳을 알아내죠. 그리고 엘사의 대관식 때 주교는 Old Norse로 대관식을 진행하고요.

Anna Meets Kristoff

안나, 크리스토프를 만나다

얼어붙은 계곡으로 굴러 떨어진 안나는 눈을 털고 일어나 연기^{smoke}가 나오는 쪽을 향해 걸어 갑니다. 그곳은 오켄 잡화점이었죠. 7월이라 대부분 여름용품^{summer supplies}이었지만 간신히 겨 울옷과 부츠를 찾을 수 있었죠. 이때 문이 벌컥 열리더니 눈을 뒤집어쓴 크리스토프가 홍당 무^{carrot}와 겨울용품을 구하러 들어옵니다. 잡화점 주인 오켄은 터무니없이 비싼 가격을 부르네 요. 갑자기 추워졌으니 단단히 바가지를 씌우는 거죠. 이에 분개한 크리스토프가 오켄을 사기꾼 crook이라고 부르죠. 안나와 크리스토프의 첫 대면은 이렇게 험악한 분위기 속에 이루어집니다.

 이 장면을 외우면! 이런 표현을 말할 수 있어요~

1 가격은 ~가 되겠습니다.	That'll be ~.
2 ~는 문제가 엄청나요.	~ have a big problem.
3 난 ~해서 먹고 살아요.	I ~ for a living.
4 ~에 종사한다는 것은 굉장히 힘들어요.	~ is a rough business to be in.
5 덤으로 ~을 드릴게요.	I will throw in ~.

79

OAKEN
오켄

[1] That'll be forty. 40량 되겠습니다.

KRISTOFF
크리스토프

Forty? / No, / ten. 40량이라고요? 말도 안 돼요. 10량에 합시다.

OAKEN
오켄

Oh dear, / that's no good. / See / these are from our winter stock, / where **[2]** supply and demand / have a big problem. 아, 이런. 그렇게는 안 되겠는뎁쇼. 보십쇼. 이건 우리 겨울용품 코너에서 갖고 온 것들이잖요. 이런 것들은 지금 수요와 공급이 안 맞아도 한참 안 맞으니까요.

KRISTOFF
크리스토프

You want to / talk about a supply and demand problem? / **[3]** I sell / ice for a living.

수요와 공급에 문제가 있다고 말하고 있는 거요? 난 직업이 얼음 파는 사람이요.

ANNA
안나

Ooh, / **[4]** that's a rough business / to be in / right now. / I mean, / that is really... / Ahem. / That's unfortunate.

아, 이런. 얼음 장사는 지금 굉장히 힘들겠어요. 제 말은요, 진짜로… 으흠, 운이 없는 거죠.

OAKEN
오켄

Still forty. / But **[5]** I will throw in a visit to / Oaken's sauna. / Hoo hoo! / Hi, family.

그래도 40량입니다. 하지만 덤으로 우리 집에서 사우나를 할 수 있게 해드릴게요. 댁내 다 안녕하죠!

NAKED FAMILY
발가벗은 가족

Hoo hoo! 안녕하쇼!

KRISTOFF
크리스토프

...Ten's / all I got. / Help me out. 가지고 있는 게 10량밖에 없어요. 좀 도와주쇼.

OAKEN
오켄

Ten will get you this / and no more.

10량으로는 이것만 가져가쇼. 다른 것은 안 되오.

STEP 1
장면 파헤치기 구문을 이해해야 대본을 효과적으로 암기할 수 있습니다.
구문 설명과 발음 설명을 보며 대본을 완벽히 이해하세요.

1 **That'll be forty.** 40량 되겠습니다.

📖 상점에서 물건을 가지고 카운터에 가면 요즘이야 대부분 아무 말 없이 계산기를 두드려서 가격을 보여주기 때문에 서로 말할 필요가 없지만, 경우에 따라서는 가격을 말해 주기도 하죠. 이때 점원이 "가격은 40달러가 되겠습니다."라고 하는 표현이 바로 That'll be forty.입니다.

A: How much is it? / B: **That'll be** ten fifty. A: 얼마예요? / B: 10달러 50센트 되겠습니다.

2 **Supply and demand have a big problem.**
수요와 공급이 안 맞아도 한참 안 맞으니까요.

👄 supply and demand는 '수요와 공급'이란 한 덩어리 표현이니까 and의 -d는 생략해서 [서플라이앤디맨드]라고 발음하면 됩니다.

📖 오켄은 겨울용품은 수요는 엄청나게 많은데 공급이 딸려서 supply and demand가 엄청난 문제를 안고 있다고 말하면서 크리스토프에게 바가지를 씌우고 있습니다. 이렇게 뭐든 '문제가 엄청나게 많다'는 것은 간단하게 have a big problem이라고 표현하면 되죠.

The Olympics **has a big problem**. 올림픽은 문제가 엄청나.
China **has a big problem** with pollution. 중국은 오염 문제가 심각해.

3 **I sell ice for a living.** 난 직업이 얼음 파는 사람이요.

📖 가진 건 돈밖에 없는 사람들이야 무슨 일이든 취미로 하겠지만, 보통 사람들은 먹고 살려고 일하겠죠? 이 '먹고 살려고'가 영어로는 for a living입니다. 그래서 직업을 물어볼 때는 보통 What do you do for a living?이라고 하죠. 즉 '먹고 살기 위해서 무슨 일을 하십니까?'라는 의미랍니다.

I want to write **for a living**. 난 글을 써서 먹고 살고 싶어.
I sell used books **for a living**. 난 중고책을 팔아서 먹고 살아.

4 That's **a rough business to be in** right now.

그 장사는 지금 굉장히 힘들겠어요.

👄 rough의 -gh는 [f]로 발음한다는 것은 잘 알고 있겠죠? 그런데 -ou-의 발음이 좀 문제가 되죠. 이건 [아]도 아니고 [어]도 아닙니다. 입모양을 [아]로 하고 소리는 [어]로 내야 정확한 발음이 나오죠.

📖 7월에 눈보라가 치니까 지금 얼음 장사를 하는 건 참 힘들겠다고 안나가 크리스토프를 동정하네요. to be in은 '종사하기에는'이란 뜻이고 a rough business는 '힘든 장사'라는 의미인데, to be in이 앞에 있는 a rough business를 꾸며주니까 '종사하기에 힘든 장사'란 뜻이 되는 거죠.

The music industry is **a rough business to be in**. 음악 산업에 종사한다는 것은 힘들어.
It seems like **a rough business to be in**. 그건 힘든 사업인 것 같아.

5 I will **throw in** a visit to Oaken's sauna.

덤으로 오켄 사우나를 이용할 수 있게 해드릴게요.

📖 오켄은 바가지를 씌우는 대신 자신이 운영하는 사우나를 무료로 이용할 수 있게 해준다고 선심을 쓰는군요. 이렇게 무엇을 덤으로 주는 것을 throw in이라고 표현합니다.

If you subscribe now, the cable TV company **throws in** 50 days of free Internet access.
지금 가입하시면 케이블 TV 회사에서는 인터넷을 50일간 무료로 이용할 수 있는 서비스를 덤으로 드립니다.

They **throw in** some French fries to attract new customers.
그 상점에서는 손님을 끌려고 감자튀김을 덤으로 줘.

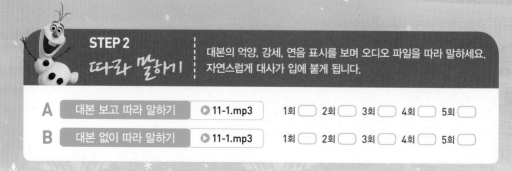

STEP 2
따라 말하기

대본의 억양, 강세, 연음 표시를 보며 오디오 파일을 따라 말하세요.
자연스럽게 대사가 입에 붙게 됩니다.

| A | 대본 보고 따라 말하기 | ▶11-1.mp3 | 1회 ⬜ 2회 ⬜ 3회 ⬜ 4회 ⬜ 5회 ⬜ |
| B | 대본 없이 따라 말하기 | ▶11-1.mp3 | 1회 ⬜ 2회 ⬜ 3회 ⬜ 4회 ⬜ 5회 ⬜ |

A 우리말 보며 말하기 우리말을 참고해서 앞에서 외운 대사를 큰 소리로 말해 보세요.
그리고 빈칸에 외운 대사를 영어로 써 보세요.

40량 되겠습니다.

40량이라고요? 말도 안 돼요. 10량에 합시다.

아, 이런, 그렇게는 안 되겠는뎁쇼. 보십쇼, 이건 우리 겨울용품 코너에서 갖고 온 것들이잖아요. 이런 것들은 지금 수요와 공급이 안 맞아도 한참 안 맞으니까요.

수요와 공급에 문제가 있다고 말하고 있는 거요? 난 직업이 얼음 파는 사람이요.

아, 이런, 얼음 장사는 지금 굉장히 힘들겠어요. 제 말은요, 진짜로…
으흠, 운이 없는 거죠.

그래도 40량입니다. 하지만 덤으로 우리 집에서 사우나를 할 수 있게 해 드릴게요. 댁내 다 안녕하죠!

안녕하쇼!

가지고 있는 게 10량밖에 없어요. 좀 도와주쇼.

10량으로는 이것만 가져가쇼, 다른 것은 안 되오.

B 역할 정해 말하기 삐 소리가 들리면 해당 역할을 연기하며 말해 보세요.

ⓐ 오켄이 되어 말하기 ▶ 11-2.mp3

ⓑ 크리스토프가 되어 말하기 ▶ 11-3.mp3

ⓒ 안나가 되어 말하기 ▶ 11-4.mp3

STEP 4
유용한 표현 익히기

Day 11의 모든 장면 중 놓치기 아까운 표현을 정리했습니다. 오디오 파일을 따라 읽으며 익혀 보세요.

▶ 11-5.mp3

1 Half off swimming suits. 수영복을 반값에 팝니다요.

▶ 7월에 눈보라가 치자 오켄이 수영복을 반값으로 세일하는군요. 세일할 때 필요한 표현이 바로 off입니다. 어떤 가격에서 '몇 % 할인'한다는 의미죠. 그래서 30% off는 '30퍼센트 할인'한다는 뜻이 되는 거죠.

30% Off All Items! 모든 품목 30퍼센트 세일!

2 For now, how about boots? 그건 됐고요, 부츠는 있나요?

▶ 오켄이 여름용품을 대박 세일한다고 자랑을 늘어놓자, 듣고 있던 안나가 '그건 됐고요, 부츠가 있나요?'라고 묻습니다. 이렇게 '앞에서 이야기한 건 다 좋긴 좋지만, 지금 말하고자 하는 건 그게 아니라 이거다'라고 하고 싶을 때 For now, how about ~?의 구문을 활용해 보세요.

For now, how about telling me what you think? 그건 됐고, 네가 생각하는 걸 얘기해 보는 게 어때?

3 I was just wondering. 궁금한 게 있는데 말이죠.

▶ 뭔가 궁금한 것에 관한 얘기를 꺼낼 때 사용하면 좋은 표현이죠. I was just wondering이라고 말을 꺼내고는 잠깐 뜸을 들인 후에 궁금한 것을 물으면 제격입니다.

4 Only one crazy enough to be out in this storm is you.

이렇게 눈보라가 치는 날씨에 밖을 돌아다니는 미친 사람은 아가씨밖에는 못 봤는뎁쇼.

▶ one crazy enough to be out in this storm을 문자 그대로 옮기면 '이 눈보라에 밖에 돌아다닐 정도로 충분히 미친 사람'이 되죠. 〈형용사 + enough to + 동사원형〉의 용법이 어떤 어감이라는 것을 이 문장을 통해서 느낄 수 있겠죠?

The people who are **crazy enough to** think they can change the world are the ones who do. - Steve Jobs
세상을 바꿀 수 있다고 생각하는 미친 사람들이야 말로 실제로 세상을 바꾸는 사람들이다. – 스티브 잡스

5 Now, back up while I deal with this crook here.

자, 이제 뒤로 물러나세요. 여기 있는 이 사기꾼에게 손 좀 봐주게.

▶ 사람에게 back up이라고 하면 뒤로 '물러서라'는 것이고 자동차를 모는 사람에게 back up이라고 하면 '후진하라'는 뜻이죠.

I Know How to Stop This Winter 어떻게 하면 이 겨울을 끝낼 수 있는지 난 알고 있다네

Day 12

덩치가 엄청나게 큰 오켄은 자신을 사기꾼^{crook}이라고 부른 크리스토프를 가게 밖으로 내동댕이칩니다. 아무것도 구하지 못한 크리스토프는 스벤과 함께 헛간^{barn}에서 밤을 보내기로 하죠. 이때 안나가 크리스토프가 사려고 했던 용품^{supplies}이 담긴 자루^{sack}를 메고 헛간으로 옵니다. 그리고는 자신을 북쪽 산^{North Mountain}으로 데려다 달라고 말하네요. 크리스토프가 거절하자 자신이 이 겨울을 끝낼 수 있는 방법을 알고 있다면서 자루를 던져 줍니다. 이렇게 해서 안나와 크리스토프는 엘사를 찾으러 떠나는 험난한 여정을 함께하게 되죠.

 이 장면을 외우면! 이런 표현을 말할 수 있어요~

1	~해 주면 좋겠어요.	**I want you to ~.**
2	난 어떻게 하면 ~할 수 있는지 알고 있어.	**I know how to ~.**
3	우린 지금 ~해야 해요. 지금 당장이요.	**We ~ now. Right now.**
4	~을 내려놔요.	**Get ~ down.**
5	~는 헛간에서 자라서 그렇게 버릇이 없어요?	**Was/Were ~ raised in a barn?**

FROZEN 바로 이 장면

→ 올려 읽기 → 내려 읽기 / 끊어 읽기 ⌒ 이어서 읽기 ● 강하게 읽기

ANNA
안나

■ I want you to / take me up / the North Mountain.

저를 북쪽 산으로 데리고 가줬으면 좋겠어요.

KRISTOFF
크리스토프

I don't take people places. 저는 사람을 어디다 데려다 주는 일은 하지 않아요.

ANNA
안나

Let me rephrase that... 다른 말로 바꿔서 할게요.

KRISTOFF
크리스토프

Umph. 윽.

ANNA
안나

Take me up / the North Mountain.... / Please. / Look, /
② I know / how to stop / this winter.

저를 북쪽 산으로 데리고 가주세요. 이것 좀 보세요. 어떻게 하면 이 겨울을 끝낼 수 있는지 난 알고 있어요.

KRISTOFF
크리스토프

We leave at dawn.... / And you forgot the carrots / for
Sven. / Ugh! 새벽에 떠나죠. 그런데 말이죠. 스벤이 먹을 홍당무를 잊어버리셨군요. 아이쿠!

ANNA
안나

Oops. / Sorry. / Sorry. / I'm sorry. / I didn't... / ③ We
leave now. / Right now. 어머. 죄송. 죄송해요. 정말 미안해요. 일부러 그런 건 아니…
지금 떠나야 해요. 지금 당장이요.

KRISTOFF
크리스토프

Hang on! / We like to go fast! 꼭 잡아요! 우리는 빨리 달리는 걸 좋아하니까요.

ANNA
안나

I like fast! 나도 빨리 달리는 걸 좋아해요.

KRISTOFF
크리스토프

Whoa, / whoa! / ④ Get your feet down. / This is fresh
lacquer. / Seriously, / ⑤ were you raised / in a barn?

이런, 이런! 발을 내려놔요. 이건 라커 칠을 새로 한 거란 말이에요. 이건 농담이 아닌데요. 헛간에서 자라서 그렇
게 버릇이 없어요?

STEP 1
장면 파헤치기

구문을 이해해야 대본을 효과적으로 암기할 수 있습니다.
구문 설명과 발음 설명을 보며 대본을 완벽히 이해하세요.

1 **I want you to** take me up the North Mountain.

저를 북쪽 산으로 데리고 가줬으면 좋겠어요.

상대방이 무엇을 해주기를 바랄 때 잘 사용하는 패턴이 〈I want you to + 동사원형〉이 죠. '나는 당신이 ~을 해주기를 바란다'는 뜻이니까 요구사항이 있을 때 잘 활용하시기 바랍니다.

I want you to be happy. 나는 당신이 행복하게 살았으면 좋겠어.
I want you to tell me about every person you've ever been in love with.
당신과 사랑을 나눴던 사람은 빠짐없이 나한테 말해 줬으면 좋겠어.

2 **I know how to** stop this winter. 어떻게 하면 이 겨울을 끝낼 수 있는지 난 알고 있어요.

how to stop에서 to는 빨리 말할 때는 약화되어 [루]로 발음하는 경우도 있습니다.

안나는 난데없는 겨울을 종식시킬 수 있는 방법을 알고 있다고 하면서 크리스토프가 자신을 산으로 데려가도록 꾀고 있군요. 이렇게 무엇을 하는 방법을 알고 있다고 말하고 싶으면 간단하게 I know how to 다음에 무엇을 할 수 있는지 동사를 넣어주면 됩니다.

I know how to make a woman happy. 난 어떻게 하면 여자를 행복하게 해줄 수 있는지 알고 있어.
I know how to forgive someone who has hurt me.
난 나에게 상처를 준 사람을 용서할 수 있는 방법을 알고 있어.

3 **We** leave **now. Right now.** 지금 떠나야 해요. 지금 당장이요.

크리스토프가 날이 새면 떠난다고 하자 안나는 지금 길을 떠나야 한다고 우깁니다. 이렇게 강력하게 당장 무엇을 해야 된다고 우기고 싶으면 안나처럼 We ~ now.라고 말한 다음에 성이 안 찬다는 듯이 Right now.를 덧붙이세요.

We start **now. Right now.** 우리는 지금 시작해야 해요. 지금 당장이요.
We get back to work **now. Right now.** 우리는 지금 업무로 돌아가야 돼요. 지금 당장이요.

4 **Get your feet down.** 발을 내려놔요.

📖 안나는 크리스토프가 애지중지하는 썰매를 얻어 타고도 공주병에 걸린 버릇을 고치지 못하고 그만 발을 썰매 앞부분에 턱 올려놓고 유유자적하는군요. 그러자 크리스토프가 기겁을 하면서 하는 말이 바로 Get your feet down.입니다. '발을 내려놓으라'는 뜻이죠. 이렇게 영어에서 get은 거의 만능선수 같은 역할을 합니다. 무엇을 올리지 말고 내리라는 의미도 get down 하나면 해결되니까요.

Get your hands **down**. Do not salute me. - Forrest Gump
손을 내리세요. 나한테 경례하지 마세요. – 포레스트 검프

Get your head **down**. You bring your head up, you're dead!
머리를 숙여. 머리를 쳐들면 죽는 거야.

5 **Were you raised in a barn?** 헛간에서 자라서 그렇게 버릇이 없어요?

📖 영어권에서는 버릇이 없는 사람에게 핀잔을 줄 때 barn을 이용하는 '버릇'이 있죠. 즉 be born in a barn(헛간에서 태어났다)이나 be raised in a barn(헛간에서 자랐다)이라는 표현을 즐겨 사용하죠. 특히 문을 닫지 않고 들어오는 사람에게 이런 핀잔을 주는 일이 많습니다. 우리말의 '넌 꼬리가 왜 그렇게 기냐?'에 해당된다고 할 수 있습니다.

Were you **born in a barn**? 넌 헛간에서 태어났니?
She must've **been raised in a barn**. 그 여자는 헛간에서 자랐나봐.

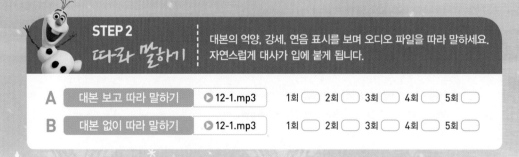

STEP 2
따라 말하기

대본의 억양, 강세, 연음 표시를 보며 오디오 파일을 따라 말하세요.
자연스럽게 대사가 입에 붙게 됩니다.

A | 대본 보고 따라 말하기 | ▶ 12-1.mp3 | 1회 ◯ 2회 ◯ 3회 ◯ 4회 ◯ 5회 ◯
B | 대본 없이 따라 말하기 | ▶ 12-1.mp3 | 1회 ◯ 2회 ◯ 3회 ◯ 4회 ◯ 5회 ◯

STEP 3
완벽히 외우기 ┊ 우리말을 보며 영어로 말하는 훈련과 롤플레잉 훈련으로
대사를 완벽히 내 것으로 만드세요.

A 우리말 보며 말하기 우리말을 참고해서 앞에서 외운 대사를 큰 소리로 말해 보세요.
그리고 빈칸에 외운 대사를 영어로 써 보세요.

저를 북쪽 산으로 데리고 가줬으면 좋겠어요.

저는 사람을 어디다 데려다 주는 일은 하지 않아요.

다른 말로 바꿔서 할게요.

윽.

저를 북쪽 산으로 데리고 가주세요. 이것 좀 보세요. 어떻게 하면 이 겨
울을 끝낼 수 있는지 난 알고 있어요.

새벽에 떠나죠. 그런데 말이죠, 스벤이 먹을 홍당무를 잊어버리셨군요. 아이쿠!

어머, 죄송. 죄송해요. 정말 미안해요, 일부러 그런 건 아니… 지금 떠나
야 해요. 지금 당장이요.

꼭 잡아요! 우리는 빨리 달리는 걸 좋아하니까요.

나도 빨리 달리는 걸 좋아해요.

이런, 이런! 발을 내려놔요. 이건 라커 칠을 새로 한 거란 말이에요. 이건
농담이 아닌데요, 헛간에서 자라서 그렇게 버릇이 없어요?

B 역할 정해 말하기 삐 소리가 들리면 해당 역할을 연기하며 말해 보세요.

ⓐ 안나가 되어 말하기 ▶ 12-2.mp3

ⓑ 크리스토프가 되어 말하기 ▶ 12-3.mp3

89

▶ 12-4.mp3

1 I didn't get your carrots. 네가 먹을 홍당무는 구하지 못했어.

▶ 크리스토프가 스벤이 먹을 홍당무를 사지 못했다는 뜻으로 I didn't get이라고 말을 시작하네요. 이렇게 '사다'라는 의미를 전달할 때 get(구하다, 얻다)을 사용하는 경우가 많습니다. '돈을 내고 산다'는 의미인 buy를 사용하기가 좀 거북스러울 때 특히 그러하죠.

I want to get a new smartphone. 스마트폰을 새로 사고 싶어.

2 I did find us a place to sleep. 우리가 잘 곳은 찾아냈지.

▶ I found us a place to sleep.이라고 해도 될 것을 굳이 I did find...라고 한 것은 다 이유가 있죠. 홍당무는 못 구했지만 그래도 잘 곳은 찾아냈다고 자랑하고 싶어서 그런 거죠. 이렇게 과거동사를 강조할 때는 did 다음에 동사원형을 써주면 된답니다.

3 We'll have good feelings. 우리한테 무슨 서운한 감정이 없겠죠.

▶ 크리스토프를 밖으로 내던진 오켄이 다시 들어와 안나에게 덤으로 루트피스크를 줄 테니 기분을 풀자면서 하는 말입니다. have good feelings는 '좋은 느낌을 갖다'라기보다는 '감정이 상하지 않다'라는 어감이죠.

4 You got me. 난 무슨 말인지 모르겠는데.

▶ You got me.는 상대의 말이 무슨 뜻인지 잘 모르겠다고 할 때 자주 사용하는 표현이죠.

5 Let's call it a night. 이제 그만 자자.

▶ 문자 그대로 옮기자면 '이것을 밤이라고 부르자'인데 진짜 뜻은 '이제 그만 자자'입니다. 회의를 하다가, 또는 밤늦게까지 일을 하다가 Let's call it a day.라고 하면 '이제 그만 합시다'라는 의미이고요. 이땐 night가 아니라 day를 쓰죠.

6 Oh, it's just you. 아, 누군가 했더니 당신이군요.

▶ 헛간에서 노래를 부르고 있던 크리스토프는 문이 열리면서 누군가가 들어오자 놀라서 일어나 앉습니다. 그리고는 멍하니 쳐다보다가 Oh, it's just you.라고 하죠. 여기서 중요한 단어는 just입니다. 그냥 It's you.라고 했다면 단순히 '당신이군요'라는 의미지만 just가 붙으면 '누군가 했더니 당신이군요'라는 어감이 들어가게 되는 거죠.

Doesn't Sound Like True Love 진정한 사랑 같지는 않아요

Day 13

썰매^{sled}를 타고 가다가 안나가 공주라는 것을 알게 된 크리스토프는 여왕이 왜 이렇게 세상을 꽁꽁 얼어붙게 만들지 못해서 미처 날뛰고 있는지 물어 봅니다. 안나는 그간 일어난 일들을 죽 말해 주다가 처음 만난 남자와 약혼했다^{got engaged}는 얘기까지 하게 되죠. 크리스토프는 처음 만난 남자와 어떻게 약혼할 수 있는지 의아해 합니다. 그러자 안나는 그건 진정한 사랑^{true love} 이라며 크리스토프와 가벼운 언쟁을 벌이게 되고, 그러는 와중에 갑자기 늑대들^{wolves}의 습격 을 받습니다.

 이 장면을 외우면! 이런 표현을 말할 수 있어요~

1	A는 왜 ~했니?	**What made A ~?**
2	~와 약혼했단 말야?	**You got engaged to ~?**
3	중요한 것은 ~라는 거야.	**The thing is ~.**
4	걔는 ~라면 질색을 해.	**He/She has a thing about ~.**
5	부모님이 ~라는 얘기를 해주시지 않았니?	**Didn't your parents ever warn you about ~?**

KRISTOFF
크리스토프

So / tell me, / **❶ what made the Queen / go all / ice-crazy?**

그렇다면 여왕은 왜 이렇게 세상을 꽁꽁 얼게 만들지 못해서 미쳐 날뛰었는지 말 좀 해줄래요?

ANNA
안나

...Oh / well, / it was / all my fault. / I got engaged / but then she freaked out / because I'd only just met him, / you know, / that day. 아, 그건 말이죠. 다 내 잘못이에요. 내가 약혼을 했는데 말이죠.
언니가 완전히 기겁을 한 거예요. 그날 막 만난 사람이었거든요.

And she said / she wouldn't bless the marriage...

그리곤 언니는 내 결혼을 축복해 줄 수 없다고 했어요…

KRISTOFF
크리스토프

Wait. / **❷ You got engaged to / someone you just met?**

잠깐만요. 방금 만난 사람하고 약혼을 했다고요?

ANNA
안나

Yeah. / Anyway, / I got mad / and so she got mad / and then / she tried to walk away, / and I grabbed her glove... 그래요. 좌우지간에 그래서 내가 화를 냈죠. 그랬더니 언니도 화를 내고는 가버리려고 하는 거예요. 그래서 내가 언니 장갑을 잡았죠.

KRISTOFF
크리스토프

Hang on. / You mean to tell me / you got engaged to / someone you just met?!

잠깐 기다려봐요. 그러니까 당신은 방금 만난 사람하고 약혼을 했다고 말하는 거예요?

ANNA
안나

Yes. / Pay attention. / But **❸ the thing is** / she wore the gloves all the time, / so I just thought, / maybe **❹ she has a thing about dirt.** 그래요. 내 말을 좀 잘 들어요. 어쨌든 중요한 점은, 언니는
항상 장갑을 끼고 있었다는 거예요. 그래서 언니는 먼지라면 질색을 하는구나, 라고 생각했죠.

KRISTOFF
크리스토프

❺ Didn't your parents / ever warn you / about strangers?

부모님이 낯선 사람은 조심하라는 얘기를 해주시지 않았어요?

STEP 1
장면 파헤치기

구문을 이해해야 대본을 효과적으로 암기할 수 있습니다.
구문 설명과 발음 설명을 보며 대본을 완벽히 이해하세요.

1 What made the Queen go all ice-crazy?

여왕은 왜 이렇게 세상을 꽁꽁 얼게 만들지 못해서 미쳐 날뛰었죠?

이유를 물어볼 때 꼭 Why만 사용해야 되는 것은 아니죠. What과 made로도 이유를 물어볼 수 있답니다. 〈What made + 사람(A) + 동사원형(B)?〉이라는 패턴으로 물어보면 '무엇이 A라는 사람이 B라는 행동을 하게 했느냐', 즉 '왜 A는 B라는 행동을 했느냐'고 이유를 물어보는 질문이 되죠.

What made you say that? 너는 왜 그런 말을 했니?
What made you come here? 너는 무슨 일로 여기 왔니?

2 You got engaged to someone you just met?

방금 만난 사람하고 약혼을 했다고요?

누구와 약혼했다고 할 때는 got engaged to, 결혼했다고 할 때는 got married to라고 합니다. 여기서 주의할 점은 전치사는 with가 아니라 to를 사용한다는 것이죠.

You got engaged to that guy? 그 남자랑 약혼했다고?
You got engaged to someone you've only known for three weeks?
겨우 3주 사귄 사람하고 약혼했단 말이야?

3 The thing is she wore the gloves all the time.

중요한 점은. 언니는 항상 장갑을 끼고 있었다는 거예요.

is와 she 사이에는 that이라는 접속사가 생략되어 있기 때문에 is는 약간 높이고 잠깐 말을 끊은 다음에 she 이하를 말하는 것이 좋습니다.

The thing is는 중요한 사항, 요점, 주의할 점 등을 강조해서 이야기할 때 사용하는 숙어적인 표현입니다. is 뒤에는 완전한 문장을 말해 주세요.

The thing is you promised that the other day. 중요한 것은 네가 일전에 그것을 약속했다는 거야.
The thing is you don't love me back.
중요한 것은 나는 너를 사랑하는데, 너는 나를 사랑하지 않는다는 점이야.

4 She **has a thing about** dirt. 언니는 먼지라면 질색을 해.

📖 안나는 언니가 먼지라면 질색을 하기 때문에 항상 장갑을 끼고 있다고 생각했다면서 have a thing about이란 표현을 사용하는군요. 이렇게 have a thing about은 '무엇에 관한 물건을 하나 가지고 있다'는 의미가 아니라 '어떤 것에 집착한다'는 숙어 표현입니다. 그 어떤 것을 '아주 싫어한다'는 의미도 되고, 반대로 그것을 '병적일 정도로 좋아한다'는 뜻도 되니까 문맥을 살펴서 이해해야겠죠?

She **has a thing about** cockroaches. 그 여자는 바퀴벌레라면 아주 질색을 해.
He **has a thing about** women's long hair. 그 남자는 여자의 긴 머리에 집착해.

5 Didn't your parents ever warn you about strangers?

부모님이 낯선 사람은 조심하라는 얘기를 해주시지 않았어요?

📖 한 동네에 사는 사람들을 모두 알고 지내던 시절에는 문제될 것이 없었지만, 요즘처럼 이웃집 사람의 얼굴도 모르고 생활하는 세상에서는 부모가 아이들에게 낯선 사람을 조심하라고 입이 닳도록 말하는 것도 별로 이상한 일은 아니죠. 영어권에서는 벌써 오래 전부터 아이들에게 귀에 못이 박히도록 이런 말을 했기 때문에 크리스토프가 안나에게 핀잔을 주듯이 이렇게 물어보는 것입니다.

Didn't your parents ever warn you about playing with fire?
부모님이 불장난을 하지 말라는 얘기를 해주시지 않았니?

Didn't your parents ever warn you about taking food from strangers?
부모님이 낯선 사람이 주는 음식은 조심하라는 얘기를 해주시지 않았니?

STEP 2
따라 말하기 | 대본의 억양, 강세, 연음 표시를 보며 오디오 파일을 따라 말하세요. 자연스럽게 대사가 입에 붙게 됩니다.

A 대본 보고 따라 말하기 ▶ 13-1.mp3 1회⬚ 2회⬚ 3회⬚ 4회⬚ 5회⬚
B 대본 없이 따라 말하기 ▶ 13-1.mp3 1회⬚ 2회⬚ 3회⬚ 4회⬚ 5회⬚

A 우리말 보며 말하기   우리말을 참고해서 앞에서 외운 대사를 큰 소리로 말해 보세요.
그리고 빈칸에 외운 대사를 영어로 써 보세요.

그렇다면 여왕은 왜 이렇게 세상을 꽁꽁 얼게 만들지 못해서 미쳐 날뛰었
는지 말 좀 해줄래요?

아, 그건 말이죠, 다 내 잘못이에요. 내가 약혼을 했는데 말이죠, 언니가 완전히
기겁을 한 거예요. 그날 막 만난 사람이었거든요.

그리곤 언니는 내 결혼을 축하해 줄 수 없다고 했어요…

잠깐만요, 방금 만난 사람하고 약혼을 했다고요?

그래요. 좌우지간에 그래서 내가 화를 냈죠. 그랬더니 언니도 화를 내고 가버
리려고 하는 거예요. 그래서 내가 언니 장갑을 잡았죠.

잠깐 기다려봐요. 그러니까 당신은 방금 만난 사람하고 약혼을 했다고 말하는 거예요?

그래요. 내 말을 좀 잘 들어요. 어쨌든 중요한 점은, 언니는 항상 장갑을 끼고
있었다는 거예요. 그래서 언니는 먼지라면 질색을 하는구나, 라고 생각했죠.

부모님이 낯선 사람은 조심하라는 얘기를 해주시지 않았어요?

B 역할 정해 말하기   삐 소리가 들리면 해당 역할을 연기하며 말해 보세요.

ⓐ 크리스토프가 되어 말하기   ▶ 13-2.mp3

ⓑ 안나가 되어 말하기   ▶ 13-3.mp3

▶ 13-4.mp3

1 Foot size doesn't matter. 발 크기는 아무래도 좋아요.

▶ matter가 동사로 쓰이면 '중요하다'란 뜻이 되죠. 그래서 Foot size doesn't matter.는 '발 크기는 중요하지 않다'란 의미가 된답니다.

Your IQ doesn't matter. 네 IQ는 중요하지 않아.

2 What if you hate the way he picks his nose?

그 사람이 이상하게 코를 후비면 어떻게 하려고 그래요?

▶ '낯선 사람하고 덜컥 약혼해버렸다니 그 사람이 이상하게 코를 후빈다면 어떻게 하려고 그러느냐'고 걱정하는 크리스토프의 말 중에서 '~하면 어떻게 하려고 그러느냐?'를 영어로는 간단하게 What if ~?로 처리하면 된답니다. 참으로 편리한 표현이죠?

What if he is right? 그 사람 말이 맞다면 어떻게 하려고 그래?

3 All men do it. 남자는 모두 그런 짓을 하거든요.

▶ 이 말을 '사람이라면 모두 그런 짓을 하거든요'라고 해석할 수도 있지만, 여기서는 '사람'이 아니라 '남자'라고 이해해야겠죠?

All women **do it.** 여자는 모두 그런 짓을 하거든요.

4 Doesn't sound like true love. 그건 진정한 사랑 같지는 않은데요.

▶ 앞에 주어인 It이 생략되어 있습니다. 영어에서는 주어를 반드시 쓴다고 하지만 꼭 그렇지만도 않죠. 상대와 내가 무엇을 두고 얘기하는지 이미 잘 알고 있는 주어는 생략하기도 합니다.

Doesn't sound like good news. 희소식 같지는 않은데요.

5 Are you some sort of love expert? 당신이 뭐 사랑 전문가라도 돼요?

▶ 좀 분수에 넘치는 얘기를 하는 상대에게 핀잔을 주듯이 할 수 있는 질문이죠. 잘 활용해 보세요.

Are you some sort of genius? 네가 무슨 천재라도 되니?

6 I'm not buying it. 믿을 수가 없어요.

▶ 여기서 buy는 '사다'란 의미가 아닙니다. '믿다'란 뜻이죠. I'm not buying it.은 '믿을 수가 없다'는 뜻으로 자주 쓰이는 표현입니다. 영화의 흐름상 뜬금없이 '난 그것을 사지 않겠어요'란 의미가 될 순 없다는 걸 눈치 챘다면 이럴 경우, 쉬운 단어라고 무시하지 말고 한 번쯤 사전을 찾아보는 시간도 가져보는 것이 좋겠네요.

Day 14

Elsa Will Thaw It
언니가 꽁꽁 언 아렌델을 녹여줄 거예요

안나의 기지로 늑대의 습격을 물리친 일행의 앞을 이번에는 골짜기^{gorge}가 가로막고 있습니다. 스벤과 안나는 무사히 뛰어넘지만^{land safely} 크리스토프는 절벽^{cliff}에 매달려 목숨이 경각에 달려 있습니다. 이번에도 안나의 기지가 진가를 발휘하여 크리스토프는 구사일생으로 목숨을 구합니다. 그러나 썰매^{sled}는 절벽 아래로 떨어져 불탑니다.^{burst into flames} 미안한 마음에 안나는 이제는 도와주지 않아도 좋다고 하면서 혼자 떠나려 하지만, 크리스토프는 차마 혼자 떠나게 내버려둘 수는 없어 다시 함께 길을 떠납니다.

 이 장면을 외우면! 이런 표현을 말할 수 있어요~

1	~를 새것으로 바꿔드릴게요.	I'll replace ~.
2	난 이제 더 이상 ~하고 싶지 않아.	I don't want to ~ anymore.
3	저 애 혼자 두면 죽을 거야.	He/She will die on his/her own.
4	그런 건 나하고 상관없어.	I can live with that.
5	~을 새로 얻을 수는 없어.	You won't get your new ~.

ANNA
안나

Whoa.... / [1] I'll replace your sled, / and everything in it. / And I understand / if you don't want to / help me anymore. 와. 이런. 당신 썰매는 새것으로 바꿔드릴게요. 그 안에 있었던 것들도 모두 다요.
그리고 당신이 이제는 나를 도와주지 않으려고 해도 다 이해할게요.

KRISTOFF
크리스토프

Of course [2] I don't want to / help her anymore. / In fact, / this whole thing / has ruined me / for helping anyone / ever again. 물론 나는 저 여자를 이제는 더 이상 도와주고 싶지 않아. 사실
이런 일을 겪고 나니까 이제는 그 어느 누구라고 도와주고 싶은 마음이 싹 달아났어.

(AS SVEN) [3] But / she'll die / on her own.
(스벤이 되어) 하지만 저 여자는 혼자 놔두면 죽을 텐데.

(AS SELF) [4] I can live with that. (자신이 되어) 그런 건 나하고 상관없어.

(AS SVEN) But / [5] you won't get your new sled / if she's dead. (스벤이 되어) 하지만 저 여자가 죽으면 새 썰매는 날아가는 거지.

(AS SELF, knowing he's got a point) ...You know / sometimes / I really don't like you.
(자신이 되어, 스벤의 말이 일리가 있다는 것을 알고) 있잖아, 어떤 때는 난 네가 정말 싫어.

Hold up. / We're coming!
그대로 있어요. 우리가 갈게요!

ANNA
안나

You are?! / I mean, / sure. / I'll let you / tag along.
올 거예요? 내 말은요… 그래요, 뭐. 뒤따라오는 건 괜찮아요.

→ 올려 읽기　→ 내려 읽기　/ 끊어 읽기　⌒ 이어서 읽기　● 강하게 읽기

98

STEP 1
장면 파헤치기

구문을 이해해야 대본을 효과적으로 암기할 수 있습니다.
구문 설명과 발음 설명을 보며 대본을 완벽히 이해하세요.

1 **I'll replace your sled.** 당신 썰매는 새것으로 바꿔드릴게요.

📖 자기 때문에 크리스토프의 썰매가 불타자 안나는 썰매를 바꿔주겠다고 하면서 I'll replace your sled.라고 합니다. 이렇게 불에 타거나, 닳거나, 고장 나서 '교체한다'고 할 때 사용하는 동사가 replace입니다. 일상생활에서 많이 일어나는 상황이니 잘 알아두세요.

I'll replace the bulbs as soon as I get around to it. 시간이 되는 대로 내가 전구를 갈게.
I'll replace my battery when I go to the store. 가게에 가면 배터리를 갈게.

2 **I don't want to help her anymore.**
나는 저 여자를 이제는 더 이상 도와주고 싶지 않아.

📖 크리스토프는 안나를 도와주려다가 죽을 고비를 여러 번 넘기고 썰매도 불타버리자 이 제는 안나를 더 이상 도와주고 싶지 않다고 스벤에게 말합니다. 이때 사용하는 표현이 I don't want to ~ anymore이죠. '이제는 더 이상 ~을 하고 싶지 않다, 하지 않겠다'는 의 미니까, 어떤 일이 지겨운 사람들은 쓸 일이 많겠죠?

I don't want to do this **anymore**. 나는 이제 더 이상 이걸 하고 싶지 않아.
I don't want to wait **anymore**. 나는 이제 더 이상 기다리고 싶지 않아.

3 **But she'll die on her own.** 하지만 저 여자는 혼자 놔두면 죽을 텐데.

👄 on her own을 빨리 발음하면 her의 [h]는 보통 생략됩니다. 그래서 on의 -n과 her의 -er가 연음되어 [어너오운]이라고 소리 나죠.

📖 on one's own은 누구의 도움도 받지 않고 '혼자' 무엇을 한다고 할 때 자주 사용하는 숙어 표현이니까 이번 기회에 잘 익혀 두세요.

If she wants it, she'll get it **on her own**. 그 여자가 그것을 갖고 싶으면 혼자 구하면 되는 거야.
When will my baby be able to walk **on her own**?
우리 아이는 언제나 혼자 걸을 수 있을까요?

99

4 **I can live with that.** 그런 건 나하고 상관없어.

👄 with의 -th와 that의 th-가 겹치니까 한 번만 소리 내면 되겠죠? 그리고 이 경우의 th 는 혀끝을 윗니와 아랫니 사이에 살짝 넣고 성대를 울려야 합니다.

📖 스벤이 안나를 혼자 가게 내버려두면 죽을 것이라고 걱정하자 크리스토프가 I can live with that이라고 말합니다. 문자 그대로 '나는 그것과 같이 살 수 있다'라는 뜻으로 한 말일까요? 물론 아니죠. '나는 그런 것에는 익숙해서 괜찮다, 나는 그런 것은 참을 수 있다, 나는 그런 건 아무래도 괜찮다'라는 의미로 사용하는 숙어 표현이랍니다.

A: This one will cost twenty dollars more. / B: **I can live with that.**
A: 이건 가격이 20달러가 더 비싸. / B: 괜찮아, 상관없어.

5 **You won't get your new sled if she's dead.**
저 여자가 죽으면 새 썰매는 날아가는 거지.

📖 안나가 죽든말든 난 상관없다고 크리스토프가 말하자, 스벤은 안나가 죽으면 새 썰매는 구할 수 없을 거라고 대꾸합니다. 이렇게 어떤 상황이 발생하면 무엇을 새로 구할 수 없다고 할 때는 You won't get your new ~를 활용해 말해 보세요.

You won't get your new computer before December 10.
12월 10일 이전에는 컴퓨터를 새로 장만할 수는 없어.

You won't get your new driver's licence right away.
곧바로 운전면허증을 새로 발급받을 수는 없어.

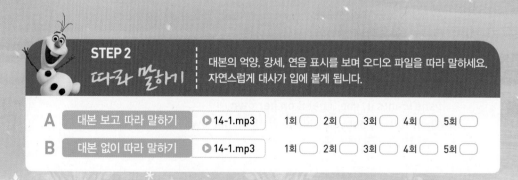

STEP 2
따라 말하기 | 대본의 억양, 강세, 연음 표시를 보며 오디오 파일을 따라 말하세요.
자연스럽게 대사가 입에 붙게 됩니다.

A 대본 보고 따라 말하기 ▶ 14-1.mp3 1회 ☐ 2회 ☐ 3회 ☐ 4회 ☐ 5회 ☐

B 대본 없이 따라 말하기 ▶ 14-1.mp3 1회 ☐ 2회 ☐ 3회 ☐ 4회 ☐ 5회 ☐

A 우리말 보며 말하기 우리말을 참고해서 앞에서 외운 대사를 큰 소리로 말해 보세요.
그리고 빈칸에 외운 대사를 영어로 써 보세요.

와, 이런. 당신 썰매는 새것으로 바꿔드릴게요. 그 안에 있었던 것들도 모두 다요.
그리고 당신이 이제는 나를 도와주지 않으려고 해도 다 이해할게요.

물론 나는 저 여자를 이제는 더 이상 도와주고 싶지 않아. 사실 이런 일을 겪고 나
니까 이제는 그 어느 누구라고 도와주고 싶은 마음이 싹 달아났어.

하지만 저 여자는 혼자 놔두면 죽을 텐데.

그런 건 나하고 상관없어.

하지만 저 여자가 죽으면 새 썰매는 날아가는 거지.

있잖아, 어떤 때는 난 네가 정말 싫어.

그대로 있어요. 우리가 갈게요?!

올 거예요? 내 말은요… 그래요, 뭐. 뒤따라오는 건 괜찮아요.

B 역할 정해 말하기 삐 소리가 들리면 해당 역할을 연기하며 말해 보세요.

ⓐ 안나가 되어 말하기   ▶ 14-2.mp3
ⓑ 크리스토프가 되어 말하기   ▶ 14-3.mp3

STEP 4
유용한 표현 익히기

Day 14의 모든 장면 중 놓치기 아까운 표현을 정리했습니다. 오디오 파일을 따라 읽으며 익혀 보세요.

▶ 14-4.mp3

1 You almost set me on fire! 당신은 나를 불태워죽일 뻔했잖아요!

▶ 안나가 불붙은 담요를 늑대들에게 던져 크리스토프의 생명을 구해줬더니 돌아온 말이 You almost set me on fire!입니다. set A on fire는 'A에 불을 붙이다'라는 뜻이니까, 문자 그대로 옮기면 '당신은 나에게 거의 불을 붙였다'가 되죠. 그러니까 정말로 불을 붙였다는 것이 아니라 '하마터면 나에게 불을 붙일 뻔했다'는 의미죠. 이처럼 '하마터면 ~할 뻔했다'란 말을 하고 싶을 땐 〈You almost + 과거동사 ~〉 패턴을 활용해 보세요.

You almost killed me! 당신은 하마터면 나를 죽일 뻔했잖아요!

2 Get ready to jump! 뛰어넘을 준비를 해!

▶ 무엇을 할 준비를 하라고 할 때 즐겨 사용하는 표현입니다. 일상생활에서 이 표현을 사용할 기회가 많으니까, 잘 익혀 두세요.

Get ready to quit smoking. 금연할 준비를 하세요.

3 You don't tell him what to do! 스벤에게 이래라저래라 하지 말아요!

▶ 안나가 스벤에게 뛰어넘을 준비를 하라고 하자, 크리스토프가 발끈해서 스벤에게 명령하지 말라고 하는 말이죠. 이렇게 명령문에서도 강조할 때는 주어 You를 넣는답니다.

You don't tell him what to say! 걔한테 이렇게 말해라 저렇게 말해라 하지 마!

4 I just paid it off. 방금 돈을 다 갚은 건데.

▶ pay off는 '빚진 돈을 다 갚는다'는 의미죠. 할부로 물건을 사면 결국 빚을 진 것이니까, '할부금 전액을 다 갚을' 것도 pay off라는 표현을 사용합니다.

5 More like this way. 이쪽으로 가야겠죠?

▶ more like는 너무 쉬운 영어 같지만 그래도 명색이 숙어 표현이랍니다. 앞에서 한 말보다는 이것이 보다 정확한 표현이라고 할 때 자주 사용하죠. 안나가 곧장 앞으로 난 길을 가리키자 크리스토프는 아주 험준한 산을 가리키며 '이쪽이 보다 정확한 길'이라는 뜻으로 More like this way.라고 말하는군요.

Day 15 I Like Warm Hugs
나는 따듯하게 안아주는 걸 좋아해

언니를 찾아 계속해서 꽁꽁 얼어붙은 산길을 헤매고 가던 안나 일행은 뜻밖에도 말을 할 줄 아는, 이상하게 생긴 눈사람^{snowman}을 만납니다. 이 눈사람은 코가 없기 때문에 안나는 홍당무^{carrot}로 코를 만들어 줍니다. 코가 생기자 너무 신이 난 눈사람은 안아달라고^{hug} 하면서 팔을 벌리고는 자기 이름은 올라프라고 밝히죠. 그제서야 안나는 어렸을 때 언니와 만들었던 눈사람이 바로 올라프였다는 사실을 기억해내고, 올라프에게 언니가 있는 곳을 알려줄 수 있냐고 묻는데요. 이제 언니를 만날 시간이 점점 다가오고 있는 듯한 예감이 드는군요.

 이 장면을 외우면! 이런 표현을 말할 수 있어요~

1	~해 줄 수 있니?	**Do you think you could ~?**
2	~는 어떻게 작동되는 거지?	**How does ~ work?**
3	왜 그런지 이유는 모르겠지만, ~해.	**I don't know why but ~.**
4	넌 ~해 본 경험이 많지 않구나.	**You don't have much experience with ~.**
5	난 눈을 감고 ~을 상상하는 걸 좋아해.	**I like to close my eyes and imagine ~.**

103

ANNA
안나

■ Do you think / you could show us / the way?

길을 안내해 줄 수 있니?

OLAF
올라프

Yeah. / Why? 해드릴 수 있죠. 그런데 왜요?

KRISTOFF
크리스토프

② How does this work? 이게 어떻게 움직이는 거지?

OLAF
올라프

Stop it, / Sven. / Trying to focus here. / Yeah, / why?

그만해, 스벤. 우리가 하는 말에 집중해. 해드릴 수 있죠. 그런데 왜요?

KRISTOFF
크리스토프

I'll tell you why. / We need Elsa / to bring back summer.

내가 대답해 줄게. 엘사가 여름을 되돌려 놓아야 하거든.

OLAF
올라프

Summer? / Oh, / ③ I don't know why / but I've always
loved the idea of summer, / and sun, / and all things hot.

여름요? 아, 왜 그런지 이유는 모르겠지만, 난 여름이랑, 태양이랑, 뜨거운 것은 모두 생각만 해도 아주 좋아요.

KRISTOFF
크리스토프

Really? / I'm guessing / ④ you don't have much experience
/ with heat. 정말? 내 생각에는 넌 열이란 것 하고는 별로 사귀어보지 않은 것 같구나.

OLAF
올라프

Nope. / But / sometimes / ⑤ I like to / close my eyes / and
imagine / what it'd be like / when summer does come.

그래. 하지만 난 여름이란 것이 오면 어떻게 되나 하고 눈을 감고 상상하는 걸 좋아하거든.

→ 올려 읽기 → 내려 읽기 / 끊어 읽기 ⌒ 이어서 읽기 ● 강하게 읽기

STEP 1
장면 파헤치기

구문을 이해해야 대본을 효과적으로 암기할 수 있습니다.
구문 설명과 발음 설명을 보며 대본을 완벽히 이해하세요.

1 ## Do you think you could show us the way? 길을 안내해 줄 수 있니?

📖 상대방에게 무엇을 부탁할 때 사용할 수 있는 표현은 여러 가지가 있지만 여기서 안나는 올라프에게 '안내해 줄 수 있다고 생각하냐'고 최대한 친절하고도 예의바르게 부탁하고 있군요. 가정법인 could를 사용했고, 또 Do you think라고 물어보고 있으니까요.

Do you think you could love me again? 나를 다시 사랑해 줄 수 있나요?
Do you think you could do me a favour? 부탁 하나 들어 줄 수 있나요?

2 ## How does this work? 이게 어떻게 움직이는 거지?

📖 크리스토프가 올라프의 팔을 구부리며 이건 도대체 어떻게 움직이는 건지 신기해하며 하는 말이죠. 여기서 work는 어떤 기구 등이 '작동하다'라는 뜻을 나타냅니다. 내 두뇌가 도대체 어떻게 작동하길래 내가 보고, 듣고, 느끼고, 생각하고, 기억하는지 궁금하다면 다음과 같이 궁금증을 표현해 보세요.

How does my brain **work**? 내 두뇌는 도대체 어떻게 작동되는 거지?
How does GPS **work**? GPS는 어떻게 작동되는 거지?

3 ## I don't know why but I've always loved the idea of summer. 왜 그런지 이유는 모르겠지만, 난 여름은 생각만 해도 아주 좋아요.

📖 올라프는 눈사람 주제에 여름은 생각만 해도 아주 좋다고 말하고 있습니다. '왜 좋아하는지 그 이유는 잘 모르겠지만'이라고 서두를 떼면서 말이죠. 이렇게 '그 이유는 잘 모르겠지만' 나는 무엇을 좋아한다든가, 싫어한다든가 하는 감정을 나타내고 싶으면 I don't know why but이라고 한 다음에 자신이 느끼는 상념을 표현해 보세요.

I don't know why but I have never been disappointed.
왜 그런지 이유는 잘 모르겠지만, 난 실망해 본 적이 없어.

I don't know why but I really like sad songs.
왜 그런지 이유는 잘 모르겠지만, 난 슬픈 노래가 정말 좋아.

4 You don't have much experience with heat.
넌 열이란 것 하고는 별로 사귀어보지 않았구나.

📖 눈사람인 올라프가 여름은 상상만 해도 너무 좋다고 하자 기가 막힌 크리스토프가 넌
열을 상대해 본 경험이 많지 않은 것 같다고 핀잔을 주고 있군요. 상대방이 하는 짓을
보자니 어떤 분야에는 경험이 별로 없는 것 같을 때 You don't have much experience
with라고 한 다음에 그 분야를 언급해 주면 아주 훌륭한 영어가 되겠네요.

You don't have much experience with children. 넌 애들을 상대해 본 경험이 많지 않구나.
You don't have much experience with public speaking.
넌 대중연설을 해본 경험이 많지 않구나.

5 I like to close my eyes and imagine what it'd be like when
summer does come. 난 여름이란 것이 오면 어떻게 되나 하고 눈을 감고 상상하는 걸 좋아하거든.

📖 눈을 감고 상상할 수 있는 능력은 인간만이 누릴 수 있는 특권이죠. 그리고 돈은 한 푼
도 들지 않는 최고의 오락이기도 하고요. 눈사람인 올라프도 즐기는 이 놀이를 우리도
마음껏 즐겨 볼까요? 우선 '난 눈을 감고 ~을 상상하는 것을 좋아한다'를 영어로는 I
like to close my eyes and imagine ~이라고 하면 된다는 것 정도는 알고 나서 시작해
보죠.

I like to close my eyes and imagine what it'd be like to live in a castle.
난 눈을 감고 성에서 사는 건 어떤 걸까 하는 상상을 즐겨.

I like to close my eyes and imagine what the Seoul streets will look
like in 2060. 난 눈을 감고 2060년에 서울 거리는 어떤 모습일까 하는 상상을 즐겨.

STEP 2
따라 말하기   대본의 억양, 강세, 연음 표시를 보며 오디오 파일을 따라 말하세요.
자연스럽게 대사가 입에 붙게 됩니다.

| A | 대본 보고 따라 말하기 | ▶ 15-1.mp3 | 1회 ⃝ | 2회 ⃝ | 3회 ⃝ | 4회 ⃝ | 5회 ⃝ |
| B | 대본 없이 따라 말하기 | ▶ 15-1.mp3 | 1회 ⃝ | 2회 ⃝ | 3회 ⃝ | 4회 ⃝ | 5회 ⃝ |

A 우리말 보며 말하기 우리말을 참고해서 앞에서 외운 대사를 큰 소리로 말해 보세요.
그리고 빈칸에 외운 대사를 영어로 써 보세요.

길을 안내해 줄 수 있니?

해드릴 수 있죠. 그런데 왜요?

이게 어떻게 움직이는 거지?

그만해, 스벤. 우리가 하는 말에 집중해. 해드릴 수 있죠. 그런데 왜요?

내가 대답해 줄게. 엘사가 여름을 되돌려 놓아야 하거든.

여름요? 아, 왜 그런지 이유는 모르겠지만, 난 여름이랑, 태양이랑, 뜨거운 것은
모두 생각만 해도 아주 좋아요.

정말? 내 생각에는 넌 열이란 것 하고는 별로 사귀어보지 않은 것 같구나.

그래, 하지만 난 여름이란 것이 오면 어떻게 되나 하고 눈을 감고 상상하는 걸
좋아하거든.

B 역할 정해 말하기 삐 소리가 들리면 해당 역할을 연기하며 말해 보세요.

ⓐ 안나가 되어 말하기   ▶ 15-2.mp3

ⓑ 올라프가 되어 말하기   ▶ 15-3.mp3

ⓒ 크리스토프가 되어 말하기   ▶ 15-4.mp3

▶ 15-5.mp3

1 I never knew winter could be so beautiful.

겨울이 이렇게 아름다운지 예전에는 미처 몰랐어요.

▶ 안나는 겨울이란 계절이 이렇게 아름다울 수 있는지 예전에는 미처 몰랐다고 감탄합니다. 이렇게 '예전에는 미처 몰랐다'고 할 때는 I never knew를 활용해서 말해 보세요.

2 How about a little color? 색깔을 좀 주면 어떨까요?

▶ 올라프는 세상이 온통 새하야니까 색깔을 좀 주면 어떠냐고 제안합니다. 무엇을 제안하고 싶으면 올라프처럼 간단하게 How about 뒤에 제안사항을 명사나 동명사로 덧붙이면 됩니다.

3 No go. 안 되는 거야.

▶ No go.는 '안 되는 것이다, 필요 없는 것이다'라는 뜻을 나타내는 매우 구어적인 표현입니다. 올라프는 하얀 세상에 노란색을 첨가할 생각을 하다가 그건 안 되겠다고 포기하면서 No go.라고 하는군요.

4 Backatchya! 나도 그래요!

▶ Backatchya!는 Back at you!를 소리 나는 대로 표기한 것이죠. 상대방의 인사에 대해서 '나도 그래!'라고 할 때나, 자신을 욕하거나 비난하는 상대에게 '너도 똑같아'라고 맞받아칠 때 사용하는 구어적인 표현이랍니다. Same to you!와 비슷한 의미라고 할 수 있죠. 여기서는 안나가 올라프의 머리통을 크리스토프에게 던지면서 I don't want it!이라고 하니까 크리스토프도 이런 게 싫은 건 나도 마찬가지라는 의미로 Backatchya!라고 하면서 다시 안나에게 던지고 있습니다.

A: You're an idiot! / B: Well, **backatchya!** A: 너는 바보멍청이야! / B: 뭐, 너도 마찬가지야!

5 We got off to a bad start. 우린 시작이 좋지 않았어요.

▶ 일이 꼬여서 시작이 좋지 않은 경우가 종종 일어나죠? 이럴 때는 got off to a bad start라는 표현을 사용해 보세요.

The weekend **got off to a bad start.** 주말은 시작부터 일이 꼬였어.

1회 2회 3회

Day 11

That'll be forty. 40랑 되겠습니다.

I sell ice for a living. 난 직업이 얼음 파는 사람이요.

That's a rough business to be in right now.
그 장사는 지금 굉장히 힘들겠어요.

Day 12

I want you to take me up the North Mountain. 저를 북쪽 산으로 데리고 가줬으면 좋겠어요.

I know how to stop this winter.
어떻게 하면 이 겨울을 끝낼 수 있는지 난 알고 있어요.

Were you raised in a barn?
헛간에서 자라서 그렇게 버릇이 없어요?

Day 13

What made the Queen go all ice-crazy?
여왕은 왜 이렇게 세상을 꽁꽁 얼게 만들지 못해서 미처 날뛰었죠?

The thing is she wore the gloves all the time. 중요한 점은, 언니는 항상 장갑을 끼고 있었다는 거예요.

She has a thing about dirt. 언니는 먼지라면 질색을 해.

Day 14

I'll replace your sled. 당신 썰매는 새것으로 바꿔드릴게요.

I don't want to help her anymore.
나는 저 여자를 이제는 더 이상 도와주고 싶지 않아.

I can live with that. 그런 건 나하고 상관없어.

Day 15

Do you think you could show us the way?
길을 안내해 줄 수 있니?

How does this work? 이게 어떻게 움직이는 거지?

I don't know why but I've always loved the idea of summer.
왜 그런지 이유는 모르겠지만, 난 여름은 생각만 해도 아주 좋아요.

WORDS & PHRASES

❶ 수요와 공급 ....

❷ ~을 덤으로 주다 ....

❸ 다른 말로 바꿔 하다 ....

❹ 새벽에 ....

❺ ~와 약혼했다 ....

❻ ~을 잡다 ....

❼ 작동하다 ....

❽ 눈을 감다 ....

❾ 누구의 도움도 받지 않고 혼자 ....

❿ 뒤에 딱 붙어 따라가다 ....

EXPRESSIONS

❶ 그건 됐고요, 부츠는 있나요? ....

❷ 궁금한 게 있는데 말이죠. ....

❸ 난 무슨 말인지 모르겠는데. ....

❹ 이제 그만 자자. ....

❺ 발 크기는 아무래도 좋아요. ....

❻ 믿을 수가 없어요. ....

❼ 당신은 나를 불태워죽일 뻔했잖아요! ....

❽ 그 남자애한테 이래라저래라 하지 말아요! ....

❾ 나도 그래요! ....

❿ 우린 시작이 좋지 않았어요. ....

WORDS & PHRASES ❶ supply and demand ❷ throw in ❸ rephrase ❹ at dawn ❺ got engaged to ❻ grab ❼ work ❽ close one's eyes ❾ on one's own ❿ tag along

EXPRESSIONS ❶ For now, how about boots? ❷ I was just wondering. ❸ You got me. ❹ Let's call it a night. ❺ Foot size doesn't matter. ❻ I'm not buying it. ❼ You almost set me on fire! ❽ You don't tell him what to do! ❾ Backatchya! ❿ We got off to a bad start.

작은 나라의 왕 & 남녀혼탕을 즐기는 북유럽인들

 ## 대공(大公) Duke

이 영화에 좀 찌질한 인물이 하나 등장하죠? 바로 아렌델 왕국kingdom과 활발하게 교역하는trade 웨슬턴 왕국의 Duke입니다. 그런데 이 Duke를 공작(公爵)이라고도 하는데, 여기서는 공작이라고 옮기면 좀 이상하죠. 공작은 한 왕국 내 귀족noble의 칭호이니까요. 영화 속에 등장하는 찌질남 Duke는 아렌델 왕국의 공작이 아니라, 다른 조그만 왕국의 통치자입니다. 큰 왕국의 통치자는 왕King이라고 하지만, 소국의 왕은 보통 대공Duke이라고 한답니다.

발가벗은 가족 Naked Family

잡화점 주인인 오켄은 사우나sauna도 함께 운영하는데, 잠깐 동안이지만 좀 놀라운 장면이 등장하죠. 일가족이 모두 발가벗고naked 사우나를 하는데, 밖을 보고 손도 흔듭니다. 우리에게는 좀 생소한 장면이지만 독일을 비롯한 북구Northern Europe에서는 흔한 일입니다. 즉 남녀혼탕은 일상적인 현상이죠. 일본도 그렇고요. 물론 요즘은 이런 남녀혼탕이 완전히 개방적으로 일어나지는 않고, 제한된 그룹에게만 허용되는 곳이 있습니다만, 어쨌든 남녀혼탕이란 북구에서는 문화적, 역사적으로 정상적인 현상입니다.

Wandering Oaken's Trading Post And Sauna

Let's Go Bring Back Summer! 어서 가서 여름을 찾아옵시다!

신나게 여름에 관한 환상^{fantasy}을 즐긴 올라프는 얼른 엘사가 있는 곳으로 가서 여름을 되찾자고^{bring back} 일행을 이끌고 길을 떠납니다. 한편 꽁꽁 얼어붙은^{freeze} 아렌델 왕국에서는 모두들 불안^{anxiety}에 떨고 있습니다. 그러나 한스 왕자는 늠름하게 망토^{cloak}를 나눠주며 불안에 떠는 시민들^{citizens}을 달래고 있습니다. 그때 갑자기 말이 우는 소리가 들립니다. 안나의 말이 혼자 돌아온 것이죠. 더욱더 불안에 떠는 시민들을 보면서 한스는 지원자^{volunteer}를 모집해 안나를 찾으러^{find} 떠날 준비를 합니다.

 이 장면을 외우면! 이런 표현을 말할 수 있어요~

1	~는 …에게 신세를 톡톡히 지고 있어.	~ be indebted to ….
2	우리는 그냥 ~해야만 하나요?	Are we just expected to ~?
3	~라는 생각이 들지 않았나요?	Has it dawned on you that ~?
4	~를 의심하지 말라.	Do not question ~.
5	주저하지 않고 ~하겠어.	I will not hesitate to ~.

GERDA
게르다

❶ Arendelle / is indebted to you, / Your Highness.

왕자님. 아렌델 왕국은 왕자님에게 신세를 톡톡히 지고 있습죠.

HANS
한스

The castle is open. / There's soup / and hot glögg / in the Great Hall. / Here. / Pass these out.

성문은 열려 있습니다. 대연회실에서 수프와 따뜻한 글루그를 드실 수 있어요. 자. 나눠주게.

DUKE
대공

Prince Hans, / **❷** are we just expected to sit here and freeze / while you give away / all of Arendelle's tradable goods? 한스 왕자님. 왕자님이 아렌델 왕국의 교역에 쓸 수 있는 제품들을 모두 공짜로 나눠주고 있는 동안 우리는 그냥 여기 앉아서 얼어 죽어야 하나요?

HANS
한스

Princess Anna / has given her orders / and…

안나 공주님이 명령을 내리셨기 때문에…

DUKE
대공

And that's another thing; / **❸** has it dawned on you / that your princess / may be conspiring / with a wicked sorceress / to destroy us all? 이건 또 다른 문제입니다만. 당신의 그 공주님이 사악한 마법사와 짜고 우리를 모두 괴멸시키려고 하는 건 아닌지, 하는 생각이 들지는 않았나요?

HANS
한스

❹ Do not question / the Princess. / She left me in charge, / and **❺** I will not hesitate to protect Arendelle / from treason. 공주님을 의심하지 마십시오. 공주님은 나에게 아렌델 왕국 관리의 책임을 맡기셨으니. 난 아렌델 왕국에 대한 반역은 조금도 용인하지 않겠소.

DUKE
대공

Treason?! 반역이라고요?!

STEP 1
장면 파헤치기 | 구문을 이해해야 대본을 효과적으로 암기할 수 있습니다.
구문 설명과 발음 설명을 보며 대본을 완벽히 이해하세요.

---

1 **Arendelle is indebted to you.** 아렌델 왕국은 왕자님에게 신세를 톡톡히 지고 있습죠.

👄 indebted에서 -b-는 소리가 나지 않는 '묵음'이라는 것은 다 알고 있겠죠? 그래서 [인데 티드]라고 발음하면 됩니다.

📖 be indebted to는 실제로 돈 등을 빚지고 있다는 의미도 되고, 영화에서처럼 비유적인 의미로 '빚을 지다, 신세를 지다'라는 뜻으로도 사용되는 편리한 표현입니다.

The world **is indebted to** him. 전 세계는 그 사람에게 빚을 지고 있어.
I **am indebted to** you for your help. 도와줘서 나는 네게 신세를 톡톡히 지고 있어.

---

2 **Are we just expected to sit here and freeze?**
우리는 그냥 여기 앉아서 얼어 죽어야 하나요?

📖 〈be expected to + 동사원형〉은 다른 사람의 의지로 무엇을 하기로 되어 있다는 뜻이 죠. 여기서는 엘사 때문에 우리는 그냥 여기서 얼어 죽어야만 하느냐고 대공이 투덜거 리면서 이 표현을 사용하고 있군요.

Are we just expected to accept it? 우리는 그냥 그것을 받아들여만 하나요?
Are we just expected to endure? 우리는 그냥 참아야만 하나요?

---

3 **Has it dawned on you that** your princess may be conspiring with a wicked sorceress to destroy us all?
당신의 그 공주님이 사악한 마법사와 짜고 우리를 모두 괴멸시키려고 하는 건 아닌지, 하는 생각이 들지는 않았나요?

📖 여기서 dawn은 '새벽'이란 명사가 아니라 동사로 쓰인 것입니다. 새벽에 동이 트듯이 어 떤 생각이 떠오른다는 의미죠. 보통 dawn on someone(어떤 생각이 누구에게 떠오르 다)이란 구를 이루죠.

Has it dawned on you that the more you find out, the less you know?
더 많이 발견하게 될수록 더 적게 알게 된다는 생각이 떠오르지 않았나요?

Has it dawned on you how little time is left? 시간이 얼마 남지 않았다는 생각이 들지 않았나요?

4 **Do not question** the Princess. 공주님을 의심하지 마십시오.

📖 여기서 question은 물론 '질문'이란 명사가 아니라, '~에 대해서 의심을 품다, 의문을 제기하다'라는 동사입니다. 한스는 하늘같은 공주님을 의심하지 말라고 호통을 치는군요.

Do not question my authority. 내 권위에 대해서 의심하지 말라.
Do not question God. 신에 대해서 의심하지 말라.

5 **I will not hesitate to** protect Arendelle from treason.
난 아렌델 왕국에 대한 반역은 조금도 용인하지 않겠소.

📖 hesitate는 '주저하다'라는 뜻이니 will not hesitate는 '주저하지 않겠다'는 단호한 결심을 나타내는 말이죠. 따라서 〈I will not hesitate to + 동사원형〉은 '주저하지 않고 ~하겠다'란 의미의 패턴이 됩니다. 한스는 아렌델 왕국에 대한 반역은 용서하지 않겠다는 의지를 이 구절을 통해서 표현하고 있군요.

I will not hesitate to use force. 난 주저하지 않고 무력을 사용하겠소.
I will not hesitate to punish those who are responsible.
난 주저하지 않고 책임 있는 자들을 처벌하겠소.

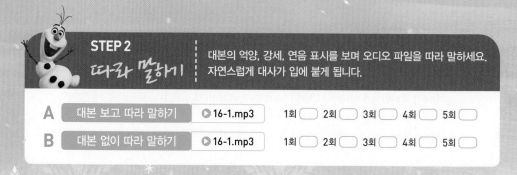

STEP 2
따라 말하기 | 대본의 억양, 강세, 연음 표시를 보며 오디오 파일을 따라 말하세요.
자연스럽게 대사가 입에 붙게 됩니다.

A 대본 보고 따라 말하기 ▶16-1.mp3 | 1회 ⬜ 2회 ⬜ 3회 ⬜ 4회 ⬜ 5회 ⬜
B 대본 없이 따라 말하기 ▶16-1.mp3 | 1회 ⬜ 2회 ⬜ 3회 ⬜ 4회 ⬜ 5회 ⬜

A 우리말 보며 말하기 우리말을 참고해서 앞에서 외운 대사를 큰 소리로 말해 보세요.
그리고 빈칸에 외운 대사를 영어로 써 보세요.

왕자님, 아렌델 왕국은 왕자님에게 신세를 톡톡히 지고 있습죠.

성문은 열려 있습니다. 대연회실에서 수프와 따듯한 글루그를 드실 수 있어요.
자, 나눠주게.

한스 왕자님, 왕자님이 아렌델 왕국의 교역에 쓸 수 있는 제품들을 모두
공짜로 나눠주고 있는 동안 우리는 그냥 여기 앉아서 얼어 죽어야 하나요?

안나 공주님이 명령을 내리셨기 때문에…

이건 또 다른 문제입니다만, 당신의 그 공주님이 사악한 마법사와 짜고 우리를
모두 괴멸시키려고 하는 건 아닌지, 하는 생각이 들지는 않았나요?

공주님을 의심하지 마십시오. 공주님은 나에게 아렌델 왕국 관리의 책임을 맡
기셨으니, 난 아렌델 왕국에 대한 반역은 조금도 용인하지 않겠소.

반역이라고요?!

B 역할 정해 말하기 삐 소리가 들리면 해당 역할을 연기하며 말해 보세요.

ⓐ 게르다 및 대공이 되어 말하기   ▶ 16-2.mp3

ⓑ 한스가 되어 말하기   ▶ 16-3.mp3

▶ 16-4.mp3

1 Don't you dare. 절대 하지 말아요.

▶ dare는 '감히 무엇을 하다'라는 뜻이니까 Don't you dare.는 '감히 하지 말라'는 강력한 부정명령이죠. 천진난만한 올라프가 여름이 오면 자신의 몸이 다 녹는 줄도 모르고 여름이 오기를 학수고대하니까 크리스토프가 그것에 대해서 말해 주겠다고 하자, 안나가 절대로 그런 말을 하지 말라고 하면서 Don't you dare.라고 하는군요.

2 I'm coming! 간다, 가!

▶ 올라프가 어서 가자고 안나의 손을 잡아끄니까 안나는 웃으며 '간다, 가'라는 의미로 I'm coming!이라고 합니다. 우리말의 개념으로는 I'm going!이라고 할 것 같지만 영어에서는 상대방이 있는 쪽으로 가거나 둘이 함께 같은 곳으로 갈 때는 come이란 동사를 사용한다는 것, 잊지 마세요!

3 Somebody's got to tell him. 누군가는 저 친구에게 얘기를 해주어야 해.

▶ has got to는 has to의 구어체 버전입니다. 그러니까 '무엇을 꼭 해야 하다'란 의미죠. 그리고 got to는 흔히 가운데 있는 [t]를 약화시켜 [r]로 발음하죠. 그래서 [가러]라고 들린답니다.

Somebody's got to tell the truth. 누군가는 진실을 말해야 해.

4 Be prepared for anything. 만약의 사태에 대비하게.

▶ 살다 보면 무슨 일이 일어날지 모르니 어떤 일에라도 대처할 수 있도록 준비하라고 할 때 사용할 수 있는 표현이 바로 Be prepared for anything.입니다.

5 Should you encounter the Queen, you are to put an end to this winter. 여왕을 만나게 되면 이 겨울을 끝내도록 하게.

▶ 음흉한 대공이 부하들에게 이 말을 하면서 여왕을 만나게 되면 죽이라고 암시하는군요. Should you encounter ~는 If you should encounter ~에서 If를 생략하고 should를 앞으로 보낸 것입니다. 그리고 should는 '그럴 일은 없겠지만 혹시 그런 일이 생긴다면'이란 의미를 함축하고 있죠.

Should you have any problems, feel free to contact me.
혹시 문제가 있으면 언제든지 나한테 연락해.

Climbing the Mountain
산을 오르다

안나 일행은 계속해서 꽁꽁 얼어붙은^{freeze} 산길을 헤치고 나아갑니다. 얼음덩어리들이 수평으로 삐죽하게 나와 있어서^{ice-spike} 위험천만한 여정이죠. 길을 가면서 크리스토프는 안나에게 어떤 계획을 가지고 있냐고 물어 보지만 안나에게는 아무런 구체적인 계획이 없다는 것을 알게 됩니다. 가파른 절벽^{cliff}을 만나자 안나는 무조건 기어오르지만^{climb} 불과 몇 미터도 못가서 꼼짝달싹 못하게 됩니다. 그때 올라프가 자신이 계단^{staircase}을 알고 있다고 말하죠. 크리스토프는 두려움^{fear}이란 조금도 없는 안나가 마음에 들기 시작합니다.

 이 장면을 외우면! 이런 표현을 말할 수 있어요~

1 어떻게 ~할 건지, 정확하게 어떤 계획을 가지고 있는 거죠?	How exactly are you planning to ~?
2 A는 ~에 달려 있어.	A is riding on ~.
3 내가 ~할 이유가 뭐가 있어?	Why would I be ~?
4 걔는 이 세상에서 제일 ~한 애야.	He/She is the -est person ever.
5 이건 또 뭐야?	What now?

119

KRISTOFF
크리스토프

So / [1] how exactly / are you planning to / stop this weather? 그러니까 이런 날씨를 어떻게 멈추겠다는 건지, 정확하게 어떤 계획을 가지고 있는 거죠?

ANNA
안나

Oh, / I am gonna / talk to my sister. 아, 언니하고 얘기하는 거죠.

KRISTOFF
크리스토프

That's your plan? / [2] My ice business is riding on you / talking to your sister.

그게 계획이에요? 그러니까 내가 하고 있는 얼음 장사는 당신이 언니하고 얘기하는 것에 달려 있다는 거네요.

ANNA
안나

Yup. 그렇죠.

KRISTOFF
크리스토프

So / you're not at all / afraid of her?

그러니까 당신은 언니가 전혀 무섭지 않다는 거네요?

ANNA
안나

[3] Why would I be? 내가 언니를 왜 무서워해요?

OLAF
올라프

Yeah. / I bet / [4] Elsa's the nicest, / gentlest, / warmest person / ever. / Oh, / look at that. / I've been impaled.

그래요. 엘사는 이 세상에서 제일 상냥하고 부드럽고 따뜻한 사람이에요. 이런, 저것 좀 봐. 내가 얼음에 푹 찔렸네.

ANNA
안나

[5] What now? 이건 또 뭐야?

KRISTOFF
크리스토프

...It's too steep. / I've only got one rope, / and you don't know / how to climb mountains.

너무 가파르네요. 밧줄은 하나밖에 없는데 당신은 산을 오를 줄 모르니.

ANNA
안나

Says who? 누가 그런 소리를 해요?

→ 올려 읽기   → 내려 읽기   / 끊어 읽기   ⌒ 이어서 읽기   ● 강하게 읽기

120

STEP 1
장면 파헤치기

구문을 이해해야 대본을 효과적으로 암기할 수 있습니다.
구문 설명과 발음 설명을 보며 대본을 완벽히 이해하세요.

1 ## How exactly are you planning to stop this weather?

이런 날씨를 어떻게 멈추겠다는 건지, 정확하게 어떤 계획을 가지고 있는 거죠?

무슨 일에든 방방 뜨기만 하지 무슨 구체적인 계획은 없는 것 같은 안나의 태도에 불안을 느낀 크리스토프가 도대체 정확하게 무슨 계획인지 알려달라고 How exactly are you planning to ~?라고 묻고 있군요. 이렇게 '정확하게, 구체적으로'란 어감을 강조하고 싶을 때 사용하는 단어가 바로 exactly입니다.

How exactly are you planning to make a decision?
어떻게 결정을 내릴 건지, 정확하게 어떤 계획을 가지고 있는 거죠?

How exactly are you planning to analyze this data?
어떻게 이 자료들을 분석할 건지, 정확하게 어떤 계획을 가지고 있는 거죠?

2 ## My ice business is riding on you talking to your sister.

내가 하고 있는 얼음 장사는 당신이 언니하고 얘기하는 것에 달려 있다는 거네요.

ride on은 '무엇을 타고 간다', 즉 '무엇에 달려 있다'는 의미를 나타내는 숙어 표현입니다. 그리고 you talking은 your talking이라고 해야 전통적인 문법에 맞죠. 동명사(talking)의 의미상의 주어는 소유격을 써야 하니까요. 그러나 현대 영어에서는 그런 규칙을 지키지 않고 그냥 목적격을 쓰는 것이 일반화되어 있죠.

My future **is riding on** this job. 내 미래는 이 일에 달려 있어.
For us, a lot **is riding on** this experiment. 우리에게 있어서는 많은 것이 이 실험에 달려 있어.

3 ## Why would I be? 내가 언니를 왜 무서워해요?

be 다음에 afraid of her가 생략되어 있죠. 이 문장에는 would가 들어 있으니까, 가정법이라고 할 수 있습니다. '내가 언니를 두려워할 이유가 도대체 뭐냐?'는 어감이 들어 있죠.

Why would I be jealous of you? 내가 너를 질투할 이유가 뭐가 있어?
Why would I be nervous? 내가 초조할 이유가 뭐가 있어?

4 ## Elsa's the nicest, gentlest, warmest person ever.
엘사는 이 세상에서 제일 상냥하고 부드럽고 따듯한 사람이에요.

👄 ever는 앞에 있는 e-에 강세가 있는데, 이 문장에서는 특히 이 [에]를 강하게 발음해야
합니다.

📖 여기서 ever는 없어도 엘사가 이 세상에서 제일 어떠한 사람이라는 의미를 전달하는
데는 지장이 없지만, ever를 붙이면 최상급을 강조해서, 정말로 그렇다는 어감을 전달
하게 되죠. 어감을 강조하는 단어이니까 당연히 강하게 발음해야죠.

This **is the** dumb**est person ever**. 이 자는 이 세상에서 제일 멍청한 놈이야.
How old **is the** old**est** living **person ever**?
살아 있는 사람 중에서 제일 나이가 많은 사람은 몇 살이지?

5 ## What now? 이건 또 뭐야?

📖 What now?나 거꾸로 해서 Now what?이나 모두 '이제 또 무슨 일이 일어나려고 하는
거야? 또 무슨 문제가 생긴 거야?'라는 의미를 전달합니다. 일상생활에서 흔히 사용하
는 표현이니까 그 어감을 잘 익혀서 활용해 보세요.

A: There's a serious problem, sort of an emergency, in the office.
B: **What now?**
A: 사무실에 심각한 일이 일어났어, 비상사태라고 할 수 있지. / B: 이번에는 또 무슨 일이야?

STEP 2
따라 말하기
대본의 억양, 강세, 연음 표시를 보며 오디오 파일을 따라 말하세요.
자연스럽게 대사가 입에 붙게 됩니다.

| A | 대본 보고 따라 말하기 | ▶ 17-1.mp3 | 1회 ◯ 2회 ◯ 3회 ◯ 4회 ◯ 5회 ◯ |
| B | 대본 없이 따라 말하기 | ▶ 17-1.mp3 | 1회 ◯ 2회 ◯ 3회 ◯ 4회 ◯ 5회 ◯ |

A 우리말 보며 말하기 우리말을 참고해서 앞에서 외운 대사를 큰 소리로 말해 보세요.
그리고 빈칸에 외운 대사를 영어로 써 보세요.

그러니까 이런 날씨를 어떻게 멈추겠다는 건지, 정확하게 어떤 계획을 가지고 있는 거죠?

아, 언니하고 얘기하는 거죠.

그게 계획이에요? 그러니까 내가 하고 있는 얼음 장사는 당신이 언니하고
얘기하는 것에 달려 있다는 거네요.

그렇죠.

그러니까 당신은 언니가 전혀 무섭지 않다는 거네요?

내가 언니를 왜 무서워해요?

그래요. 엘사는 이 세상에서 제일 상냥하고 부드럽고 따뜻한 사람이에요.
이런, 저것 좀 봐. 내가 얼음에 푹 찔렸네.

이건 또 뭐야?

너무 가파르네요. 밧줄은 하나밖에 없는데 당신은 산을 오를 줄 모르니.

누가 그런 소리를 해요?

B 역할 정해 말하기 삐 소리가 들리면 해당 역할을 연기하며 말해 보세요.

ⓐ 크리스토프와 올라프가 되어 말하기 ▶ 17-2.mp3

ⓑ 안나가 되어 말하기 ▶ 17-3.mp3

123

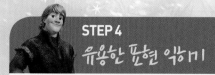

▶ 17-4.mp3

1 What are you doing? 무슨 짓을 하고 있는 거요?

▶ 빨리 말할 때는 보통 are를 생략해서 [왓유두잉]이라고 소리 낸답니다. 정말로 무슨 일을 하는지 궁금해서 이렇게
물어볼 때도 있지만, 대개는 상대가 어처구니없는 일을 벌이고 있을 때 '도대체 넌 무슨 짓을 하고 있는 거니?'라는
어감으로 물어보는 표현이죠.

2 You're going to kill yourself. 그러다가 죽겠어요.

▶ '너는 네 자신을 죽일 것이다'라는 말은 결국 그런 짓을 하다가는 죽게 되니 그만하라는 의미죠.

3 You're distracting me. 당신 때문에 집중이 안 되잖아요.

▶ distract는 '주의를 분산시키다'라는 뜻이니까, You're distracting me.는 상대가 하는 행동이나 말 때문에 내가
지금 하고 있는 일에 집중이 안 된다는 의미를 전달하죠. 뭘 좀 하려고 잔뜩 신경을 쓰고 있는데 옆에서 누가 집적
거리거나 말을 시키면 이 표현을 이용해 보세요.

4 I'm just blocking you out cause I gotta concentrate here.

난 여기를 올라가는 것에 집중해야 하니까 당신이란 존재는 없다고 생각할게요.

▶ block out은 빛이나 소리 등이 들어오지 못하게 차단한다는 뜻이죠. 사람을 block out한다는 것은 그 사람을 내
의식 세계에 들어오지 못하게 차단한다는 의미이니까 그 사람의 존재는 없다고 생각한다는 거죠. 그리고 gotta는
got to를 소리 나는 대로 표기한 것이고, got to는 have to의 구어체 버전입니다.

What do you do when your best friend is blocking you out?

네 제일 친한 친구가 너를 없는 사람으로 취급하면 어떻게 할 거니?

5 Not sure if this is going to solve the problem, but...

내 말이 이 문제를 해결하는 데 도움이 될지는 잘 모르겠지만 말야…

▶ 앞에 I'm이 생략되어 있죠. I'm not sure if this is going to solve the problem은 but 뒤에 하는 말이 문제
를 해결할 수 있을지는 확실히 모르겠지만, 그래도 얘기해 보겠다고 서두를 떼는 표현입니다. 겸손하게 들리는 말이
니 한 번 활용해 보세요.

We Can Be Like That Again 우리는 다시 옛날처럼 지낼 수 있어

올라프 덕분에 안나 일행은 무사히 엘사의 얼음 궁전^{ice palace}에 도착합니다. 안나는 성문을 노크하기가^{knock} 두렵지만 의외로 문은 금방 열립니다. 안나는 모두 밖에서 기다리라고^{wait out here} 하고 혼자 성 안으로 들어가죠.^{walk inside} 웅장한 얼음 궁전 내부에서 드디어 안나는 언니와 상면합니다. 언니는 반갑게 안나를 대하지만, 자신은 이곳 얼음 궁전에 살아야 하는 사람이라면서, 안나에게 떠나라고 합니다. 이때 올라프가 뛰어 들어옵니다. 엘사는 올라프를 보자 과거를 회상합니다.

 이 장면을 외우면! 이런 표현을 말할 수 있어요~

1	난 내가 무엇을 ~하는지 몰랐어.	I never knew what I was ~.
2	내가 ~했던 짓은 정말 미안해.	I'm so sorry about what ~.
3	~할 필요는 없어.	You don't have to ~.
4	넌 ~하는 것이 좋겠어.	You should probably ~, please.
5	넌 ~에 있어야 할 사람이야.	You belong in ~.

ANNA
안나

Elsa? / It's me... / Anna?! 언니? 나야, 안나?!

ELSA
엘사

Anna. 안나야.

ANNA
안나

Elsa, / you look different.... / It's a good different.... / And this place is amazing. 언니, 변했네. 달라 보이니까 좋은데. 그리고 여기는 굉장해.

ELSA
엘사

Thank you, / **1** I never knew / what I was capable of.
고마워. 난 내가 어떤 능력이 있는지 몰랐어.

ANNA
안나

...**2** I'm so sorry about / what happened. / If I'd known... 전에 있었던 일은 정말 미안해. 진작 알았더라면…

ELSA
엘사

No, / it's okay. / **3** You don't have to / apologize.... / But / **4** you should / probably go, / please.
아냐, 괜찮아. 사과할 필요는 없어. 하지만 넌 가는 것이 좋겠어, 부탁이야.

ANNA
안나

But I just got here. 이제 막 도착했는데.

ELSA
엘사

...**5** You belong / in Arendelle. 넌 아렌델 왕국의 사람이야.

ANNA
안나

So do you. 언니도 마찬가지야.

ELSA
엘사

No, / I belong here. / Alone. / Where I can be / who I am / without hurting anybody. 아냐, 난 여기 사람이야. 난 혼자 있어야 하는 사람이야.
여기가 아무도 해치지 않으면서 내 본래의 모습대로 살 수 있는 곳이지.

ANNA
안나

...Actually, / about that... 사실, 그 문제에 관한 건데…

STEP 1
정면 파헤치기

구문을 이해해야 대본을 효과적으로 암기할 수 있습니다.
구문 설명과 발음 설명을 보며 대본을 완벽히 이해하세요.

1 **I never knew what I was capable of.** 난 내가 어떤 능력이 있는지 몰랐어.

👄 what I was를 빨리 발음하면 what의 -t는 자연스럽게 [r]로 약화되어 [와라이워즈]로 소리 나죠.

📖 엘사는 전에는 자신에게 세상을 꽁꽁 얼어붙게 만들고, 얼음으로 멋진 궁전까지 지을 수 있는 능력이 있는지 몰랐다고 말하는군요. 이렇게 전에는 내가 어떠했는지 전혀 몰랐다고 말하고 싶으면 I never knew what I 다음에 무엇을 몰랐는지 동사의 과거형을 집어넣어 활용해 보세요.

I never knew what I was supposed to do. 난 내가 무엇을 해야 되는지 전혀 몰랐어.
I never knew what I was best at. 난 내가 무엇을 제일 잘하는지 전혀 몰랐어.

2 **I'm so sorry about what happened.** 전에 있었던 일은 정말 미안해.

📖 안나는 전에 언니를 몰아붙였던 일에 대해서 사과하고 있습니다. 전에 했던 어떤 짓에 대해서 진정으로 사과하고 싶다면 I'm so sorry about what 다음에 했던 짓을 구체적으로 말해 보세요.

I'm so sorry about what I said when I was hungry.
내가 배가 고파서 했던 말은 정말 미안해.

I'm so sorry about what I tried to do to you. 내가 너에게 하려고 했던 짓은 정말 미안해.

3 **You don't have to apologize.** 사과할 필요는 없어.

📖 have to는 '무엇을 해야만 한다'이지만 not have to는 '무엇을 하면 안 된다'가 아니라 '무엇을 할 필요가 없다'라는 뜻이죠. 억지로 외우려고 하지 말고 예문을 통해서 어감을 몸에 착 붙여 보세요.

You don't have to be friends with everybody. 모든 사람과 친하게 지낼 필요는 없어.
You don't have to be perfect, just be real.
완벽한 사람이 될 필요는 없어, 그냥 진짜 네 모습을 보여주면 되는 거야.

4 **You should probably go, please.** 넌 가는 것이 좋겠어, 부탁이야.

📖 have to는 객관적인 상황 때문에 반드시 무엇을 해야만 한다는 뜻이고, must는 주관적인 의지를 비롯해 도덕적인 상황 등 때문에 해야만 한다는 뜻을 나타내는 반면, should는 보다 부드럽게 '무엇을 하는 것이 좋다'는 어감을 나타냅니다. 게다가 probably와 please가 붙으면 그 어감이 더욱 부드러워지죠. 따라서 상대방에게 무례하게 들릴 수 있는 부탁이나 조언을 할 때면 엘사처럼 You should probably ~, please를 이용해 말해 보세요.

You should probably stop talking, **please**.
말 좀 그만해 주면 좋겠어, 부탁이야.

You should probably leave me alone, **please**.
나 좀 혼자 있게 내버려두면 좋겠어, 부탁이야.

5 **You belong in Arendelle.** 넌 아렌델 왕국의 사람이야.

📖 엘사는 안나에게 얼음 궁전에서 빨리 떠나라고 재촉하면서, 너는 여기에서 얼쩡거릴 사람이 아니라 아렌델에서 백성을 보살펴야 된다는 의미로 You belong in Arendelle.이라고 말합니다. 어떤 사람의 속성상 어디에 속한다고 할 때 사용할 수 있는 표현이 You belong in ~이죠.

You belong in my arms. 그대는 내 품에 있어야 할 사람입니다.

You belong in a different era. 넌 다른 시대에 태어났어야 할 사람이야.

STEP 2
따라 말하기

대본의 억양, 강세, 연음 표시를 보며 오디오 파일을 따라 말하세요.
자연스럽게 대사가 입에 붙게 됩니다.

| A | 대본 보고 따라 말하기 | ▶ 18-1.mp3 | 1회 ⬭ | 2회 ⬭ | 3회 ⬭ | 4회 ⬭ | 5회 ⬭ |
| B | 대본 없이 따라 말하기 | ▶ 18-1.mp3 | 1회 ⬭ | 2회 ⬭ | 3회 ⬭ | 4회 ⬭ | 5회 ⬭ |

A 우리말 보며 말하기 우리말을 참고해서 앞에서 외운 대사를 큰 소리로 말해 보세요.
그리고 빈칸에 외운 대사를 영어로 써 보세요.

언니? 나야, 안나?!

안나야.

언니, 변했네. 달라 보이니까 좋은데. 그리고 여기는 굉장해.

고마워. 난 내가 어떤 능력이 있는지 몰랐어.

전에 있었던 일은 정말 미안해, 진작 알았더라면…

아냐, 괜찮아. 사과할 필요는 없어. 하지만 넌 가는 것이 좋겠어.

이제 막 도착했는데.

넌 아렌델 왕국의 사람이야.

언니도 마찬가지야.

아냐, 난 여기 사람이야. 난 혼자 있어야 하는 사람이야. 여기가 아무도 해치지
않으면서 내 본래의 모습대로 살 수 있는 곳이지.

사실, 그 문제에 관한 건데…

B 역할 정해 말하기 삐 소리가 들리면 해당 역할을 연기하며 말해 보세요.

ⓐ 안나가 되어 말하기   ▶ 18-2.mp3

ⓑ 엘사가 되어 말하기   ▶ 18-3.mp3

▶ 18-4.mp3

1 Take it easy. 살살 해.

▶ 어떤 일을 하고 있는 사람에게 '살살 조심해서 하라'고 말할 때 자주 사용하는 표현이죠. 또한 '서두르지 말고 천천히 하라'고 할 때도 사용하고요. '너무 힘쓰지 말고, 쉬엄쉬엄하라'고 할 때도 애용하는 표현이랍니다.

2 Do you think she knows how to knock? 안나는 노크하는 법을 알고나 있는 거예요?

▶ 안나가 성문 앞에서 머뭇거리니까 올라프가 기가 막혀 크리스토프에게 묻는 말이죠. 하는 짓을 보니까 너무나 단순한 일도 못할 것 같은 경우 이 표현을 활용해 보세요.

Do you think she knows how to cook? 그 여자는 요리하는 법을 알고나 있는 거예요?

3 That's a first. 언니가 문을 연 건 처음이야.

▶ first, second 등 서수 앞에는 반드시 정관사 the를 써야지, a나 an을 사용하면 안 된다는 등의 틀에 박힌 문법 규칙에 얽매여 있는 분들은 이번 기회에 조금 벗어나 볼까요? 안나가 성문을 두드리자 문이 스르르 열립니다. 지금껏 엘사의 방문을 수도 없이 두드렸지만 한 번도 열린 적이 없었기 때문에 안나는 That's a first.라고 감탄한 것이죠. 이런 경우에는 a first라고 한답니다. 표현을 무슨 규칙으로 틀 안에 가둬놓은 채 외우려 하지 말고, 이렇게 구체적인 상황을 통해 느끼는 것이 제일 좋습니다.

4 You should probably wait out here. 당신은 여기 밖에서 기다리는 게 좋겠어요.

▶ 앞의 STEP 1에서도 이 표현이 나왔죠? should에 probably를 넣으면 더욱 부드러운 표현이 됩니다.

5 Last time I introduced her to a guy, she froze everything.

내가 저번에 언니에게 남자를 소개시켰더니, 언니가 세상을 온통 모두 얼려버렸거든요.

▶ 여기서 last time은 '마지막'이라기보다는 '지난번에'라는 뜻으로 문장을 이끄는 접속사 역할을 하고 있죠.

6 Just give us a minute. 언니와 단 둘이 얘기하게, 잠깐만 시간을 줘.

▶ 여기서 us는 나(안나)와 언니를 뜻하죠. 그런데 안나는 '잠깐만 시간을 달라'는 의미로 give us a minute이라고 했지만, 올라프는 a minute을 문자 그대로 '1분'으로 받아들여서 1부터 60까지 세고 있는 것입니다.

7 We can be like that again. 우리는 다시 그렇게 지낼 수 있어.

▶ 부모도 없는데다 한 명 있는 혈육인 언니는 자신을 없는 사람 취급하니 외로움에 사무친 안나는 언니에게 예전처럼 그렇게 친하게 지내자고 애원하면서 이렇게 말하죠. 헤어졌던 사람과 다시 관계를 회복하고 싶을 때 유용하게 사용할 수 있는 표현이니 잘 익혀 둡시다.

Day 19 You Don't Have to Live in Fear 두려움에 떨며 살 필요는 없어

안나가 자신의 마법에 맞아 정신을 잃던^{unconscious} 과거 일을 회상하며 엘사는 고통스러워하다^{sink in pain} 안나에게 돌아가라고 합니다. 안나는 언니에게 이제는 다 이해하고 있으니 더 이상 두려워할 필요가 없다고 하며 아렌델 왕국은 완전히 얼어붙어 있다고 말해 줍니다. 이 사실을 처음 들은 엘사는 더욱더 두려움에 사로잡히죠. 결국 제어할 수 없는 마법 때문에 심장이 날카로운^{sharp} 눈송이^{snowflake}에 의해 강타 당해 쓰러진 안나 곁으로 크리스토프와 올라프가 달려옵니다. 엘사는 거대한 눈사람인 마시멜로우를 만들어 모두 내쫓으려고 합니다.

 이 장면을 외우면! 이런 표현을 말할 수 있어요~

1	그건 중요한 게 아니지. 넌 ~해야 해.	It doesn't matter. You have to ~.
2	우린 함께 이 문제를 해결할 수 있어.	We can figure this out together.
3	너한테 무슨 힘이 있어서 ~할 수 있단 말이니?	What power do you have to ~?
4	우리는 ~해야 할 것 같아요.	I think we should ~.
5	~를 두곤/~해보기 전엔 못 떠나.	I'm not leaving without ~.

131

KRISTOFF
크리스토프

Anna. / Are you okay? 안나. 괜찮아요?

ANNA
안나

I'm okay... / I'm fine. 난 괜찮아요… 별일 없어요.

ELSA
엘사

[1] Who's this? / Wait, / it doesn't matter. / You have to go. 이 사람은 누구니? 아니, 그건 중요한 게 아니지. 넌 가야겠어.

ANNA
안나

No, / [2] I know / we can figure this out / together... 아냐, 우리는 같이 이 문제를 해결할 수 있어.

ELSA
엘사

How? / [3] What power / do you have / to stop this winter? / To stop me? 어떻게? 너한테 무슨 힘이 있어서 이 겨울을 막을 수 있단 말이니? 나를 어떻게 막아?

KRISTOFF
크리스토프

Anna, / [4] I think / we should go. 안나, 우리는 가야 할 것 같아요.

ANNA
안나

No. / [5] I'm not leaving / without you, / Elsa. 안 돼요. 언니, 난 언니를 여기 두고 가지는 않을 거야.

ELSA
엘사

Yes, / you are. 아냐, 넌 가야 해.

→ 올려 읽기   ↘ 내려 읽기   / 끊어 읽기   ⌒ 이어서 읽기   ● 강하게 읽기

STEP 1
장면 파헤치기 | 구문을 이해해야 대본을 효과적으로 암기할 수 있습니다.
구문 설명과 발음 설명을 보며 대본을 완벽히 이해하세요.

1 Who's this? Wait, **it doesn't matter. You have to** go.

이 사람은 누구니? 아니, 그건 중요한 게 아니지. 넌 가야겠어.

먼저 어떤 일에 대해서 말했지만, 그건 중요한 일이 아니니, 이렇게 해야 된다고 하는 상황은 실생활에서 흔히 접할 수 있죠. 따라서 이런 패턴에 익숙해지는 것이 회화에 능통하게 되는 비결이라고 할 수 있겠습니다.

Whatever you did last year, **it doesn't matter. You have to** get the job done right now. 네가 작년에 무슨 일을 했더라도 그건 중요한 게 아냐. 지금 하고 있는 일을 제대로 해내야 해.

2 I know **we can figure this out together**.

우리는 같이 이 문제를 해결할 수 있어.

figure out의 out은 전치사가 아니라 부사이므로 약간 강세를 두어 소리 냅니다.

figure out은 '해결하다'라는 뜻이니까, we can figure this out together는 같이 해결할 수 있다는 의미가 되죠. 이렇게 긍정적이고 용기를 돋는 말은 여러 가지 상황에서 활용할 수 있게 문장째 익혀두는 것이 좋겠습니다.

I'm sure **we can figure this out together**.
우리가 함께 하면 이 문제를 해결할 수 있다고 난 확신해.

Let's see if **we can figure this out together**.
우리가 함께 이 문제를 해결할 수 있을지 한 번 봅시다.

3 What power **do you have to** stop this winter?

너한테 무슨 힘이 있어서 이 겨울을 막을 수 있단 말이니?

여기서 have to는 '해야만 하다'란 뜻이 아니라, What power가 have의 목적어가 되는 것입니다. to 이하는 What power를 수식해 준다고 보면 되죠.

What power **do you have to** solve this problem?
너한테 무슨 힘이 있어서 이 문제를 해결할 수 있단 말이니?

What power **do you have to** attract a girl?
너한테 무슨 힘이 있어서 여자를 꼬실 수 있단 말이니?

4 **I think we should go.** 우리는 가야 할 것 같아요.

should가 must나 have to보다는 어감이 부드럽다고 해도 어쨌든 상대방에게 무엇을 해야 한다고 강요하는 말이니까 앞에다 I think를 붙이면 한결 더 나긋나긋한 말이 된답니다. 상대에게 무엇인가 해야 한다고 말하고 싶을 때 잘 활용해 보세요.

I think we should take a break. 우리는 쉬어야 할 것 같아요.
I think we should talk about this. 우리는 이 문제에 대해서 이야기해야 할 것 같아요.

5 **I'm not leaving without you.** 난 언니를 여기 두고 가지는 않을 거야.

leaving의 -ea-는 [이] 소리를 길게 내야 한다는 것을 잊지 마세요. 짧게 하면 living이 되어버리니까요. 하긴 짧게 해도 알아듣겠지만, 좀 어눌하게 들리긴 하겠죠.

무엇을 하지 않고는, 또는 누구를 내버려두고는 떠나지 않겠다는 배짱 있는 말이죠. 그만큼 말하는 사람의 굳은 의지나 절박함 또한 잘 묻어나는 표현이기도 합니다.

I'm not leaving without at least trying. 적어도 한 번 해보기 전에는 못 떠나.
I'm not leaving without talking to you. 당신과 얘기해 보기 전에는 못 떠나.

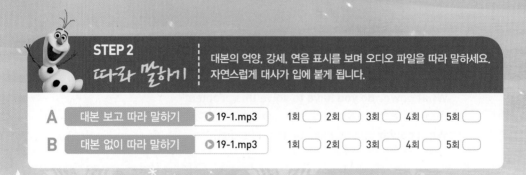

STEP 2
따라 말하기

대본의 억양, 강세, 연음 표시를 보며 오디오 파일을 따라 말하세요.
자연스럽게 대사가 입에 붙게 됩니다.

| A | 대본 보고 따라 말하기 | ▶ 19-1.mp3 | 1회 ⬭ 2회 ⬭ 3회 ⬭ 4회 ⬭ 5회 ⬭ |
| B | 대본 없이 따라 말하기 | ▶ 19-1.mp3 | 1회 ⬭ 2회 ⬭ 3회 ⬭ 4회 ⬭ 5회 ⬭ |

A 우리말 보며 말하기 ┃ 우리말을 참고해서 앞에서 외운 대사를 큰 소리로 말해 보세요.
그리고 빈칸에 외운 대사를 영어로 써 보세요.

안나, 괜찮아요?

난 괜찮아요… 별일 없어요.

이 사람은 누구니? 아니, 그건 중요한 게 아니지. 넌 가야겠어.

아냐, 우리는 같이 이 문제를 해결할 수 있어.

어떻게? 너한테 무슨 힘이 있어서 이 겨울을 막을 수 있단 말이니? 나를 어떻게 막아?

안나, 우리는 가야 할 것 같아요.

안 돼요. 언니, 난 언니를 여기 두고 가지는 않을 거야.

아냐, 넌 가야 해.

B 역할 정해 말하기 ┃ 삐 소리가 들리면 해당 역할을 연기하며 말해 보세요.

ⓐ 크리스토프가 되어 말하기 ▶ 19-2.mp3

ⓑ 안나가 되어 말하기 ▶ 19-3.mp3

ⓒ 엘사가 되어 말하기 ▶ 19-4.mp3

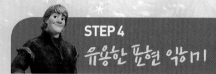
▶ 19-5.mp3

1 We can fix this hand in hand. 우리는 서로 손을 맞잡고 이 문제를 해결할 수 있어요.

 ▶ 손을 맞잡으면 해결할 수 있다는 참 훈훈한 표현이네요. fix는 '고치다, 해결하다'라는 뜻이고, hand in hand는 '손을 맞잡고'라는 의미라는 걸 잊지 마세요.

2 You don't have to live in fear. 언니는 두려움에 떨며 살 필요가 없어요.

 ▶ 공포나 고통 속에서 살 필요가 없다고 말해주고 싶을 때 유용하게 사용할 수 있는 표현입니다.

 You don't have to live in pain. 고통 속에서 살 필요가 없어요.

3 Your life awaits. 네 생활이 기다리고 있잖니.

 ▶ 자신이 아렌델 왕국을 꽁꽁 얼어붙게 만들었다는 것을 모르는 엘사는 안나에게 왕궁으로 돌아가 즐거운 생활을 만끽하라고 말해 줍니다. 쓸데없이 고생하지 말고 자신의 생활을 즐기라고 말해주고 싶을 때 사용해 보세요.

4 But leave me be. 하지만 날 내버려두렴.

 ▶ Leave me be.는 Leave me alone.(날 혼자 내버려둬.)이나 Let me do whatever I'm doing by myself.(내가 혼자 뭘 하든 그냥 내버려둬.)와 같은 뜻입니다. 아주 간단한 말이지만 강력한 메시지를 담고 있죠?

5 What do you mean you're not? 안전하지 않다니 무슨 말이니?

 ▶ not 다음에 safe가 생략되어 있죠. 상대가 하는 말이 무슨 의미인지 잘 이해가 안 될 때는 What do you mean 다음에 상대가 한 말을 되풀이하면 됩니다.

6 We can work this out together. 우리는 같이 그것을 해결할 수 있어요.

 ▶ 앞에서 익힌 We can figure this out together.와 같은 뜻이라고 알아두면 됩니다. work out도 문제를 '해결하다'라는 뜻이니까요.

7 You'll only make it worse! 넌 더 악화시킬 뿐이란다!

 ▶ 그렇게 하면 좋아지기는커녕 더 악화될 것이라고 만류할 때 사용할 수 있는 표현입니다.

 Calling the police will **only make it worse.** 경찰을 부르면 더 악화시킬 뿐이야.

Marshmallow Got Mad 마시멜로우, 화가 나다

엘사가 만든 거대한 눈사람인 마시멜로우는 안나 일행을 내던집니다.throw 약이 오른 안나가 눈덩이snowball를 집어던지자 화가 난infuriated 마시멜로우는 계속 쫓아옵니다.go charging after 안나가 기지를 발휘하여 따돌렸는가lose 싶더니, 웬걸, 마시멜로우는 절벽cliff까지 쫓아오는군요. 이번에는 크리스토프가 머리를 써서 살아남을 궁리를 하지만 마시멜로우가 던진 나무 때문에 두 사람은 그만 절벽 아래로 떨어집니다.fall

 이 장면을 외우면! 이런 표현을 말할 수 있어요~

1	저 친구를 ~하게 만들었잖아!	You made him/her ~!
2	내가 저 친구의 주의를 흐트러뜨릴 테니까, 넌 ~해.	I'll distract him. You ~.
3	그건 어디다 쓸 거예요?	What's that for?
4	~위에 떨어지는 거랑 다름없죠. 희망사항이 그렇다는 뜻이죠.	It'll be like landing on ~, hopefully.
5	셋에 하는 거예요.	On three.

KRISTOFF
크리스토프

Uh-oh. / Now **①** you made him mad! 이런, 저 친구를 화나게 만들었잖아요!

OLAF
올라프

...**②** I'll distract him. / You guys go. / No, / no, / not you guys. / This just got a whole lot harder.

내가 저 친구의 주의를 흐트러뜨릴 테니까, 당신들은 빨리 도망쳐요. 아니, 아니, 너희들 보고 도망치라고 한 게 아냐. 이거 참, 생각보다 훨씬 어려워지는데.

KRISTOFF
크리스토프

This way! / Ho-ho-ho! 이쪽으로! 하하하!

ANNA
안나

I got him! 내가 해냈어요!

KRISTOFF
크리스토프

Whoa, / stop! 와, 멈춰요!

ANNA
안나

It's a hundred foot drop. 깊이가 100피트는 되겠네요.

KRISTOFF
크리스토프

It's two hundred. 200피트에요.

ANNA
안나

Ow. / **③** What's that for? 와, 그건 어디다 쓸 거예요?

KRISTOFF
크리스토프

I'm digging a snow anchor. 눈 닻을 파는 거예요.

ANNA
안나

Okay. / What if we fall? 알았어요. 그런데 우리가 떨어지면 어떻게 되는 거예요?

KRISTOFF
크리스토프

There's twenty feet of fresh powder / down there / **④** it'll be like / landing on a pillow.... / Hopefully. / Okay, / Anna. / **⑤** On three. 절벽 아래에는 방금 내린 눈이 20피트는 쌓여 있어요. 베개 위에 떨어지는 것이나 다름없죠… 희망사항이 그렇다는 뜻이죠. 자, 자, 안나. 셋에 뛰는 거예요.

→ 올려 읽기   ↘ 내려 읽기   / 끊어 읽기   ⌢ 이어서 읽기   ● 강하게 읽기

STEP 1
장면 파헤치기

구문을 이해해야 대본을 효과적으로 암기할 수 있습니다.
구문 설명과 발음 설명을 보며 대본을 완벽히 이해하세요.

1 ## You made him mad! 저 친구를 화나게 만들었잖아요!

👄 made him을 빨리 발음할 때는 him의 h-는 보통 생략하게 되죠.

📖 고의든 아니든 네가 누구를 어떤 상태로 만들었다거나 어떤 동작을 하게 만들었다고
말하고 싶을 때 사용할 수 있는 편리한 표현이죠. You made him/her 뒤에는 형용사나
동사원형을 말해주면 됩니다.

You made him cry! 저 애를 울게 만들었잖아!
You made her laugh! 저 애를 웃게 만들었네!

2 ## I'll distract him. You guys go.
내가 저 친구의 주의를 흐트러뜨릴 테니까, 당신들은 빨리 도망쳐요.

👄 distract him도 위의 경우와 마찬가지입니다. 따라서 빨리 말할 때는 [디스트랙팀]이라
고 소리 나죠.

📖 도망칠 때 합동작전을 펼쳐 한 편에서는 깐죽거려서 상대의 주의를 분산시키고 본대는
그 사이에 도망치는 수법을 많이 쓰게 되죠. 이렇게 깐죽거려서 주의를 분산시키는 동
작을 distract라는 동사를 사용해서 나타낼 수 있습니다.

I'll distract him. You run. 내가 저 친구의 주의를 흐트러뜨릴 테니까, 너는 도망쳐.
I'll distract him. You sneak in. 내가 저 친구의 주의를 흐트러뜨릴 테니까, 그 틈에 들어가.

3 ## What's that for? 그건 어디다 쓸 거예요?

👄 for는 전치사이지만 여기서는 중요한 말이니 조금 강세를 두어서 발음하세요.

📖 What's A for?는 'A라는 물건은 어디에 쓰는 건지' 궁금할 때 간단히 쓸 수 있는 유용한
표현입니다. 특히 상황에 어울리지 않는 물건을 보면 이 표현을 활용해 그 용도를 물어
보세요.

What's that big thing **for?** 그 큰 물건은 어디에 쓰는 거예요?
What's that funny thing **for?** 그 우습게 생긴 물건은 어디에 쓰는 거예요?

4 **It'll be like landing on a pillow, hopefully.**

베개 위에 떨어지는 것이나 다름없죠. 희망사항이 그렇다는 뜻이죠.

📖 크리스토프는 절벽 아래 새로 내린 눈이 푹신하게 쌓여 있으니 떨어져도 베개 위에 떨어지는 것이나 마찬가지라고 말하면서도 자신도 미심쩍으니까 hopefully라는 말을 덧붙이는군요. 이렇게 100% 자신이 없을 때는 hopefully를 붙여서 면피하는 게 상책이죠. 또한 〈It'll be like + -ing〉는 '~하는 것이나 다름없다'는 의미의 패턴이고, land on은 높은 데서 내려와 어디 '위에 착지하다, 착륙하다'란 의미입니다.

It'll be like landing on a waterbed, **hopefully.**

물침대 위에 떨어지는 것이나 다름없죠. 희망사항이 그렇다는 거죠.

It'll be like landing on a cushion, **hopefully.**

방석 위에 떨어지는 것이나 다름없죠. 희망사항이 그렇다, 뭐 그런 뜻이죠.

5 **On three.** 셋에 뛰는 거예요.

👄 three의 th-는 혀끝을 윗니와 아랫니 사이에 살짝 넣고 입김만 불어서 소리 내야 한다는 것은 다들 잘 알고 있겠죠?

📖 동양이나 서양을 막론하고 인간은 모두 3이란 숫자를 아주 좋아하죠. 그래서 동양에는 삼세번, 삼보(三寶), 서양에는 삼위일체(三位一體)란 표현이 생긴 것이라고 할 수 있습니다. 또한 우리는 '셋 하면 뛰는 거야'라고 하고, 영어권에서는 On three.라고 한답니다.

Okay, **on three** everybody. One... two... three. 자, 다들 알았지, 셋에 뛰는 거야. 하나, 둘, 셋.
We'll hang up together okay? **On three.** 우리 동시에 전화를 끊는 거야, 셋에.

STEP 2
따라 말하기 | 대본의 억양, 강세, 연음 표시를 보며 오디오 파일을 따라 말하세요.
자연스럽게 대사가 입에 붙게 됩니다.

| A | 대본 보고 따라 말하기 | ▶ 20-1.mp3 | 1회 ◯ | 2회 ◯ | 3회 ◯ | 4회 ◯ | 5회 ◯ |
| B | 대본 없이 따라 말하기 | ▶ 20-1.mp3 | 1회 ◯ | 2회 ◯ | 3회 ◯ | 4회 ◯ | 5회 ◯ |

A 우리말 보며 말하기 우리말을 참고해서 앞에서 외운 대사를 큰 소리로 말해 보세요.
그리고 빈칸에 외운 대사를 영어로 써 보세요.

이런, 저 친구를 화나게 만들었잖아요!

내가 저 친구의 주의를 흐트러뜨릴 테니까, 당신들은 빨리 도망쳐요. 아니, 아
니, 너희들 보고 도망치라고 한 게 아냐. 이거 참, 생각보다 훨씬 어려워지는데.

이쪽으로! 하하하!

내가 해냈어요!

와, 멈췄요!

깊이가 100피트는 되겠네요.

200피트에요.

와, 그거 어디다 쓸 거예요?

눈 닻을 파는 거예요.

알았어요. 그런데 우리가 떨어지면 어떻게 되는 거예요?

절벽 아래에는 방금 내린 눈이 20피트는 쌓여 있어요. 베개 위에 떨어지는 것이나
다름없죠… 희망사항이 그렇다는 뜻이죠. 자, 자, 안나. 셋에 뛰는 거예요.

B 역할 정해 말하기 삐 소리가 들리면 해당 역할을 연기하며 말해 보세요.

ⓐ 크리스토프가 되어 말하기   ▶ 20-2.mp3

ⓑ 올라프가 되어 말하기   ▶ 20-3.mp3

ⓒ 안나가 되어 말하기   ▶ 20-4.mp3

▶ 20-5.mp3

1 Heads up! 조심해!

▶ '고개를 들어라'라는 뜻 같지만 사실은 위에서 뭐가 떨어지니 '조심해라'고 소리칠 때 사용하는 표현입니다. 고개를 들어 잘 보고 피하라는 의미라고 이해하면 되겠죠?

2 Watch out for my butt! 내 엉덩이가 내려오니까 조심해!

▶ Watch out for도 '조심해'라는 뜻이지만, 이 표현은 for 다음에 나오는 구체적인 대상에 대해서 조심하란 의미를 나타냅니다.

Watch out for cars! 차 조심해!

3 You tell me when. 숫자를 세세요.

▶ 크리스토프가 절벽 아래로 뛰어내리자고 하면서 On three.(셋에 뛰는 거예요.)라고 하자 안나는 뛰어내릴 준비를 하면서 You tell me when.이라고 말합니다. 난 준비가 됐으니, 하나, 둘, 셋이란 숫자를 세란 의미죠.

4 We totally lost Marshmallow back there!

우리는 벌써 저쪽에서 마시멜로우를 완전히 따돌렸어!

▶ 여기서는 lose란 단어가 중요합니다. 보통 '잃다'란 의미로 쓰이지만 여기서는 잡으려고 쫓아오는 사람을 '잃다' 즉 '따돌리다'란 뜻을 나타내니까요.

5 We were just talking about you. 우리는 방금 네 이야기를 하고 있었어.

▶ 방금 따돌렸다던 마시멜로우가 갑자기 나타나도 올라프는 당황하는 기색도 없이 방금 네 얘기를 하고 있었다고 넉살좋게 말하는군요. 이런 넉살은 배워야겠죠? 방금 화제에 올렸던 인물이 갑자기 나타나도 당황하지 말고, 올라프가 했던 말을 그대로 사용해 보세요.

6 All good things, all good things. 물론 좋은 얘기만 했어, 진짜야.

▶ 당사자가 없는 데서 하는 얘기란 게 어디서나 험담이 제일 맛있죠. 그래서 자신의 얘기를 하고 있다는 말을 들은 사람은 기분이 좀 묘하게 됩니다. 이때 안심시키는 말이 바로 All good things.(다 좋은 얘기만 했으니까 안심해.)입니다.

7 This is not making much of a difference!

그렇게 한다고 뭐 별로 달라지는 것도 없잖아.

▶ make a difference는 어떤 일에 대해서 '영향을 미친다'든가, '변화시킨다'는 뜻을 나타내는 숙어 표현입니다. 일상생활에서도 잘 사용하고, 신문방송에서도 자주 등장하는 표현이니 잘 알아두세요.

One person can **make a difference** and every should try. - John F. Kennedy
한 사람이 변화를 이끌어낼 수 있으니 모두 그렇게 해봐야 합니다. – 존 F. 케네디

1회 2회 3회

Day 16

Arendelle is indebted to you.
아렌델 왕국은 왕자님에게 신세를 톡톡히 지고 있습죠.

Are we just expected to sit here and freeze? 우리는 그냥 여기 앉아서 얼어 죽어야 하나요?

I will not hesitate to protect Arendelle from treason. 난 아렌델 왕국에 대한 반역은 조금도 용인하지 않겠소.

Day 17

How exactly are you planning to stop this weather? 이런 날씨를 어떻게 멈추겠다는 건지, 정확하게 어떤 계획을 가지고 있는 거죠?

Elsa's the nicest, gentlest, warmest person ever. 엘사는 이 세상에서 제일 상냥하고 부드럽고 따듯한 사람이에요.

What now? 이건 또 뭐야?

Day 18

I never knew what I was capable of.
난 내가 어떤 능력이 있는지 몰랐어.

You don't have to apologize. 사과할 필요는 없어.

You should probably go, please.
넌 가는 것이 좋겠어.

Day 19

I know we can figure this out together.
우리는 같이 이 문제를 해결할 수 있어.

What power do you have to stop this winter? 너한테 무슨 힘이 있어서 이 겨울을 막을 수 있단 말이니?

I'm not leaving without you.
난 언니를 여기 두고 가지는 않을 거야.

Day 20

You made him mad! 저 친구를 화나게 만들었잖아요!

What's that for? 그건 어디다 쓸 거예요?

It'll be like landing on a pillow, hopefully.
베개 위에 떨어지는 것이나 다름없죠, 희망사항이 그렇다는 뜻이죠.

143

WORDS & PHRASES

❶ ~에게 신세를 지다 ....

❷ ~에 대해 의심을 품다 ....

❸ ~에 달려 있다 ....

❹ 가파른 ....

❺ 뾰족한 것에 푹 찔리다 ....

❻ 달라 보이다 ....

❼ 속하다 ....

❽ 중요하다 ....

❾ (땅을) 파다 ....

❿ ~위에 떨어지다, 착지하다 ....

EXPRESSIONS

❶ 절대 하지 말아요. ....

❷ 누군가는 저 친구에게 얘기를 해주어야 해. ....

❸ (당신) 그러다가 죽겠어요. ....

❹ 당신 때문에 집중이 안 되잖아요. ....

❺ 살살 해. ....

❻ 당신은 여기 밖에서 기다리는 게 좋겠어요. ....

❼ 우리는 서로 손을 맞잡고 이 문제를
해결할 수 있어요. ....

❽ 네 생활이 기다리고 있잖니. ....

❾ (위를) 조심해! ....

❿ 우리는 방금 네 이야기를 하고 있었어. ....

WORDS & PHRASES ❶ be indebted to ❷ question ❸ ride on ❹ steep ❺ be impaled ❻ look different ❼ belong ❽ matter ❾ dig ❿ land on

EXPRESSIONS ❶ Don't you dare. ❷ Somebody's got to tell him. ❸ You're going to kill yourself. ❹ You're distracting me. ❺ Take it easy. ❻ You should probably wait out here. ❼ We can fix this hand in hand. ❽ Your life awaits. ❾ Heads up! ❿ We were just talking about you.

북유럽 특유의 자연 경관

 #1 피오르드 Fjord

피오르드fjord란 빙하가 육지를 할퀴어서 생긴 골짜기를 뜻하죠. 북구의 해안shoreline에 잘 발달되어 있는데, 경사가 급한 해안 절벽cliff을 이루고 있어 경치가 아름답기로 유명합니다. 최근에 한국인들도 노르웨이Norway 등지의 피오르드를 관광한 후에 감상담을 많이 남기고 있으니 아직 가보지 않은 분들도 분위기를 짐작하실 수 있을 것입니다.

Fjord

#2 오로라 Northern Lights

Northern Lights란 북극지방에서 나타나는 신비한 빛을 말하죠. 이를 흔히 오로라Aurora라고 하는데, 이는 로마의 새벽의 여신인 Aurora에서 유래된 것입니다. 신비한 빛이라고 했지만 사실은 태양풍solar wind과 상층 대기의 입자와 지구의 자장(磁場)이 결합된 발광 현상이죠. 피오르드와 마찬가지로 오로라도 이 영화에서 많이 등장하는데, 북구의 대표적인 명물이니만큼 실제로 가보진 못하더라도 영상으로나마 그 신비한 매력에 푹 빠져 보시기 바랍니다.

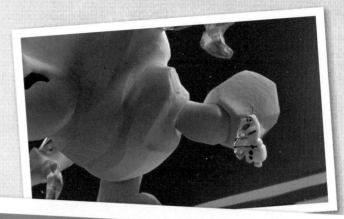

Day 21 Your Hair is Turning White 당신 머리가 하얗게 변하고 있어요

푹신한 눈 위에 떨어진 안나와 크리스토프는 다행히 모두 목숨을 건집니다. 둘은 서로 눈 속에서 끄집어내다가 눈이 마주치자 마치 전기에 감전된 듯한 묘한 감정chemistry을 느끼죠. 그러다 크리스토프는 안나의 머리카락 일부가 하얗게 변한turning white 것을 발견하고는 사랑 전문가들love experts에게 가자고 말합니다. 바로 트롤들trolls을 말한 거죠. 과거에도 트롤들이 안나를 치료한 것을 목격한 적이 있었기 때문입니다.

 이 장면을 외우면! 이런 표현을 말할 수 있어요~

1 난 ~로 돌아갈 수 없어.   I can't go back to ~.
2 그리고 당신 ~도 그렇고.   And then there's your ~.
3 내 ~는 걱정하지 말고, …나 걱정해.   Don't worry about my ~. Worry about....
4 네 건 ~색으로 변하고 있어.   Yours is turning ~.
5 ~해 보여?   Does it look ~?

→ 올려 읽기   → 내려 읽기 / 끊어 읽기   ⌒ 이어서 읽기   ● 강하게 읽기

KRISTOFF
크리스토프

...So.... / Now what? 그런데… 이제 어떻게 하죠?

ANNA
안나

Now what? / Now what?! / Oh! / What am I gonna do? / She threw me out. / [1] I can't go back to Arendelle / with the weather like this. / [2] And then / there's your ice business... 이제 어떻게 하냐고요? 정말, 이제 어떻게 하지?! 아, 어떻게 하지? 언니는 나를 내쫓았어. 날씨가 아직 이런데 아렌델로 돌아갈 수도 없고. 그리고 당신 얼음 장사도 그렇고…

KRISTOFF
크리스토프

Hey, / hey, / [3] don't worry about my ice business... / Worry about your hair! 이봐요, 이봐, 내 얼음 장사는 걱정할 필요가 없단 말이에요. 당신 머리 걱정이나 하지 그래요?

ANNA
안나

What? / I just fell off a cliff. / You should see your hair. 뭐요? 난 방금 절벽에서 떨어졌단 말이에요. 당신 머리는 어떤지 한번 보세요.

KRISTOFF
크리스토프

No, / [4] yours is turning white. 내 말은 그게 아니에요. 당신 머리가 하얗게 변하고 있어요.

ANNA
안나

White? / It's what? 하얗게 변한다고요? 뭐지?

KRISTOFF
크리스토프

It's because / she struck you; / isn't it? 언니가 당신에게 마법을 던졌기 때문에 그런 것 아니에요?

ANNA
안나

[5] Does it look bad? 보기에 흉해요?

KRISTOFF
크리스토프

...No. 뭐, 그렇지는 않아요.

148

STEP 1
장면 파헤치기
구문을 이해해야 대본을 효과적으로 암기할 수 있습니다.
구문 설명과 발음 설명을 보며 대본을 완벽히 이해하세요.

1 ## I can't go back to Arendelle with the weather like this.
날씨가 아직 이런데 아렌델로 돌아갈 수도 없고.

안나는 한 여름에 꽁꽁 얼어붙은 이런 날씨를 그대로 둔 채 아렌델로 다시 돌아갈 수는 없다고 한탄하고 있군요. 안나처럼 사정이 있어서 어디로 다시 돌아갈 수 없을 때는 I can't go back to ~를 활용해서 사정을 얘기해 보세요.

I can't go back to work. 난 업무로 복귀할 수 없어요.
I can't go back to yesterday because I was a different person then.
- Alice, Alice's Adventures in Wonderland. By Lewis Carroll.
난 어제는 다른 사람이었기 때문에 어제로 되돌아갈 수는 없어. – 루이스 캐롤의 《이상한 나라의 앨리스》에서 앨리스

2 ## And then there's your ice business... 그리고 당신 얼음 장사도 그렇고…

방금 말한 것에 덧붙여 당신의 이러저러한 문제도 있다고 말하고 싶을 때는 And then there's your 다음에 그 문제를 언급해 보세요.

There's your immediate problem. **And then there's your** underlying problem. 당신이 당면한 문제가 있고, 그리고 또 당신의 본질적인 문제도 있고.
There's your healthy self. **And then there's your** insecure self.
당신의 건강한 면이 있고, 그리고 또 당신의 불안한 면이 있고.

3 ## Don't worry about my ice business. Worry about your hair!
내 얼음 장사는 걱정할 필요가 없단 말이에요. 당신 머리 걱정이나 하지 그래요?

남의 걱정을 밥 먹듯 하는 사람에게는 이런 표현을 이용해 한마디 해주는 것도 아주 좋죠.

Don't worry about my costume. **Worry about** knowing your lines.
내 의상 걱정일랑 말고, 네 대사 파악이나 걱정해.
Don't worry about my coffee consumption. **Worry about** what I would do to you without it. 내가 커피를 얼마나 많이 마시는지 걱정하지 말고, 내가 그렇게 많이 마시지 않으면 당신한테 어떻게 할지 그거나 걱정해.

149

4 **Yours is turning white.** 당신 머리가 하얗게 변하고 있어요.

📖 크리스토프는 안나의 머리가 하얗게 변하고 있다는 뜻으로 Yours is turning white. 라고 소리칩니다. 여기서 Yours는 물론 Your hair이죠. 정황상 무엇을 두고 말하는지 상대와 내가 다 아는 경우엔, 그냥 yours(네 것)를 써서 간단하게 말하면 되고요, 색깔이 어떻게 변한다고 할 때는 동사 turn 뒤에 색을 말해주면 되죠. 그래서 '네 건 색깔이 ~로 변하고 있어'라고 말하고 싶으면 〈Yours is turning + 색깔〉 패턴을 활용하면 됩니다.

That's why **yours is turning** green. 그래서 네 것은 녹색으로 변하고 있는 거야.
I'm not sure why **yours is turning** blue. 네 게 왜 푸른색으로 변하고 있는지 확실히 모르겠어.

5 **Does it look bad?** 보기에 흉해요?

📖 사람은 누구나 자신의 외모에 대해서 신경을 참 많이 쓰죠. 안나도 예외가 아니어서 머리가 하얗게 됐다고 하니까 대뜸 보기에 흉하냐고 묻고 있군요. 이런 경우에 사용할 수 있는 표현이 바로 Does it look ~?입니다. look 뒤에는 형용사를 붙이면 되죠. 자, 그러면 새로 산 옷을 입고 '이거 세련돼 보이니?'라고 물어 볼까요? Does it look stylish?

Does it look messy? 엉망으로 보여요?
Does it look great? 괜찮아 보여요?

STEP 2
따라 말하기 | 대본의 억양, 강세, 연음 표시를 보며 오디오 파일을 따라 말하세요.
자연스럽게 대사가 입에 붙게 됩니다.

A 대본 보고 따라 말하기 ▶ 21-1.mp3 1회 ◯ 2회 ◯ 3회 ◯ 4회 ◯ 5회 ◯
B 대본 없이 따라 말하기 ▶ 21-1.mp3 1회 ◯ 2회 ◯ 3회 ◯ 4회 ◯ 5회 ◯

A 우리말 보며 말하기   우리말을 참고해서 앞에서 외운 대사를 큰 소리로 말해 보세요.
그리고 빈칸에 외운 대사를 영어로 써 보세요.

그런데… 이제 어떻게 하죠?

이제 어떻게 하냐고요? 정말, 이제 어떻게 하지?! 아, 어떻게 하지? 언니는 나를 내쫓았어. 날씨가 아직 이런데 아렌델로 돌아갈 수도 없고. 그리고 당신 얼음 장사도 그렇고…

이봐요, 이봐, 내 얼음 장사는 걱정할 필요가 없단 말이에요. 당신 머리 걱정이나 하지 그래요?

뭐요? 난 방금 절벽에서 떨어졌단 말이에요. 당신 머리는 어떤지 한 번 보세요.

내 말은 그게 아니에요. 당신 머리가 하얗게 변하고 있어요.

하얗게 변한다고요? 뭐지?

언니가 당신에게 마법을 던졌기 때문에 그런 것 아니에요?

보기에 흉해요?   뭐, 그렇지는 않아요.

B 역할 정해 말하기   삐 소리가 들리면 해당 역할을 연기하며 말해 보세요.

ⓐ 크리스토프가 되어 말하기   ▶ 21-2.mp3

ⓑ 안나가 되어 말하기   ▶ 21-3.mp3

▶ 21-4.mp3

1 Do me a favor, grab my butt. 부탁 좀 합시다. 내 엉덩이를 붙잡아 줘요.

　▶ 올라프가 달아나는 자신의 하체를 붙잡아 달라고 하면서 Do me a favor(부탁 좀 합시다)라는 표현을 사용했군요. 이렇게 상대에게 무엇을 부탁할 때는 무턱대고 해달라고만 하지 말고, Do me a favor라는 말로 서두를 꺼내 보세요.

2 Don't talk to him like that. 그 애한테 그런 식으로 말하지 마.

　▶ 상대의 말투가 마음에 들지 않으면 그냥 꿀 먹은 벙어리처럼 가만히 있지 말고, 크리스토프처럼 말해 보세요.

　Don't talk to me like that. 나한테 그런 식으로 말하지 마.

3 I mean, it's fine. 아 그러니까, 괜찮다구요.

　▶ 앞서 한 말이나 행동이 상대의 오해를 살 소지가 있겠다 싶을 때 바로 I mean(그러니깐 제 말은요)으로 자신의 생각이나 의도를 바로잡으면 됩니다. 영화에서는, 머리를 부딪힌 크리스토프를 걱정하는 안나가 괜찮냐며 크리스토프의 머리를 어루만진 순간, 통증을 느낀 크리스토프가 자신도 모르게 Ah! Ooh!라는 괴성을 내는데요. 이 소리에 안나가 걱정할까봐, 금세 말을 이렇게 수정한 거죠.

4 They'll be able to fix this. 그분들이 이 문제를 잘 해결할 수 있으니까요.

　▶ fix에는 여러 가지 뜻이 있지만, 여기서는 고장 난 것을 고치거나, 문제를 해결한다는 뜻이죠. 사랑 전문가들(love experts)이 안나의 머리가 하얗게 된 것을 원상으로 회복시킬 수 있다는 의미로 한 말입니다.

　They'll be able to fix it in a timely manner. 그 사람들이 그 문제를 시기적절하게 해결할 수 있을 거야.

5 How do you know? 당신이 어떻게 알아요?

　▶ 빨리 말할 때는 do를 생략해서 [하우류노우]라고 말하기도 해요. 무엇에 대해서 알 것 같지 않은 상대에게 의외라는 어감을 띠고 물어보는 말이죠. 잘 익혀 두었다가 활용해 보세요.

6 Because I've seen them do it before.

난 그분들이 전에 이런 문제를 해결했던 것을 본 적이 있으니까요.

　▶ How do you know?라고 물어보는 상대에게 내가 직접 봤다고 응수해 주면 더 이상 왈가왈부하지 않겠죠. 그러니 이 표현도 잘 익혀뒀다 써먹어 보세요. 이때 〈see + 사람 + 동사원형〉은 '~가 …하는 것을 보다'란 의미입니다.

　Because I've seen her do it a couple of times before.
　난 그 여자가 전에 두 번 그러는 걸 본 적이 있으니까.

7 I like to consider myself a love expert. 난 사랑 전문가로 자처하고 싶어.

　▶ 누가 인정하든 안 하든 어떤 사람으로 자처하고 싶으면 올라프가 말한 이 표현을 기억하세요. I like to consider myself a ~ 다음에 자처하고 싶은 것을 넣으면 됩니다.

　I like to consider myself a tolerant person. 난 관용적인 사람으로 자처하고 싶어.

Day 22 Meet My Family
우리 가족과 인사해

언니의 마법 때문에 머리가 하얗게 변하고 있는turning white 안나를 치료해 준다고 크리스토프가 데려간 곳은 아무도 없는 바위투성이 산골짜기였죠. 크리스토프는 바위들 사이에 서서 팔을 흔들며waving 인사하는군요.greeting 이 모습에 놀란 안나와 올라프는 도망치려고 합니다. 바로 그때 바위들이 굴러와 크리스토프를 에워쌉니다.surround 바위들은 모두 트롤로 변신하더니 크리스토프를 환영하네요. 안나를 보고도 좋은 짝이라고 반색을 하며 요란을 떠는 통에 안나와 크리스토프의 얼굴에는 난처한 기색이 역력합니다.

이 장면을 외우면! 이런 표현을 말할 수 있어요~

1	무슨 일이에요?	**What's going on?**
2	～는 …에 딱 맞아.	**~ will do nicely for....**
3	그런 이유로 ～한 게 아니야.	**That's not why I ~.**
4	문제가 뭐죠?	**What's the issue?**
5	왜 ～를 마다하는 거니?	**Why are you holding back from ~?**

BULDA
불다

...He's brought a girl! 크리스토프가 아가씨를 데려왔다!

TROLLS
트롤

He's brought a girl! 크리스토프가 아가씨를 데려왔다!

ANNA
안나

❶ What's going on? 무슨 일이에요?

KRISTOFF
크리스토프

I've learned to / just roll with it.
트롤들이 하자는 대로 하는 게 좋다는 걸 배웠어요.

BULDA
불다

Let me see. / Bright eyes. / Working nose. / Strong teeth.
/ Yes, / yes, / yes. / ❷ She'll do nicely / for our Kristoff.
가만 보자. 눈은 밝고, 코는 반듯하고, 이빨은 튼튼하네. 그래. 그래. 맞아. 우리 크리스토프에게 잘 맞는 아가씨로군.

ANNA
안나

Wait. / Oh. / Um. / No. 잠깐만요. 아. 이런. 아니에요.

KRISTOFF
크리스토프

❸ You've got the wrong idea. / That's not / why I brought
her here. 잘못 알고 있어요. 내가 이 아가씨를 여기 데려온 것은 그런 일 때문이 아니에요.

ANNA
안나

Right. / We're not. / I'm not...
맞아요! 우리는 그런 사이가 아니에요. 나는 아니에요.

BULDA
불다

❹ What's the issue, / dear? / ❺ Why are you / holding
back / from such a man? 문제가 뭐니, 아가씨? 왜 이런 남자를 마다하는 거니?

⟶ 올려 읽기　⟶ 내려 읽기　/ 끊어 읽기　⌣ 이어서 읽기　● 강하게 읽기

STEP 1
장면 파헤치기 : 구문을 이해해야 대본을 효과적으로 암기할 수 있습니다.
구문 설명과 발음 설명을 보며 대본을 완벽히 이해하세요.

1 **What's going on?** 무슨 일이에요?

👄 여기서 on은 전치사가 아니라 부사이기 때문에 약간 강세를 둬야 합니다.

📖 바위들이 트롤로 변신한 것도 놀라운데, 이 트롤들이 자신을 크리스토프에게 자꾸 밀어서 팔에 안기는 형국이 되니까 안나는 더욱 어안이 벙벙해져서 도대체 무슨 일이 일어나고 있냐고 묻는군요. 이런 경우에 사용하는 표현이 바로 What's going on?입니다.

What's going on around here? 도대체 여기서 무슨 일이 벌어지고 있는 거예요?
What's going on with the weather? 날씨가 도대체 어떻게 된 거예요?

2 **She'll do nicely for** our Kristoff. 우리 크리스토프에게 잘 맞는 아가씨로군.

📖 혼기가 찬 아들을 둔 아주머니들은 참한 아가씨만 보면 며느리감으로 탐내는 버릇이 있는데, 트롤들도 마찬가지군요. 이렇게 무엇에 딱 맞는 것을 발견했을 때 A will do nicely for B(A는 B에 딱이야)라는 패턴을 사용하면 멋진 영어를 한다고 칭찬 좀 받을 것입니다.

That**'ll do nicely for** what I need. 그건 나한테 안성맞춤이야.
That**'ll do nicely for** most average users. 그거면 일반적인 유저한테는 딱 맞아.

3 **You've got the wrong idea. That's not why I** brought her here. 잘못 알고 있어요. 내가 이 아가씨를 여기 데려온 것은 그런 일 때문이 아니에요.

📖 신부감을 데려온 줄 알고 수선을 떠는 트롤들에게 크리스토프가 그런 이유 때문에 안나를 여기 데려온 것이 아니라고 해명하고 있군요. 이처럼 어떤 말이나 행동에 대한 이유를 오해하고 있는 사람에게는 That's not why I ~ 패턴을 사용해 보세요.

That's not why I brought my kids. 그런 이유로 우리 아이들을 데려온 게 아니야.
That's not why I broke up with him. 그런 이유로 그애랑 헤어진 게 아니야.

4 **What's the issue, dear?** 문제가 뭐니, 아가씨?

📖 크리스토프의 신부감으로 제격인 아가씨가 왔다고 좋아하던 트롤들은 안나가 그런 사이가 아니라고 부정하자, 김이 샜나 봅니다. 그래서 트롤 아주머니가, 도대체 문제가 뭐냐고 따지듯이, What's the issue?라고 물어 봅니다. What's the issue?는 What's the problem?과 똑같은 의미이지만, 좀 '있어 보이는' 표현이죠. 좀 그럴 듯한 영어 표현을 찾고 있다면 What's the problem? 대신 What's the issue?를 써먹어 보세요.

What's the issue with performance reviews?
업무평가를 한다는데, 문제가 뭐죠?

What's the issue with breastfeeding in public?
공공장소에서 젖을 먹이는 게 무슨 문제가 있는 거죠?

5 **Why are you holding back from such a man?**
왜 이런 남자를 마다하는 거니?

👄 여기서 back은 부사니까 조금 강세를 두고, from은 전치사이니 약하게 발음하는 것이 좋습니다.

📖 hold back은 '주저주저하면서 마다한다'는 뜻이죠. 왜 이렇게 멋진 남자인 크리스토프를 마다하냐고 트롤 아주머니가 힐난하면서 이 hold back from을 사용하고 있습니다. 여러분도 지지 말고 이 표현을 적재적소에 활용해 보세요.

Why are you holding back from this amazing opportunity I am offering you? 내가 마련해 준 이 멋진 기회를 왜 마다하는 거니?

Why are you holding back from changing your lifestyle?
넌 왜 네 생활습성을 고치는 것을 주저하는 거니?

STEP 2
따라 말하기 | 대본의 억양, 강세, 연음 표시를 보며 오디오 파일을 따라 말하세요. 자연스럽게 대사가 입에 붙게 됩니다.

A 대본 보고 따라 말하기 ▶ 22-1.mp3 1회 ◯ 2회 ◯ 3회 ◯ 4회 ◯ 5회 ◯

B 대본 없이 따라 말하기 ▶ 22-1.mp3 1회 ◯ 2회 ◯ 3회 ◯ 4회 ◯ 5회 ◯

A 우리말 보며 말하기   우리말을 참고해서 앞에서 외운 대사를 큰 소리로 말해 보세요.
그리고 빈칸에 외운 대사를 영어로 써 보세요.

크리스토프가 아가씨를 데려왔다!

크리스토프가 아가씨를 데려왔다!

무슨 일이에요?

트롤들이 하자는 대로 하는 게 좋다는 걸 배웠어요.

가만 보자. 눈은 밝고, 코는 반듯하고, 이빨은 튼튼하네. 그래, 그래, 맞
아. 우리 크리스토프에게 잘 맞는 아가씨로군.

잠깐만요. 아, 이런, 아니에요.

잘못 알고 있어요. 내가 이 아가씨를 여기 데려온 것은 그런 일 때문이
아니에요.

맞아요! 우리는 그런 사이가 아니에요. 나는 아니에요.

문제가 뭐니, 아가씨? 왜 이런 남자를 마다하는 거니?

B 역할 정해 말하기   삐 소리가 들리면 해당 역할을 연기하며 말해 보세요.

ⓐ 불다와 트롤이 되어 말하기   ▶ 22-2.mp3

ⓑ 안나가 되어 말하기   ▶ 22-3.mp3

ⓒ 크리스토프가 되어 말하기   ▶ 22-4.mp3

▶ 22-5.mp3

1 They're more like family. 가족이나 다름없죠.

> ▶ more like는 아주 간단한 말 같지만 그래도 명색이 숙어 표현입니다. 그러니 무시하지 말고 잘 익혀 두세요. 앞에서 한 말보다는 이 표현이 더 적합하다고 할 때 사용합니다.
>
> Why are coffee mugs so huge these days? They're **more like** bowls!
> 왜 요새 커피 머그잔은 이렇게 크니? 주발이나 다름없어.

2 When I was a kid, it was just me and Sven until they took me in. 내가 어렸을 때는 난 스벤밖에 없었어요. 이 친구들이 나를 받아들이기 전까지는요.

> ▶ A until B는 'B라는 시점이 되면 A라는 상황이 바뀐다'는 뜻이라고 했던 거, 기억나죠? 트롤들이 자신을 받아들이자 이 세상에 스벤밖에 없었던 상황이 바뀌었다, 즉 트롤들과 한 가족이 되었다는 의미를 나타내려고 크리스토프는 until을 사용한 것이죠. 나온 김에 '~를 받아들이다'란 의미의 take in도 함께 기억해 주세요.

3 I don't want to scare you, they can be a little bit inappropriate and loud, very loud. 내가 뭐 당신한테 겁주려고 이런 말을 하는 건 아닌데요. 이 친구들은 좀 이 상황에 어울리지 않을 수도 있어요. 그리고 말을 크게 해요. 아주 크게요.

> ▶ 상대가 이런 말을 들으면 좀 겁이 나겠다고 생각되면 미리 약을 치는 게 좋죠. 이럴 때 사용할 수 있는 표현이 바로 I don't want to scare you입니다. 이런 말로 서두를 떼고 본격적인 이야기를 하면 약발이 받지 않겠어요?

4 They're also stubborn at times. 그리고 또 어떤 때는 고집이 세요.

> ▶ 여기서 at times를 빼면 항상 고집이 세단 말로 들리니까, '언제나 그런 것은 아니고 어쩌다' 그렇다는 의미를 전달하고 싶으면 at times를 빼먹지 말고 붙이세요.

5 Meet my family. 우리 가족과 인사하세요.

> ▶ meet에는 처음 보는 사람과 인사한다는 뜻도 있습니다. 그러니 '우리 가족과 인사하세요'라고 말하고 싶을 때 어려운 표현을 찾느라 고생하지 말고 간단하게 Meet my family.라고 하면 만사가 해결된답니다.

6 I insist you run. 그러니까 당신은 도망쳐요.

> ▶ insist 다음에는 that이 생략되어 있습니다. 상대에게 강력하게 무엇을 하라고 권유할 때는 I insist you라고 한 다음에 상대가 할 동작을 말해주면 되죠.

7 It's been too long! 너무 오래간만이야!

> ▶ 오래간만이라는 표현은 여러 가지가 있지만, 제일 간단한 것이 바로 It's been too long!이죠. 그러니 복잡한 표현을 기억해내느라 고생하지 말고 이 표현을 바로바로 써먹어 보세요.

8 Oh, lemme look at you! 와, 얼굴 좀 보자!

> ▶ 너무 반가운 상대에게 사용할 수 있는 말이죠. 물론 아주 친밀한 사이가 아니면 사용할 수 없죠. 여기서 lemme는 let me를 소리 나는 대로 표기한 것입니다.

Day 23 Your Life is in Danger
네 생명이 위험하단다

크리스토프가 마음에 들지 않아서 안나가 주저한다고^{hold back} 생각한 트롤들은 사랑에 대한 노래를 부르며 둘을 웅덩이로^{pit} 몰고 가 결혼시키려고 합니다. 이때 안나는 몸이 얼음처럼 차가워지면서 쓰러지죠.^{collapse} 바로 그때 트롤들의 어른인 파비가 한 눈에 안나가 마법에 맞아 심장에 얼음이 박혔다고 진단합니다. 그리고는 이 얼음을 빼지 않으면 영원히 얼음장처럼^{as cold as ice} 얼어붙는다고 얘기하죠. 안나의 생명은 풍전등화(風前燈火)처럼 위태롭습니다.^{in danger}

 이 장면을 외우면! 이런 표현을 말할 수 있어요~

1 그대는 ~를 적법한 아내로/남편으로 받아들입니까?   Do you take ~ to be your lawfully wedded wife/husband?
2 ~는 결혼식을 하고 있는 겁니다/결혼할 겁니다.   ~ be getting married.
3 ~는 …처럼 차가워요.   ~ be as cold as ice.
4 ~은 위태로워/위기에 처해 있어.   ~ be in danger.
5 제거하지 않으면, ~하게 됩니다.   If not removed, ~.

159

TROLL PRIEST
트롤 사제
❶ Do you, / Anna, / take Kristoff / to be your trollfully wedded... 안나, 그대는 크리스토프를 트롤식으로 적법한 남편으로...

ANNA
안나
Wait, / what?! 잠깐만요. 뭐라고요?!

TROLL PRIEST
트롤 사제
❷ You're getting married. 그대들은 결혼식을 올리고 있는 겁니다.

TROLLS
트롤들
LOVE! 사랑!

KRISTOFF
크리스토프
Anna? / ❸ She's as cold as ice. 안나? 안나는 얼음처럼 차가워요.

GRAND PABBIE
파비 할아버지
There's strange magic / here! 여기에는 이상한 마법이 걸려 있군!

KRISTOFF
크리스토프
Grand Pabbie! 파비 할아버지!

GRAND PABBIE
파비 할아버지
Bring her to me, / Kristoff. / Anna, / ❹ your life is in danger. / There is ice / in your heart, / put there / by your sister. / ❺ If not removed, / to solid ice / will you freeze, / forever. 그 아이를 내게 데리고 와라. 크리스토프. 안나야, 네 생명이 위태롭단다.
네 심장에 언니가 찔러 넣은 얼음이 박혀 있어. 그것을 제거하지 않으면 넌 영원히 단단한 얼음으로 굳어버린단다.

ANNA
안나
What...? / No. 뭐라고요? 안 돼요.

KRISTOFF
크리스토프
So / remove it, / Grand Pabbie.
그러니까, 파비 할아버지, 그 얼음을 빼주세요.

STEP 1
장면 파헤치기

구문을 이해해야 대본을 효과적으로 암기할 수 있습니다.
구문 설명과 발음 설명을 보며 대본을 완벽히 이해하세요.

1 **Do you, Anna, take Kristoff to be your trollfully wedded…**

안나, 그대는 크리스토프를 트롤식으로 적법한 남편으로…

우리는 결혼식에서 주례가 성혼 선언문을 읽으면서 예비 신랑신부에게 상대방을 아내와 남편으로 인정하냐고 물어보고 대답을 하면 신랑신부가 되었다고 선포하죠. 그러나 사실 이것은 그냥 요식 절차이고, 법적인 구속력은 없습니다. 혼인신고를 해야 법적인 효력이 발생되죠. 그러나 서양에서는 보통 사제나 공적인 권한을 갖고 있는 사람이 〈Do you take + 신랑/신부 이름 + to be your lawfully wedded husband/wife?〉라고 묻고 대답이 돌아오면 그 자체로 혼인이 성립하게 됩니다. 그리고 여기서 trollfully는 troll식의 표현이고 인간사회에서는 lawfully(적법하게)라고 한답니다.

Do you take Jane Anderson/John Smith **to be your lawfully wedded wife/husband?** 그대는 제인 앤더슨을/존 스미스를 적법한 아내로/남편으로 받아들입니까?

2 **You're getting married.** 그대들은 결혼식을 올리고 있는 겁니다.

영화에서 are getting married는 '지금 결혼식을 올리고 있는' 것이라며 전형적인 현재진행형 시제로 쓰인 것이죠. 그러나 진행형 시제는 아래 예문처럼 진짜 현재진행이 아니라 이미 예정되어 있는 일이 일어날 것이라는 미래 시제에서도 사용된답니다.

When **are** you **getting married**? 너희들은 언제 결혼할 거니?
My ex-girlfriend **is getting married** next month. 내 전 여친은 다음 달에 결혼할 거야.

3 **She's as cold as ice.** 안나는 얼음처럼 차가워요.

우리도 손이 '얼음장처럼 차갑다'고 하는데 영어도 똑같이 as cold as ice라고 하죠. 이런 수사법을 직유법(simile)이라고 하는데요, 흔히 사용하는 직유는 잘 알아둘 필요가 있습니다.

The old man's hair was **as white as snow**. 그 노인의 머리는 눈처럼 하얬다.
My cheeks were **as hot as fire**. 내 볼은 불처럼 뜨거웠다.

4 **Your life is in danger.** 네 생명이 위태롭단다.

👄 is in은 따로 떼어 [이즈인]이라고 발음하는 것보다는 연음시켜서 [이진]이라고 소리 내는 것이 좋죠.

📖 무엇이든 위태로운 상황에 처해 있으면 주어 자리에 해당되는 것을 넣고 be in danger라고 이어주면 되죠. 위태로운 상황을 좀 더 구체적으로 말하고 싶으면 danger 뒤에 of를 연결하여, in danger of extinction(멸종 위기에 처해 있는) 등으로 연결하면 된답니다.

The species **is in danger** of extinction.
그 종(種)은 멸종 위기에 처해 있어.

That old building **is in danger** of being demolished.
그 오래된 건물은 철거 위기에 처해 있어.

5 **If not removed, to solid ice will you freeze, forever.**
그것을 제거하지 않으면 넌 영원히 단단한 얼음으로 굳어버린단다.

📖 If it is not removed에서 주어인 it과 be동사를 생략하고 그냥 If not removed라고 해도 듣는 사람이 다 이해하면 간단히 말하는 것이 더 좋겠죠. 이것을 문법적으로 접속사는 생략하지 않은 분사구문이라고도 하는데, 이런 성가신 문법사항은 무시해도 좋습니다. 아래 예문을 통해서 익혀두면 써먹을 데가 있을 것입니다.

If not removed, it accumulates in the soil.
그것을 제거하지 않으면 토양에 축적됩니다.

An inflamed appendix will likely burst **if not removed**.
감염된 맹장은 제거하지 않으면 터지기 쉽습니다.

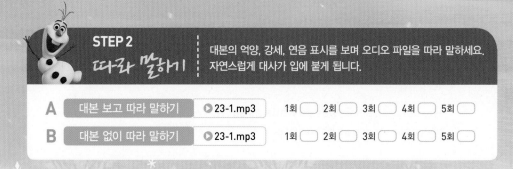

STEP 2
따라 말하기 | 대본의 억양, 강세, 연음 표시를 보며 오디오 파일을 따라 말하세요.
자연스럽게 대사가 입에 붙게 됩니다.

A | 대본 보고 따라 말하기 ▶ 23-1.mp3 | 1회 ⃝ 2회 ⃝ 3회 ⃝ 4회 ⃝ 5회 ⃝
B | 대본 없이 따라 말하기 ▶ 23-1.mp3 | 1회 ⃝ 2회 ⃝ 3회 ⃝ 4회 ⃝ 5회 ⃝

STEP 3
완벽히 외우기

우리말을 보며 영어로 말하는 훈련과 롤플레잉 훈련으로
대사를 완벽히 내 것으로 만드세요.

A 우리말 보며 말하기 우리말을 참고해서 앞에서 외운 대사를 큰 소리로 말해 보세요.
그리고 빈칸에 외운 대사를 영어로 써 보세요.

안나, 그대는 크리스토프를 트롤식으로 적법한 남편으로…

잠깐만요, 뭐라고요?!

그대들은 결혼식을 올리고 있는 겁니다.

사랑!

안나? 안나는 얼음처럼 차가워요.

여기에는 이상한 마법이 걸려 있군!

파비 할아버지!

그 아이를 내게 데리고 와라, 크리스토프. 안나야, 네 생명이 위태롭단다. 네 심장에 언니가 찔러 넣은 얼음이 박혀 있어. 그것을 제거하지 않으면 넌 영원히 단단한 얼음으로 굳어버린단다.

뭐라고요? 안 돼요.

그러니까, 파비 할아버지, 그 얼음을 빼주세요.

B 역할 정해 말하기 삐 소리가 들리면 해당 역할을 연기하며 말해 보세요.

ⓐ 트롤 사제가 되어 말하기 ▶ 23-2.mp3

ⓑ 크리스토프가 되어 말하기 ▶ 23-3.mp3

ⓒ 파비 할아버지가 되어 말하기 ▶ 23-4.mp3

Day 23의 모든 장면 중 놓치기 아까운 표현을 정리했습니다. 오디오 파일을 따라 읽으며 익혀 보세요.

▶ 23-5.mp3

1 You'll never meet a fella who's as sensitive and sweet.

그렇게 자상하고 상냥한 남자는 어디에 가도 만날 수 없단다.

▶ fella는 fellow의 속어적인 버전으로 표기한 것으로 생각하면 됩니다. 이러이러한 사람은 어디에 가도 만날 수 없다고 자랑하고 싶을 때 유용하게 사용할 수 있는 표현이죠.

2 Can we just stop talking about this? 이런 이야기는 이제 좀 그만할 수 없어요?

▶ 지금 안나의 몸이 식어가서 오는데 트롤들이 자꾸 엉뚱한 이야기를 하니까 크리스토프가 답답해서 이런 이야기는 그만 좀 둘 수 없냐고 하소연을 하는군요.

3 We've got a real, actual problem here. 우리는 진짜 중요한 문제가 있단 말이에요.

▶ 크리스토프는 트롤들에게 지금은 사랑 타령이나 하고 있을 한가한 때가 아니라 죽느냐 사느냐 하는 중요한 문제가 있다는 뜻으로 real problem이라고 말하려고 했다가, real만 가지고는 표현이 약할 것 같아서 다시 actual이라는 말을 덧붙이는군요.

4 We aren't saying you can change him 'cause people don't really change.

네가 저 남자를 변화시킬 수 있다고 말하는 건 아냐. 왜냐하면 사람들은 진짜로 변하는 건 아니기 때문이지.

▶ 사람들이 변하는 것 같이 보이지만 사실은 진짜로 변하는 것은 아니라고 트롤들이 진실을 말하고 있군요. 사람들이 진실을 알고 싶어 하는 것 같지만 진짜로 알고 싶어 하는 건 아니라고 말하고 싶으면 People don't really want to know the truth.라고 하면 되죠.

5 People make bad choices if they're mad or scared or stressed.

사람들은 화가 났거나 겁을 먹었거나 스트레스가 심하면 선택을 제대로 하지 못해.

▶ 인생은 선택의 연속인데, 심신이 편안해야 선택을 제대로 할 수 있겠죠?

6 True love brings out the best! 진정한 사랑이 있으면 최선의 선택을 하게 된다네!

▶ 진정한 사랑은 최선의 것을 꺼낸다는 뜻인데, 여기서 the best은 the best choice를 뜻합니다.

My best friend is the one who **brings out the best** in me.
가장 친한 친구란 내 안에 있는 최선의 것을 이끌어내는 사람이야.

7 We need each other to raise us up and round us out.

우리는 서로 필요한 거야. 서로 성숙해지고 원숙해지려면.

▶ '~하려면 우리는 서로 필요한 거야'라는 말을 하고 싶으면 〈We need each other to + 동사원형〉의 패턴을 활용해 보세요.

To Thaw a Frozen Heart 얼어붙은 심장을 녹이려면

Day 24

안나를 살펴본 파비는 심장에 얼음이 박혀 있기 때문에 자신은 고칠fix 수 없고, 진정한 사랑을 담은 행동만이 얼음을 녹일thaw 수 있다고 말합니다. 그러자 크리스토프는 빨리 한스에게 가자고 서두릅니다. 한편 얼음 궁전에 도달한 한스 일행은 엘사를 발견합니다. 대공의 부하들이 엘사를 죽이려고 달려들다 엘사의 반격으로 목숨을 잃을 지경에 처하게 되죠. 바로 그때 한스가 이를 제지합니다. 대공의 부하들이 다시 석궁crossbow을 쏘아 엘사를 죽이려 하다 한스가 석궁을 밀자 화살은 얼음 샹들리에ice chandelier에 맞습니다.

 이 장면을 외우면! 이런 표현을 말할 수 있어요~

1	~라면 A가 …하게.(~가 아니라서 …안 된다)	If it was ~, A would....
2	진정한 사람을 담은 행동만이 ~할 수 있다.	Only an act of true love can ~.
3	~에게 다시 데려가야겠어요.	We've got to get you back to ~.
4	~를 꺼내줘/도와줘.	Help ~ out.
5	~하러 가자!	Let's go ~!

GRAND PABBIE
파비 할아버지

I can't. / [1] If it was her head, / that would be easy. / But [2] only an act of true love / can thaw / a frozen heart.

나는 할 수 없단다. 머리라면 쉽지. 하지만 얼어붙은 심장은 진정한 사랑을 담은 행동 아니면 녹일 수 없단다.

ANNA
안나

An act of true love?

진정한 사랑을 담은 행동이요?

BULDA
불다

A true love's kiss, / perhaps?

진정한 사랑을 담은 키스가 아닐까요?

KRISTOFF
크리스토프

Anna, / [3] we've got to / get you back to Hans.

안나, 당신을 한스에게 다시 데려가야겠어요.

ANNA
안나

...Hans. 한스.

KRISTOFF
크리스토프

[4] Help us out, / Sven. / Come on, / Olaf!

우리를 꺼내줘, 스벤. 자, 가자, 올라프!

OLAF
올라프

I'm coming! / [5] Let's go kiss Hans! / Who is this Hans?!

내가 간다! 가서 한스에게 키스하자! 그런데 한스가 누구예요?!

→ 올려 읽기   ↘ 내려 읽기   / 끊어 읽기   ⌒ 이어서 읽기   ● 강하게 읽기

STEP 1
장면 파헤치기

구문을 이해해야 대본을 효과적으로 암기할 수 있습니다.
구문 설명과 발음 설명을 보며 대본을 완벽히 이해하세요.

1 **If it was** her head, that **would** be easy. 머리라면 쉽지.

📖 언니가 던진 마법을 맞은 곳이 머리라면 고치는 것은 쉬울 거라고 파비가 말하는군요. 전통적인 문법을 따르자면 If it was ~가 아니라 If it were ~라고 해야죠. 그러나 요즘은 이런 가정법의 문법사항은 잘 지키지 않는 것이 대세라 그냥 was를 쓴 것이죠.

If it was easy, everyone **would** do it. 그게 쉬우면 모두 하게.
If it was cheap, everyone **would** have it. 그게 싸다면 모두 갖고 있게.

2 **Only an act of true love can** thaw a frozen heart.
얼어붙은 심장은 진정한 사랑을 담은 행동 아니면 녹일 수 없단다.

👄 thaw(녹이다)의 th-는 혀끝을 윗니와 아랫니 사이에 살짝 넣고 입김만으로 소리 낸답니다. -aw는 입모양은 [아]로 한 채 소리는 [오]로 내면 정확한 발음이 나오고요.

📖 이 영화의 주제가 되는 대사를 트롤인 파비가 읊고 있군요. 너무나 멋진 말이지만, 의미는 간단명료해서 더 이상 해설을 달면 오히려 대사를 음미하는 데 방해가 될 것 같으니 아래 예문으로 그 의미를 천천히 곱씹어 보세요.

Only an act of true love can change the world.
이 세상은 진정한 사랑을 담은 행동 아니면 변화시킬 수 없단다.
Only an act of true love can prevent her from becoming a monster.
진정한 사랑을 담은 행동만이 그 여자가 괴물로 변하는 걸 막을 수 있어.

3 We've got to **get you back to** Hans. 당신을 한스에게 다시 데려가야겠어요.

📖 have got to는 have to의 구어체 버전인 것은 이미 잘 알고 있겠죠? get you back to는 '너를 ~로 다시 데려가다'란 뜻이죠. 영화에서처럼 어떤 곳으로 물리적으로 데려간다는 의미도 되고 예문에서처럼 예전의 상태로 되돌린다는 의미로도 쓰인답니다.

Learn a skill that can **get you back to** work. 다시 취업할 수 있게 기술을 배워.
This program aims to **get you back to** full health quickly.
이 프로그램은 빨리 당신의 건강을 완전히 회복시키는 것을 목표로 하고 있습니다.

4 **Help us out, Sven.** 우리를 꺼내줘, 스벤.

📖 help out은 우선 영화에서처럼 '구덩이에서 꺼내달라'는 의미가 있죠. 구덩이뿐만 아니라 '자동차 등에서 내리게 도와달라'는 뜻으로도 쓰일 수 있고요. 그런데 help out은 구덩이에서 꺼내주듯 '곤란한 처지에서 벗어날 수 있게 도와준다'는 의미로도 많이 쓰입니다.

I'm always happy to **help out** a friend. 친구를 도와주는 것은 언제나 기뻐.
Please **help** your grandfather **out** of the car. 할아버지가 차에서 내리시도록 도와드려라.

5 **Let's go kiss Hans!** 가서 한스에게 키스하자!

📖 Let's go and kiss라고 해도 되고, Let's go to kiss라고 해도 똑같은 의미이지만 Let's go kiss가 왠지 간결하고 산뜻한 표현 같지 않나요? 이 말은 문법에 맞지 않는 게 아니냐는 걱정은 붙들어 매둬도 괜찮습니다. 원형으로 쓰인 go 다음에 동사원형이 오는 것은 완전히 정통 문법에 맞는 표현이니까요.

Let's go see the movie. 그 영화를 보러 가자.
Let's go hug a tree. 나무를 껴안자.

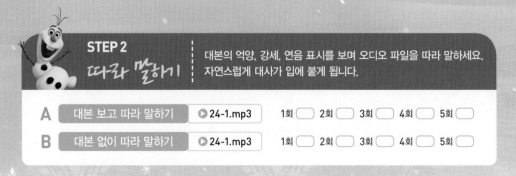

STEP 2
따라 말하기 | 대본의 억양, 강세, 연음 표시를 보며 오디오 파일을 따라 말하세요.
자연스럽게 대사가 입에 붙게 됩니다.

| A | 대본 보고 따라 말하기 | ▶ 24-1.mp3 | 1회 ⬜ 2회 ⬜ 3회 ⬜ 4회 ⬜ 5회 ⬜ |
| B | 대본 없이 따라 말하기 | ▶ 24-1.mp3 | 1회 ⬜ 2회 ⬜ 3회 ⬜ 4회 ⬜ 5회 ⬜ |

A 우리말 보며 말하기 | 우리말을 참고해서 앞에서 외운 대사를 큰 소리로 말해 보세요.
그리고 빈칸에 외운 대사를 영어로 써 보세요.

나는 할 수 없단다. 머리라면 쉽지. 하지만 얼어붙은 심장은 진정한 사랑을 담은
행동 아니면 녹일 수 없단다.

진정한 사랑을 담은 행동이요?

진정한 사랑을 담은 키스가 아닐까요?

안나, 당신을 한스에게 다시 데려가야겠어요.

한스.

우리를 꺼내줘, 스벤. 자, 가자, 올라프!

내가 간다! 가서 한스에게 키스하자! 그런데 한스가 누구예요?!

B 역할 정해 말하기 | 삐 소리가 들리면 해당 역할을 연기하며 말해 보세요.

ⓐ 파비 할아버지가 되어 말하기 ▶ 24-2.mp3

ⓑ 크리스토프가 되어 말하기 ▶ 24-3.mp3

ⓒ 안나 및 불다와 올라프가 되어 말하기 ▶ 24-4.mp3

▶ 24-5.mp3

1 We are here to find Princess Anna. 우리는 안나 공주님을 찾으러 여기 왔다.

▶ 얼음 궁전에 도달한 다음, 온 목적을 천명하는 한스처럼 여기 온 목적을 뚜렷하게 밝히고 싶으면 간결하게 We are here to라고 한 다음 동사원형을 넣어 의지를 표현하세요.

We are here to support you. 우리는 당신들을 지지하기 위해 여기에 왔습니다.

2 Be on guard. 조심해라.

▶ 위험한 상황에 처해 있을 때 경계를 게을리 하지 말고 항상 조심하라고 할 때 잘 사용하는 표현이니 적절한 상황에서 활용해 보세요.

3 No harm is to come to the Queen. 여왕을 해치지 않도록 해라.

▶ '~에게 해가 되지 않도록 해라', '~를 해치지 않도록 해라'라는 말을 하고 싶다면 〈No harm is to come to + 사람〉 패턴을 활용해 보세요. 또한 〈be to + 동사원형〉은 '예정, 필요, 의무, 명령, 운명 등등'의 의미가 있다고 기계적으로 외우려고 하지 말고, 이 패턴을 통해서 그 느낌을 받아들여 보세요.

No harm is to come to the children. 어린이들에게 해가 되지 않도록 해라.

4 Stay away! 물러나!

▶ 엘사는 자신을 해치려고 하는 대공의 부하들에게 '물러나라'는 의미로 Stay away!라고 하는군요. 이 말은 Go away!와 같은 의미라고 보면 됩니다.

5 Get her! 여왕을 잡아라!

▶ Get her를 빨리 말할 때는 her의 h-는 발음하지 않고 넘어가는 경우가 많죠. 그래서 [게러]라고 소리 난답니다. 영어에서 get처럼 많이 쓰이는 단어는 별로 없겠죠? 많이 쓰이니 당연히 의미도 다양하죠. 여기서 get은 '잡아라'도 되고, '죽여라'라는 의미도 됩니다.

6 Don't be the monster they fear you are.

사람들이 당신을 괴물이라고 무서워하는데, 그런 괴물이 되면 안 됩니다.

▶ 문법을 따지기 좋아하는 사람들은 이 문장이 잘 이해가 되지 않을 수도 있습니다. 이 문장을 시시콜콜하게 따지자면 monster와 they 사이에 관계대명사 that이 생략되어 있다고도 볼 수 있죠. 중요한 것은 고난도 문법을 따지는 것이 아니라 이 말이 어떤 의미를 담고 있느냐는 것입니다.

I'm a Danger to Arendelle 내가 있으면 아렌델 왕국은 위험하다

얼음 샹들리에가 떨어져 산산조각이 나는^{shatter} 바람에 기절한 엘사는 깨어보니 아렌델 왕국의 감옥에 갇혀 있는 자신을 발견합니다. 창문으로 밖을 내다보니^{look out a window} 아렌델은 꽁꽁 얼어붙어 있습니다. 엘사는 자신이 저지른 짓을 깨닫고 몸서리를 치죠. 이때 한스가 들어와 ^{enter} 무턱대고 아렌델 왕국을 여름으로 돌려놓으라고^{bring back} 합니다. 엘사는 자신은 그럴 수 있는 능력이 없다고 하면서 풀어달라고^{let me go} 하지만 한스는 그냥 나가버리네요. 한편 크리스토프는 점점 쇠약해지는^{weakening} 안나를 데리고 아렌델 왕국에 도착합니다.

 이 장면을 외우면! **이런 표현을 말할 수 있어요~**

1	이런 내가 무슨 ~를 한 거지?	**No, what have I ~?**
2	왜 나를 ~로 데려온 거죠?	**Why did you bring me ~?**
3	그 사람들이 ~하게 내버려둘 수는 없었어요.	**I couldn't just let them ~.**
4	모르겠어요?	**Don't you see?**
5	최대한 해볼게요.	**I will do what I can.**

ELSA
엘사

[1] No.... / What have I done? / [2] Why did you bring me here? 이런, 내가 무슨 짓을 한 거지? 왜 나를 여기 데리고 온 거죠?

HANS
한스

[3] I couldn't just let them / kill you.

그자들이 당신을 죽이도록 내버려 둘 수는 없었어요.

ELSA
엘사

But I'm a danger / to Arendelle. / Get Anna.

하지만 내가 여기 있으면 아렌델 왕국은 위험해요. 안나를 데려다 줘요.

HANS
한스

Anna has not returned.... / If you would just stop the winter, / bring back summer... / please.

안나는 돌아오지 않았어요… 당신이 이 겨울을 끝내고 다시 여름이 돌아오도록 하면 되는 건데요…

ELSA
엘사

[4] Don't you see... / I can't. / You have to tell them / to let me go.

모르겠어요? 난 그렇게 할 수 없어요. 나를 내보내도록 그자들에 말해야 해요.

HANS
한스

[5] I will do / what I can.

최대한 해볼게요.

KRISTOFF
크리스토프

Just hang in there. / Come on, / buddy, / faster!

조금만 참아요. 자, 자, 친구, 더 빨리 가자!

→ 올려 읽기   → 내려 읽기 / 끊어 읽기   ⌒ 이어서 읽기   ● 강하게 읽기

STEP 1
장면 파헤치기

구문을 이해해야 대본을 효과적으로 암기할 수 있습니다.
구문 설명과 발음 설명을 보며 대본을 완벽히 이해하세요.

1 **No, what have I done?** 이런, 내가 무슨 짓을 한 거지?

done의 -o-는 입모양은 [아]로 한 채 소리는 [어]로 내면 정확한 발음을 할 수 있답니다.

엘사는 한여름인데도 아렌델 왕국이 꽁꽁 얼어붙어 있는 것을 보고는 아연실색을 합니다. 이런 경우 입에서 나오는 탄식이 바로 No, what have I done?이죠. '아이쿠, 세상에, 내가 도대체 무슨 짓을 했단 말인가?'라는 장탄식이죠. 이런 표현을 사용할 일이 자주 생겨서는 안 되겠지만, 그래도 알 것은 알아야겠죠?

No, what have I said in my grief? 이런, 내가 슬퍼서 무슨 소리를 한 거지?
No, what have I started? 이런, 내가 무슨 짓을 시작한 거지?

2 **Why did you bring me here?** 왜 나를 여기 데리고 온 거죠?

엘사는 자신을 아렌델로 데려온 한스에게 왜 나를 여기로 데려왔냐고 따지듯이 묻습니다. 여러분도 엘사처럼 묻고 싶은 때가 없나요? 특히 자신의 존재 자체가 한심하다는 생각이 들 때는 부모님이나 신에게 도대체 왜 나를 이 세상에 나오게 한 건지 따져 묻고 싶을 때가 있을 거예요. 이럴 때는 Why did you bring me ~?라는 패턴을 기억해 두었다가 다음과 같이 물어 보세요.

Why did you bring me to this world? 왜 나를 이 세상에 나오게 한 거예요?
Why did you bring me to this restaurant? 왜 나를 이 식당에 데리고 온 거죠?

3 **I couldn't just let them kill you.**
그자들이 당신을 죽이도록 내버려 둘 수는 없었어요.

누군가가 무엇을 하도록 그냥 내버려 둘 수는 없었다고 말하고 싶을 때는 I couldn't just let them이라고 서두를 뗀 다음 구체적인 동사를 넣어 보세요.

I couldn't just let them suffer and die.
나는 그 사람들이 고통 속에서 죽어가도록 내버려 둘 수는 없었어.

I couldn't just let them live like that. 나는 그 사람들이 그렇게 살아가도록 내버려 둘 수는 없었어.

4 **Don't you see? I can't.** 모르겠어요? 난 그렇게 할 수 없어요.

👄 can't의 -t는 발음하지 않아도 되지만 대신 can을 강하게 발음해야 can't라는 의미가
제대로 전달됩니다.

📖 겨울을 다시 여름으로 되돌리라고 한스가 막무가내로 요구하자 엘사는 안타까운 듯
이 아직도 모르겠느냐, 난 그렇게 할 수 있는 능력이 없다고 말하는군요. 상대가 뭘
모르고 있는 것이 안타깝고 속상할 때면 Don't you see?라고 말한 다음에 진실을 말
해 주세요.

Don't you see? I'm trying to protect you. 모르겠어요? 난 당신을 보호하고 있는 거예요.
Don't you see? I trust in you. 모르겠어요? 난 당신을 믿고 있어요.

5 **I will do what I can.** 최대한 해볼게요.

👄 여기서 제일 중요한 단어는 do이니까 강하게 발음하세요.

📖 내가 할 수 있는 것을 하겠다는 말은 '최대한 해보겠다'는 의미이지만, 그냥 면피용으로
할 수도 있는 말이죠. 그러니 잘 가려서 이해해야 합니다. 한스는 엘사를 죽이려고 하지
만 말은 그럴싸하게 하고 있으니까요.

I will do what I must. 난 내가 해야만 되는 일을 하겠어요.
I will do what I said. 난 내가 말한 대로 하겠어요.

STEP 2
따라 말하기 | 대본의 억양, 강세, 연음 표시를 보며 오디오 파일을 따라 말하세요.
자연스럽게 대사가 입에 붙게 됩니다.

A 대본 보고 따라 말하기　▶25-1.mp3　　1회◯　2회◯　3회◯　4회◯　5회◯
B 대본 없이 따라 말하기　▶25-1.mp3　　1회◯　2회◯　3회◯　4회◯　5회◯

A 우리말 보며 말하기 우리말을 참고해서 앞에서 외운 대사를 큰 소리로 말해 보세요.
그리고 빈칸에 외운 대사를 영어로 써 보세요.

이런, 내가 무슨 짓을 한 거지? 왜 나를 여기 데리고 온 거죠?

그자들이 당신을 죽이도록 내버려 둘 수는 없었어요.

하지만 내가 여기 있으면 아렌델 왕국은 위험해요. 안나를 데려다 줘요.

안나는 돌아오지 않았어요… 당신이 이 겨울을 끝내고 다시 여름이 돌아오도록
하면 되는 건데요…

모르겠어요? 난 그렇게 할 수 없어요. 나를 내보내도록 그자들에
말해야 해요.

최대한 해볼게요.

조금만 참아요. 자, 자, 친구, 더 빨리 가자!

B 역할 정해 말하기 삐 소리가 들리면 해당 역할을 연기하며 말해 보세요.

ⓐ 엘사가 되어 말하기   ▶ 25-2.mp3

ⓑ 한스가 되어 말하기   ▶ 25-3.mp3

175

STEP 4
유용한 표현 익히기

Day 25의 모든 장면 중 놓치기 아까운 표현을 정리했습니다. 오디오 파일을 따라 읽으며 익혀 보세요.

▶ 25-4.mp3

1 I'll meet you guys at the castle! 성에서 봐!

　▶ 헤어질 때 어디서 다시 보자는 말을 하게 되는 경우가 자주 있겠죠? 이럴 때 어렵게 말을 만들려고 하지 말고 올라프처럼 간단하게 I'll meet you at ~이라고 말해 보세요.

　I'll meet you at the lobby! 로비에서 봐!

2 Stay out of sight, Olaf! 사람들 눈에 띄지 마, 올라프!

　▶ 시야(sight) 밖에서(out of) 있어라(stay)는 말은 '사람들 눈에 띄지 말라'는 뜻이겠죠? Stay 대신 Keep이나 Get를 써서 Keep out of sight. / Get out of sight.라고 해도 마찬가지 의미입니다.

3 I will! 그럴게!

　▶ 상대가 명령하거나 부탁할 때 간단하게 '그럴게!'라고 말하는 경우가 있습니다. 이런 경우에 해당되는 영어도 간단해서 I will!이라고만 하면 해결된답니다.

4 You had us worried sick. 우리가 얼마나 걱정했다고요.

　▶ 여기서 sick은 '아프다'라는 뜻이라기보다는 일종의 부사로 사용되어 '극도로'라는 의미라고 보면 됩니다. 그러니까, 너는 우리를 걱정시켰는데, 그 정도가 아주 극심했다. 즉 '너 때문에 걱정이 되어 죽을 뻔했다' 정도의 어감이라고 느끼면 되죠.

5 Let's get you inside. 안으로 들어가세요.

　▶ 직접적으로 Come inside.라고 하는 것보다는 품위 있게 들리는 말이죠. 특히 몸이 불편한 듯이 보이는 사람에게는 이렇게 말하는 것이 좋겠죠.

6 Get her warm and find Prince Hans, immediately.

　공주님을 따뜻하게 해드리고, 한스 왕자를 즉시 찾아오세요.

　▶ 누구를 따뜻하게 해주라고 말하고 싶은가요? 이럴 때도 get이란 동사가 아주 편리하죠. Get this boy warm.(이 남자아이를 따뜻하게 해줘.), Get them warm.(그 사람들을 따뜻하게 해줘.) 등과 같이 말하면 됩니다.

7 Make sure she's safe! 공주님을 안전하게 지켜 주세요!

　▶ make sure에는 두 가지 뜻이 있습니다. 하나는 뒤의 일이 사실인지 확인하거나 무엇을 했는지 확인하라는 의미죠. 또 하나는 뒤에 말하는 것을 꼭 하라는 의미죠. 이 경우는 후자의 의미입니다.

1회 2회 3회

Day 21

Don't worry about my ice business.
Worry about your hair!
내 얼음 장사는 걱정할 필요가 없단 말이에요. 당신 머리 걱정이나 하지 그래요?

Yours is turning white. 당신 머리가 하얗게 변하고 있어요.
Does it look bad? 보기에 흉해요?

Day 22

She'll do nicely for our Kristoff.
우리 크리스토프에게 잘 맞는 아가씨로군.

You've got the wrong idea. That's not why
I brought her here.
잘못 알고 있어요. 내가 이 아가씨를 여기 데려온 것은 그런 일 때문이 아니에요.

Why are you holding back from such a
man? 왜 이런 남자를 마다하는 거니?

Day 23

She's as cold as ice. 안나는 얼음처럼 차가워요.
Your life is in danger. 네 생명이 위태롭단다.
If not removed, to solid ice will you freeze,
forever. 그것을 제거하지 않으면 넌 영원히 단단한 얼음으로 굳어버린단다.

Day 24

Only an act of true love can thaw a frozen
heart. 얼어붙은 심장은 진정한 사랑을 담은 행동 아니면 녹일 수 없단다.
We've got to get you back to Hans.
당신을 한스에게 다시 데려가야겠어요.
Let's go kiss Hans! 가서 한스에게 키스하자!

Day 25

Why did you bring me here? 왜 나를 여기 데리고 온 거죠?
Don't you see? I can't. 모르겠어요? 난 그렇게 할 수 없어요.
I will do what I can. 최대한 해볼게요.

WORDS & PHRASES

❶ ~를 내쫓다 ....   ❷ ~에서 떨어지다 ....

❸ 하얗게 변하다 ....   ❹ 주저주저하며 마다하다 ....

❺ 얼음장처럼 차가운 ....   ❻ 위험에 처해 있는 ....

❼ ~을 녹이다 ....   ❽ 얼어붙은 ....

❾ 생명 ....   ❿ 제거하다 ....

EXPRESSIONS

❶ 그 애한테 그런 식으로 말하지 마. ....

❷ 당신이 어떻게 알아요? ....

❸ 가족이나 다름없죠. ....

❹ 우리 가족과 인사하세요. ....

❺ 우리는 진짜 중요한 문제가 있단 말이에요. ....

❻ 진정한 사랑이 있으면 최선의 선택을 하게 된다네! ....

❼ 우리는 안나 공주님을 찾으러 여기 왔다. ....

❽ 물러나! ....

❾ 사람들 눈에 띄지 마, 올라프! ....

❿ 우리가 얼마나 걱정했다고요. ....

WORDS & PHRASES ❶ throw out ❷ fall off ❸ turn white ❹ hold back ❺ as cold as ice ❻ in danger ❼ thaw ❽ frozen ❾ life ❿ remove

EXPRESSIONS ❶ Don't talk to him like that. ❷ How do you know? ❸ They're more like family. ❹ Meet my family. ❺ We've got a real, actual problem here. ❻ True love brings out the best! ❼ We are here to find Princess Anna. ❽ Stay away! ❾ Stay out of sight, Olaf! ❿ You had us worried sick.

북유럽의 전통 음식

 #1 크럼케이크 Krumkake

영화의 전반부 대관식 날, 엘사의 냉랭함에 의기소침해진 안나가 한스와 함께 파티장을 빠져나와 두런두런 얘기를 하며 서로에 대해 알아가기 시작하죠. 이때 안나가 한스에게 먹는 방법을 가르쳐준 쿠키cookie 이름이 크럼케이크 Krumkake입니다. curved cake(굽은 케이크)란 뜻의 노르웨이어Norwegian죠. 와플을 둥그렇게 말아놓은 모양의 과자로, 그 안에 크림을 잔뜩 넣어서 먹기도 한답니다. 크리스마스 때 디저트dessert로 즐겨 먹죠.

#2 루트피스크 Lutefisk

오켄은 크리스토프를 잡화점 밖으로 내던지고 나서는 안나가 언짢을까봐 루트피스크를 덤으로 얹어주겠다고throw in 하는데, 이 루트피스크가 뭔지 좀 어리둥절하죠? 생선의 한 종류인 대구cod를 알카리성 용액에 담가 젤리처럼 만들어 먹는 음식인데, 냄새가 지독해서 익숙한 사람이 아니면 즐기기 힘들답니다. 한국 호남 지역의 홍어회도 먹을 줄 아는 사람 아니면 접근하기 힘든 것과 비슷하죠. 하여간 이 루트피스크는 북구의 특산물specialty이니까 그쪽으로 여행가면 한번 도전해 보는 것도 좋겠죠?

All That's Left Now is to Kill Elsa 이제는 엘사만 죽이면 되는 거야

왕궁에 도착한arrive at 안나는 한스와 만나 빨리 키스해 달라고 하며 사정 얘기를 합니다. 그러나 한스는 거절하면서 본색을 드러내네요. 자신은 13번째 아들이라 자신의 왕국에서는 기회chance가 없어 아렌델에 왔으며, 엘사를 꼬셔서 왕위throne를 차지하고 싶었지만 여의치 않아 차선책으로 안나를 택했던 것이며, 이제는 엘사만 죽이면 된다고 말합니다. 그리고는 벽난로fireplace의 불을 끄고, 안나를 가둔 채 나가버리죠. 안나의 머리는 점점 더 하얗게 변합니다.

 이 장면을 외우면! **이런 표현을 말할 수 있어요~**

1	나는 (할 수 있는) 기회가 없었죠.	I didn't stand a chance.
2	도대체 무슨 말을 하고 있는 거예요?	What are you talking about?
3	넌 ~에 너무 굶주려서 …하는 거야.	You were so desperate for ~ (that) you ....
4	넌 멍청하게도 ~했던 거야.	You were dumb enough to ~.
5	이제 남은 일이라곤 ~밖에 없어.	All that's left now is to ~.

HANS
한스

As thirteenth in line / in my own kingdom, / ❶ I didn't stand a chance. / I knew / I'd have to marry / into the throne somewhere... 우리 왕국에서는 나는 13번째라서 기회가 없었죠. 그래서 어딘가에 가서 결혼을 해서 왕위를 차지해야만 된다는 것을 알고 있었죠.

ANNA
안나

❷ What are you talking about? 도대체 무슨 말을 하고 있는 거예요?

HANS
한스

As heir, / Elsa was preferable, / of course. / But no one was getting anywhere / with her. / But you... 물론 왕위 계승자인 엘사가 더 좋았죠. 하지만 엘사에게 가까이 갈 수 있는 사람은 없었어요. 하지만 당신은…

ANNA
안나

Hans? 한스?

HANS
한스

❸ You were so desperate for love / you were willing to marry me, / just like that. / I figured, / after we married, / I'd have to stage a little accident for Elsa. 당신은 사랑에 너무 굶주려서 얼른 나하고 결혼하려고 했던 거예요. 그것뿐이에요. 우리가 결혼한 다음에 사고가 일어난 것처럼 꾸며서 엘사를 처치하려고 했던 거요.

ANNA
안나

Hans. / No, / stop. 한스. 안 돼요. 그러지 마세요.

HANS
한스

But then / she doomed herself, / and ❹ you were dumb enough to / go after her. 그런데 엘사는 스스로 파멸의 길을 걸었던 거요. 그리고 당신은 멍청하게도 엘사의 뒤를 쫓아갔던 거고.

ANNA
안나

Please. 제발.

HANS
한스

❺ All that's left now / is to kill Elsa / and bring back summer. 이제 남은 일이라곤 엘사를 죽여서 여름을 되돌리는 것밖에는 없소.

182

STEP 1
장면 파헤치기 | 구문을 이해해야 대본을 효과적으로 암기할 수 있습니다.
구문 설명과 발음 설명을 보며 대본을 완벽히 이해하세요.

1 I didn't stand a chance. 나는 기회가 없었죠.

한스는 자신은 형이 워낙 많아서 왕위 계승 순위가 13번째라 왕이 될 기회가 없었다고 하면서 I didn't stand a chance.라고 말합니다. 그러니 stand a chance는 무슨 일에 '성공할 수 있는 기회가 있다'는 숙어 표현이란 것을 알 수 있겠죠? 주로 not과 함께 쓰이죠.

Our team is down by four goals. We **don't stand a chance**.
우리 팀이 4골 뒤지고 있어. 이길 가망이 없어.

Our kids **don't stand a chance** unless we transform primary schools.
초등학교를 개혁하지 않으면 우리 아이들이 성공할 기회는 없습니다.

2 What are you **talking about**? 도대체 무슨 말을 하고 있는 거예요?

자신을 사랑하는 줄 알았던 한스의 입에서 의외의 말이 흘러나오자 안나가 어안이 벙벙해서 하는 말이죠. 이처럼 납득이 안 되는 상대의 말에 대해 '도대체 무슨 이야기를 지껄이고 있는 것이냐?'며 따져 물을 때 자주 애용되는 질문입니다.

I don't know what you're **talking about**! Please explain.
나는 네가 무슨 얘기를 하고 있는지 모르겠어. 설명 좀 해줘.

Who are they **talking about**? 저 사람들은 도대체 누구에 대해서 얘기하고 있는 거야?

3 You were so desperate for love you were willing to marry me. 당신은 사랑에 너무 굶주려서 얼른 나하고 결혼하려고 했던 거예요.

의미상 so를 강조해야죠.

love와 you 사이에 that이 생략되어 있죠. 학창시절 문법책에서 익혔던 so ~ that...(너무 ~해서 …하다) 구문을 이용한 패턴이랍니다.

You were so desperate for cash **you** would do anything.
넌 너무 돈이 궁해서 무슨 짓이든 하려 했어.

You were so desperate for approval **that you** were willing to risk everything to get it. 너는 인정받는 데 너무 목말라서 무슨 짓이든 못할 게 없었지.

4 **You were dumb enough to go after her.**
당신은 멍청하게도 엘사의 뒤를 쫓아갔던 거요.

👄 dumb의 -b는 발음되지 않는다는 것은 다 알고 있겠죠? 그리고 -u-와 enough의 -ou-는 입모양은 [아]로 한 채 소리는 [어]로 내야 정확한 발음이 나옵니다.

📖 〈형용사 + enough to + 동사원형〉은 '~할 정도로 …하다'라는 뜻이니까, dumb enough to go after her는 '엘사의 뒤를 쫓아갈 정도로 멍청하다' 즉 '멍청하게도 엘사 뒤를 쫓아간다'라는 의미가 되죠.

You were dumb enough to believe them. 넌 멍청하게도 그 사람들 말을 믿었던 거야.
It's not my fault. **You were dumb enough to** vote for me.
그건 내 잘못이 아닙니다. 여러분이 멍청하게도 나한테 표를 던졌던 거예요.

5 **All that's left now is to kill Elsa and bring back summer.**
이제 남은 일이라곤 엘사를 죽여서 여름을 되돌리는 것밖에는 없소.

📖 다른 것은 이미 다 했고 남은 일이라곤 이것밖에 없다고 홀가분한 심정을 말하고 싶을 때 안성맞춤 표현이 바로 All that's left now is to ~입니다. 남은 일이 무엇인지는 to 뒤에 동사원형으로 이어서 말해주면 되죠.

All that's left now is to pay for it. 이제 남은 일이라곤 돈을 내는 것밖에는 없어.
All that's left now is to wait. 이제 남은 일이라곤 기다리는 것밖에는 없어.

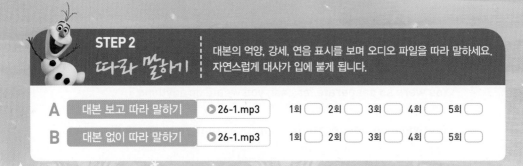

STEP 2
따라 말하기

대본의 억양, 강세, 연음 표시를 보며 오디오 파일을 따라 말하세요.
자연스럽게 대사가 입에 붙게 됩니다.

| A | 대본 보고 따라 말하기 | ▶ 26-1.mp3 | 1회 ◯ 2회 ◯ 3회 ◯ 4회 ◯ 5회 ◯ |
| B | 대본 없이 따라 말하기 | ▶ 26-1.mp3 | 1회 ◯ 2회 ◯ 3회 ◯ 4회 ◯ 5회 ◯ |

A 우리말 보며 말하기   우리말을 참고해서 앞에서 외운 대사를 큰 소리로 말해 보세요.
그리고 빈칸에 외운 대사를 영어로 써 보세요.

우리 왕국에서는 나는 13번째라서 기회가 없었죠. 그래서 어딘가에 가서 결혼을 해서 왕위를 차지해야만 된다는 것을 알고 있었죠.

도대체 무슨 말을 하고 있는 거예요?

물론 왕위 계승자인 엘사가 더 좋았죠. 하지만 엘사에게 가까이 갈 수 있는 사람은 없었어요. 하지만 당신은…

한스?

당신은 사랑에 너무 굶주려서 얼른 나하고 결혼하려고 했던 거예요. 그것 뿐이에요. 우리가 결혼한 다음에 사고가 일어난 것처럼 꾸며서 엘사를 처치하려고 했던 거요.

한스. 안 돼요, 그러지 마세요.

그런데 엘사는 스스로 파멸의 길을 걸었던 거요. 그리고 당신은 멍청하게도 엘사의 뒤를 쫓아갔던 거고.

제발.

이제 남은 일이라곤 엘사를 죽여서 여름을 되돌리는 것밖에는 없소.

B 역할 정해 말하기   삐 소리가 들리면 해당 역할을 연기하며 말해 보세요.

ⓐ 한스가 되어 말하기   ▶ 26-2.mp3

ⓑ 안나가 되어 말하기   ▶ 26-3.mp3

▶ 26-4.mp3

1 You cannot risk going out there again. 다시 나가는 것은 아주 위험합니다.

▶ risk는 어떤 '위험을 무릅쓴다'는 뜻이니까, 〈cannot risk + -ing〉는 어떤 일을 하는 '위험을 무릅쓸 수는 없다'는 의미입니다.

You cannot risk making it worse. 사태를 악화시킬 수 있는 위험을 무릅쓸 수는 없어.

2 Now. Here we go. 지금 당장이요, 어서요.

▶ 안나가 키스해 달라고 하자, 순간 한스는 어리둥절하죠. 그러자 안나는 Now. Here we go.라고 하면서 빨리 해달라고 재촉합니다. Here we go.가 어떤 상황에서 쓰이는지 잘 알겠죠?

3 We'll give you two some privacy. 두 분만 계시도록 해드리겠습니다.

▶ 안나와 한스가 키스에 대해서 왈가왈부하자 시종이 '두 분에게 privacy를 주겠다(give you two some privacy)'고 합니다. 즉 아무도 보지 않은 곳에서 키스를 하도록 자리를 비켜드리겠다는 뜻이죠.

4 If only there was someone out there who loved you.

이 세상에 당신을 사랑하는 사람이 있다면 참 좋을 텐데.

▶ If only는 '~이라면 참 좋을 텐데'라는 소망을 나타내죠. 일종의 가정법이라고 할 수 있죠. 그런데 Only if는 '~해야만 …을 할 수 있다'라는 의미니까 혼동하지 않도록 주의해야 합니다. 그리고 out there는 '거기 밖에'가 아니라 '이 세상에'라는 의미를 나타냅니다.

5 You're no match for Elsa. 당신은 언니 상대가 안 돼.

▶ 한스의 계략을 다 알게 된 안나는 '당신은 우리 언니하고는 상대도 안 되는 송사리'라는 의미로 이렇게 말하고 있습니다.

You're no match for me. 너 같은 놈은 한 주먹거리도 안 돼.

6 I, on the other hand, am the hero who is going to save Arendelle from destruction.

반면에 나는 아렌델 왕국을 파멸의 위기에서 구한 영웅이 되는 거야.

▶ save A from B는 'A를 B에서 구하다'라는 뜻입니다.

7 You won't get away with this. 이런 짓을 하고도 무사할 줄 알아?

▶ get away with는 '어떤 짓을 하고도 무사하다'란 의미의 숙어 표현입니다. 자주 사용되는 것이니 이 기회에 확실히 익혀 두세요.

Why does she get away with everything? 그 여자는 왜 무슨 짓을 해도 무사하지?

Day 27

I Sentence Queen Elsa to Death 엘사 여왕에게 사형을 선고하노라

안나를 가둔 한스는 대신들과 귀빈들에게 엘사가 안나를 죽였다고 말하고는 엘사에게 사형을 선고합니다.sentence 경비병들guards이 자신을 죽이러 들어오려는 낌새가 보이자 엘사는 필사의 탈출을 감행하죠. 한편 안나를 한스에게 데려다 주고 다시 산으로 향하던 크리스토프는 아렌 델 왕국이 또다시 맹렬한 눈보라에 뒤덮이자 사태가 잘못 돌아가고 있다는 것을 직감적으로 알 아차리고는 안나를 구하려고 산에서 전속력으로 내려옵니다.dash back down

 이 장면을 외우면! 이런 표현을 말할 수 있어요~

1	시시각각으로 ~해.	~ by the minute.
2	지금 곧 무슨 조치를 취하지 않으면, ~하게 될 거야.	If we don't do something soon, ~.
3	우리는 적어도 ~는 했어요.	At least we got to ~.
4	~란 있을 수 없어요.	There can be no ~.
5	~는 …에게 기대를 걸고 있어요.	~ looks to ….

DUKE
대공

❶ It's getting colder / by the minute. / ❷ If we don't do something soon, / we'll all freeze to death.

시시각각으로 점점 더 추워지네. 지금 곧 무슨 조치를 취하지 않으면 우리는 모두 얼어 죽게 될 거야.

SPANISH DIGNITARY
스페인 귀빈

Prince Hans. 한스 왕자님.

HANS
한스

Princess Anna is... / dead. 안나 공주님이… 죽었습니다.

VARIOUS DIGNITARIES
여러 귀빈들

What...? / No.... / Mon dieu. 뭐라고요? 이런, 세상에.

DUKE
대공

What happened to her? 왜 죽었나요?

HANS
한스

She was killed / by Queen Elsa. 엘사 여왕이 죽였어요.

DUKE
대공

Her own sister. 자기 동생인데.

HANS
한스

❸ At least / we got to say our marriage vows... / before she died / in my arms.

하지만 적어도 우리는 결혼 서약은 했습니다. 안나 공주님이 내 팔에 안겨서 죽기 전에요.

DUKE
대공

❹ There can be no doubt now; / Queen Elsa is a monster / and we are all in grave danger.

이제는 의심의 여지가 없습니다. 엘사 여왕은 괴물이라서 우리는 모두 엄청난 위험에 빠진 겁니다.

SPANISH DIGNITARY
스페인 귀빈

❺ Prince Hans, / Arendelle looks to you.

한스 왕자님, 아렌델 왕국은 당신에게 큰 기대를 걸고 있습니다.

188

STEP 1
장면 파헤치기
구문을 이해해야 대본을 효과적으로 암기할 수 있습니다.
구문 설명과 발음 설명을 보며 대본을 완벽히 이해하세요.

1 It's getting colder **by the minute.** 시시각각으로 점점 더 추워지네.

by the hour는 '매 시간마다'란 뜻입니다. 그래서 Take this medicine by the hour.는 '매 시간마다 이 약을 복용하라'는 의미가 되죠. 그러니까 by the minute은 '매 분마다'란 뜻이 되는 거죠. 그러나 여기서는 실제로 매 분마다 더 추워진다는 뜻이라기보다는 기온이 내려가는 속도가 매우 빠르다는 것을 과장을 섞어 표현한 것이죠.

The snow was getting thicker **by the minute.** 눈이 시시각각으로 두텁게 쌓이고 있었어.
This is getting worse **by the minute.** 상황이 시시각각으로 악화되고 있어.

2 If we don't do something soon, we'll all freeze to death.
지금 곧 무슨 조치를 취하지 않으면 우리는 모두 얼어 죽게 될 거야.

어떻게 해서든 아렌델 왕국에서 한몫 잡아보려는 대공은 점점 눈보라가 거세지자 죽을까봐 겁이 났나봅니다. 그래서 지금 곧 무슨 조치를 취하지 않으면(If we don't do something soon) 큰일이 날 거라고 엄살을 떠는군요. 이 '무슨 조치를 취하지 않으면'을 어려운 단어로 작문할 생각 말고, 아래의 예문을 참고해서 응용해 보세요.

If we don't do something soon, we're all gonna end up like this.
지금 곧 무슨 조치를 취하지 않으면 우리는 모두 결국 이렇게 될 거야.

If we don't do something soon, there'll be nothing left to secure.
지금 곧 무슨 조치를 취하지 않으면 건질 건 하나도 남지 않을 거야.

3 At least we got to say our marriage vows before she died
in my arms. 하지만 적어도 우리는 결혼 서약은 했습니다. 안나 공주님이 내 팔에 안겨서 죽기 전에요.

교활한 한스는 왕위를 차지하려고 안나가 결혼 서약은 하고 죽었다고 거짓말을 하는군요. '우리는 적어도 무엇까지는 했다'고 할 때는 At least we got to 다음에 동사원형을 넣으면 됩니다.

At least we got to do what we set out to do. 우리는 적어도 우리가 하려고 했던 것은 했어요.
At least we got to kiss him goodbye. 우리는 적어도 그 사람에게 작별 키스는 했어요.

4 **There can be no doubt now.** 이제는 의심의 여지가 없습니다.

📖 대공이 또 술책을 부리는군요. 한스와 짝꿍이 되어 아렌델 왕국을 말아먹으려고 작정한 대공은 이제는 엘사가 괴물이라는 것에는 의심의 여지가 없다고 There can be no doubt.라고 단언하는군요. 이렇게 '무엇이 있을 수 없다'라고 말하고 싶으면 There can be no 다음에 명사를 넣어 보세요.

There can be no justice without truth. 진실이 없으면 정의란 있을 수 없습니다.
Without rain **there can be no** rainbows. 비가 내리지 않으면 무지개란 있을 수 없다.

5 **Prince Hans, Arendelle looks to you.**
한스 왕자님, 아렌델 왕국은 당신에게 큰 기대를 걸고 있습니다.

📖 안나는 죽고, 엘사는 괴물이라고 하자 스페인에서 온 귀빈은 이제 남은 왕족은 한스밖에 없으니 기대를 걸겠다고 합니다. 이렇게 '누구에게 기대를 건다'고 할 때는 look to라는 숙어 표현을 사용하면 훌륭한 영어를 한다는 소리를 들을 수 있답니다.

Our country **looks to** you. 우리 조국은 당신에게 기대를 걸고 있습니다.
She **looks to** you for reassurance. 그 여자는 당신이 안심시켜 주기를 기대하고 있어요.

STEP 2
따라 말하기

대본의 억양, 강세, 연음 표시를 보며 오디오 파일을 따라 말하세요.
자연스럽게 대사가 입에 붙게 됩니다.

A 대본 보고 따라 말하기 ▶ 27-1.mp3 1회 ⬭ 2회 ⬭ 3회 ⬭ 4회 ⬭ 5회 ⬭
B 대본 없이 따라 말하기 ▶ 27-1.mp3 1회 ⬭ 2회 ⬭ 3회 ⬭ 4회 ⬭ 5회 ⬭

A 우리말 보며 말하기 │ 우리말을 참고해서 앞에서 외운 대사를 큰 소리로 말해 보세요.
그리고 빈칸에 외운 대사를 영어로 써 보세요.

시시각각으로 점점 더 추워지네. 지금 곧 무슨 조치를 취하지 않으면 우리
는 모두 얼어 죽게 될 거야.

한스 왕자님.   안나 공주님이… 죽었습니다.

뭐라고요? 이런, 세상에.

왜 죽었나요?   엘사 여왕이 죽였어요.

자기 동생인데.   하지만 적어도 우리는 결혼 서약은 했습니다. 안나 공주님이
내 팔에 안겨서 죽기 전에요.

이제는 의심의 여지가 없습니다. 엘사 여왕은 괴물이라서 우리는 모두 엄청
난 위험에 빠진 겁니다.

한스 왕자님, 아렌델 왕국은 당신에게 큰 기대를 걸고 있습니다.

B 역할 정해 말하기 │ 삐 소리가 들리면 해당 역할을 연기하며 말해 보세요.

ⓐ 대공이 되어 말하기   ▶ 27-2.mp3

ⓑ 귀빈이 되어 말하기   ▶ 27-3.mp3

ⓒ 한스가 되어 말하기   ▶ 27-4.mp3

▶ 27-5.mp3

1 I charge Queen Elsa of Arendelle with treason and sentence her to death. 아렌델의 엘사 여왕에게 반역죄를 물어 사형을 선고하노라.

 ▶ 어떤 죄목으로 기소한다고 할 때는 charge A with B(A에게 B라는 죄를 묻다)라는 표현을 사용하면 되고, 형량을 선고한다고 할 때는 sentence라는 동사를 사용하면 되죠.

2 Move quickly and with resolve. 재빨리 그리고 단호하게 행동해야 해.

 ▶ 우물쭈물하지 말고 '단호한 마음가짐으로' 행동하라고 할 때는 with resolve를 사용해 보세요.
 Meet challenges heads on and with resolve. 도전에는 정면으로 그리고 단호하게 대처하세요.

3 Hey, watch it. 이봐, 조심해.

 ▶ 스벤이 뿔로 자신을 쿡쿡 찌르자, 크리스토프는 '이봐, 조심해'라는 의미로, Hey, watch it.이라고 하는군요. Hey는 허물없는 사이에 쓰는 말이니까 남발하는 일이 없도록 요주의!

4 What's wrong with you? 왜 그러는 거니?

 ▶ 상대가 평소와는 다르게 우울한 표정을 짓고 있거나, 걱정이 있어 보이거나 등등 하여간 좀 안 좋은 일이 있어 보이면 모른 척하지 말고 What's wrong with you?라고 관심을 표명해 보세요.

5 I don't understand you when you talk like that.
네가 그런 식으로 이야기하면 난 도대체 네가 무슨 말을 하는지 이해하지 못하겠단 말야.

 ▶ 이야기를 좀 별나게 하는 사람이 간혹 있죠. 이럴 때 미칠 것 같다고 말하고 싶으면 아래 예문을 보세요.
 You make me crazy when you talk like that. 네가 그런 식으로 이야기하면 난 미칠 것 같아.

6 No, Sven! We're not going back! 안 돼, 스벤! 우리는 돌아가면 안 돼!

 ▶ 동물의 직감으로 사태가 심상치 않게 돌아간다는 것을 눈치 챈 스벤은 크리스토프에게 돌아가자는 뜻으로 머리를 흔들고, 콧방귀를 뀌고 뿔로 들이받지만 크리스토프는 아직도 감이 오지 않는지 우리는 돌아가면 안 된다고 말하는군요. We're not going back!을 글자 그대로 옮기면 '우리는 돌아가지 않을 것이다'이지만 결국은 돌아가면 안 된다는 의미를 함축하고 있죠.

Day 28

True Love 진정한 사랑

간혀 있는shut in 안나는 몸이 점점 쇠약해져weakening 죽음의 문턱에 다다랐습니다. 이때 올라프가 홍당무를 열쇠구멍에 넣어 문을 열고 들어 옵니다. 그리고 불을 지펴 안나를 따뜻하게 해주죠. 그러나 자신의 몸은 녹고 있습니다. 한스에게 배신당한 안나는 이제 사랑이 뭔지 모르겠다고 합니다. 올라프는 사랑에 대한 자신의 생각을 말해주며, 다시 돌아오는come back 크리스토프가 안나를 살려줄 것이라고 안심시킵니다. 얼음벽이 압력pressure에 못 이겨 지붕이 무너지고collapse 있습니다. 올라프와 안나는 급히 방을 빠져 나갑니다.

 이 장면을 외우면! 이런 표현을 말할 수 있어요~

1	~는 어떻게 됐어?	**What happened to ~?**
2	~에 대해서 잘못 생각했어.	**I was wrong about ~.**
3	~할 때까지는 여기서 한 발짝도 떠나지 않을 거야.	**I am not leaving here until ~.**
4	혹시 ~ (가지고) 있어요?	**Do you happen to have ~?**
5	당신은 ~에 대해서 전혀 모르죠?	**You really don't know anything about ~, do you?**

OLAF
올라프

So, / where's Hans? / **1** What happened to your kiss?

그런데 한스는 어디 있어요? 키스는 어떻게 됐어요?

ANNA
안나

2 I was wrong about him. / It wasn't true love.

그 사람을 잘못 봤어. 진정한 사랑이 아니었어.

OLAF
올라프

Huh. / But / we ran / all the way here.

그래요? 우리가 여기까지 그 먼 길을 달려왔는데 말이죠.

ANNA
안나

Please Olaf, / you can't stay here; / you'll melt.

올라프, 여기 있으면 안 돼! 넌 녹아버릴 거야.

OLAF
올라프

3 I am not leaving here / until we find some other act of true love / to save you. / ... **4** Do you happen to / have any ideas? 당신을 구할 수 있는 진정한 사랑의 행위를 다시 발견할 때까지는 여기에서 한 발짝도 떠나지 않을 거예요. 무슨 좋은 생각이 있어요?

ANNA
안나

I don't even know / what love is. 난 사랑이 원지도 모르겠어.

OLAF
올라프

That's okay, / I do.... / Love is... / putting someone else's needs / before yours, / like, / you know, / how Kristoff brought you back / here to Hans / and left you forever.

괜찮아요. 내가 아니까… 사랑이란 말이죠. 자신의 욕구보다는 상대방의 욕구를 먼저 챙기는 것을 뜻해요. 그러니까 말이죠. 당신을 여기 있는 한스에게 데려다 주고 아주 떠나버린 크리스토프가 한 행동 같은 것이죠.

ANNA
안나

...Kristoff loves me? 크리스토프가 날 사랑한다고?

OLAF
올라프

Wow, / **5** you really don't know anything about love, / do you? 이런, 당신은 사랑이 원지 전혀 모르죠?

STEP 1
장면 파헤치기

구문을 이해해야 대본을 효과적으로 암기할 수 있습니다.
구문 설명과 발음 설명을 보며 대본을 완벽히 이해하세요.

---

1 **What happened to** your kiss? 키스는 어떻게 됐어요?

📖 홍당무로 문을 열고 들어온 올라프는 안나에게 한스의 키스를 받으면 심장이 녹는다고 하더니 어떻게 됐냐고 물어 봅니다. 이렇게 무엇이 어떻게 됐는지 궁금할 때는 What happened to 다음에 궁금한 것을 넣어 보세요.

What happened to your first love? 네 첫사랑은 어떻게 됐어?
What happened to your face? 네 얼굴은 왜 그렇게 된 거야?

---

2 **I was wrong about** him. 그 사람을 잘못 봤어.

📖 사람은 누구나 실수를 하는 법이니까, 전에 잘못 생각한 것은 솔직히 인정하는 것이 여러 모로 좋죠. 이럴 때 아주 유용하게 사용할 수 있는 표현이 바로 I was wrong about입니다.

I was wrong about everything. 내가 모든 것에 대해서 잘못 생각했어.
I wish we brought an umbrella. **I was wrong about** tonight's weather.
우리 우산을 가져왔으면 좋았을 걸. 내가 오늘밤 날씨를 잘못 생각했어.

---

3 **I am not leaving here until** we find some other act of true love to save you. 당신을 구할 수 있는 진정한 사랑의 행위를 다시 발견할 때까지는
여기에서 한 발짝도 떠나지 않을 거예요.

📖 몸이 녹으니 여기서 떠나라고 안나가 말해도 진정한 사랑이 나타나서 당신을 구해줄 때까지는 여기서 떠나지 않겠다고 굳은 결심을 보이는 올라프야말로 진정한 사랑의 화신이군요. '~할 때까지는 여기서 한 발짝도 떠나지 않겠다'는 결의를 표현하고 싶을 때 딱인 표현이 바로 〈I am not leaving here until S + V〉입니다.

I am not leaving here until you buy this!
네가 이걸 살 때까지는 여기서 한 발짝도 떠나지 않을 거야!
I am not leaving here until I have mastered this game!
이 게임을 마스터할 때까지는 여기서 한 발짝도 떠나지 않을 거야!

195

4 **Do you happen to have** any ideas? 무슨 좋은 생각이 있어요?

📖 펜을 빌리고 싶을 때 Do you have a pen I can borrow?라고 말하면 되죠. 그런데 이런 직접적인 표현보다는 Do you happen to have a pen I can borrow?라고 하면 한결 부드러운 말이 됩니다. 혹시 가지고 있냐(happen to have)고 물어보는 거니까요.

Do you happen to have a safety pin?
혹시 안전핀 가지고 있는 게 있나요?

Do you happen to have any cash I can borrow?
혹시 나한테 빌려줄 수 있는 돈을 좀 가지고 있나요?

5 **You really don't know anything about** love, **do you?**
당신은 사랑이 뭔지 전혀 모르죠?

📖 무엇에 대해 뭘 좀 아는 것 같이 우쭐대는 사람이 사실은 그것에 관해서 전혀 모르는 경우가 허다하죠. 특히 사랑이니 인생이니 우정이니 하는 문제에 관해서는 더욱 그렇습니다. 이럴 때 한 방 먹일 수 있는 표현을 아래 예문을 통해서 익혀 보세요.

You really don't know anything about life, **do you?**
넌 인생에 대해서 전혀 모르지?

You really don't know anything about boys, **do you?**
넌 남자애들에 대해서 전혀 모르지?

STEP 2
따라 말하기 | 대본의 억양, 강세, 연음 표시를 보며 오디오 파일을 따라 말하세요.
자연스럽게 대사가 입에 붙게 됩니다.

A 대본 보고 따라 말하기 ▶ 28-1.mp3 | 1회 ◯ 2회 ◯ 3회 ◯ 4회 ◯ 5회 ◯

B 대본 없이 따라 말하기 ▶ 28-1.mp3 | 1회 ◯ 2회 ◯ 3회 ◯ 4회 ◯ 5회 ◯

우리말을 보며 영어로 말하는 훈련과 롤플레잉 훈련으로
대사를 완벽히 내 것으로 만드세요.

A 우리말 보며 말하기 우리말을 참고해서 앞에서 외운 대사를 큰 소리로 말해 보세요.
그리고 빈칸에 외운 대사를 영어로 써 보세요.

그런데 한스는 어디 있어요? 키스는 어떻게 됐어요?

그 사람을 잘못 봤어. 진정한 사랑이 아니었어.

그래요? 우리가 여기까지 그 먼 길을 달려왔는데 말이죠.

올라프, 여기 있으면 안 돼! 넌 녹아버릴 거야.

당신을 구할 수 있는 진정한 사랑의 행위를 다시 발견할 때까지는 여기에서
한 발짝도 떠나지 않을 거예요. 무슨 좋은 생각이 있어요?

난 사랑이 뭔지도 모르겠어.

괜찮아요. 내가 아니까… 사랑이란 말이죠, 자신의 욕구보다는 상대방의 욕
구를 먼저 챙기는 것을 뜻해요. 그러니까 말이죠, 당신을 여기 있는 한스에게
데려다 주고는 아주 떠나버린 크리스토프가 한 행동 같은 것이죠.

크리스토프가 날 사랑한다고?

이런, 당신은 사랑이 뭔지 전혀 모르죠?

B 역할 정해 말하기 삐 소리가 들리면 해당 역할을 연기하며 말해 보세요.

ⓐ 올라프가 되어 말하기 ▶28-2.mp3   ⓑ 안나가 되어 말하기 ▶28-3.mp3

▶ 28-4.mp3

1 Get away from there. 거기 있으면 안 돼. 비켜.

 ▶ 위험하니 어디서 떨어지라고 말하고 싶을 때는 Get away from을 활용해 보세요. 아래 예문처럼 귀찮게 구는 사람에게도 해당되는 표현이랍니다.

  Get away from me. 나한테서 떨어지세요.

2 Some people are worth melting for. 어떤 사람을 구하기 위해서는 난 녹아도 돼요.

 ▶ 안나를 구하기 위해서는 자신은 녹아버려도 좋다고 올라프가 말하는군요. 이렇게 '어떤 사람을 위해서는 ~을 해도 좋다'고 말할 때 worth를 사용해서 표현하면 아주 멋진 말이 된답니다.

  Some people are worth dying for. 어떤 사람을 위해서는 죽어도 좋아.

3 I guess I was wrong. 내가 틀렸던 것 같네요.

 ▶ I was wrong.이라고 해도 되지만 앞에 I guess가 붙으면 표현이 좀 부드러워지죠.

4 I need to get to Kristoff. 난 크리스토프에게 가야 해.

 ▶ get to에는 '~까지 간다'는 뜻도 있답니다.

  I need to get to the airport. 나는 공항까지 가야 해.

5 Look out! 조심해요!

 ▶ 조심하라는 말에는 여러 가지가 있지만 Look out!도 많이 쓰이는 표현이니 이 기회에 잘 익혀 두세요.

6 We're trapped. 우리는 갇혔어요.

 ▶ 안나와 올라프는 삐죽한 얼음덩어리들이 자라서 길을 막자 오도가도 못하는 신세가 됐군요. 올라프는 We're trapped.라고 말합니다. 함정에 빠지듯이 길이 막혔다는 의미죠. 물론 실제로 함정에 빠졌을 때도 사용할 수 있고, 비유적인 의미로도 사용되죠.

7 We made it! 성공했어요!

 ▶ 필사의 탈출에 성공한 올라프가 기쁨에 넘쳐 소리칩니다. 이렇게 made it은 힘겹게 무슨 일에 성공하여 환호성을 지를 때 사용하는 표현이죠.

I Knew You Could Do It
난 언니가 해낼 거라고 알고 있었어

한스는 엘사를 쫓아 피오르드^{fjord}로 오고, 안나는 크리스토프를 만나러 피오르드로 옵니다. 이제 운명의 시간이 다가오고 있죠. 한스는 엘사를 죽이려고 칼^{sword}을 쳐듭니다. 안나는 엘사 앞으로 몸을 던져^{throw herself} 한스의 칼을 대신 맞습니다. 그러나 얼음덩어리로 변한 안나의 몸에 맞은 칼은 산산조각으로 부서지고^{shatter} 한스는 나가떨어집니다. 엘사는 목숨을 버려^{sacrifice herself} 자신을 구한 안나를 안고 흐느낍니다. 이때 안나의 몸이 따뜻해집니다.^{warm} 뿐만 아니라 꽁꽁 얼어붙어 있던 천지가 녹기 시작합니다. 트롤의 예언이 실현된 것입니다.

 이 장면을 외우면! 이런 표현을 말할 수 있어요~

1	당신은 ~를 위해 자신을 희생했습니다.	You sacrificed yourself for ~.
2	진정한 사랑을 담은 행동이 ~를 할 수 있어.	An act of true love will ~.
3	난 네가 ~할 줄 알았어.	I knew you could ~.
4	오늘은 내 생애 최고의 날이자 ~야.	This is the best day of my life and ~.
5	여기서 ~한 사람은 당신밖에 없어요.	The only ~ around here is yours.

ELSA
엘사
...❶ You sacrificed yourself / for me? 네가 나 때문에 목숨을 버렸니?

ANNA
안나
...I love you. 언니를 사랑해.

OLAF
올라프
❷ An act of true love / will thaw a frozen heart.
진정한 사랑을 담은 행동이 얼어붙은 심장을 녹일 수 있도다.

ELSA
엘사
Love... / will thaw... / Love.... / Of course.
사랑을 담은 행동이 녹일… 사랑을… 물론 그렇지.

ANNA
안나
Elsa? 언니?

ELSA
엘사
Love. 그래, 사랑이야.

ANNA
안나
❸ I knew / you could do it. 난 언니가 해낼 줄 알았어.

OLAF
올라프
Hands down, / ❹ this is the best day of my life... / and
quite possibly the last.
내 평생 이렇게 기분 좋은 날은 없었어. 이거야 두말하면 잔소리지. 그리고 이게 아마 내 마지막 날이 되겠지.

ELSA
엘사
Oh, / Olaf. / Hang on, / little guy. 아, 올라프. 기다려. 이 친구야.

OLAF
올라프
Hey, / my own personal flurry. 이것 좀 봐, 내 개인용 눈보라야.

ANNA
안나
Uh. / Uh. / Uh. 어, 어, 가만있어요.

HANS
한스
Anna? / But / she froze your heart.
안나? 하지만 당신 언니가 심장을 얼렸잖아요.

ANNA
안나
❺ The only frozen heart around here / is yours.
여기서 심장이 얼어붙은 사람은 당신밖에 없어요.

200

STEP 1
장면 파헤치기 | 구문을 이해해야 대본을 효과적으로 암기할 수 있습니다.
구문 설명과 발음 설명을 보며 대본을 완벽히 이해하세요.

1 **You sacrificed yourself for me?** 네가 나 때문에 목숨을 버렸니?

자신을 죽음으로 몰고 간 언니의 목숨을 건지려고 칼날 앞에 자신을 던진 안나에게 엘사는 You sacrificed yourself for me?라고 말합니다. sacrifice oneself for A는 'A를 위해 자신을 희생한다'는 뜻이죠. 조국을 위해서든 자녀를 위해서든 자신을 희생한 경우에는 이 표현을 활용해 칭송해 주세요.

You sacrificed yourself for your children. 당신은 자녀를 위해 자신을 희생했습니다.
You sacrificed yourself for our country. 당신은 조국을 위해 자신을 희생합니다.

2 **An act of true love will** thaw a frozen heart.
진정한 사랑을 담은 행동이 얼어붙은 심장을 녹일 수 있도다.

꽁꽁 얼어붙었던 천지가 녹으면 자신도 녹아 스러질 수밖에 없는 운명이지만 올라프는 진정한 사랑의 찬가를 부르고 있습니다. 자, 우리도 true love의 상징이자 전도사인 올라프와 함께 아래 예문을 익혀 봅시다.

An act of true love will save her. 진정한 사랑을 담은 행동이 그 여자를 구할 수 있어.
An act of true love will heal him. 진정한 사랑을 담은 행동이 그 남자를 치유할 수 있어.

3 **I knew you could** do it. 난 언니가 해낼 줄 알았어.

이 문장에서는 do에 강세를 두어 말해야 합니다.

엘사가 세상을 여름으로 돌려놓자 안나는 언니가 그렇게 해낼 줄 알았다고, 언니에 대한 무한한 신뢰를 나타냅니다. 누가 뭐래도 '난 네가 해낼 줄 알았다'고 말하고 싶으면 I knew you could 다음에 해당되는 동사를 넣어 보세요.

I knew you could find it. 난 네가 찾을 줄 알았어.
I knew you could work it out. 난 네가 해결할 줄 알았어.

201

4 **This is the best day of my life and** quite possibly the last. 내 평생 이렇게 기분 좋은 날은 없었어. 그리고 이게 아마 내 마지막 날이 되겠지.

📖 다시 여름이 돌아오자 올라프는 녹고 있습니다. 평생 이렇게 기분 좋은 날은 또 없었다고 신나하지만 자신의 마지막 날이 오고 있다는 것도 알고 있죠. 이렇게 오늘이 내 생애 최고의 날이라고 인정하면서도 더 하고 싶은 말이 있을 경우에는 무슨 말이든 and로 연결해서 하면 됩니다.

This is the best day of my life and I'll never forget it.
오늘은 내 생애 최고의 날이야. 난 평생 잊을 수 없을 거야.

This is the best day of my life and the worst day of my life.
오늘은 내 생애 최고의 날인 동시에 최악의 날이기도 해.

5 **The only frozen heart around here is yours.**
여기서 심장이 얼어붙은 사람은 당신밖에 없어요.

📖 너무 사랑에 굶주려 자신에게 처음으로 관심을 보여주는 남자인 한스에게 덥석 마음을 준 안나는 진실을 깨닫고는 통쾌한 한 마디를 던집니다. 심장이 얼어붙은 자는 여기에서는 당신밖에 없다(The only frozen heart around here is yours.)고 말이죠. 자, 우리도 안나의 이 명언을 활용해 볼까요?

The only family **around here is yours**. 여기서 가족이 있는 사람이라곤 너밖에 없어.
The only mess **around here is yours**. 여기서 엉망진창인 사람은 너밖에 없어.

STEP 2
따라 말하기

대본의 억양, 강세, 연음 표시를 보며 오디오 파일을 따라 말하세요.
자연스럽게 대사가 입에 붙게 됩니다.

A 대본 보고 따라 말하기 ▶ 29-1.mp3   1회 ⬭ 2회 ⬭ 3회 ⬭ 4회 ⬭ 5회 ⬭

B 대본 없이 따라 말하기 ▶ 29-1.mp3   1회 ⬭ 2회 ⬭ 3회 ⬭ 4회 ⬭ 5회 ⬭

A 우리말 보며 말하기 우리말을 참고해서 앞에서 외운 대사를 큰 소리로 말해 보세요.
그리고 빈칸에 외운 대사를 영어로 써 보세요.

네가 나 때문에 목숨을 버렸니?

언니를 사랑해.

진정한 사랑을 담은 행동이 얼어붙은 심장을 녹일 수 있도다.

사랑을 담은 행동이 녹일… 사랑을… 물론 그렇지.

언니?

그래, 사랑이야.

난 언니가 해낼 줄 알았어.

내 평생 이렇게 기분 좋은 날은 없었어, 이거야 두말하면 잔소리지. 그리고
이게 아마 내 마지막 날이 되겠지.

아, 올라프. 기다려, 이 친구야.

이것 좀 봐, 내 개인용 눈보라야.

어, 어, 가만있어요.

안나? 하지만 당신 언니가 심장을 얼렸잖아요.

여기서 심장이 얼어붙은 사람은 당신밖에 없어요.

B 역할 정해 말하기 삐 소리가 들리면 해당 역할을 연기하며 말해 보세요.

ⓐ 엘사가 되어 말하기 ▶ 29-2.mp3 ⓑ 안나가 되어 말하기 ▶ 29-3.mp3
ⓒ 올라프가 되어 말하기 ▶ 29-4.mp3

203

▶ 29-5.mp3

1 Keep going, Anna! 계속 가요, 안나!
▶ 자신의 몸은 분해되고 있어도 올라프는 안나에게 계속 가라고 소리치고 있군요. 무엇을 계속하라고 할 때는 올라프처럼 Keep 다음에 -ing를 붙여 보세요.

Keep running! 계속 뛰어!

2 Good boy. 장하다, 스벤.
▶ 물속에 빠졌어도 얼음덩어리 위에 올라서는 스벤에게 크리스토프는 Good boy.라고 칭찬하는군요. Good boy.는 일상생활에서는 특히 기르는 개에게 잘 사용하는 표현이죠.

3 You can't run from this. 당신은 세상을 이렇게 해놓고 도망칠 수는 없어!
▶ 한스는 엘사를 죽인 다음 왕좌를 차지하려고 이렇게 구실을 대는군요. '어디에서 도망칠 수는 없다', 즉 '무엇을 회피할 수는 없다'는 뜻을 나타내려면 You can't run from ~의 패턴을 활용하세요.

You can't run from the truth. 당신은 진실을 회피할 수는 없어.

4 Just take care of my sister. 내 동생을 보살펴 줘요.
▶ 안나가 걱정된 엘사는 한스에게 동생을 보살펴 달라고 부탁하고 있습니다. take care of가 누구를 '보살핀다'는 뜻이라는 것은 다들 잘 알고 있었겠죠?

5 She returned from the mountain weak and cold.
안나는 허약해진 몸으로 추위에 떨면서 산에서 돌아왔어.
▶ 산에서 돌아온 상태가 weak and cold란 의미입니다. 엄밀하게 말하자면 being weak and cold라고 해야 하지만 being을 생략한 표현이죠.

6 I tried to save her, but it was too late. 난 당신 동생을 살리려고 했지만 너무 늦었어.
▶ 평생 it was too late(너무 늦었다)라는 말을 되도록 적게 하고 사는 게 좋겠지만, 사람이라면 어쩔 수 없는 경우도 있지 않겠어요? 그럴 때 써먹어 보세요.

I tried to stop him **but it was too late.** 나는 그 남자를 막으려고 했지만 너무 늦었어.

7 Your sister is dead because of you. 당신 동생은 죽었소, 당신 때문이오.
▶ because 다음에는 〈주어 + 동사〉로 이루어진 절이 오고, because of 다음에는 명사(구)가 온다는 것은 다들 잘 알고 있죠?

Day 30 We are Never Closing the Gates Again 우린 다시는 성문을 닫지 않을 거야

다시 여름이 왔습니다. 올라프가 녹아버리는 것을 방지하려고 엘사는 올라프의 머리 위에 작은 눈보라^{flurry}를 만들어 줍니다. 한스는 잡혀서 자신의 나라로 돌아가는 배에 구금되어 있습니다.^{throw into a brig} 대공과 부하들도 강제 출국 당합니다. 물론 앞으로 대공의 왕국과는 일체 교역을 하지 않겠다는 여왕의 칙서도 낭독되고요. 아렌델 왕국의 공식적인^{official} 얼음 관리인 및 공급인으로 임명된^{named} 크리스토프는 안나와 키스합니다. 엘사는 이제 성문을 닫는 일은 다신 없을 것이라고 약속합니다.

 이 장면을 외우면! 이런 **표현**을 말할 수 있어요~

1	당신한테 ~를 빚졌어요.	I owe you ~.
2	진담으로 하는 말이에요?	Are you serious?
3	~를 받을/받아드릴 수 없어요.	I can't accept ~.
4	~가 널 공식적인 …로 임명했어.	~ named you the official ~.
5	~도 있어.	It even has ~.

FROZEN 바로 이 장면!

ANNA 안나	**❶I owe you a sled.** 당신한테 썰매를 빚졌잖아요.
KRISTOFF 크리스토프	**❷Are you serious?** 진담으로 하는 말이에요?
ANNA 안나	Yes. / And / it's the latest model. 그렇죠. 그리고 이건 최신 모델이에요.
KRISTOFF 크리스토프	No. / **❸I can't accept this...** 안 돼요. 받을 수 없어요.
ANNA 안나	You have to. / No returns. / No exchanges. / Queen's orders. / **❹She's named you** / the official Arendelle Ice Master / and Deliverer. 받아야 해요. 반품도 안 되고, 교환도 안 돼요. 여왕의 명령이에요. 그리고 여왕이 당신을 아렌델 왕국의 공식적인 얼음 관리인 및 공급인으로 임명했어요.
KRISTOFF 크리스토프	What? / That's not a thing. 뭐라고요? 이건 말도 안 돼요.
ANNA 안나	Sure it is. / And **❺it even** / has a cup holder.... / Do you like it? 무슨 소리예요. 완전히 말이 되는 거예요. 그리고 이 썰매에는 컵받침도 있어요. 마음에 들어요?
KRISTOFF 크리스토프	Like it? / I love it.... / I could kiss you! / ...I could. / I mean / I'd like to. / I'd... / may I? / We me.... / I mean, / may we? / Wait, / what? 마음에 드냐고요? 너무 좋아요. 키스라도 하고 싶어요! 할 수도 있다는 거죠. 내 말은, 하고 싶다는 거죠. 하고 싶다는… 할 수 있어요? 우리가, 내가, 내 말은, 우리가 할 수 있냐는 거죠? 잠깐, 뭐하는 거예요?
ANNA 안나	We may. 키스할 수 있어요.

→ 올려 읽기　→ 내려 읽기　/ 끊어 읽기　⌒ 이어서 읽기　● 강하게 읽기

206

STEP 1
장면 파헤치기

구문을 이해해야 대본을 효과적으로 암기할 수 있습니다.
구문 설명과 발음 설명을 보며 대본을 완벽히 이해하세요.

1 **I owe you** a sled. 당신한테 썰매를 빚졌잖아요.

안나는 빚지고는 못 사는 성격이죠. 자신을 도우려다 썰매를 잃어버린 크리스토프에게 빚을 갚으려고 하면서 I owe you a sled.라고 합니다. 빚진 게 있는 사람들은 안나처럼 잊지 말고 I owe you ~라는 표현을 사용해서 빚을 갚아야겠죠?

I owe you a favor. 내가 너한테 신세 한 번 진 셈이네.
I owe you nothing. 난 너한테 빚진 건 하나도 없어.

2 **Are you serious?** 진담으로 하는 말이에요?

뜻밖이거나 믿기지 않는 얘기를 들었을 때 상대방에게 '진담이냐?'고 반문하는 표현이 바로 Are you serious?입니다. 이렇게 serious는 농담이나 장난이 아니라 '진지한' 것을 나타내는 말이죠.

Are you **serious** or joking? 넌 진담이니, 농담하는 거니?
Don't be so **serious**! 너무 그렇게 정색하지 마!

3 **I can't accept** this. 받을 수 없어요.

accept의 a-는 어차피 강세가 없는 모음이기 때문에 신경을 쓰지 않아도 됩니다. 따라서 발음기호상으로는 [어]라고 되어 있지만 실제로는 [이]라고 발음하는 사람이 많아서 except와 똑같이 들리죠.

어안이 벙벙해진 크리스토프는 썰매를 받을 수 없다고 하면서 I can't accept this.라고 합니다. I can't accept는 이렇게 물건을 받을 수 없다고 할 때도 쓰지만, 어떤 상황을 받아들일 수 없다고 할 때도 사용하니까 잘 익혀 두세요.

I can't accept not trying. 난 해보지도 않고 포기하는 것은 받아들일 수 없어.
I can't accept myself for who I am. 난 현재의 내 자신을 받아들일 수 없어.

207

4 She's **named you the official** Arendelle Ice Master and Deliverer. 여왕이 당신을 아렌델 왕국의 공식적인 얼음 관리인 및 공급인으로 임명했어요.

엘사가 크리스토프를 공식적인 얼음 관리인 및 공급인으로 임명했다고 신이 나서 떠드는 안나는 name이란 단어를 이용하고 있군요. name은 '이름'이란 명사로 사용될 뿐만 아니라 '임명하다'란 동사로도 잘 사용되니 이 기회에 '공식적으로 임명하다'란 표현을 잘 익혀 보도록 해요.

They **named you the official** photographer.
그 사람들이 널 공식적인 사진사로 임명했어.

I **named you the official** spokesperson for our organization.
나는 너를 우리 단체의 공식 대변인으로 임명했어.

5 **It even has** a cup holder. 이 썰매에는 컵받침도 있어요.

안나는 새로 마련한 썰매에는 컵받침도 있다고 하면서 It even has ~라고 하네요. 우리 말의 '~도'에 해당되는 영어가 even인 셈이죠. 우리말에도 '~도'가 있느냐 없느냐에 따라 어감이 엄청나게 달라지듯이 영어에서도 even의 유무(有無)가 어감을 좌우하는 경우가 많으니 잘 알아둬야겠죠?

It even has its own artificial sun. 거기에는 인공태양도 있어.
It even has free wifi. 거기에는 와이파이도 공짜야.

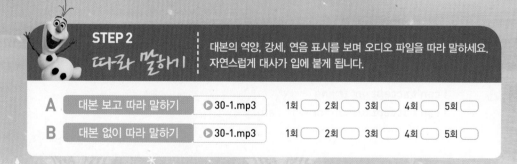

STEP 2
따라 말하기
대본의 억양, 강세, 연음 표시를 보며 오디오 파일을 따라 말하세요.
자연스럽게 대사가 입에 붙게 됩니다.

| A | 대본 보고 따라 말하기 | ▶30-1.mp3 | 1회 ⬜ | 2회 ⬜ | 3회 ⬜ | 4회 ⬜ | 5회 ⬜ |
| B | 대본 없이 따라 말하기 | ▶30-1.mp3 | 1회 ⬜ | 2회 ⬜ | 3회 ⬜ | 4회 ⬜ | 5회 ⬜ |

우리말을 보며 영어로 말하는 훈련과 롤플레잉 훈련으로
대사를 완벽히 내 것으로 만드세요.

A 우리말 보며 말하기 우리말을 참고해서 앞에서 외운 대사를 큰 소리로 말해 보세요.
그리고 빈칸에 외운 대사를 영어로 써 보세요.

당신한테 썰매를 빚겼잖아요.

진담으로 하는 말이에요?

그렇죠. 그리고 이건 최신 모델이에요.

안 돼요. 받을 수 없어요.

받아야 해요. 반품도 안 되고, 교환도 안 돼요. 여왕의 명령이에요. 그리고 여왕
이 당신을 아렌델 왕국의 공식적인 얼음 관리인 및 공급인으로 임명했어요.

뭐라고요? 이건 말도 안 돼요.

무슨 소리에요. 완전히 말이 되는 거예요. 그리고 이 썰매에는 컵받침도 있
어요. 마음에 들어요?

마음에 드냐고요? 너무 좋아요. 키스라도 하고 싶어요! 할 수도 있다는 거죠.
내 말은, 하고 싶다는 거죠. 하고 싶다는… 할 수 있어요? 우리가, 내가, 내 말은,
우리가 할 수 있냐는 거죠? 잠깐, 뭐하는 거예요?

키스할 수 있어요.

B 역할 정해 말하기 삐 소리가 들리면 해당 역할을 연기하며 말해 보세요.

ⓐ 안나가 되어 말하기 ▶30-2.mp3

ⓑ 크리스토프가 되어 말하기 ▶30-3.mp3

209

▶ 30-4.mp3

1 This is unacceptable. 이건 부당합니다.

　▶ 대공이 자신을 추방하고 교역을 끊는 것은 unacceptable(받아들일 수 없는)이라고 하는군요. 부당하다, 용납할 수 없다는 의미죠.

2 I am innocent. 나는 죄가 없어요.

　▶ 죄인이 항상 입에 달고 다니는 말이 바로 I am innocent.입니다. 핑계 없는 무덤은 없다고. 자신의 죄를 있는 그대로 인정한다는 것은 좀처럼 보기 드문 미덕이기 때문이겠죠.

3 I'm a victim of fear. 나는 너무 무서워서 그랬던 거예요.

　▶ victim은 '희생자'란 뜻이죠. 대공은 자신은 fear(공포)의 victim이라고 하는군요. 너무 무서워서 그랬다는 얘기죠. 이렇게 어떤 현상의 희생자라고 말하고 싶으면 I'm a victim of ~라는 패턴을 이용해 보세요.

　I'm a victim of domestic violence. 나는 가정폭력의 희생자입니다.

4 I've been traumatized. 나는 트라우마를 겪었던 거예요.

　▶ 요즘 유행하는 용어인 '트라우마'는 영어로 trauma라고 하는데 '정신적 외상'을 뜻하죠. 쉬운 말로 하자면 정신적인 충격을 받아 정상적인 행동을 못했다는 얘기입니다. '정신적인 외상을 가한다'는 동사는 traumatize라고 하는데, 정신적인 외상을 받았다고 하려면 대공처럼 수동태로 말해야 하죠.

5 I demand to see the Queen! 여왕을 꼭 만나야겠어요!

　▶ demand는 ask보다 강력한 어감을 가진 동사입니다. 무슨 일이 있어도 꼭 무엇을 해야겠다고 거의 떼를 쓰는 수준의 말이죠.

　I demand to see the manager! 매니저를 꼭 봐야겠어요!

6 Arendelle will henceforth and forever no longer do business of any sort with Weaseltown.

아렌델 왕국은 차후에 영원히 위즐타운과 여하한 교역도 행하지 않을 것이노라.

　▶ henceforth and forever는 '차후에 영원히'란 뜻인데, 공식적이고도 고어체 표현이죠.

7 That's it. 됐어요. 그렇게 하는 거예요.

　▶ That's it.은 다양한 어감을 지닌 편리한 표현입니다. 여기에서는 '됐다, 바로 그렇게 하는 거야'란 의미이죠.

210

한 주 동안 외운 대사를 잊지 않도록 주요 표현을 큰 소리로 말해 보세요.

	1회	2회	3회

Day 26

I didn't stand a chance. 나는 기회가 없었죠.

You were so desperate for love you were willing to marry me.
당신은 사랑에 너무 굶주려서 얼른 나하고 결혼하려고 했던 거예요.

You were dumb enough to go after her.
당신은 멍청하게도 엘사의 뒤를 쫓아갔던 거요.

Day 27

It's getting colder by the minute.
시시각각으로 점점 더 추워지네.

If we don't do something soon, we'll all freeze to death.
지금 곧 무슨 조치를 취하지 않으면 우리는 모두 얼어 죽게 될 거야.

There can be no doubt now.
이제는 의심의 여지가 없습니다.

Day 28

I was wrong about him. 그 사람을 잘못 봤어.

I am not leaving here until we find some other act of true love to save you.
당신을 구할 수 있는 진정한 사랑의 행위를 다시 발견할 때까지는 여기에서 한 짝짝도 떠나지 않을 거예요.

Do you happen to have any ideas?
무슨 좋은 생각이 있어요?

Day 29

I knew you could do it. 난 언니가 해낼 줄 알았어.

This is the best day of my life and quite possibly the last.
내 평생 이렇게 기분 좋은 날은 없었어. 그리고 이게 아마 내 마지막 날이 되겠지.

The only frozen heart around here is yours.
여기서 심장이 얼어붙은 사람은 당신밖에 없어요.

Day 30

I owe you a sled. 당신한테 썰매를 빚졌잖아요.

Are you serious? 진담으로 하는 말이에요?

I can't accept this. 받을 수 없어요.

WORDS & PHRASES

❶ 계승자 ....
❷ 선호하는, 더 좋은 ....

❸ 시시각각으로 ....
❹ 절박한, 필사적인 ....

❺ 결혼 서약 ....
❻ ~에게 기대를 걸다 ....

❼ 반품 ....
❽ 교환 ....

❾ 최신 모델 ....
❿ ~를 위해 자신을 희생하다 ....

EXPRESSIONS

❶ 당신은 엘사 언니 상대가 안 돼. ....

❷ 그런 짓을 하고도 무사할 줄 알아? ....

❸ 재빨리 그리고 단호하게 행동해야 해. ....

❹ 왜 그러는 거니? ....

❺ 내가 틀렸던 것 같네요. ....

❻ 우리 성공했어요! ....

❼ 계속 가요, 안나! ....

❽ 내 여동생을 보살펴 줘요. ....

❾ 이건 부당합니다. ....

❿ 나는 죄가 없어요. ....

WORDS & PHRASES ❶ heir ❷ preferable ❸ by the minute ❹ desperate ❺ marriage vows ❻ look to ❼ return ❽ exchange ❾ the latest model ❿ sacrifice oneself for

EXPRESSIONS ❶ You're no match for Elsa. ❷ You won't get away with this. ❸ Move quickly and with resolve. ❹ What's wrong with you? ❺ I guess I was wrong. ❻ We made it! ❼ Keep going, Anna! ❽ Just take care of my sister. ❾ This is unacceptable. ❿ I am innocent.

진정한 사랑의 상징이자 메신저인 그들!

엘사가 창조해낸 올라프는 이 영화의 감초 역할을 톡톡히 해내고 있지만, 사실 감초의 역할을 뛰어넘어 영화의 주제인 진정한 사랑true love의 상징입니다. 자신은 녹아버린다melt는 것을 알면서도 얼어붙고freeze 있는 안나를 위해 불을 지피는 올라프야말로 트롤이 예견한 진정한 사랑의 구현자이죠. 안나가 한스의 칼날sword 앞에 몸을 던져 언니를 구하자 엘사의 얼어붙은 마음이 녹기 시작하며

안나를 껴안고embrace 눈물을 흘립니다. 그러자 이번에는 얼어붙은 안나의 몸과 세상이 녹기 시작합니다. 이때 올라프는 트롤의 예언이 실현되고 있다는 것을 직감적으로 깨닫고는 An act of true love will thaw a frozen heart.를 소리 높여 외치죠. 자신의 마지막 날이라는 것을 잘 알면서도.

인간의 말을 하지 못하는 스벤은 그 대신 인간이 느끼지 못하는 직감instinct이 뛰어나죠. 그래서 처음부터, 주저하는 크리스토프를 부추겨 안나를 돕게 만듭니다. 그리고 안나의 진정한 사랑이 한스인 줄 착각한 크리스토프가 산으로 돌아가려고 하자 다시 아렌델로 발걸음을 옮기게 만든 것도 스벤입니다. 올라프가 엘사와 안나 자매의 진정한 사랑의 메신저messenger라고 한다면, 스벤은 안나와 크리스토프의 진정한 사랑의 메신저라고나 할까요?

30장면으로 끝내는
스크린 영어회화 - 코코

국내 유일!
전체 대본 수록

30SCENES Withyou KEY

전 세계 '코코 신드롬'을 일으킨
디즈니-픽사 신작!

30장면으로 끝내는
스크린 영어회화

Disney PIXAR

전체 대본과 해설을 실은
스크립트북

30장면 집중훈련
워크북

디즈니 추천 성우의
mp3 CD

구성
· 전체 대본
· 훈련용 워크북
· mp3 CD

라이언 강 해설 | 372면 | 18,000원

국내 유일! 〈코코〉 전체 대본 수록!

기억해줘♬ 전 세계는 지금 '코코' 열풍!
〈코코〉의 30장면만 익히면 영어 왕초보도 영화 주인공처럼 말할 수 있다!

난이도	첫걸음	초급	중급	고급

기간	30일

대상 영화 대본으로 재미있게
영어를 배우고 싶은 독자

목표 30일 안에
영화 주인공처럼 말하기

30장면으로 끝내는
스크린 영어회화 - 모아나

구성
· 전체 대본
· 훈련용 워크북
· mp3 CD

강윤혜 해설 | 332면 | 18,000원

국내 유일! 〈모아나〉 전체 대본 수록!

역대급 호평! 〈주토피아〉, 〈겨울왕국〉 사단의 2017년 야심작!
〈모아나〉의 30장면만 익히면 영어 왕초보도 영화 주인공처럼 말할 수 있다!

난이도	첫걸음 | 초급 중급 | 고급	기간	30일
대상	영화 대본으로 재미있게 영어를 배우고 싶은 독자	목표	30일 안에 영화 주인공처럼 말하기

30장면으로 끝내는

스크린 영어회화

Disney

겨울왕국

해설 강윤혜

길벗
이지:톡

이 책은 스크립트 북과 워크북, 전 2권으로 구성되어 있습니다. 스크립트 북에는 〈겨울왕국〉의 전체 대본과 번역, 단어 설명이 포함되어 있습니다. 대본에는 하루에 한 장면씩, 가장 실용적인 표현이 많이 나오는 장면이 표시되어 있습니다. 이 장면을 워크북에서 집중 암기 훈련합니다.

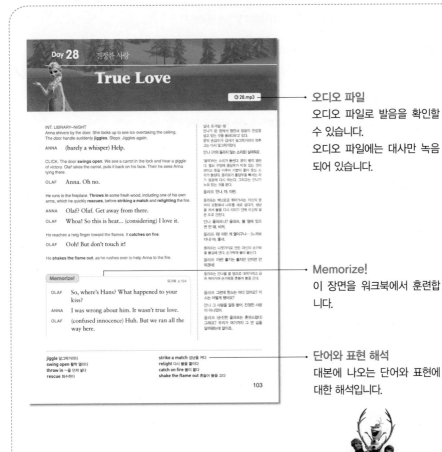

오디오 파일
오디오 파일로 발음을 확인할 수 있습니다.
오디오 파일에는 대사만 녹음되어 있습니다.

Memorize!
이 장면을 워크북에서 훈련합니다.

단어와 표현 해석
대본에 나오는 단어와 표현에 대한 해석입니다.

차례 Contents

Beware the Frozen Heart

▶ 01.mp3

OPEN ON: ICE.
We're underwater looking up at it. A saw cuts through, heading right for us.

EXT. SNOW-CAPPED MOUNTAINS–DUSK
ICE HARVESTERS, dressed in traditional **Sami** clothing, **score** a frozen lake.
They SING.

"The Frozen Heart (Ice **Worker's Song**)"

ICE HARVESTERS   BORN OF COLD AND WINTER AIR / AND MOUNTAIN RAIN COMBINING, / THIS ICY FORCE BOTH FOUL AND FAIR / HAS A FROZEN HEART WORTH MINING.

The men drag giant ice blocks through **channels of water**.

ICE HARVESTERS   CUT THROUGH THE HEART, COLD AND CLEAR. / STRIKE FOR LOVE AND STRIKE FOR FEAR.
SEE THE BEAUTY SHARP AND SHEER. / SPLIT THE ICE APART! / AND BREAK THE FROZEN HEART. / **Hup! Ho!** Watch your step! Let it go!

A young Sami boy, KRISTOFF (8), and his reindeer calf, SVEN, share a carrot as they try to **keep up with** the men.

ICE HARVESTERS   Hup! Ho! Watch your step! Let it go!

Young Kristoff struggles to get a block of ice out of the water. He fails, ends up soaked. Sven licks his wet cheek.

화면에 얼음이 등장하며 영화가 시작된다. 카메라는 수중에서 위를 올려다보고 있다. 톱이 얼음을 자르고 있는데, 그 톱이 카메라를 향해 다가오고 있다.

실외. 봉우리에 눈이 덮여 있는 산–땅거미가 질 무렵
전통적인 사미족 복장을 한 얼음 채집꾼들이 얼어붙은 호수에서 얼음을 자르면서 노래를 부른다.

"얼어붙은 심장 (얼음 채집꾼의 노래)"

얼음 채집꾼들 차가운 겨울의 대기에서 태어나 / 산에 내리는 비와 합쳐졌다네. / 더럽고도 깨끗한 이 차가운 힘에는 / 얼어붙은 심장이 있어서 캐낼 만한 가치가 있다네.

얼음 채집꾼들이 수로를 따라 거대한 얼음 덩어리를 끌고 있다.

얼음 채집꾼들 차갑고도 투명한 이 심장을 자르세. / 사랑을 찾아보세. 두려움을 찾아보세.
날카롭지만 순수한 저 아름다운 얼음을 보게나. / 이 얼음을 잘라내세! / 그래서 얼어붙은 심장을 깨뜨리세. / 영차! 발을 조심하게나! 놔라!

어린 사미족 사내아이인 크리스토프(8세)와 아기 순록 스벤이 어른 남자들과 보조를 맞추느라 애를 쓰면서 홍당무를 나눠먹고 있다.

얼음 채집꾼들 영차! 발을 조심하게나! 놔라!

크리스토프가 물에서 얼음 한 덩어리를 꺼내느라 낑낑거리다 물에 빠져 흠뻑 젖는다. 스벤이 크리스토프의 물에 젖은 뺨을 핥는다.

We're underwater looking up at it 카메라가 물밑에서 얼음을 찍고 있다는 의미
Sami 북유럽의 원주민
score 얼음을 자르기 위해 줄을 긋다

worker's song 노동요(힘들거나 지루한 일을 할 때 부르는 노래)
channels of water 얼음을 자른 후에 생긴 물길을 뜻함
Hup! Ho! 무거운 물체를 운반할 때 내는 소리. 영차!
keep up with ~와 보조를 맞추다, ~를 따라가다

ICE HARVESTERS	BEAUTIFUL! POWERFUL! DANGEROUS! COLD! / ICE HAS A MAGIC CAN'T BE CONTROLLED.	얼음 채집꾼들 아름답구나! 힘이 세구나! 위험해! 차가워! / 얼음에는 누구도 어쩔 수 없는 마법이 들어 있다네.

A sharp ice **floe** overtakes the workers, threateningly. They fight it back.

바다에 떠다니는 날카로운 얼음덩어리가 덮치자 일꾼들이 힘겹게 물리친다.

ICE HARVESTERS	STRONGER THAN ONE, STRONGER THAN TEN / STRONGER THAN A HUNDRED MEN!	얼음 채집꾼들 남자 한 사람보다 더 힘이 세고, 열 사람보다 힘이 세다네 / 남자 백 명보다 힘이 세다네!

Massive fjord horses drag heavy **ice plows**.

몸집이 큰 피오르드 말들이 무거운 얼음 쟁기를 끌고 있다.

ICE HARVESTERS	BORN OF COLD AND WINTER AIR / AND MOUNTAIN RAIN COMBINING.	얼음 채집꾼들 차가운 겨울의 대기에서 태어나 / 산에 내리는 비와 합쳐졌다네.

The sun sets. Lanterns are lit.

해가 진다. 등불이 켜진다.

ICE HARVESTERS	THIS ICY FORCE BOTH FOUL AND FAIR / HAS A FROZEN HEART WORTH MINING. / CUT THROUGH THE HEART, COLD AND CLEAR.	얼음 채집꾼들 더럽고도 깨끗한 이 차가운 힘에는 / 얼어붙은 심장이 있어서 캐낼 만한 가치가 있다네. / 차갑고도 투명한 이 심장을 자르세.

In the dark, Kristoff and Sven finally **manage to** get a single block of ice out of the water.

어둠 속에서 크리스토프와 스벤은 드디어 물 속에서 얼음 한 덩어리를 꺼낸다.

ICE HARVESTERS	STRIKE FOR LOVE AND STRIKE FOR FEAR. / THERE'S BEAUTY AND THERE'S DANGER HERE. / SPLIT THE ICE APART! / BEWARE THE FROZEN HEART.	얼음 채집꾼들 사랑을 찾아보세, 두려움을 찾아보세. / 여기 아름다움이 있고 위험이 있다네. / 이 얼음을 잘라내세! / 얼어붙은 심장을 조심하게.

The workers **pile onto** the giant horse-drawn ice sled as it pulls away.
Left behind, Kristoff and Sven push their ice block onto a **dinky little** sled then head off.
We sweep up from them to **the Northern Lights** filling the sky… then move across the mountains… beneath the snowline… and descend upon…

일꾼들이 말이 끄는 거대한 얼음 썰매에 올라탄다. 썰매가 미끄러진다.
뒤에 남은 크리스토프와 스벤은 얼음덩어리를 밀어서 보잘 것 없는 작은 썰매에 싣고는 사라진다.
카메라가 높이 올라가자 하늘에 가득한 오로라가 보인다. 이번에는 산을 가로지르더니 눈이 쌓인 곳 아래로 향하면서 더욱 아래로 내려간다.

EXT. THE KINGDOM OF ARENDELLE–NIGHT
A humble castle, built of wood, nestled in a deep fjord.

실외, 아렌델 왕국–밤
피오르드 깊숙이 자리잡은, 나무로 지은 아담한 성이 보인다.

---

floe 부빙(浮氷)
massive 몸집이 큰
fjord 피오르드(빙하의 침식으로 생긴 U자형의 골짜기)
ice plow 강이나 호수의 얼음을 사각형으로 자르는 장치

manage to do 어려운 일을 성공적으로 수행하다
pile onto ~에 우르르 올라타다
dinky little 아주 작다는 뜻
the Northern Lights 북극에 가까운 지역에 생기는 오로라를 뜻함

INT. CASTLE, **NURSERY**–NIGHT
ELSA (8) sleeps in her bed. Her little sister ANNA (5) pops up beside her.

YOUNG ANNA   Elsa. **Psst**. Elsa! Psst.

Elsa doesn't stir. Anna sits on Elsa and bounces.

YOUNG ANNA   Wake up. Wake up. Wake up.

YOUNG ELSA   (grumbling) Anna, go back to sleep.

Anna rolls onto her back and **spreads all her weight on** Elsa.

YOUNG ANNA   (**drama queenish**) I just can't. The sky's awake, so I'm awake, so we have to play.

YOUNG ELSA   ...Go play **by yourself**.

Elsa shoves Anna off the bed.
Anna **lands butt to** floor, sighs, defeated. But then she gets an idea. She hops back on the bed and lifts one of Elsa's eyelids.

YOUNG ANNA   (mischievously) Do you want to build a snowman?

Elsa's eyes **pop open**. She smiles.

INT. CASTLE STAIRCASE–NIGHT
Anna, now wearing snow boots, pulls Elsa by the hand.

YOUNG ANNA   Come on, come on, come on, come on.

Elsa tries to shush her, but Anna's too excited.

INT. BALLROOM–NIGHT
The girls sneak into the ballroom. Elsa shuts the door.

YOUNG ANNA   Do the magic! Do the magic!

Elsa laughs and waves her hands together. Snowflakes suddenly burst forth and dance between her palms, forming a snowball. Elsa throws the snowball high into the air. Snow bursts out and flurries around the room. Anna dances about, catching flakes in her palms and mouth.

YOUNG ANNA   This is amazing!

YOUNG ELSA   Watch this!

실내. 성의 아기 방–밤
엘사(8세)가 침대에서 잠을 자고 있다. 동생인 안나(5세)가 엘사 옆에 휙 나타난다.

어린 안나 언니, 저기, 언니! 저기 나 좀 봐.

엘사는 꼼짝도 하지 않는다. 안나가 언니 위에 앉아 아래위로 까불까불 몸을 흔든다.

어린 안나 일어나, 일어나, 일어나라니까.

어린 엘사 (투덜거리며) 안나야, 가서 더 자렴.

안나는 엘사 등 위로 구르며 체중을 다 싣고 드러눕는다.

어린 안나 (호들갑을 떨면서) 그렇게 할 수가 없어. 하늘도 깨어났으니까. 나도 깨어난 거야. 그러니까 우리는 같이 놀아야 하는 거야.

어린 엘사 나가서 혼자 놀아.

엘사는 안나를 밀어 침대에서 떨어뜨린다. 안나는 바닥에 엉덩방아를 찧으며 한숨을 쉰다. 어쩔 수가 없다. 그렇지만 한 가지 꾀가 생긴다. 안나는 침대로 다시 폴짝 뛰어 올라가 엘사의 눈꺼풀을 하나 들어올린다.

어린 안나 (장난스럽게) 눈사람 만들래?

엘사가 두 눈을 번쩍 뜨고는 미소를 짓는다.

실내. 성의 복도–밤
눈 부츠를 신은 안나가 엘사의 손을 잡고 끌고 간다.

어린 안나 자, 어서, 빨리 가자. 빨리빨리 가.

엘사는 안나에게 입 좀 다물라고 하지만, 안나는 너무 들떠 있다.

실내. 연회실–밤
두 아이가 연회실로 몰래 들어간다. 엘사가 문을 닫는다.

어린 안나 언니, 마법을 부려봐. 마법 좀 부려봐.

엘사가 웃으며 두 손을 모두 흔든다. 갑자기 눈송이들이 팍 퍼지더니 두 손바닥 사이에서 춤을 추며 눈덩이로 변한다. 엘사는 눈덩이를 공중에 높이 던진다. 눈이 확 퍼지더니 방 안을 온통 펄럭인다. 안나는 눈송이를 손바닥과 입으로 잡으며 춤을 추며 돌아다닌다.

어린 안나 너무 신나!

어린 엘사 이걸 잘 봐!

---

nursery 육아실, 아기들이 생활하는 방
Psst 몰래 누구의 관심을 끌려고 내는 소리
spread all one's weight on ~에게 엎어져 자신의 체중을 모두 싣다

drama queenish 호들갑을 떨며
by oneself 혼자서
land butt to ~에 엉덩방아를 찧다
pop open 눈을 번쩍 뜨다

Elsa **stomps** her little slippered foot and a layer of ice suddenly coats the floor, forming a giant **ice rink**. Anna slides off, laughing.

PLAY MONTAGE:
Anna and Elsa roll giant snowballs and build a snowman together. Elsa moves his stick arms around.

엘사가 슬리퍼를 신은 작은 발을 구르자 갑자기 바닥에 얼음이 깔려 스케이트장이 된다. 안나가 미끄럼을 타며 웃는다.
몽타주 화면이 등장한다.
안나와 엘사가 커다란 눈덩이를 굴려 눈사람을 만든다. 엘사가 눈사람의 막대기 팔을 이리저리 돌린다.

Memorize!

YOUNG ELSA **(goofy** voice) Hi, I'm Olaf and I like warm hugs.

어린 엘사 (우스꽝스러운 목소리로) 안녕. 난 올라프야. 난 따뜻하게 안아주는 것을 좋아해.

Anna jumps up and hugs him.

안나가 펄쩍 뛰어 올라프를 껴안는다.

YOUNG ANNA I love you, Olaf.

어린 안나 난 네가 너무 좋아, 올라프.

Anna and Olaf appear to be dancing. REVEAL: Elsa is actually propelling them across the ice floor with her magic.
The girls slide down snowbanks together!
Anna fearlessly jumps off a snow peak into mid air.

안나와 올라프는 춤을 추는 것처럼 보이지만 카메라가 뒤로 물러서서 실제로는 엘사가 마법을 써서 안나와 올라프를 빙판에 미끄러지게 하고 있다는 것을 알 수 있다. 안나와 엘사는 같이 눈더미를 미끄러져 내려온다.
안나가 겁도 없이 눈봉우리에서 공중으로 펄쩍 뛴다.

YOUNG ANNA Catch me!

어린 안나 날 잡아!

Elsa makes another peak to catch Anna.

엘사는 눈봉우리를 또 하나 만들어 안나를 잡는다.

YOUNG ELSA Gotcha!

어린 엘사 잡았다!

Anna keeps jumping. Elsa keeps casting magic.

안나는 계속 뛴다. 엘사도 계속해서 마법을 던진다.

YOUNG ANNA (jumping faster) Again! Again!

어린 안나 (더 빠르게 뛴다) 다시 한 번! 다시 한 번!

YOUNG ELSA (struggling to keep up) Slow down!

어린 엘사 (힘들게 안나를 따라잡으며) 쉬었다 하자!

Elsa suddenly slips.
Her magic accidentally STRIKES Anna in the head. Anna **tumbles down** a snowbank and lands, unconscious.

엘사가 갑자기 미끄러진다.
엘사가 던진 마법이 안나의 머리에 맞는다. 안나가 의식을 잃고 눈더미에서 굴러 떨어진다.

YOUNG ELSA ANNA!

어린 엘사 안나!

Elsa runs to Anna. And takes her in her arms. A **streak** of Anna's hair, where struck, turns white.

엘사는 안나에게 뛰어가 팔에 안는다. 마법에 맞은 부분의 머리카락 한 줌이 하얗게 변한다.

YOUNG ELSA MAMA! PAPA!

어린 엘사 엄마! 아빠!

The room around them fills with frightening ice spikes.
The parents **burst through** the frozen door. GASP at the sight of the room.

엘사와 안나 주위는 소름끼치는 뾰족한 얼음으로 가득 찬다.
왕과 왕비가 얼어붙은 문을 벌컥 열고 들어오더니 방안의 광경에 너무 놀라 입을 쩍 벌린다.

---

stomp 발을 구르다
ice rink 스케이트장
goofy 우스꽝스러운
Gotcha got you를 소리 나는 대로 표기한 것. I got you(잡았다)에서 I를 생략했다

tumble down 굴러 떨어지다
streak 머리카락 등의 한 줌
burst through 문 등을 박차고 들어오다
gasp 너무 놀라 숨을 흑 들이쉬다

9

KING	Elsa, what have you done? This is getting out of hand!

QUEEN (seeing Anna) Anna!

The King and Queen **rush to** Anna and **take her in their arms**.

YOUNG ELSA It was an accident. I'm sorry, Anna.

QUEEN (about Anna) She's ice cold.

KING …I know where we have to go. SLAM CUT TO:

왕 엘사야, 무슨 짓을 한 거냐? 이건 해도 너무했어!

왕비 (안나를 보고는) 안나야!

왕과 왕비는 안나에게 달려가 팔에 안는다.

어린 엘사 사고였어요. 미안해, 안나야.

왕비 (안나에 대해서 말하며) 몸이 얼음처럼 차요.

왕 어디로 가면 되는지 내가 아오.

장면이 급히 바뀐다

---

rush to ~로 급히 가다   **take someone in one's arms** ~를 팔에 안다

Your Power Will Only Grow

▶ 02.mp3

INT. DARK ROOM–NIGHT
The King **sifts through** a shelf to find an ancient book inscribed with **Old Norse runes**. He opens the book, **scrambles to** a page with an ancient map.

EXT. ARENDELLE–NIGHT
Carrying the girls, the King and Queen ride their horses out of the kingdom. Snow streams from Elsa's hands, **leaving a trail of** ice behind them.

EXT. FJORD MOUNTAIN FOREST–NIGHT
A sleepy Kristoff and Sven travel alone through the dark woods. All of a sudden, the King and Queen **race by** with the girls, leaving the **wake** of ice.

YOUNG KRISTOFF   Ice?   SLAM CUT TO:

EXT. BLACK MOUNTAINS–NIGHT
Kristoff rides Sven as they follow the trail of ice.

YOUNG KRISTOFF   Faster, Sven!

EXT. THE VALLEY OF THE LIVING ROCK–NIGHT
Kristoff **hops off** Sven at the edge of a deep valley. They hide behind a rock and peek out.
Down below, the King holds a frightened Elsa. The Queen holds the still unconscious Anna.

KING   Please, help. My daughter!

Suddenly, a bunch of rocks tumble down the valley toward them. It looks as though they'll be crushed!
But, luckily, the rocks stop at their feet. The rocks then unfold, revealing bright faces.

YOUNG KRISTOFF   Trolls...?

The rock in front of Kristoff "wakes up." Meet BULDA.

BULDA   Shush. I'm trying to listen.

실내. 어두운 방–밤
왕은 책장을 뒤져 고대 스칸디나비아 룬 문자로 기록된 책을 찾아내더니 고대 지도가 그려진 페이지를 펼친다.

실외. 아렌델 왕국–밤
왕과 왕비는 자매를 데리고 말을 타고 왕국을 빠져나간다. 엘사의 손에서는 눈이 계속 흘러나와 말 뒤에 얼음 자국이 생긴다.

실외. 피오르드 산 중의 숲–밤
졸린 눈을 비비며 크리스토프와 스벤 단 둘이 어두운 숲을 지나가고 있다. 갑자기 자매를 태운 왕과 왕비의 말이 옆을 스치며 달려간다. 말 뒤에 얼음 자국이 생긴다.

어린 크리스토프 얼음이 생기네?
                                        장면이 급하게 바뀐다

실외. 검은 산–밤
크리스토프는 스벤을 타고 얼음 자국을 따라간다.

어린 크리스토프 좀 더 빨리 가, 스벤!

실외. 살아 있는 바위의 계곡–밤
깊숙한 골짜기 가장자리에서 크리스토프는 타고 있는 스벤에게서 뛰어내린다. 둘은 바위 뒤에 숨어서 내다본다.
밑에 있는 계곡을 보니 왕은 겁에 질린 엘사를 안고 있고, 왕비는 아직도 의식이 되돌아오지 않은 안나를 팔에 안고 있다.

왕 도와주시오. 내 딸을 살려주시오!

갑자기 바위 한 무더기가 사람들을 향해 계곡으로 굴러 떨어진다. 마치 사람들을 깔아뭉갤 것 같다.
그러나 다행히 바위들은 사람들 발밑에서 우뚝 선다. 그리곤 몸을 풀어 해맑은 얼굴을 드러낸다.

어린 크리스토프 트롤들 아냐?

크리스토프 앞에 있던 바위가 '깨어난다.' 불다라는 이름의 트롤이다.

불다 쉿. 무슨 말을 하는지 들어야지.

---

sift through ~를 뒤져서 찾다
Old Norse runes 고대 북구의 문자
scramble to 책장을 휙휙 넘겨 어떤 페이지를 찾다
leave a trail of ~의 자국을 남기다
race by 말을 타고 지나가다

wake 배가 지나갈 때 물에 자국이 남는 것처럼 어떤 것이 지나간 흔적
hop off ~에서 훌쩍 뛰어내리다
troll 북구의 신화나 동화 등에 등장하는 괴물. 여기서는 지혜롭고 선량한 존재로 묘사되고 있음

11

She grabs Kristoff and Sven by hand and hoof and hugs them close. Sven licks her face and she **eyes** them both.

BULDA   Cuties. I'm gonna keep you.

Back below, the crowd parts for a troll as old as the Earth. They call him GRAND PABBIE. He approaches **arthritically**, but determined. He nods respectfully to the King.

GRAND PABBIE   Your Majesty. (**referring to** Elsa) Born with the powers or cursed?

KING   Born. And they're getting stronger.

Grand Pabbie motions for the Queen to bring Anna to him. She does. He examines her.

GRAND PABBIE   (about Anna) You are lucky it wasn't her heart. The heart is not so easily changed, but the head **can be persuaded**.

KING   Do what you must.

GRAND PABBIE   I recommend we remove all magic, even memories of magic **to be safe**.... But don't worry, I'll **leave the fun**.

Grand Pabbie pulls out a glowing blue energy from Anna's head. We see her memories floating right above her. Grand Pabbie changes all of her magical memories to ordinary memories–snowy play indoors with the girls in their nightgowns changes to outdoors on the winter fjords with the girls in **winter gear**. He puts the ordinary memories back in her head.

Memorize!

워크북 p.18

GRAND PABBIE   She will be okay.

YOUNG ELSA   But she won't remember I have powers?

KING   It's for the best.

GRAND PABBIE   Listen to me Elsa, your power will only grow.

불다는 크리스토프와 스벤을 손과 발굽으로 잡아서는 꼭 끌어안는다. 스벤은 불다의 얼굴을 핥는다. 불다는 둘을 살펴본다.

불다 귀여운 것들. 내가 너희들을 지켜주마.

저 아래 계곡에서는 나이가 지구와 비슷한 트롤이 나타나자 모두 길을 비켜준다. 트롤들은 이 영감을 파비 할아버지라고 부른다. 이 영감은 관절염에 걸린 듯하지만 단호한 걸음걸이로 다가온다. 파비는 왕에게 존경의 표시로 고개를 끄덕인다.

파비 할아버지 폐하. (엘사를 가리키며) 마법은 날 때부터 가지고 있었느냐, 아니면 저주를 받아서 생긴 것이냐?

왕 날 때부터 있었소. 그런데 날이 갈수록 더 강력해진다오.

파비 영감은 왕비에게 안나를 데려오라고 손짓을 하자 왕비가 다가온다. 파비는 안나를 살펴본다.

파비 할아버지 (안나에 대해서) 이 애의 심장이 맞지 않아서 다행이오. 심장은 그렇게 쉽게 고칠 수는 없지만 머리는 고칠 수가 있다오.

왕 필요한 조치를 취해 주시오.

파비 할아버지 마법을 모두 없애야 하오. 안전하게 하려면 마법에 관한 기억도 없애야 하오. 그러나 걱정은 하지 마시오. 재미난 기억은 살려둘 테니까.

파비는 안나의 머리에서 파랗게 빛을 내고 있는 에너지 덩어리를 끄집어낸다. 안나의 기억이 바로 머리 위에서 둥둥 떠다니는 것이 보인다. 파비 할아버지는 마법에 관련된 기억을 모두 평범한 기억으로 바꾼다. 자매가 실내에서 잠옷을 입고 눈 위에서 놀던 기억은 겨울옷을 입고 피오르드에서 놀던 기억으로 바뀐다. 파비는 평범한 기억을 안나의 머릿속에 다시 넣는다.

파비 할아버지 얘는 괜찮아질 것이오.

어린 엘사 하지만 안나는 내가 마법을 부릴 수 있다는 걸 기억하지 못하겠죠?

왕 그게 차라리 낫단다.

파비 할아버지 엘사야. 내 말 잘 들어라. 네 마법의 힘은 더욱더 강력해질 뿐이란다.

---

eye 살펴보다
arthritically 관절염에 걸린 듯이 절뚝거리며
refer to ~를 가리키다, ~를 지칭하다
can be persuaded 머리는 자신의 마법으로 설득하여 정상으로

되돌릴 수 있다는 의미
to be safe 조심하자는 뜻에서, 안전한 쪽을 선택하자는 취지로
leave the fun 재미있었던 기억은 그대로 살리겠다는 의미
winter gear 겨울에 입는 옷이나 가지고 노는 기구 등을 의미

As he speaks, he conducts the Northern Lights to show a **silhouette** of an adult Elsa creating magical **snowflakes**.

GRAND PABBIE   There is beauty in your magic…. But also great danger.

The snowflakes **turn to sharp spikes**.

GRAND PABBIE   (O.S.) You must learn to control it.

In the Northern Lights display, the sharp spikes cause **human figures** to panic and attack Elsa.

GRAND PABBIE   Fear will be your enemy.

Elsa gasps and **buries her face in the King's chest**. The King wraps his arms around Elsa, protectively.

KING   No. We'll protect her. She can learn to control it. I'm sure.

Over the King's words we…   DISSOLVE TO:

The Arendelle castle gates shutting.

KING   (O.S.) Until then, we'll lock the gates. We'll **reduce the staff**. We will limit her contact with people and keep her powers hidden from everyone… including Anna.

The castle shutters close.
Anna sits on her bed as Elsa's furniture disappears.
Anna rushes to the hall to see Elsa shut the door to her new room. Anna watches, **confused** and sad.   DISSOLVE TO:

INT. CASTLE WINDOW–DAY
We look out on a gentle snowfall. Little Anna skips up to the window. She lights up at the sight of the snow and rushes down the hall.

INT. HALLWAY, ELSA'S DOOR–DAY
Anna knocks on Elsa's door and SINGS.

파비는 말하면서 오로라를 이용해 어른이 된 엘사가 마법으로 눈송이를 만들어내는 실루엣을 보여준다.

파비 할아버지 네 마법은 아름다운 면도 있지만 아주 위험하기도 하단다.

눈송이들은 뾰족한 얼음 스파이크로 변한다.

파비 할아버지 (목소리만 들린다) 너는 네가 가진 마법을 제어하는 법을 배워야만 한단다.

인간의 형체들이 날카로운 스파이크에 두려움을 느껴 엘사를 공격하는 모습이 오로라를 통해 나타난다.

파비 할아버지 두려움이 너의 적이니라.

엘사는 숨을 흑 들이쉬며 왕의 가슴에 얼굴을 묻는다. 왕은 엘사에게 팔을 둘러 보호하려는 듯한 자세를 취한다.

왕 그런 일은 없을 것이오. 우리는 얘를 보호할 것이오. 엘사는 자신의 마법을 제어하는 법을 배울 수 있게 될 것이오. 난 확신하오.

왕이 말을 하는 도중에 화면이 서서히 바뀐다.
아렌델 왕국의 성문이 닫힌다.

왕 (목소리만 들린다) 그때까지 우리는 성문을 닫아둘 것이오. 성에서 일하는 사람의 숫자도 줄일 것이오. 엘사가 사람들과 접촉하는 것을 제한할 것이오. 마법을 부릴 수 있다는 것을 누구도 알지 못하게 할 것이오. 안나도 알지 못하게 할 것이오.

성의 덧문이 닫힌다.
엘사가 사용하던 가구가 사라지는 방안에서 안나가 침대에 앉아 있다.
안나가 복도를 뛰어가 엘사가 새로 사용하는 방문에 다다른다. 엘사가 안나의 코앞에서 문을 쾅 닫는다. 안나가 그것을 보며 혼란스럽고 슬픈 표정을 띤다.
                          장면이 서서히 바뀐다

실내. 성의 창문–낮
창문 밖에 눈이 부드럽게 내린다. 안나가 창문으로 깡충깡충 뛰어간다. 눈을 보자 안나의 얼굴이 밝아지면서 복도로 뛰어간다.

실내. 복도, 엘사의 방문 앞–낮
안나가 엘사의 방문을 두드리며 노래를 부른다.

---

silhouette 사람이나 사물의 윤곽
snowflake 눈송이
turn to ~으로 변화되다
sharp spike 여기서는 날카로운 얼음덩어리를 뜻함
human figure 사람의 형체

bury one's face in someone's chest 누구의 가슴에 자신의 얼굴을 파묻다
reduce the staff 직원의 숫자를 줄이다
confused 혼란스러운

"Do You Want to Build a Snowman?"

YOUNG ANNA	DO YOU WANT TO BUILD A SNOWMAN? / COME ON, LET'S GO AND PLAY.

Anna **peeks under the door**.

YOUNG ANNA	I NEVER SEE YOU ANYMORE. / COME OUT THE DOOR. / IT'S LIKE YOU'VE GONE AWAY.

INT. ANNA'S ROOM—Anna plays with two **dolls**, gives up, sad.

YOUNG ANNA	WE USED TO BE BEST BUDDIES / AND NOW WE'RE NOT. / I WISH YOU WOULD TELL ME WHY.

ELSA'S DOOR. Anna peeks through the keyhole.

YOUNG ANNA	DO YOU WANT TO BUILD A SNOWMAN?

Anna calls through the keyhole.

YOUNG ANNA	IT DOESN'T HAVE TO BE A SNOWMAN.
YOUNG ELSA	(O.S.) Go away, Anna.
YOUNG ANNA	(**heartbroken**) ...OKAY BYE.

BEHIND THE DOOR—DAY. Elsa sits at the window looking out, **longingly**. Suddenly, her icy hands freeze the windowsill.

LATER. The King **slips** leather gloves onto Elsa's hands.

KING	The gloves will help.

He pats her gloved hand.

KING	See? You're good…. (starting their **mantra**) Conceal it.
YOUNG ELSA	Don't feel it.

"눈사람 만들래?"

어린 안나 눈사람 만들래? / 자, 어서 나와서 놀자.

안나가 문 밑으로 들여다본다.

어린 안나 이제는 언니 얼굴을 볼 수가 없어. / 방에서 나와. / 언니가 사라진 것 같아.

실내. 안나의 방-안나가 인형 두 개와 놀다 그만둔다. 슬픈 표정이다.

안나 예전에는 우리는 제일 친한 친구였지만 / 지금은 그렇지가 않아. / 왜 그런지 나에게 이유를 말해 줬으면 좋겠어.

엘사의 방문이 보인다. 안나가 열쇠 구멍으로 안을 들여다본다.

어린 안나 눈사람 만들래?

안나가 열쇠 구멍으로 소리친다.

어린 안나 눈사람이 아니어도 상관없어.

어린 엘사 (목소리만 들린다) 저리 가, 안나야.

어린 안나 (가슴이 찢어질 것 같다) 알았어, 안녕.

방문 뒤-낮. 엘사가 창가에 앉아 무엇을 그리워하는 듯한 눈길로 밖을 내다보고 있다. 갑자기 엘사의 차가운 손 때문에 창턱이 얼어붙는다.
잠시 후에 왕이 엘사의 손에 가죽 장갑을 끼워준다.

왕 장갑을 끼면 도움이 될 거다.

왕이 장갑을 긴 엘사의 손을 어루만진다.

왕 봤지? 넌 괜찮아… (주문을 시작한다) 감춰라.

어린 엘사 느끼지 마라.

---

peek under the door 문 밑 틈으로 들여다보다
doll 사람 형체를 가진 장난감만 doll(인형)이라고 함. 다른 것은 모두 toy
used to do 과거에는 그랬지만 현재는 아니라는 것을 강조하는 표현

heartbroken 가슴이 찢어질듯 아픈
longingly 무엇을 그리워하는 듯이
slip 옷이나 장갑 등을 입히다, 씌우다
mantra 주문, 여기서는 주문을 외우듯 항상 하는 말을 뜻함

YOUNG ELSA & KING   Don't let it show.

INT. HALLWAY, ELSA'S DOOR–DAY. Anna, now 9, knocks on Elsa's door.

ANNA (9)   DO YOU WANT TO BUILD A SNOWMAN?

INT. HALLWAY–DAY. Alone, Anna rides a bicycle built for two in the hall by standing on the back seat.

ANNA (9)   OR RIDE OUR BIKE AROUND THE HALL? / I THINK **SOME COMPANY IS OVERDUE**…

INT. PORTRAIT ROOM–DAY. Anna runs around the portrait room, **gaining momentum** to **flip over** the arm of the couch.

ANNA (9)   I'VE STARTED TALKING / TO THE PICTURES ON THE WALLS.

Anna **lands PLOP on** the cushions, then looks up at the painting above her of the courageous **Joan of Arc**.

ANNA (9)   Hang in there, Joan.

INT. EMPTY LIBRARY–DAY. Looks like no one's around.

ANNA (9)   IT GETS A LITTLE LONELY / ALL THESE EMPTY ROOMS.

But then we find Anna, laying at the base of the grandfather clock, playing with her braids, **bored out of her mind**.

ANNA (9)   JUST WATCHING THE HOURS TICK BY.

Anna's eyes follow the grandfather clock's pendulum.

ANNA (9)   TICK TOCK. TICK TOCK. TICK TOCK.

INT. ELSA'S ROOM–NIGHT. Elsa (now 12) paces as she panics. The entire wall is frozen behind her.

ELSA (12)   I'm scared. It's getting stronger.

KING   Getting upset only makes it worse.

The King goes to hug her.

ELSA (12)   No. Don't touch me. I don't want to hurt you.

어린 엘사와 왕 다른 사람에게 보여주지 마라.

실내. 복도, 엘사의 방문–낮. 이제 아홉 살이 된 안나가 엘사의 방문을 두드린다.

안나(9세) 눈사람 만들래?

실내. 복도–낮. 안나가 복도에서 혼자 2인용 자전거의 뒷좌석에 서서 자전거를 타고 있다.

안나(9세) 아니면 우리 자전거를 타고 복도를 돌래? / 친구가 너무 늦게 오는 것 같아.

실내. 초상화실–낮. 안나가 초상화실에서 뛰다가 탄력이 붙자 소파의 팔걸이를 뛰어넘는다.

안나(9세) 나는 이야기하기 시작했어 / 벽에 걸린 초상화에게.

안나는 쿠션에 쿵 떨어지더니 머리 위에 있는 용감한 잔 다르크 초상화를 올려다본다.

안나(9세) 계속 버텨, 잔 다르크.

실내. 텅 빈 도서실–낮. 아무도 없는 것처럼 보인다.

안나(9세) 조금 쓸쓸해져요 / 이 텅빈 방들은.

하지만 커다란 괘종시계 밑부분에 누워 있는 안나가 보인다. 너무 심심해서 땋은 머리를 가지고 놀고 있다.

안나(9세) 시간이 째깍째깍 가고 있는 것을 보고 있을 뿐이에요.

안나는 괘종시계의 추가 움직이는 것을 눈으로 쫓고 있다.

안나(9세) 째깍, 째깍, 째깍.

실내. 엘사의 방–밤. 이제 12세가 된 엘사가 겁에 질려 방안을 이리저리 왔다갔다 하고 있다. 엘사의 뒤에 있는 벽은 모두 얼어붙어 있다.

엘사(12세) 겁이 나요. 마법이 더 강해지고 있어요.

왕 불안해하면 더 나빠진단다.

왕이 엘사를 껴안으려고 다가간다.

엘사(12세) 안 돼요. 나를 건드리지 마세요. 아버지를 해치고 싶지 않아요.

---

some company is overdue 와야 할 사람이 벌써 늦었다는 의미. 여기서 company는 같이 어울릴 사람을 뜻함
gain momentum 빨리 뛰어 가속도를 붙인다는 뜻
flip over ~을 훌쩍 뛰어넘다

land plop on ~에 풀썩 앉다
Joan of Arc 100년 전쟁에서 조국을 구했다고 전해지는 프랑스의 성녀 잔 다르크(Jeanne d'Arc)의 영어식 표기
bored out of one's mind 너무 지루해 죽을 지경인

He and the Queen look at each other with alarmed sadness.

INT. LIBRARY–DAY. Anna, now a teenager, slides past Elsa's room without stopping.

INT. KING AND QUEEN'S QUARTERS–DAY. Anna runs into the room and throws herself into her parents' arms.

TEEN ANNA   See you in two weeks.

INT. ELSA'S ROOM–DAY. Elsa **curtsies** in front of her parents, formally, not touching them.

TEEN ELSA   Do you have to go?

KING   You'll be fine, Elsa.

EXT. DOCKS–DAY. The King and Queen leave on a ship.

EXT. ROUGH SEAS–NIGHT. Lightning flashes. The sea **rages** in a storm. The King and Queen's ship is lost in the waves.

INT. CASTLE–DAY. A portrait of the King and Queen is covered in **mourning cloth**.

EXT. **CEMETERY**–DAY. Anna looks small, standing before her people, beside burial stones.

INT. HALLWAY, ELSA'S DOOR. Anna, still in her **mourning clothes**, approaches and knocks.

ANNA   (singing) Elsa? / PLEASE I KNOW YOU'RE IN THERE / PEOPLE ARE ASKING WHERE YOU'VE BEEN / THEY SAY HAVE COURAGE / AND I'M TRYING TO / I'M RIGHT OUT HERE FOR YOU. / PLEASE **LET ME IN**.

Anna **slides down the door** and sits with her head against it.

ANNA   WE ONLY HAVE EACH OTHER. / IT'S JUST YOU AND ME. / WHAT ARE WE GONNA DO? / (weak, internal) DO YOU WANT TO BUILD A SNOWMAN?

We move through the door...

INT. ELSA'S ROOM–DAY. Elsa is sitting in the exact same pose as Anna. Her bedroom is frozen with ice. Snowflakes hang in the air, suspended by grief.
FADE OUT.

왕과 왕비는 놀랍고도 슬퍼서 서로 바라본다.

실내. 도서실-낮. 이제 십대가 된 안나는 엘사의 방 앞에서 멈추려고도 하지 않은 채 스쳐지나간다.

실내. 왕과 왕비의 거처-낮. 안나가 방으로 뛰어 들어오더니 부모의 팔에 안긴다.

십대가 된 안나 2주 후에 뵐게요.

실내. 엘사의 방-낮. 엘사는 부모와 접촉을 피한 채 무릎을 굽혀 정식으로 인사한다.

십대가 된 엘사 가셔야만 해요?

왕 넌 괜찮을 거야, 엘사야.

실외. 부두-낮. 왕과 왕비는 배를 타고 떠난다.

실외. 사나운 바다-밤. 번개가 친다. 바다는 폭풍으로 사납게 날뛴다. 왕과 왕비가 탄 배는 파도에 휩쓸려 보이지 않게 된다.

실내. 성-낮. 왕과 왕비를 그린 초상화에 조의를 나타내는 천이 드리워져 있다.

실외. 묘지-낮. 비석 옆에서 사람들 앞에 서 있는 안나는 작아 보인다.

실내. 복도, 엘사의 방문. 아직도 상복을 입고 있는 안나가 방문으로 다가가 문을 두드린다.

안나 (노래한다) 언니? / 난 언니가 이 안에 있다는 걸 알아 / 사람들은 언니가 어디 있는지 묻고 있지 / 사람들은 용기를 내라고 하지 / 나도 용기를 내려고 해 / 난 언니 때문에 여기 있는 거야. / 나 좀 들여보내줘.

안나는 문에 기대고는 스르르 미끄러져 내려와 문에 머리를 대고 앉는다.

안나 이제 세상에는 우리밖에 없어. / 언니와 나 둘뿐이야. / 우린 어떻게 해야 해? / (마음이 약해져서) 눈사람 만들래?

카메라가 문 안으로 들어간다.

실내. 엘사의 방-낮. 엘사는 안나와 똑같은 자세로 앉아 있다. 엘사의 침실은 얼어붙어 있다. 공중에는 눈송이가 슬픔에 잠겨 그냥 떠 있다. 화면이 점점 어두워진다

---

curtsy 예전에 서양에서 여성이 한 쪽 다리를 뒤로 살짝 빼고 무릎을 약간 구부리며 인사하는 동작을 뜻함
rage 바다가 사납게 날뛰다
mourning cloth 죽은 사람의 초상화나 사진에 두루는 천

cemetery 공동묘지
mourning clothes 상복(喪服)
let me in 나를 안으로 들어가게 해달라
slide down the door 문에 기대어 스르르 미끄러져 바닥에 주저앉는다는 의미

16

I've Got a Chance

▶ 03.mp3

EXT. THE KINGDOM OF ARENDELLE–MORNING
A new dawn rises over the fjords.
Ships pull up to the docks. Guests **pile out**.

DOCK MASTER   Welcome to Arendelle!

A BOY tries to get away as his MOTHER tries to **stuff him** in his **bunad** jacket.

BOY   Why do I have to wear this?

MOTHER   Because the Queen has **come of age**. It's Coronation Day!

BOY   That's not my fault.

They pass the **May Pole** being raised and a Sami ice harvester chatting with his reindeer. We recognize them as Kristoff and Sven, all grown up. Sven hops around excitedly like a dog and **nuzzles** Kristoff's chest.

KRISTOFF   What do you want, Sven?

Kristoff leans in and speaks for Sven, as if he can.

KRISTOFF   (AS SVEN) Give me a snack.

KRISTOFF   What's the magic word?

KRISTOFF   (AS SVEN) Please!

Kristoff pulls a carrot out of his shirt pocket and hands it to Sven. Sven tries to bite the whole thing.

KRISTOFF   Hey, hey, hey! Share!

Sven takes a smaller bite. Kristoff then has a bite himself, not seeming to care that it's covered in reindeer **slobber**.

실외. 아렌델 왕국–아침
새벽이 되어 태양이 피오르드에 떠오른다.
배가 부두에 닿자 승객들이 배에서 내린다.

부두 관리인 아렌델 왕국에 오신 걸 환영합니다!

엄마가 사내아이에게 민속의상 재킷을 입히려고 하자 도망치려고 한다.

사내아이 왜 이걸 입어야 해요?

엄마 여왕님이 성년이 되었거든. 오늘이 대관식 날이야!

사내아이 그건 내가 잘못해서 그런 게 아니잖아요.

엄마와 사내아이는 사람들이 오월제 기둥을 세우고 있는 옆을 지나가는데 그곳에는 사미족 얼음 채굴꾼 남자가 자신이 데리고 있는 순록과 얘기를 나누고 있다. 이 남자는 이제 성년이 된 크리스토프와 스벤이라는 것을 알 수 있다. 스벤은 마치 개처럼 신이 나서 이리저리 뛰어다니면서 크리스토프의 가슴에 얼굴을 부비고 있다.

크리스토프 뭐 때문에 그러니. 스벤?

크리스토프는 몸을 기울여 마치 스벤이 말을 할 수 있는 것처럼 이야기하고 있다.

크리스토프 (스벤이 되어) 간식 좀 줘.

크리스토프 말이 짧잖아.

크리스토프 (스벤이 되어) 주세요.

크리스토프는 셔츠 주머니에서 홍당무를 하나 꺼내어 스벤에게 준다. 스벤은 홍당무를 몽땅 씹어 먹으려고 한다.

크리스토프 이런, 이런, 이런! 나눠 먹어야지!

스벤이 조금 씹어 먹는다. 그러자 크리스토프도 조금 먹는데 홍당무가 순록의 침으로 뒤범벅이 되어 있는 것은 조금도 개의치 않는 것 같다.

---

pile out 차례대로 나오다
stuff someone in ∼에게 …을 입히다
bunad 북구의 전통적인 의상
come of age 성년이 되다

May pole 5월제(May Day)에 광장에 세우는 기둥으로 사람들이 이 주위를 돌며 춤을 춤
nuzzle 코를 부비다
slobber 침

We move on to PERSI and AGGIE, a super-excited couple who rush towards the castle.

	워크북 p.24

Memorize!

PERSI   I can't believe they're finally opening up the gates!

AGGIE   And for a whole day! Faster, Persi!

They pass a tiny but menacing DUKE, who wears **taps** on his shoes to "**enhance**" **his presence**. Two **THUG** guards follow close behind him.

DUKE   Ah, Arendelle, our most mysterious trade partner. Open those gates so I may unlock your secrets and **exploit** your riches. (**catching himself**) ...Did I just say that out loud?

We leave him and head down the bridge towards the castle gates, passing an Irishman and a Spanish Dignitary.

IRISHMAN   Oh, me sore eyes can't wait to see the Queen and the Princess. I bet they're absolutely lovely.

SPANISH DIGNITARY   I bet they are beautiful.

We move past them, to a particular castle window.   CUT TO:

INT. CASTLE, ANNA'S BEDROOM–DAY
Anna, 18, snores. **Drools**. KNOCK. KNOCK.

KAI   (O.S.) Princess Anna...?

Anna sits up. She's got major **bedhead**. She coughs. Snorts. Pulls a hair from her mouth.

ANNA   ...Huh? Yeah?

KAI   (O.S.) Sorry to wake you, ma'am but...

ANNA   No, you didn't. I've been up for hours.

She falls back asleep while sitting. She snores. Her head drops, startling her awake.

ANNA   Who is it?

이번에는 카메라가 너무 신이 난 한 쌍인 펄시와 애기가 성으로 달려가는 것을 비추고 있다.

펄시 마침내 성문을 열다니 믿을 수가 없을 정도야!

애기 그것도 하루 종일 연대요! 빨리 와요, 펄시!

남녀는 몸집이 작지만 인상이 험악한 대공 옆을 지나친다. 이 자는 키를 크게 보이려고 구두에 징을 박았다. 조폭같이 생긴 남자 두 명이 대공의 뒤를 바짝 따른다.

대공 야, 아렌델 왕국에 다 왔구나. 우리하고 거래하는 곳 중에서 제일 요상한 왕국이지. 문을 다 열어 놓으면 내가 그대의 비밀이 뭔지 밝히고, 그대가 갖고 있는 재물을 좀 나눠 쓰겠노라. (급히 말을 멈춘다) 내가 방금 크게 말했나?

대공을 비추던 카메라가 성문과 연결된 다리로 향하면서 아일랜드와 스페인에서 온 귀빈들을 보여준다.

아일랜드인 아, 내 이 피곤한 눈은 여왕과 공주를 보고 싶어 안달하는구려. 얼마나 아름다울까?

스페인 귀빈 아마 틀림없이 예쁠 겁니다.

카메라는 이들을 지나쳐서 성에 있는 어떤 창문으로 다가간다.   장면 전환

실내. 성. 안나의 침실–낮
이제 18세가 된 안나가 코를 골고 있다. 입에는 침이 질질 흐르고 있다. 노크 소리가 들린다.

카이 (목소리만 들린다) 안나 공주님?

안나는 자고 일어나서 부스스하고 헝클어진 머리를 한 채 침대에 앉는다. 안나는 기침을 하면서 코를 훌쩍이고 있다. 입에서 머리카락을 하나 뽑아낸다.

안나 어? 왜요?

카이 (목소리만 들린다) 공주님, 깨워서 죄송합니다만…

안나 아뇨, 이제 일어난 게 아니에요. 벌써 몇 시간 전에 일어났어요.

안나는 앉은 채 코를 골면서 다시 잠이 든다. 머리가 꺾어지자 소스라치며 놀라 잠이 깬다.

안나 누구예요?

---

taps 구두 밑바닥에 박는 징
enhance one's presence 키를 커 보이게 만들어 존재감을 드러내다
thug 조폭 같이 생긴 자

exploit 착취하다, 이용하다
catch oneself 하던 말을 중지하다
drool 침을 질질 흘리다
bedhead 방금 잠에서 깨어나 부스스한 머리

18

KAI	(O.S.) It's still me, ma'am. Time to get ready.
ANNA	Ready for what?
KAI	(O.S.) Your sister's coronation, ma'am.
ANNA	My sister's cor-neration…

카이 (목소리만 들린다) 저예요. 공주님. 준비할 시간이에요.

안나 무슨 준비요?

카이 (목소리만 들린다) 언니의 대관식이요. 공주님.

안나 언니의 대관식이라…

One eye opens enough to **catch sight of** her coronation dress. She **bolts**, wide awake in excitement.

안나는 한 쪽 눈을 뜨고 있었기 때문에 대관식에 입을 드레스는 볼 수 있다. 안나는 너무 신이 나서 정신이 번쩍 들어 벌떡 일어난다.

ANNA	Coronation Day! Ha ha!	SLAM CUT TO:

안나 대관식 날이잖아! 하하!

장면이 급격하게 바뀐다

INT. CASTLE HALL–DAY
Anna bursts out of her room, wearing her coronation dress. She finishes pinning ribbons in her hair. Seeing the **hustle and bustle** of preparations, she **can't help but** SING.

실내. 성의 복도–낮
안나는 대관식용 드레스를 입고 방을 박차고 뛰어나오며 머리에 리본을 마저 맨다. 대관식 준비를 하느라 부산을 떠는 모습을 보니 안나는 노래를 부르지 않을 수 없다.

"For the First Time in Forever"

"난생 처음으로"

ANNA THE WINDOW IS OPEN! / SO'S THAT DOOR! / I DIDN'T KNOW THEY DID THAT ANYMORE. / WHO KNEW WE OWNED 8000 SALAD PLATES…?

안나 창문이 열렸다네! / 문도 열렸다네! / 문이 열릴지는 난 몰랐다네. / 우리한테 샐러드 접시가 8천 개 있을 줄이야 누가 알았겠어?

Anna slides along the floor of the ballroom in her socks.

안나는 양말만 신은 발로 연회실 바닥을 미끄러진다.

ANNA FOR YEARS I HAVE **ROAMED** THESE EMPTY HALLS / WHY HAVE A BALLROOM WITH NO BALLS? / FINALLY, THEY'RE OPENING UP THE GATES!

안나 수많은 세월을 나는 이 텅빈 복도를 헤맸지 / 왜 무도회장에 무도회가 안 열리는 거지? / 드디어 성문을 열고 있네!

She **shakes hands with a suit of armor**. Breaks it. Hides the evidence.

안나는 갑옷의 손과 악수를 하다 갑옷 손이 부러지자 증거를 감춘다.

ANNA THERE'LL BE ACTUAL REAL LIVE PEOPLE / IT'LL BE TOTALLY STRANGE. / BUT WOW AM I SO READY FOR THIS CHANGE!

안나 살아 있는 생생한 사람들이 올 거야 / 그렇게 되면 아주 이상할 거야. / 그렇지만 난 이런 변화라면 쌍수를 들어 환영이야!

Anna comes to a window and jumps out onto a **window washer's pulley**. She raises herself up to see the ships arriving.

안나는 창문으로 와서 창문 청소부가 타는 도르래에 올라탄다. 안나는 높이 올라가 부두에 배가 여러 척 도착하는 것을 본다.

ANNA FOR THE FIRST TIME IN FOREVER, / THERE'LL BE MUSIC, THERE'LL BE LIGHT. / FOR THE FIRST TIME IN FOREVER, / I'LL BE DANCING THROUGH THE NIGHT.

안나 난생 처음으로, / 음악이 울려 퍼질 거야. 불이 밝혀질 거야. / 난생 처음으로, / 난 밤새 춤을 출거야.

---

catch sight of ~이 눈에 들어오다
bolt 벌떡 일어나 앉다
hustle and bustle 바쁘게 움직이는 모습
can't help but + 동사원형 ~을 하지 않을 수 없다

roam 헤매다
shake hands with ~와 악수하다
a suit of armor 갑옷
window washer's pulley 창문 청소부가 이용하는 도르래

Anna walks through the garden and follows a family of geese.

ANNA　DON'T KNOW IF I'M ELATED OR GASSY, /
BUT I'M SOMEWHERE IN THAT ZONE /
'CAUSE FOR THE FIRST TIME IN FOREVER, /
I WON'T BE ALONE. / (speaking) I can't wait
to meet everyone…. (GASP) What if I meet **THE
ONE?**

Anna twists herself in a velvet **drape** like it's a gown. She acts like she looks
gorgeous, but she looks **ridiculous**.

ANNA　TONIGHT, IMAGINE ME GOWN AND ALL
FETCHINGLY DRAPED AGAINST THE
WALL. / THE PICTURE OF **SOPHISTICATED**
GRACE.

She notices the **bust** of a man across the room.

ANNA　(google-eyed) I SUDDENLY SEE HIM
STANDING THERE, / A BEAUTIFUL
STRANGER TALL AND **FAIR**. / (mouth
full of chocolate) I WANNA STUFF SOME
CHOCOLATE IN MY FACE!

She grabs the bust of the man and swings it around.

ANNA　BUT THEN WE LAUGH AND TALK ALL
EVENING, / WHICH IS TOTALLY BIZARRE. /
NOTHING LIKE THE LIFE I'VE LED SO FAR.

The bust goes flying and **lands on** the top of the cake.
Anna bursts into the portrait room, bounces on the furniture, and interacts with
the paintings.

ANNA　FOR THE FIRST TIME IN FOREVER, /
THERE'LL BE MAGIC, THERE'LL BE FUN. /
FOR THE FIRST TIME IN FOREVER, / I
COULD BE NOTICED BY SOMEONE. / AND I
KNOW IT IS TOTALLY CRAZY / TO DREAM
I'D FIND ROMANCE. / BUT FOR THE FIRST
TIME IN FOREVER, / AT LEAST I'VE **GOT A
CHANCE!**

안나는 정원을 걷다가 오리 가족을 따라간
다.

안나 내가 기분이 너무 들떠 있는 건지
아니면 허풍을 떠는 건지는 모르겠지만, /
아마 그 어디쯤에 있을 거야 / 왜냐하면
난 난생 처음으로, / 혼자가 아니거든. /
(평상시에 하는 말로) 사람들을 모두 만
나고 싶어 좀이 쑤시는 걸. (숨을 흑 들
이쉬며) 그런데 진짜 백마를 탄 왕자를
만나면 어쩌지?

안나는 벨벳 커튼이 드레스인 것처럼 자신
의 몸을 커튼 속에서 비튼다. 안나는 자신
이 아주 매력적인 여성이 된 것처럼 행동
하지만 사실은 우스꽝스러워 보인다.

안나 오늘밤, 드레스랑 다 갖춰 입은 날
상상해봐, / 멋지게 차려 입고 매력을 발
산하며 벽에 기대어 서 있는 모습을. /
우아하고 세련된 내 모습을.

안나는 방 건너편에 남자의 흉상이 있는
것을 발견한다.

안나 (눈을 휘둥그레 뜨고) 난 문득 그
남자가 저기 서 있는 것을 본다네. / 키
도 크고 피부도 하얀 낯선 남자라네. /
(초콜릿을 잔뜩 입에 넣고) 난 초콜릿을
잔뜩 먹고 싶어!

안나는 흉상을 들고 빙빙 돌린다.

안나 그래도 우리는 밤새도록 웃고 얘
기하지, / 그건 완전히 이상한 거야. /
지금까지 내가 살았던 것과는 완전 딴
판이니까.

흉상이 휙 날아가 케이크 위에 떨어진다.
안나는 초상화실로 뛰어 들어가더니, 가구
위에서 뛰면서 마치 자신도 그 그림의 일
부분이 되어버린 것처럼 행동한다.

안나 난생 처음으로, / 마법도 펼쳐질
것이고, 재미있는 일도 일어날 거야. /
난생 처음으로, / 누군가가 나를 알아볼
거야. / 하지만 난 알아 그건 완전히 미
친 짓이라는 걸 / 내가 사랑을 찾게 될
것이라고 꿈꾼다는 건 말야. / 그래도
난생 처음으로, / 나한테도 기회는 올
거야.

---

the one 바로 그 사람, 즉 자신의 이상에 맞는 사람
drape 커튼
ridiculous 우스꽝스러운
sophisticated 세련된

bust 흉상(胸像: 상반신만 있는 조각상)
fair 피부가 하얀
land on ~에 풀쩍 떨어지다
have got a chance 기회가 생기다

There's Instant Chemistry

▶ 04.mp3

INT. LIBRARY. ELSA, now a very **poised** 21, watches out the window as the coronation guests arrive.

ELSA DON'T LET THEM IN. / DON'T LET THEM SEE. / BE THE GOOD GIRL / YOU ALWAYS HAVE TO BE.

Elsa moves to a painting of her father's coronation. She takes off her gloves and **mimics** the painting by holding a candlestick and ornament **in place of** an **orb and scepter**.

ELSA CONCEAL. / DON'T FEEL. / **PUT ON A SHOW.** / MAKE ONE WRONG MOVE / AND EVERYONE WILL KNOW.

The candlestick and ornament **ice over**. Elsa gasps, slams them back down onto the table. She tries to **reassure herself**.

ELSA BUT IT'S ONLY FOR TODAY.

We cut between Anna's excitement and Elsa's **nerves**.

ANNA IT'S ONLY FOR TODAY!

ELSA IT'S AGONY TO WAIT.

ANNA IT'S AGONY TO WAIT!!!

ELSA TELL THE GUARDS TO OPEN UP THE GATE.

ANNA THE GATE!!!

Finally, the gates are open! Anna moves through the crowd, admiring the people around her.

실내. 도서실. 이제 21세가 된 엘사는 매우 침착한 태도로 창문을 통해 대관식에 참석한 손님들이 마을 광장에 도착하는 것을 지켜보고 있다.

엘사 저 사람들을 안으로 들이지 말라. / 저 사람들이 보지 못하도록 하라. / 넌 언제나 / 얌전한 아이가 되어야 하는 거야.

엘사는 아버지의 대관식 장면을 그린 그림으로 몸을 움직인다. 엘사는 장갑을 벗더니 대관식 때 사용될 홀(笏)과 보주(寶珠) 대신 촛대와 장식품을 만지며 그림의 장면을 흉내내본다.

엘사 감춰라. / 느끼지 마라. / 연극을 해라. / 한 번 삐끗 잘못하면 / 모두 알게 된다네.

촛대와 장식품이 얼어붙는다. 엘사는 숨을 흑 들이쉬며 그것들을 다시 탁자 위에 쾅 놓는다. 엘사는 자신감을 회복하려고 애를 쓴다.

엘사 하지만 오늘뿐이라네.

카메라는 들떠 있는 안나와 불안해하는 엘사를 교대로 비춘다.

안나 오늘뿐이라네.

엘사 기다리는 것은 고통이라네.

안나 기다리는 것은 고통이라네!!!

엘사 경비병들에게 성문을 열라고 하라.

안나 '성문이다!!!

드디어 성문이 열린다! 안나는 주위에 모여 있는 사람들을 신기한 눈으로 바라보면서 군중 속으로 걸어 들어간다.

---

poised 침착하고 당당한
mimic 흉내 내다
in place of ~대신에
orb and scepter 왕권을 상징하는 보주(寶珠)와 홀(笏)

put on a show 가장하다, 쇼를 하다
ice over 얼어붙다
reassure oneself 자신을 안심시키다
nerves 초조함

ANNA	FOR THE FIRST TIME IN FOREVER.	안나 난생 처음으로.
ELSA	DON'T LET THEM IN / DON'T LET THEM SEE	엘사 저 사람들을 안으로 들이지 말라. / 저 사람들이 보지 못하도록 하라.
ANNA	I'M GETTING WHAT I'M DREAMING OF	안나 난 내가 꿈꾸던 것을 얻게 된다네.
ELSA	BE THE GOOD GIRL / YOU ALWAYS HAVE TO BE	엘사 넌 언제나 / 얌전한 아이가 되어야 하는 거야.
ANNA	A CHANCE TO LEAVE MY SISTER'S WORLD / A CHANCE TO FIND TRUE LOVE	안나 언니가 사는 세계를 탈출할 수 있는 기회야. / 진정한 사랑을 찾을 수 있는 기회야.
ELSA	CONCEAL. / CONCEAL. DON'T FEEL. / DON'T LET THEM KNOW.	엘사 감춰라. / 감춰라. 느끼지 마라. / 사람들이 알지 못하게 하라.

Anna hurries over the bridge and into the village square.

안나는 서둘러 다리를 건너 마을 광장으로 들어간다.

| ANNA | I KNOW IT ALL ENDS TOMORROW, / SO IT HAS TO BE TODAY! / 'CAUSE FOR THE FIRST TIME IN FOREVER… / FOR THE FIRST TIME IN FOREVER! / NOTHING'S **IN MY WAY!!!** | 안나 내일이면 이것들도 모두 끝장이라는 것을 알고 있다네. / 그러니 오늘 아니면 안 되는 거야! / 왜냐하면 난 난생 처음으로… / 난생 처음으로! / 날 방해하는 것은 아무것도 없으니까!!! |

Anna **SLAMS right into** the breast of a HORSE!
She falls back and lands in a small wooden boat. It **tips off** of the dock. She's heading **overboard**. But just then, the horse slams his **hoof** into the boat and **steadies** it.

안나는 말 가슴에 쿵 부딪힌다!
안나는 뒤로 넘어져 나무로 만든 작은 배에 떨어진다. 부두에 걸쳐 있던 그 배는 물로 기우뚱한다. 안나는 물로 떨어지려고 한다. 그러나 바로 그때 말이 발굽을 배 안으로 쿵 넣어 배가 물로 떨어지는 것을 막는다.

| ANNA | (frustrated) Hey! | 안나 (화가 나서) 이봐요! |
| HANS | I'm so sorry. Are you hurt? | 한스 죄송합니다. 다치셨어요? |

The rider, HANS, sure is handsome and **regal**.

말을 타고 있는 젊은이 한스는 미남에다 왕족처럼 위풍이 당당하다.

ANNA	(gentler) Hey. I-ya, no. No. I'm okay.	안나 (부드럽게) 이런, 난, 아니, 아니요. 괜찮아요.
HANS	Are you sure?	한스 정말이에요?
ANNA	Yeah, I just wasn't looking where I was going. But I'm okay.	안나 그래요. 내가요, 앞을 보지 않고 가서 그랬던 거예요. 하지만 괜찮아요.

He **hops down from** his horse and steps into the boat.

젊은이가 말에서 내리더니 배로 들어온다.

---

in one's way 방해되는
slam right into ~과 정면으로 부딪히다
tip off 기울다
overboard 배에서 떨어지는

hoof 발굽
steady 흔들리는 것을 바로하다
regal 왕족다운
hop down from ~에서 풀쩍 뛰어내리다

ANNA	I'm great, actually.
HANS	Oh, thank goodness.

He **offers her a hand** and their eyes meet. **Chemistry**. He **helps her to her feet**.

HANS	(bowing) Prince Hans of the Southern Isles.
ANNA	(curtseying) Princess Anna of Arendelle.
HANS	Princess...? My Lady.

He **drops to his knees**, head bowed. The horse bows too, **curling his hoof up** and out of the boat.
The boat tips. Hans **tumbles on top of** Anna. Awkward.

ANNA	Hi... again.

The horse slams his foot back into the boat to **stabilize** it. Anna and Hans tumble the other way. Anna lands on top of him.

HANS	Oh boy.

Memorize!

워크북 p.30

ANNA	Ha. This is awkward. Not you're awkward, but just because we're... I'm awkward. You're gorgeous. (did she just say that?) Wait, what?

Hans quickly **gets to his feet** and helps Anna up again.

HANS	I'd like to formally apologize for hitting the Princess of Arendelle with my horse... and for every moment after.
ANNA	No. No-no. It's fine. I'm not THAT Princess. I mean, if you'd hit my sister Elsa, that would be... yeash! 'Cuz, you know.... (patting the horse) Hello. (to Hans) But, lucky you, it's... it's just me.
HANS	Just you?

안나 난 괜찮아요. 정말로요.

한스 이런, 정말 다행이네요.

젊은이가 손을 내민다. 두 사람의 눈이 마주친다. 첫눈에 불꽃이 튕긴다. 한스는 안나가 일어날 수 있게 돕는다.

한스 (고개를 숙여 인사한다) 남쪽 섬의 한스 왕자라고 합니다.

안나 (무릎을 굽혀 인사한다) 아렌델 왕국의 안나 공주라고 해요.

한스 공주라고요? 이런, 귀하신 분이로군요.

한스는 무릎을 꿇고 고개를 숙인다. 말도 고개를 숙이며 배 안에 있던 말굽을 바깥으로 들어 위로 쳐든다.
배가 다시 기울어진다. 한스가 안나 위로 엎어진다. 어색한 순간이다.

안나 안녕하세요, 다시 인사하게 되는군요.

말이 다시 말굽을 배 안으로 집어넣어 배가 기우뚱하는 것을 막는다. 안나와 한스는 반대편으로 쓰러진다. 이번에는 안나가 한스 위로 엎어진다.

한스 아, 이런.

안나 아이쿠, 어색하네요. 아니, 제 말은 댁이 어색하다는 말이 아니고요, 우리가 그렇다는, 아니, 그게 아니고요. 제가 좀 서툴러서 어색하다는 뜻이에요. 댁은 참으로 멋지죠. (방금 뭐라고 한 거지?) 잠깐, 뭐라고?

한스가 재빨리 일어나 안나를 부축해서 일으킨다.

한스 아렌델 왕국의 공주님을 제가 말과 함께 부딪친 것을 정식으로 사과드리고 싶습니다. 그리고 그 후에 벌어진 일들도 모두요.

안나 아니, 아니에요. 괜찮아요. 난 그 공주가 아니에요. 제 말은요, 제 언니인 엘사하고 부딪쳤으면, 그때는 참 난리도 아니었을… 왜냐하면 말이죠… (말을 쓰다듬으며) 안녕. (한스에게) 하지만 운이 좋았어요. 그냥 나 같은 것과 부딪쳤으니.

한스 나 같은 것이라고요?

---

offer someone a hand ~를 도와주려고 손을 내밀다
chemistry 전기에 감전되듯이 남녀가 눈이 맞는다는 의미
help someone to someone's feet ~를 도와 일으켜주다
drop to one's knees 무릎을 꿇다

curl one's hoof up 말 등이 발굽을 굽혀서 들어올리다
tumble on top of ~의 위에 넘어지다
stabilize 흔들리는 것을 안정시키다
get to one's feet 일어나다

23

Hans smiles, **amused**. She smiles back. The bells RING. She doesn't notice at first; she's too busy **drinking in** Han's handsomeness.

ANNA   …The bells. The coronation. I-I-I better go. I have to… I better go.

She hurries off, stops, turns back. Gives Hans a little wave.

ANNA   Bye!

As she rushes off again, Hans waves back. The horse waves too, once again taking his hoof out of the boat.

HANS   Oh no.

The boat falls, with Hans in it. **SPLASH!** It lands **upside down** in the water. Hans raises it up off of him, gasping for air.   CUT TO:

한스는 안나에게 상냥하게 웃어 보인다. 안나도 한스에게 웃어 보인다. 종이 울린다. 안나는 처음에는 종이 울리고 있는지도 몰랐다. 한스가 너무 잘생겨서 홀딱 빠져 있었기 때문이다.

안나 종이 울리네요. 대관식이 열린다는 종이에요. 난, 난, 난 말이죠, 가야 해요. 가지 않으면 안 돼요. 가야겠어요.

안나가 급히 가다가 걸음을 멈추고는 뒤돌아본다. 그리고는 한스에게 손을 조금 흔든다.

안나 저, 안녕!

그러더니 급하게 몸을 움직여 가버린다. 한스도 손을 흔든다. 말도 다시 배에서 말굽을 빼내더니 흔든다.

한스 아니, 이런.

한스가 탄 배가 물로 빠진다. 풍덩! 배의 선수가 물로 처박힌다. 한스가 배를 들어 올려 몸을 빼내며 숨을 가쁘게 들이쉰다.
장면 전환

---

amused 재미있어 하는
drink in ~을 정신없이 바라보다, 듣다, 감상하다

splash 물에 풍덩 빠지는 동작이나 소리
upside down 거꾸로

Queen Elsa of Arendelle

▶ 05.mp3

INT. CHURCH CHAPEL–DAY
Elsa stands at the **altar**. Anna **stands off to one side**. She peeks out to the audience.
Hans waves at her from the **pews**. He's changed his clothes.
The crown is placed on Elsa's head. The scepter and orb are presented to Elsa on a **pillow**. She slowly reaches for them.

BISHOP (a whisper) Your Majesty, the gloves.

Elsa hesitates. She breathes nervously, removes her gloves, places them on the pillow. Her hands shake. She takes the orb and scepter, then turns to the people.

BISHOP (formal, in **Old Norse**) Sehm hon HELL-drr IN- um HELL-gum AYG-num ok krund ee THES- um HELL-gah STAHTH, ehk teh frahm FUR- ear U- thear...

The scepter and orb start to freeze over.

BISHOP ...Queen Elsa of Arendelle.

CROWD Queen Elsa of Arendelle.

Just in time. Elsa **manages to** set the orb and scepter back down on the pillow before anyone notices the ice. She picks up her gloves and slips them on. She **made it**.   CUT TO:

INT. GREAT HALL–NIGHT
Springy music fills the Great Hall. Guests dance. Eat. Laugh.
TRUMPETS SOUND.

KAI (announcing) Queen Elsa of Arendelle.

실내. 왕궁 성당–낮
엘사가 제단에 서 있다. 안나는 좀 떨어져서 대관식에 참석한 군중들을 살펴본다.
신도석에 앉아 있는 한스가 안나에게 손을 흔든다. 한스는 옷을 갈아입었다.
엘사는 왕관을 쓰고 있다. 받침대에 올려놓은 홀과 보주가 엘사에게 전달된다. 엘사는 천천히 홀과 보주에 손을 댄다.

주교 (속삭인다) 여왕 폐하, 장갑을 벗으셔야 합니다.

엘사는 머뭇거리며 불안하게 숨을 쉰다. 엘사는 장갑을 벗어 받침대에 올려놓는다. 엘사의 손이 떨린다. 엘사는 보주와 홀을 쥐고는 군중들에게 몸을 돌린다.

주교 (고대 노르드어를 사용하여 공식적으로 말한다) 셈 혼 헬드르 이넘 헬검 아이그넘 오크 크룬드 이 데스엄 헬가 스타트, 에크 테 프람 퍼이어 우테어…

홀과 보주가 얼어붙기 시작한다.

주교 …엘사가 아렌델 왕국의 여왕이 되었음을 선포하노라.

군중 아렌델 왕국의 여왕이신 엘사.

때를 맞추어 누구도 얼어붙은 것을 눈치 채지 못하도록 엘사는 보주와 홀을 받침대 위에 올려놓는 데 성공한다. 엘사는 장갑을 집어 다시 손에 낀다. 성공이다.
장면 전환

실내. 대연회실–밤
대연회실에는 발랄한, 기분 좋은 음악이 흐르고 있다. 하객들이 서로 어울리며 먹고, 웃고, 춤추고 있다.
트럼펫이 울린다.

카이 (알린다) 아렌델 왕국의 엘사 여왕님이 입장하십니다.

---

altar 교회의 제단
stand off to one side 한 쪽으로 비켜서다
pew 교회에서 신도들이 앉는 긴 좌석
pillow 중요한 물건을 얹는 받침대

Old Norse 고대 북구어
manage to do ~을 하는 데 성공하다
make it 성공하다, 해내다
springy 생기있는

25

Elsa enters, poised and looking surprisingly content. She stands under a formal **awning**.

KAI   Princess Anna of Arendelle!

Anna runs into the room, waves awkwardly. Kai ushers her over to stand right next to Elsa.

ANNA   Here? Are you sure?

She and Elsa **sneak** awkward **peeks at each other**.

ELSA   …Hi.

ANNA   Hi me…? Oh. Um. Hi.

ELSA   …You look beautiful.

ANNA   Thank you. You look beautifuller. I mean, not fuller. You don't look fuller, but more beautiful.

ELSA   Thank you.

They look out at the celebration.

ELSA   So, this is what a party looks like?

ANNA   It's warmer than I thought.

ELSA   And what is that amazing smell?

They both close their eyes and **inhale**.

ANNA AND ELSA   (TOGETHER) …Chocolate.

Their eyes **pop open**. They laugh.
Elsa looks back out at the party. Anna looks at Elsa. She wants to say so much, but she can't think of where to start. Just as she **finds her way**, Kai interrupts.

KAI   Your Majesty. The Duke of Weaseltown.

DUKE   Weselton. The Duke of Weselton. (to Elsa) Your Majesty, as your closest partner in trade, it seems only fitting that I offer you your first dance as queen.

The Duke does a funny **flitter** of his feet, a **hitch-kick**, and a deep bow.

엘사가 침착한 태도로 입장한다. 놀라울 정도로 기분은 좋은 표정이다. 엘사는 대관식을 위해 설치한 차양 아래 선다.

카이 아렌델 왕국의 안나 공주님이 입장하십니다.

안나가 뛰어 들어오며 어색하게 손을 흔든다. 카이가 엘사가 서 있는 곳으로 안나를 안내한다.

안나 아, 여기요? 확실해요?

안나와 엘사는 어색해서 서로 힐끗 본다.

엘사 안녕.

안나 나한테 인사한 거야? 아, 어어, 안녕.

엘사 예쁘구나.

안나 고마워. 언니가 더 풍부하게 예뻐. 아니, 몸이 풍부하다는 게 아니고, 언니는 뚱뚱한 것하고는 거리가 완전 멀어. 아주 아주 예쁘다는 말이야.

엘사 고마워.

자매는 시선을 돌려 파티가 벌어지는 광경을 바라본다.

엘사 그러니까 이런 게 파티구나?

안나 생각보다 따듯하네.

엘사 그런데 이 좋은 냄새는 뭐니?

안나와 엘사는 둘 다 눈을 감고 숨을 들이쉰다.

안나와 엘사 (동시에) 초콜릿이구나.

두 사람은 눈을 팍 뜨고 웃는다.
엘사는 다시 파티가 열리고 있는 연회실로 시선을 돌린다. 안나는 엘사를 본다. 안나는 말이 너무 하고 싶지만 무슨 말부터 해야 좋을지 모르겠다. 겨우 말문을 열려고 하는데 카이가 막는다.

카이 폐하, 위즐타운의 대공입니다.

대공 웨슬턴입니다. 웨슬턴 대공이죠. (엘사에게) 폐하, 폐하의 왕국과 제일 긴밀하게 무역을 하는 제가 여왕님에게 제일 먼저 춤을 청하는 것이 예의라고 생각합니다만.

대공은 발을 팔딱팔딱 까부르며 이상한 동작을 취하더니 가위뛰기를 하고는 고개를 깊이 숙인다.

---

awning 차양
sneak peeks at each other 서로 몰래 바라보다
inhale 숨을 들이쉬다
pop open 팍 뜨다

find one's way 자신의 길을 찾다. 즉 어떻게 해야 할지 알아내다
flitter 떠는 동작
hitch-kick 가위뛰기. 높이뛰기를 할 때 공중에서 발을 구르는 동작을 의미함

26

DUKE   (whispers to himself) One, two, three. Jump.

As he holds out his hand, head down, his **toupee** dips forward. Anna giggles.
Elsa looks at Anna, **stifles a giggle** herself.

워크북 p.36

ELSA   (to the Duke) Thank you... only I don't dance.
DUKE   **(offended)** Oh...?
ELSA   But my sister does.
ANNA   What?
DUKE   Lucky you...
ANNA   Oh, I don't think...

The Duke grabs Anna's arm and **yanks her away** before she can protest.

DUKE   If you swoon, let me know, I'll catch you.

Anna looks back at Elsa, desperately.

ELSA   Sorry.

OUT ON THE DANCE FLOOR: The Duke **showboats**, but he's just awful.
Anna tries to **make the best of it**.

DUKE   Like an **agile** peacock… CLUCK-CLUGGLE-
CLUCK!

He lands on her feet.

ANNA   Ow. Ow.

DUKE   Speaking of, so great to have the gates open.
Why did they shut them in the first place? Do
you know the reason? Hmm?

He **gets in her face**, suspicious.

ANNA   …No.

DUKE   Oh, all right. Hang on. They don't call me the
little dipper for nothing.

대공 (혼잣말을 하며) 하나, 둘, 셋. 점
프.

대공이 손을 내밀며 고개를 숙이자 가발이
앞으로 쏠린다. 안나가 낄낄 웃는다. 엘사
는 안나를 보며 웃음을 참는다.

엘사 (대공에게) 고맙습니다만, 전 춤을
추지 않아요.

대공 (상처를 받은 목소리로) 아, 그러
세요?

엘사 하지만 제 동생은 춤을 추지요.

안나 뭐라고요?

대공 공주님은 운이 좋으신 겁니다.

안나 아니, 전 춤을 출줄 모르는…

대공은 안나의 팔을 잡더니 거절할 수 있
는 시간도 주지 않고 끌고 가버린다.

대공 제가 너무 춤을 잘 춰서 기절하실
것 같으면 알려 주세요. 제가 얼른 받을
게요.

안나는 엘사를 절박하게 바라본다.

엘사 미안.

댄스 플로어가 보인다. 대공은 자신이 춤을
잘 춘다는 것을 과시하려고 난리를 피우지
만 엄청나게 서투르다. 안나는 어떻게든 잘
추려고 해본다.

대공 전 날랜 공작새처럼 추지요. 꼬꼬,
꾸꾸, 꼬꼬!

대공이 안나의 발을 밟는다.

안나 아, 아야.

대공 그냥 하는 말인데요, 성문이 열려
서 너무 좋아요. 그런데 애당초 왜 성문
을 잠근 거예요? 그 이유를 아세요, 네?

대공은 의심을 품고 안나의 얼굴에 바짝
들이댄다.

안나 몰라요.

대공 아, 뭐, 괜찮습니다. 잠깐만요. 사
람들이 저를 날쌘돌이라고 부르는 덴
다 이유가 있죠.

---

toupee 부분 가발
stifle a giggle 웃음이 나오는 것을 참다
offended 기분이 상해서
yank someone away ~를 확 잡아끌다

showboat 과시하다
make the best of it 좋지 않은 상황에서도 최선을 다하다
agile 날랜
get in someone's face ~의 얼굴에 바짝 들이대다

He **dips** Anna **back**. Elsa **peeks through** the crowd, **can barely hold in** her laughter. Anna **shoots** Elsa funny, help-me looks.

DUKE   (**groove** fully on) Like a chicken… with the face of a monkey… I fly.   JUMP CUT TO:

대공이 안나의 몸을 뒤로 젖힌다. 군중들 사이로 안나를 보는 엘사는 웃음을 참을 수 없을 정도가 된다. 안나는 엘사에게 살려달라는 우스꽝스러운 표정을 지어 보인다.

대공 (아주 신이 났다) 얼굴은 원숭이 모습을 한 닭처럼 저는 날죠.

장면이 급작스럽게 바뀐다

---

dip back 뒤로 젖히다
peek through ~의 사이로 내다보다
can barely do 간신히 ~을 하다

hold in ~을 참다
shoot ~에게 어떤 눈빛을 날리다
groove 신이 나서 무엇을 하다

Love is an Open Door

▶ 06.mp3

MOMENTS LATER...
Anna **limps** back to Elsa.

DUKE (O.S) Let me know when you're ready for another round, **M'Lady**.

ELSA Well, he was **sprightly**.

ANNA (rubbing her sore feet) Especially for a man in heels.

ELSA Are you okay?

ANNA (loving Elsa's attention) I've never been better. This is so nice. I wish it could be like this all the time.

ELSA (sincere) Me too...

But then Elsa catches herself. She **stiffens up**, **looks away**.

ELSA But it can't.

ANNA Why not? If...

ELSA It just can't.

Anna's smile **drops**. She tries not to **get emotional**.

ANNA Excuse me for a minute.

She walks away. Elsa watches her go, saddened.
Moving through the crowd, Anna gets bumped by a bowing man's **butt**. She falls. Just before she hits the floor, Hans catches her. He smiles perfectly.

HANS Glad I caught you.

잠시 후에
안나는 절뚝거리며 다시 엘사가 있는 곳으로 돌아온다.

대공 (목소리만) 다시 춤을 출 준비가 되면 알려 주시기 바랍니다. 공주님.

엘사 그 남자, 기운이 좋던데.

안나 (발이 쓰라려서 문지르며) 힐을 신은 남자치고는 특히 그렇지 뭐.

엘사 괜찮아?

안나 (엘사가 이렇게 관심을 가져주는 것이 너무 좋아서) 이렇게 좋았던 적이 없었어. 너무 좋아. 언제나 이러면 얼마나 좋아.

엘사 (진심으로) 그러면 얼마나 좋겠니.

하지만 엘사는 말을 끊고는 몸을 긴장시키더니 눈길을 돌린다.

엘사 하지만 그렇게는 될 수 없어.

안나 왜 안 되는 건데? 만약…

엘사 그렇게 안 돼.

안나의 얼굴에서 미소가 사라진다. 안나는 감정을 억제한다.

안나 잠깐 나갔다가 올게.

안나가 가버린다. 엘사는 슬픈 얼굴로 안나가 가버리는 것을 지켜본다.
안나는 사람들을 헤치고 나아가려고 하다가 고개를 숙여 인사하는 남자의 엉덩이에 부딪혀 넘어진다. 그러나 바닥에 떨어지기 직전에 한스가 안나를 잡는다. 한스는 활짝 웃고 있다.

한스 제가 잡아서 다행이네요.

---

limp 절뚝거리다
M'Lady My Lady를 소리 나는 대로 표기한 것. My Lady는 귀부인에 대한 호칭
sprightly 날랜, 팔팔한
stiffen up 몸이 굳다

look away 시선을 돌리다
drop 여기서는 미소가 사라진다는 의미
get emotional 감정이 북받치다
butt 엉덩이

29

ANNA	Hans.

He smoothly **sets** his **drink down on** a passing tray. He lifts her up and leads her in a romantic dance.   DISSOLVE TO:

LATER: Anna and Hans drink and chat.

ANNA	I often **had** the whole parlor **to myself** to slide... Oops. Sorry.

She hits him in the face by mistake with her hand. He laughs.   DISSOLVE TO:

THE CASTLE DOORS: Anna and Hans stroll out of the castle.

ANNA	...Your **physique** helps I'm sure. DISSOLVE TO:

THE ROSE GARDEN... Hans notices her white **streak**.

Memorize!

                                       워크북 p.46

HANS	(about her white streak) What's this?
ANNA	I was born with it, although I dreamt I was kissed by a troll.
HANS	I like it. DISSOLVE TO:

EXT. BALCONY–NIGHT
Anna teaches Hans how to eat a **krumkake**.

ANNA	Yeah, the whole thing! You got it.

They laugh as the krumkake **crumbles** in his face.

ANNA	Okay wait, wait. So you have how many brothers?
HANS	Twelve older brothers. Three of them pretended I was invisible... literally... for two years.
ANNA	That's horrible.
HANS	It's what brothers do.

안나 한스.

한스는 들고 있던 잔을 자연스럽게 지나가는 시종의 쟁반 위에 놓더니 안나를 일으켜 세우고는 멋있게 춤을 리드해 나아간다.   화면이 점점 바뀐다

잠시 후에 안나와 한스는 음료수를 마시며 이야기를 나눈다.

안나 전에는 자주 이 연회실을 제가 독차지하고는 미끄럼을 탔죠. 이런, 미안해요.

안나가 실수로 한스의 얼굴을 손으로 친다. 한스가 웃는다.   화면이 점점 바뀐다

성문이 보인다. 안나와 한스가 성 밖을 거닐고 있다.

안나 당신의 체격도 도움이 될 건 확실해요.   화면이 점점 바뀐다

장미 정원에서 한스는 안나의 머리에 하얀 부분이 있다는 것을 알아차린다.

한스 (안나의 하얀 머리를 가리키며) 이건 왜 그래요?

안나 태어날 때부터 그랬어요. 트롤이 키스해서 그렇게 된 꿈을 꾸긴 했지만.

한스 난 좋은데요.   화면이 점점 바뀐다

실외. 발코니–밤
안나가 한스에게 크럼케이크를 먹는 법을 가르치고 있다.

안나 그래요. 다 먹어야 해요! 그렇게요.

크럼케이크가 한스의 얼굴에서 부숴지자 둘은 웃는다.

안나 자, 잠깐만요, 잠깐요. 그러니까 당신 형제는 몇 명이에요?

한스 형이 12명 있어요. 그 중에서 세 명은 나를 없는 사람으로 취급했어요. 문자 그대로요. 2년 동안이나요.

안나 끔찍했겠네요.

한스 형들이란 원래 그런 법이죠.

---

set A down on B A를 B에 놓다
drink 술잔
have A to myself A를 독차지하다
parlor 응접실, 거실

physique 체격, 몸매
streak 머리카락 등의 한 줌
krumkake 돌돌 말은 북구의 전통적인 와플 과자
crumble 부서지다

ANNA	...And sisters. Elsa and I were really **close** when we were little. But then, one day she just **shut** me **out**, and I never knew why.	안나 그런데 언니들도 그래요. 엘사 언니랑 난 어렸을 때는 사이가 좋았어요. 그런데 어느 날부터 언니는 날 완전히 멀리했어요. 그 이유가 뭔지 전혀 몰랐어요.

He takes her hand. **Leans in close.**

한스가 안나의 손을 잡고는 몸을 가까이한다.

HANS	I would never shut you out.	한스 나라면 당신 같은 사람을 멀리하는 일은 절대로 없을 거예요.

ANNA	Okay, can I just say something crazy?	안나 좋아요. 제가 말도 안 되는 얘기를 좀 해볼까요?
HANS	I love crazy.	한스 난 말도 안 되는 얘기를 아주 좋아하는데요.

"Love is an Open Door"

"사랑이란 문을 열어놓는 것이라네"

ANNA	(singing) ALL MY LIFE HAS BEEN A SERIES OF DOORS **IN MY FACE**. / AND THEN SUDDENLY I **BUMP INTO** YOU.	안나 (노래한다) 난 평생 동안 코앞에서 문이 쾅 닫혔다네. / 그런데 갑자기 난 당신한테 쾅 부딪혔다오.
HANS	I was thinking the same thing, because like... I'VE BEEN SEARCHING MY WHOLE LIFE TO FIND MY OWN PLACE. / AND MAYBE IT'S THE PARTY TALKING, OR THE **CHOCOLATE FONDUE**.	한스 나도 똑같은 생각을 하고 있었어요. 왜냐하면 그게… 난 지금껏 내 자리를 찾고 있었다네. / 그런데 그게 파티에서 나누는 얘기나 초콜릿 퐁뒤일지도 몰라요.
ANNA	BUT WITH YOU...	안나 하지만 그대와 함께라면…
HANS	BUT WITH YOU, I FOUND MY PLACE.	한스 하지만 그대와 함께, 난 내 자리를 찾았어요.
ANNA	I SEE YOUR FACE.	안나 난 그대의 얼굴을 보고 있어요.
BOTH	AND IT'S NOTHING LIKE I'VE EVER KNOWN BEFORE.	안나와 한스 전에는 이런 건 전혀 몰랐어요.

They jump to the neighboring balcony and enter a door.
They come out on top of one of the castle's towers.

안나와 한스는 옆에 있는 발코니로 뛰더니 문으로 들어간다. 두 사람은 성의 탑 꼭대기로 나온다.

BOTH	LOVE IS AN OPEN DOOR! / LOVE IS AN OPEN DOOR!	안나와 한스 사랑이란 문을 열어놓는 것이라네! / 사랑이란 문을 열어놓는 것이라네!

Cut to them sliding across an empty hallway in their socks.

장면이 휙 바뀌어 두 사람이 아무도 없는 복도에서 양말만 신은 채 미끄럼을 타고 있다.

BOTH	LOVE IS AN OPEN DOOR	안나와 한스 사랑이란 문을 열어놓는 것이라네

---

close 사이가 가까운, 친밀한
shut out ~를 멀리하다, 상대하지 않다
lean in close 몸을 기울여 가까이 다가가다
in one's face 얼굴에 대고, 면전에

bump into ~에 충돌하다. 여기서는 '~와 우연히 만나다'
chocolate fondue 초콜릿 퐁뒤(초콜릿과 우유 또는 크림을 녹인 소스에 과일을 찍어 먹는 디저트)

ANNA	WITH YOU!
HANS	WITH YOU!
ANNA	WITH YOU!
HANS	WITH YOU!
BOTH	LOVE IS AN OPEN DOOR.

안나 그대와 함께!
한스 그대와 함께!
안나 그대와 함께!
한스 그대와 함께!
안나와 한스 사랑이란 문을 열어놓는
것이라네.

Will You Marry Me?

▶ 07.mp3

They **hop up on** the castle roof and watch a **shooting star**.

HANS   I MEAN IT'S CRAZY.

ANNA   What?

HANS   WE FINISH EACH OTHER'S...

ANNA   SANDWICHES!

HANS   That's what I was gonna say!

They slide down the back of the roof out of sight.
We next find them **strutting** on a bridge **ledge**.

ANNA   I'VE NEVER MET SOMEONE...

BOTH   WHO THINKS SO MUCH LIKE ME.

BOTH   (SPOKEN) Jinx... jinx again.

Are they doing the robot? No. They're imitating the **mechanical figures** on the clock tower.

BOTH   OUR **MENTAL SYNCHRONIZATION** CAN HAVE BUT ONE EXPLANATION,

HANS   YOU...

ANNA   AND I...

HANS   WERE...

ANNA   JUST...

BOTH   MEANT TO BE.

Anna and Hans dance on top of the **lighthouse** and cast dancing shadows across the sails of ships in the docks.

안나와 한스는 성의 지붕으로 뛰어올라가 별똥별이 떨어지는 것을 지켜본다.

한스 이건 정말 말도 안 되는 얘기죠.

안나 뭐가요?

한스 우리가 다 먹어치우는 거요…

안나 샌드위치를 바꿔요!

한스 내 말이 바로 그거예요!

두 사람은 지붕의 뒤편을 타고 내려가 화면에서 사라진다.
다시 성의 다리 가장자리를 걷고 있는 두 사람의 모습이 보인다.

안나 난 이런 사람은 처음 봤다네…

안나와 한스 나하고 이렇게 똑같이 생각하는 사람을.

안나와 한스 (대사) 고수레. 다시 고수레.

두 사람은 로봇 같은 동작을 하고 있는 건가? 아니다. 두 사람은 시계탑의 기계 부품들이 움직이는 것을 흉내 내고 있다는 것을 알 수 있다.

안나와 한스 우리 마음이 왜 이렇게 똑같이 움직이는지 설명할 수 있는 길은 하나밖에 없다네.

한스 그대와

안나 나는

한스 원래

안나 천생

한스 연분이니까.

안나와 한스는 등대 꼭대기에서 춤을 춘다. 그러자 부두에 정박되어 있는 배의 돛에 두 사람이 춤을 추는 그림자가 비친다.

---

hop up on ~로 풀쩍 뛰어오르다
shooting star 별똥별, 유성
strut 으스대며 걷다, 여기서는 다리에서 폼을 잡고 걷는다는 의미
ledge 난간

mechanical figure 시계의 움직이는 부품을 뜻함
mental 정신적인
synchronization 두 사람 이상이 같은 동작을 동시에 하는 것
lighthouse 등대

ANNA	SAY GOODBYE…	안나	안녕…
HANS	SAY GOODBYE…	한스	안녕…
BOTH	TO THE PAIN OF THE PAST. / WE DON'T HAVE TO FEEL IT ANYMORE! / LOVE IS AN OPEN…	안나와 한스	지난 세월의 고통이여, 안녕. / 이제 우리는 그런 고통을 느낄 필요가 없거든! / 사랑이란 문을…

They **play hide and seek** amongst the **stable** doors.

한스와 안나는 마구간의 문들을 이용해 숨바꼭질 놀이를 한다.

BOTH	DOOR! LOVE IS AN OPEN DOOR!	안나와 한스	열어놓는 것이라네. 사랑이란 문을 열어놓는 것이라네!

They climb to the **waterfall looking out over** the kingdom.
Anna raises up her hands to frame the moon. Hans puts his hands on top of hers. Together their hands form a heart.

두 사람은 이제 폭포를 기어올라가 왕국을 내려다보고 있다.
안나는 손을 들어 달을 감싼다. 한스는 안나의 손 위에 자신의 손을 올려놓아, 하트 모양을 만든다.

BOTH	LIFE CAN BE SO MUCH MORE…	안나와 한스	인생은 훨씬 더 풍요로울 수가 있다네…
ANNA	WITH YOU!	안나	그대와 함께라면!
HANS	WITH YOU!	한스	그대와 함께라면!
ANNA	WITH YOU!	안나	그대와 함께라면!
HANS	WITH YOU!	한스	그대와 함께라면!
BOTH	LOVE IS AN OPEN	안나와 한스	사랑이란 문을…
HANS	DOOR.	한스	열어놓는 것이라네.
ANNA	DOOR.	안나	열어놓는 것이라네.

Memorize!

워크북 p.52

HANS	Can I say something crazy…? Will you marry me?	한스	정말 말도 안 되는 소리를 하나 할까요? 저와 결혼해 주시겠어요?
ANNA	Can I just say something even crazier? Yes.	안나	나는 더 말도 안 되는 소리를 해 볼까요? 네, 결혼해요!

CUT TO:

장면 전환

INT. BALL–NIGHT
Anna pushes through the crowd towards Elsa, Hans **in tow**.

실내. 연회실–밤
안나는 한스를 데리고 사람들을 헤치면서 엘사가 있는 곳으로 간다.

ANNA	Oops! Pardon. Sorry. Can we just **get around** you there? Thank you. Oh, there she is. Elsa!	안나	이런! 죄송해요. 미안해요. 저희들이 좀 돌아서 가면 안 될까요? 고마워요. 아, 언니가 저기 있네. 언니!

Elsa **turns to** Anna. Anna curtseys **awkwardly**.

엘사가 안나에게 몸을 돌린다. 안나는 어색하게 무릎을 굽혀 인사한다.

---

play hide and seek 숨바꼭질을 하다
stable 마구간
waterfall 폭포
look out over ~를 내려다보다

someone in tow ~를 뒤에 데리고
get around someone ~의 뒤를 돌아서
turn to ~에게 몸을 돌리다
awkwardly 거북스럽게

ANNA	I mean... Queen.... Me again. Um. May I **present** Prince Hans of the Southern Isles?
HANS	(bowing) Your Majesty.

Elsa gives a polite but **reserved** curtsey.

ANNA	We would like...
HANS	... your **blessing** ...
ANNA	...of...
ANNA/HANS	...our marriage!
ELSA	Marriage...?
ANNA	Yes!
ELSA	I'm sorry, I'm **confused**.

ANNA	Well, we haven't **worked out** all the **details** ourselves. We'll need a few days to plan the **ceremony**. Of course we'll have soup, roast, and ice cream and then... Wait. Would we live here?
ELSA	Here?
HANS	**Absolutely!**
ELSA	Anna...
ANNA	Oh, we can invite all twelve of your brothers to stay with us...
ELSA	What? No, no, no, no, no.
ANNA	Of course we have the room. I don't know. Some of them must...
ELSA	Wait. Slow down. No one's brothers are staying here. No one is getting married.
ANNA	Wait, what?

안나 아니, 여왕님. 다시 왔어요. 저, 남쪽 섬의 한스 왕자를 소개해 드릴게요.

한스 (고개를 깊이 숙인다) 폐하.

엘사는 예의는 차렸지만 좀 쌀쌀하게 무릎을 굽혀 인사한다.

안나 우리는...

한스 여왕님의 축복을...

안나 받고 싶어요...

안나와 한스 우리 결혼에 대해서요.

엘사 결혼?

안나 네!

엘사 미안하구나. 무슨 말인지 통 모르겠으니.

안나 우린 아직 세세한 부분까지 다 생각해 보진 않았어. 결혼식을 올리려면 며칠 더 생각해야 할 것 같아. 물론 수프, 쇠고기 구이, 아이스크림이랑. 그리고 또... 잠깐, 당신은 여기서 살 거예요?

엘사 여기서?

한스 물론 여기서 살아야죠!

엘사 안나야.

안나 아, 그리고 우린 당신 형 열두 명을 모두 초대해야 할 거예요.

엘사 뭐라고? 그건 안 돼. 안 되고말고. 안 돼. 안 돼.

안나 물론 방은 있어요. 글쎄, 모르긴 몰라도 형들 중에서 어떤 분들은...

엘사 잠깐. 좀 기다려봐. 어떤 사람의 형제도 여기에서 묵을 수는 없어. 그리고 누구도 결혼할 수 없어.

안나 잠깐, 뭐라고?

---

present 소개하다
reserved 서먹서먹한
blessing 축복
confused 혼란스러운, 뭐가 뭔지 모르겠는

work out 기획하다, 산출하다
details 세세한 부분들
ceremony 축하연, 여기서는 결혼식 또는 결혼피로연
absolutely 물론이지, 그렇고말고

Day 08 엘사, 도망치다

Elsa Flees

▶ 08.mp3

Memorize!

워크북 p.58

ELSA   May I talk to you, please? Alone.

Anna sees Hans's worried face. **Hooks arms with** *him.*

ANNA   No. Whatever you have to say, you-you can say to both of us.

ELSA   Fine. You can't marry a man you just met.

ANNA   You can if it's true love.

ELSA   Anna, what do you know about true love?

ANNA   More than you. All you know is how to shut people out.

ELSA   You asked for my blessing, but my answer is no. Now, excuse me.

HANS   Your Majesty, if I may **ease** your…

ELSA   (**flustered**) No, you may not. And I-I think you should go.

Elsa walks away. As she passes the Royal **Handler**…

ELSA   The party is over. Close the gates.

ANNA   What? Elsa, no. No, wait!

Anna grabs Elsa's hand. She **pulls off** *Elsa's glove. Elsa gasps,* **spins around** *and* **reaches for** *the glove* **in panic**.

엘사 안나야. 잠깐 얘기 좀 할 수 있을까, 우리 둘만.

안나는 걱정스러운 한스의 얼굴을 보자 한스랑 팔짱을 낀다.

안나 안 돼. 할 말이 있으면 우리 두 사람한테 모두 해야 돼.

엘사 좋아. 넌 방금 만난 남자랑 결혼하면 안 되는 거야.

안나 진정한 사랑이라면 해도 돼.

엘사 안나야, 네가 진정한 사랑에 대해서 뭘 안다고 그러는 거니?

안나 언니보단 많이 알아. 언니는 사람을 내쫓는 것밖에는 아무것도 모르잖아.

엘사 넌 내 축복을 받고 싶다고 했다만, 그럴 수가 없구나. 자, 미안하구나, 가봐야겠다.

한스 폐하, 제가 폐하의 심기를 좀 누그러뜨릴 수 있다면…

엘사 (안절부절못하며) 안 돼요, 당신이 그렇게 할 수는 없어요. 그리고 당신은 이제 그만 가보는 것이 좋을 것 같아요.

엘사는 가버린다. 궁정 시종 옆을 지나치며 이렇게 말한다.

엘사 파티는 끝났어요. 성문을 닫으세요.

안나 뭐라고? 언니, 안 돼. 안 된다고, 잠깐만!

안나가 엘사의 손을 잡으며 엘사의 장갑을 잡아당긴다. 엘사는 숨을 훅 들이마시며 빙그르 돌면서 장갑을 도로 찾으려고 한다. 너무 놀라서 제정신이 아니다.

---

hook arms with ~와 팔짱을 끼다
ease 누그러뜨리다
flustered 안절부절못해 허둥대며
handler 여기서는 궁정의 시종

pull off 장갑 등을 벗기다
spin around 빙그르 돌다
reach for ~을 잡으려고 손을 내밀다
in panic 너무 놀라고 당황스러워

ELSA   Give me my glove!

Anna holds the glove away from Elsa.

ANNA   (desperate) Elsa, please. Please. I can't live like this anymore.

Elsa **fights tears**.

ELSA   (weak) ...Then leave.

Elsa sees Anna's **hurt face**. It's too much. She can't hold it in. She turns and rushes away.

ANNA   (heartbroken) ...What did I ever do to you?!

The party goes silent as everyone watches the sisters.

ELSA   **Enough**, Anna.

ANNA   No. Why? Why do you shut me out?! Why do you shut the world out?! What are you so afraid of?!

ELSA   I said, enough!

Ice shoots from Elsa's hand, spikes across the floor! Guests cry out in shock, **back away**.

DUKE   (ducking behind his men) ...Sorcery. I knew there was something **dubious** going on here.

ANNA   Elsa...?

Elsa rushes out of the room.   CUT TO:

EXT. COURTYARD–NIGHT
Elsa **bursts out of the** castle **door**. The CITIZENS **CHEER**!

CROWD   There she is. Your Majesty! Long live the Queen! Queen Elsa.... Come drink with us.

Elsa ducks through the crowd, holding her **bare hand**.

엘사 장갑을 내놔!

안나는 장갑을 뺏기지 않으려고 한다.

안나 (필사적으로) 언니, 제발 부탁이야. 더 이상 이렇게는 못 살겠어.

엘사는 눈물이 나오는 것을 참는다.

엘사 (약한 목소리로) 그러면 여기서 나가.

상처를 받은 안나의 얼굴이 엘사의 눈에 들어온다. 너무 심한 말을 한 것이다. 엘사는 더 이상 견딜 수가 없다. 엘사는 몸을 휙 돌려 가버린다.

안나 (가슴이 찢어질 것 같이 아파서) 도대체 내가 언니에게 뭘 잘못했다고 이러는 거야?!

모두들 자매의 이런 행동을 지켜보느라 파티장은 조용해진다.

엘사 그만해, 안나야.

안나 안 돼. 왜 그러는 거야? 왜 나를 멀리하는 거야? 왜 언니는 세상을 멀리하는 거야? 언니는 뭐가 무서워서 그러는 거야?

엘사 그만하라고 했잖아!

엘사의 손에서 얼음이 분출되어 바닥에 뾰족한 얼음들이 깔린다. 손님들이 놀래서 소리를 지르며 뒤로 물러난다.

대공 (부하들 뒤로 숨으면서) 마법이야. 수상한 일들이 벌어지고 있는 것 같더라니.

안나 언니?

엘사는 방에서 뛰어나간다.   장면 전환
실외. 성안의 뜰 – 밤
엘사가 성문을 박차고 나간다. 시민들이 환호한다!

여러 시민들 여왕님이 가신다. 폐하! 만수무강 하옵소서. 여왕님! 엘사 여왕님. 이리 오셔서 저희와 같이 한잔 하세요.

엘사는 장갑을 끼지 않은 손을 잡고 군중을 헤치고 나아가려고 한다.

---

fight tears 눈물이 나오려는 것을 참다
hurt face 감정이 상한 얼굴
enough 이제 그만해라
back away 뒷걸음치다

dubious 수상한
burst out of the door 문을 박차고 나오다
cheer 환호하다
bare hand 장갑을 끼지 않은 손

BOWING TOWNSMAN	Queen Elsa.
TOWNSWOMAN WITH BABY	Your Majesty? Are you all right?

Elsa backs away from the baby. She **knocks into** the fountain, grabs its edge.
The waters freeze at the touch.
GASPS of shock and fear **sweep over** the crowd.
The Duke and thugs come out the door.

DUKE   There she is! Stop her!

ELSA   (to the Duke) Please, just stay away from me. Stay away!

Magic **accidentally shoots from** her hand and turns the **staircase** into ice.
The thugs and the Duke fall.

DUKE   Monster... Monster!

The crowd panics.
A **snowstorm** begins. Elsa **flees**.

고개를 숙여 인사하는 남자 엘사 여왕님.

아기를 안은 여자 폐하? 괜찮으십니까?

엘사는 아기를 보자 뒷걸음친다. 엘사는 분수대에 부딪히자 언저리를 잡는다. 분수대는 엘사의 손이 닿자 물이 얼어버린다. 숨이 막힐 것 같은 충격과 공포로 사람들은 어안이 벙벙해진다.
대공과 부하들이 성문에서 나온다.

대공 (부하들에게) 저기 여왕이 있다! 잡아라!

엘사 (대공에게) 나에게 가까이 오지 마세요. 물러나세요!

엘사의 손에서 뜻하지 않게 마법이 분출되어 계단이 얼음으로 변한다. 대공과 그 부하들이 넘어진다.

대공 괴물이다. 괴물이야!

군중들은 공포에 질린다.
눈보라가 치기 시작한다. 엘사는 도망친다.

---

knock into ~에 부딪히다
sweep over ~를 휩쓸다
accidentally 뜻하지 않게, 우연히
shoot from ~에서 휙 나오다

staircase 계단
snowstorm 눈보라
flee 도망가다

I'll Bring Her Back

▶ 09.mp3

Anna runs out of the palace doors, carrying the glove.

ANNA   Elsa!

Hans **follows closely behind** her.

GATES TO THE KINGDOM: Elsa runs out of the gates and down to the water's edge. The **shoreline** freezes under her feet.
Anna calls to her from the gates.

ANNA   Elsa! Wait, please!

Elsa **glances back** at Anna, but turns away. She **tentatively** steps out onto the fjord. It freezes instantly. She **breaks into a run**, as the water freezes over with each step.

ANNA   Elsa, stop!

Anna rushes out onto the fjord ice, slips, falls.

HANS   Anna!

Hans rushes to Anna's side.
Elsa reaches the far shore. She doesn't look back. She just scrambles into the mountains.

ANNA   No.

HANS   (shocked) Look…. The fjord.

The ice spreads out until the entire fjord is frozen, **locking** the ships **in place**.

EXT. CASTLE COURTYARD–NIGHT
Snow falls. Hans and Anna move through the panicking crowd.

CROWD WALLAH   Snow? It's… snow… in July.

HANS   …Are you all right?

안나는 장갑을 들고 왕궁의 문밖으로 뛰어간다.

안나 언니!

한스가 바로 뒤를 쫓아간다.

왕궁의 성문: 엘사가 성문 밖을 지나 해안까지 뛰어간다. 엘사의 발밑에 있는 해안선이 얼어붙는다.
안나가 성문에서 엘사를 부른다.

안나 언니! 제발 좀 기다려줘!

엘사는 안나를 뒤돌아보지만 고개를 돌린다. 엘사는 시험삼아 피오르드에 발을 대본다. 피오르드는 순식간에 얼어붙는다. 엘사는 갑자기 뛰기 시작한다. 엘사가 물 위를 뛰자 한 발짝 옮길 때마다 발 아래 물이 얼음으로 변한다.

안나 언니, 그만해!

안나도 피오르드 얼음에서 뛰다가 미끄러져 넘어진다.

한스 안나!

한스가 안나 곁으로 뛰어온다.
엘사는 반대편 해변에 다다랐다. 엘사는 뒤도 돌아보지 않고 산 위로 기어오를 뿐이다.

안나 안 돼.

한스 (너무 놀라서) 저것 좀 봐, 피오르드가 다 얼어.

얼음이 점점 퍼져서 피오르드의 물이 전부 얼어붙는다. 배들이 꼼짝 못하고 갇히게 된다.

실외. 성의 뜰 – 밤
눈이 내린다. 한스와 안나가 공포에 질려 있는 사람들을 헤치고 나아간다.

사람들이 떠드는 소리 눈이 내리고 있나? 눈이야. 7월에 말야.

한스 괜찮아요?

---

follow closely behind ～의 뒤를 바짝 쫓아가다
shoreline 해변가, 호수가
glance back 힐끗 뒤돌아보다
tentatively 시험 삼아

break into a run 갑자기 달리기 시작하다
lock something in place ～을 그 자리에서 꼼짝 못하게 해두다
wallah 군중들이 동시에 수군거리는 것

39

ANNA	(in shock) No.
HANS	Did you know?
ANNA	No.

Nearby, the Duke **flutters about in fright**.

DUKE	Look! It's snowing! It's snowing! The Queen has cursed this land! She must be stopped! (to his thugs) You have to go after her.

Anna **rushes up to** the Duke.

ANNA	Wait, no!

The Duke **hides behind** his thugs and points out at Anna.

DUKE	You! Is there **sorcery** in you, too? Are you a monster, too?
ANNA	No. No. I'm completely ordinary.
HANS	That's right she is... (realizing how that sounds) ...in the best way.
ANNA	...And my sister's not a monster.
DUKE	She nearly killed me.
HANS	You **slipped** on ice.
DUKE	Her ice!

Memorize!

워크북 p.64

ANNA	It was an accident. She **was scared**. She didn't mean it. She didn't mean any of this.... Tonight was my fault. I **pushed** her. So, I'm the one that needs to go after her.
DUKE	Yes. Fine. Do.
HANS	What?

안나 (충격에서 벗어나지 못한 채) 아뇨.

한스 언니가 저런지는 알고 있었어요?

안나 아뇨.

옆에 있는 대공이 무서워서 호들갑을 떠는 소리가 들린다.

대공 저것 좀 봐라! 눈이 내리고 있잖아! 여왕이 이 땅에 저주를 내렸던 거야! 여왕이 이런 짓을 못하게 막아야 해! (부하들에게) 너희들은 여왕을 쫓아가라.

안나가 대공에게 급히 달려간다.

안나 잠깐, 그러면 안 돼요!

대공은 부하들 뒤에 숨어서 손가락으로 안나를 가리킨다.

대공 당신이구만! 당신도 마법을 하는 거요? 당신도 괴물이요?

안나 아니요. 아니에요. 난 그냥 아주 평범한 보통 사람이에요.

한스 맞아요, 공주님은 (ordinary라고 하면 '평민'이라는 뜻으로 들릴 수도 있기 때문에) 아, 아주 정상이에요.

안나 언니도 괴물이 아니에요.

대공 난 당신 언니 때문에 죽을 뻔했어요.

안나 당신은 얼음에 미끄러진 것뿐이에요.

대공 여왕 때문에 생긴 얼음이요!

안나 그건 사고였어요. 언니는 무서웠던 거예요. 일부러 그런 게 아니에요. 일부러 그런 건 하나도 없어요. 오늘밤 일은 내 잘못이에요. 내가 언니를 너무 몰아쳤어요. 그러니까 언니 뒤를 쫓아가야 하는 사람은 나예요.

대공 맞아요. 좋습니다. 그렇게 하세요.

한스 뭐라고요?

---

flutter about 허둥대다
in fright 무서워서
rush up to ~에게 급히 달려가다
hide behind ~의 뒤에 숨다

sorcery 마법, 마술
slip 미끄러지다
be scared 겁먹다
push 몰아붙이다

ANNA	(to the Royal Handler) Bring me my horse, please.
HANS	Anna, no. It's too dangerous.
ANNA	Elsa's not dangerous. I'll bring her back, and I'll make this right.

The Royal Handler brings Anna her horse and a **cloak**.

HANS	I'm coming with you.
ANNA	No, I need you here to take care of Arendelle.

He sees the **desperation** in her eyes.

HANS	...On my honor.

She **throws on** the cloak and hops right onto the horse, coronation dress and all.

ANNA	(to the crowd) I leave Prince Hans in charge!
HANS	(before letting her go) Are you sure you can trust her? I don't want you getting hurt.
ANNA	She's my sister; she would never hurt me.

She **snaps** the **reins** and rides out. Hans watches after her.
The snow **picks up** and **overtakes** our view. We push through a blizzard… lose our way… then find ourselves…

안나 (궁정 시종에게) 내 말을 가져다 주세요.

한스 안나, 안 돼요. 너무 위험해요.

안나 언니는 위험한 사람이 아녜요. 내가 언니를 데려와서 이렇게 된 것을 바로잡겠어요.

궁정 시종이 안나의 말과 망토를 가지고 온다.

한스 나도 같이 갈게요.

안나 안 돼요. 당신은 여기 남아서 아렌델 왕국을 보살펴 주세요.

한스는 안나의 눈에 필사적인 결심이 어려 있다는 것을 느낀다.

한스 제 명예를 걸고 임무를 완수하겠나이다.

안나는 망토를 두르고 대관식 때 입은 드레스를 비롯해서 모두 그대로 착용한 채 바로 말에 올라탄다.

안나 (군중들에게) 한스 왕자를 우리 왕국을 보살피는 사람으로 임명하노라!

한스 (안나를 떠나보내기 전에) 언니를 믿을 수 있나요? 언니한테 다치면 안 되는데요.

안나 엘사는 내 언니에요. 언니는 날 해치지 않아요.

안나는 말고삐를 홱 죄더니 떠난다. 한스는 안나의 뒤를 지켜보고 있다. 눈발이 세지더니 시야가 흐려진다. 카메라가 눈보라를 헤치고 나아가다 길을 헤매는 것 같더니 방향을 잡는다.

---

cloak 망토
desperation 필사적인 느낌, 절박감
on my honor 명예를 걸고
throw on ~을 휙 걸치다

snap 휙 잡아당기다
rein 고삐
pick up 거세지다
overtake 불시에 가로막다

Let the Storm Rage On

▶ 10.mp3

EXT. HIGH UP IN THE MOUNTAINS–NIGHT
Well above the **snow-line**, a small figure climbs the highest peak. It's Elsa.
Finally, she stops, looks around. **Catches her breath** and sings…

"Let It Go"

ELSA THE SNOW **GLOWS** WHITE / ON THE
MOUNTAIN TONIGHT, / NOT A FOOTPRINT
TO BE SEEN. / A KINGDOM OF **ISOLATION** /
AND IT LOOKS LIKE I'M THE QUEEN.
THE WIND IS **HOWLING** / LIKE THIS
SWIRLING STORM INSIDE. / COULDN'T
KEEP IT IN, / HEAVEN KNOWS I TRIED. . .
DON'T LET THEM IN, / DON'T LET THEM
SEE, / BE THE GOOD GIRL YOU ALWAYS
HAVE TO BE. / CONCEAL, / DON'T FEEL, /
DON'T LET THEM KNOW. / WELL, NOW
THEY KNOW.

Elsa takes off her glove and **throws** it **into the air**.

ELSA LET IT GO. LET IT GO. / CAN'T HOLD IT
BACK ANYMORE.

Elsa creates a snowman, just like the one she made with Anna when they were
children.

ELSA LET IT GO. LET IT GO. / TURN AWAY
AND SLAM THE DOOR. / I DON'T CARE
WHAT THEY'RE GOING TO SAY. / LET THE
STORM RAGE ON. / THE COLD NEVER
BOTHERED ME ANYWAY.

실외. 산 위 높은 곳–밤
설선이 시작되는 곳보다 더 높은 산에 가장 높은 산정으로 올라가는 작은 물체가 보인다. 바로 엘사이다. 드디어 엘사는 걸음을 멈추고 사방을 둘러본다. 그리고는 숨을 돌리더니 노래한다.

"풀어줘라"

엘사 눈은 하얗게 빛난다네 / 산에 밤이 왔는데, / 발자국은 하나도 보이지 않네. / 난 이 왕국의 여왕처럼 보이는구나 / 고독의 왕국에서.

바람은 울부짖는구나 / 내 마음 속에서 소용돌이치는 이 폭풍우처럼. / 이 폭풍우를 안에서 잠재울 수가 없었어. / 내가 얼마나 잠재우려고 했는지는 하늘이 알고 있지…

사람들을 안으로 들이지 말라. / 사람들에게 보여주지 말라. / 넌 언제나 얌전한 아이로 있어야 하는 거야. / 감춰라. / 느끼지 말라. / 사람들에게 알리지 말라. / 그런데 이제 사람들이 알아버렸다네.

엘사는 장갑을 벗어 공중에 던진다.

엘사 풀어줘라. 풀어줘라. / 이제는 더 이상 내 안에 감출 수 없구나.

엘사는 예전에 어렸을 때 안나와 같이 만들었던 것과 똑같은 눈사람을 만든다.

엘사 풀어줘라, 풀어줘라. / 몸을 돌려 문을 쾅 닫아라. / 세상 사람들이 뭐라 하든 난 상관없어. / 눈보라여, 몰아쳐라. / 어쨌든 난 추위 따위는 상관없었노라.

---

snow-line 만년설이 시작되는 부분의 경계선
catch one's breath 숨을 고르다
glow 번쩍이다
isolation 고립

howl 울부짖다
swirl 휘몰아치다
keep in ~을 안에 가두다
throw into the air ~을 공중에 내던지다

Elsa lets her cape fly back into the wind.

ELSA IT'S FUNNY HOW SOME DISTANCE MAKES EVERYTHING SEEM SMALL. / AND THE FEARS THAT ONCE CONTROLLED ME / CAN'T GET TO ME AT ALL. / IT'S TIME TO SEE / WHAT I CAN DO, / TO **TEST THE LIMITS** AND BREAK THROUGH. / NO RIGHT, NO WRONG, / NO RULES FOR ME... I'M FREE!

Elsa creates ice steps and climbs them.

ELSA LET IT GO! LET IT GO! / I AM ONE WITH THE WIND AND SKY. / LET IT GO! LET IT GO! / YOU'LL NEVER SEE ME CRY. / HERE I STAND AND HERE I'LL STAY.

Elsa **slams her foot down** and forms a giant snowflake.

ELSA LET THE STORM RAGE ON...

In a flurry of creative release, she raises the snowflake on ice beams, builds walls, archways, a glistening **chandelier**, and an **intricate** ceiling that leaves the sky visible.

ELSA MY POWER FLURRIES THROUGH THE AIR INTO THE GROUND. / MY SOUL IS SPIRALING IN FROZEN FRACTALS ALL AROUND. / AND ONE THOUGHT **CRYSTALLIZES** LIKE AN ICY BLAST...

Standing firmly in her mighty ice palace, Elsa removes her crown and throws it.

ELSA I'M NEVER GOING BACK, / (back to resolve) THE PAST IS IN THE PAST!

She **takes down her hair** and creates a new dress made of ice.

ELSA LET IT GO! LET IT GO! / AND I'LL RISE LIKE THE BREAK OF DAWN. / LET IT GO! LET IT GO!

엘사는 망토를 공중으로 날린다.

엘사 떨어져 있으면 모든 것이 작게 보이다니 참 이상하기도 하네. / 그리고 전에 날 지배했던 공포가 / 이제는 전혀 날 어쩌지 못하네. / 이제는 볼 때가 됐다네 / 내가 무슨 일을 할 수 있는 힘이 있는지, 한계를 시험하고 깨부수기 위해서. / 옳은 것도 없고, 잘못된 것도 없다네. / 나에게는 아무런 구속도 없다네… 난 자유라네!

엘사는 얼음 계단을 만들어 밟고 올라간다.

엘사 풀어줘라! 풀어줘라! / 나는 바람과 하늘을 가진 자이니라. / 풀어줘라! 풀어줘라! / 그대는 내가 우는 것을 보지 못할지니라. / 나는 여기 서 있을 것이며, 여기에서 살 것이니라.

엘사는 발로 바닥을 쿵 밟아 거대한 눈송이를 만든다.

엘사 눈보라여, 몰아쳐라…

자신의 내부에 잠재해 있던 창조적인 능력을 폭풍처럼 발휘하는 엘사는 눈송이를 얼음 들보에 들어올려 벽, 아치형 입구, 번쩍이는 샹들리에와 하늘이 보이는 정교한 천장을 만든다.

엘사 내 힘은 공중을 날아 땅속으로 들어간다네. / 내 영혼은 회오리바람처럼 사방에 얼어붙은 프랙탈을 그리며 돌고 있네. / 그런데 한 가지 생각이 얼음이 가득한 돌풍처럼 또렷하게 결정체를 이루고 있네…

웅장한 얼음 왕궁에 떡 버티고 선 엘사는 왕관을 벗어던진다.

엘사 나는 절대로 돌아가지 않을 것이노라. / (결심을 굳힌다) 과거는 과거일 뿐이라네!

엘사는 머리를 늘어뜨리고는 얼음으로 드레스를 새로 만든다.

엘사 풀어줘라! 풀어줘라! / 나는 새벽처럼 일어날 것이니라. / 풀어줘라! 풀어줘라!

---

test the limits 자신의 한계를 시험하다
slam one's foot down 발을 바닥에 쿵 딛다
in a flurry of ~이 갑자기 활기차게 움직이는
creative release 창조적인 힘이 분출되는 것

chandelier 샹들리에
intricate 정교한
crystallize 결정체가 형성되다
take down one's hair 머리를 풀다

The sun rises. Elsa struts out onto a balcony and into the light. She's free.

ELSA   **THAT PERFECT GIRL IS GONE. / HERE I STAND IN THE LIGHT OF DAY. / LET THE STORM RAGE ON!! / THE COLD NEVER BOTHERED ME ANYWAY.**

She turns and slams her ice palace door on us.   CUT TO:

해가 떠오른다. 엘사는 고개를 들고 가슴을 펴며 발코니로 나가 햇살을 받는다. 엘사는 자유의 몸이 됐다.

엘사 그 완벽했던 여자아이는 사라졌노라. / 이제 나는 동트는 새벽에 여기서 있노라. / 눈보라여, 몰아쳐라!! / 어쨌든 난 추위 따위는 상관없었노라.

엘사는 몸을 돌려 얼음 궁전의 문을 쾅 닫는다.   장면 전환

Memorize!

워크북 p.70

EXT. THE FJORD FOREST–DAY
Anna rides her horse through two feet of snow. She **shivers**.

ANNA   (shivering) Elsa! Elsa! It's me, Anna... your sister who didn't mean to make you freeze the summer. I'm sorry. It's all my f-f-f-f-f-f-fault.
     DISSOLVE TO:

LATER: Anna and the horse struggle through a wooded area.

ANNA   (hearing a wolf howl) Of course, none of this would have happened if she'd just told me her secret... ha... she's a stinker.

A branch of a nearby tree **snaps** and startles the horse. Anna goes flying off, **lands face down** in the snow. She sits up. **Spits out** snow. Sees the horse running away.

ANNA   Oh no. No. No. No. Come back. No. No. No. No.... Oooo-kay.

He doesn't come back. Anna **grabs onto** a branch of a leaning **conifer**, tries to pull herself to her feet, but the tree **snaps upright** and releases all its snow onto her. GROAN.   DISSOLVE TO:

EXT. MOUNTAIN–NIGHT
The Northern Lights shine as Anna struggles, **out of breath**, reaching the top of a hill.

ANNA   Snow, it had to be snow, she couldn't have had tr-tr-tropical magic that covered the f-f-fjords in white sand, and warm...

실외. 피오르드의 숲–낮
안나는 2피트나 쌓여 있는 눈을 헤치며 말을 타고 나아가면서 몸을 부르르 떤다.

안나 (몸을 떨며) 언니! 언니! 나야, 안나. 언니 동생. 언니가 여름을 꽁꽁 얼어붙게 만들도록 내가 일부러 그렇게 한 건 아니야. 미안해. 다 내 잘못이야.
     장면이 서서히 바뀐다

잠시 후에 안나와 말은 숲이 우거진 지역을 헤치며 나아간다.

안나 (늑대가 울부짖는 소리를 들으며) 물론 언니가 자신의 비밀을 나에게 얘기해 줬더라면 이런 일은 전혀 일어나지 않았겠지… 언니는 진짜 깍쟁이야.

근처에 있던 나뭇가지가 뚝 부러지자 말이 깜짝 놀라는 바람에 안나는 공중으로 날아가더니 눈 속에 얼굴을 처박으며 떨어진다. 안나는 일어나 앉으며 눈을 뱉는다. 말이 도망치는 것이 보인다.

안나 안 돼. 안 돼. 그러면 안 돼. 돌아와. 안 돼. 안 돼. 그러지 마… 할 수 없지 뭐.

말은 돌아오지 않는다. 안나는 드리워진 침엽수 가지를 잡고는 일어서려고 하다 나무가 뚝 부러지는 바람에 나무에 쌓여 있던 눈 세례를 받는다. 안나가 신음소리를 낸다.   장면이 서서히 바뀐다

실외. 산–밤
오로라가 비치고 있는 가운데 안나는 숨이 차서 산꼭대기까지 힘겹게 오르고 있다.

안나 눈이야. 그건 눈이었어. 언니는 피오르드를 하얗고 따뜻한 모래로 뒤덮을 수 있는 그런 뜨거운 열대 지방을 만들 수 있는 마법을 부릴 수는 없었을 거야.

---

shiver 몸을 떨다
snap 나뭇가지 등이 뚝 부러지다
land face down 얼굴을 바닥에 처박은 채 떨어지다
spit out 뱉다

grab onto ~을 꼭 잡다
conifer 침엽수
snap upright 굽어 있던 가지가 휙 제자리로 돌아가다
out of breath 숨이 차서

She sees smoke **rising up** in the distance.

ANNA   Fire! WHOA!

Anna goes **tumbling down** the hill. She lands **with a crash** in an icy stream at the bottom.

ANNA   (from inside the **snowball**) Cold, cold, cold, cold, cold…

안나의 눈에 멀리 연기가 피어오르는 것이 보인다.

안나 불이다! 야!

안나는 언덕을 내려가다 바닥의 얼어붙은 시내에 쿵 소리를 내며 떨어진다.

안나 (눈덩어리 안에서) 추워, 추워, 추워, 추워, 추워…

---

rise up 연기 등이 피어오르다
tumble down 굴러떨어지다

with a crash 쾅 소리를 내며
snowball 눈덩어리

안나, 크리스토프를 만나다

Anna Meets Kristoff

▶ 11.mp3

EXT. A SMALL BUILDING AND STABLE–NIGHT
Anna **shuffles up to** the building, her dress **frozen stiff**. She **shakes the snow off** a sign and reads:

ANNA   Wandering Oaken's Trading Post.

Snow drops off a smaller sign. She reads it, happily.

ANNA   Ooh! And Sauna...

INT. WANDERING OAKEN'S TRADING POST & SAUNA–NIGHT
Anna steps cautiously through the door–which hits her frozen butt and knocks her into the center of the shop. She **looks around**, sees only **summer supplies**.

OAKEN   (O.S.) Hoo hoo.

Anna turns to see a bright-faced fellow **sitting low** behind the counter, **fingers tapping tip to tip**.

OAKEN   Big summer blow out. Half off swimming suits, clogs, and a **sun balm** of my own invention, yah?

ANNA   Oh, great. For now, how about boots, winter boots... and dresses?

OAKEN   (slight disappointment) That would be in our winter department.

The winter department contains one outfit, a pick ax, and a lonely pair of boots.

ANNA   Oh. Um, I was just wondering; has another young woman, the Queen perhaps, I don't know, passed through here?

실외. 작은 집과 마구간이 있는 곳–밤
얼어서 딱딱해진 드레스를 입은 안나가 터벅터벅 걸어가더니 표지판에 쌓여 있는 눈을 털어내고는 읽어본다.

안나 떠돌이 오켄의 잡화점이네.

작은 표지판에 있던 눈도 떨어진다. 안나는 그 표지판도 읽고는 기분이 좋아진다.

안나 아하! 그리고 사우나도 있구나…

실내. 떠돌이 오켄의 잡화점 및 사우나–밤
안나가 조심스럽게 문을 통해 안으로 들어가다 문이 얼어붙은 엉덩이를 치자 상점 한가운데로 쿵 떨어진다. 안나는 가게 안을 둘러보지만 여름용품밖에는 보이지 않는다.

오켄 (목소리만 들린다) 어서 옵쇼.

안나가 몸을 돌린다. 카운터 뒤에 머리가 잘 돌아가게 생긴 남자가 깊숙하게 앉아 있는 것이 보인다. 이 남자는 양손 손가락 끝을 맞춘 채 두드리고 있다.

오켄 여름용품 대박 세일입니다. 수영복, 샌들, 제가 직접 발명한 썬크림을 반값에 팝니다요.

안나 좋긴 좋은데, 그건 됐고요, 저는 지금 부츠를 찾고 있거든요, 겨울용 부츠랑 드레스가 있나요?

오켄 (약간 실망스러운 표정으로) 그런 것이라면 우리집 겨울용품 코너에 있습죠.

겨울용품 코너에는 옷 한 벌, 얼음 깨는 곡괭이, 그리고 부츠 한 켤레가 달랑 있는 것이 보인다.

안나 아, 그런데요, 한 가지 궁금한 게 있는데 말이죠, 젊은 여자 한 사람이, 아마 여왕일지도 모르죠, 확실하지는 않지만, 여기를 지나가지 않았나요?

---

shuffle up to 발을 질질 끌며 ~까지 가다
frozen stiff 얼어서 딱딱해진
shake the snow off ~에 쌓인 눈을 털어내다
look around 둘러보다

summer supplies 여름용품
sit low 낮게 앉아서 키가 작아 보인다는 뜻
fingers tapping tip to tip 양손의 손가락 끝을 서로 부딪친다는 의미
sun balm 선탠오일

She brings the clothes and boots to the counter.

OAKEN   Only one crazy enough to be out in this storm is you, dear?

The front door suddenly **blows open** and in walks a mass of a man covered in ice. Underneath is KRISTOFF.

OAKEN   You and this fellow... Hoo hoo. Big summer blow out.

Kristoff **walks right up to** Anna.

KRISTOFF   (**in her face**) Carrots.

ANNA   Huh?

KRISTOFF   Behind you.

ANNA   Oh, right. Excuse me.

Anna **moves out of Kristoff's way**. He grabs **a bunch of** carrots, **tosses** them **on** the counter, then moves through the place, gathering other supplies.

OAKEN   (to Kristoff) A real **howler** in July, yah? Where ever could it be coming from?

KRISTOFF   The North Mountain.

ANNA   (to herself) North Mountain.

Kristoff brings his supplies to the counter. Oaken counts on his fingertips.

Memorize!   워크북 p.80

OAKEN   That'll be forty.

KRISTOFF   Forty? No, ten.

OAKEN   (**sweet as pie**) Oh dear, that's no good. See these are from our winter stock, where supply and demand have a big problem.

KRISTOFF   You want to talk about a supply and demand problem? I sell ice for a living.

안나는 옷과 부츠를 카운터로 갖고 온다.

오켄 이렇게 눈보라가 치는 날씨에 밖을 돌아다니는 미친 사람은 아가씨밖에는 못 봤는뎁쇼.

현관문이 갑자기 휙 열리더니 얼음덩어리 같은 사람이 들어온다. 얼음 아래에 있는 사람은 크리스토프다.

오켄 아가씨하고 이 친구밖에는 없는뎁쇼. 어서 옵쇼. 여름용품 대박 세일입니다.

크리스토프는 바로 안나에게 다가온다.

크리스토프 (안나의 얼굴에 대고) 홍당무요.

안나 뭐라고요?

크리스토프 아가씨 뒤에요.

안나 아, 알았어요. 죄송해요.

안나는 크리스토프에게 길을 비켜준다. 남자는 홍당무 한 무더기를 집더니 카운터 위에 툭 놓는다. 그리고는 여기저기 돌아다니며 다른 것들도 이것저것 모으기 시작한다.

오켄 (크리스토프에게) 7월에 웬 놈의 아주 사나운 눈보라가 몰아치는군요. 이 눈보라는 도대체 어디서 온 건가요?

크리스토프 북쪽 산이요.

안나 (혼잣말로) 북쪽 산이라.

크리스토프는 고른 물품들을 카운터로 갖고 온다. 오켄은 손가락으로 계산한다.

오켄 40량 되겠습니다.

크리스토프 40량이라고요? 말도 안 돼요. 10량에 합시다.

오켄 (아주 상냥하게) 아, 이런, 그렇게는 안 되겠는뎁쇼. 보십쇼, 이건 우리 겨울용품 코너에서 갖고 온 것들이잖요. 이런 것들은 지금 수요와 공급이 안 맞으니 한참 안 맞으니까요.

크리스토프 수요와 공급에 문제가 있다고 말하고 있는 거요? 난 직업이 얼음 파는 사람이요.

---

blow open 벌컥 열리다
walk right up to ~로 성큼 다가가다
in someone's face ~의 얼굴에 대고
move out of someone's way ~의 방해가 되지 않도록 길을 비키다

a bunch of ~의 한 무더기
toss A on B A를 B 위에 툭 던지다
howler 눈보라
sweet as pie 목소리가 파이처럼 달콤하다는 의미

47

Kristoff **motions out the window**, where we see the blocks of ice on his **sled**, covered in snow.

ANNA   Ooh, that's a rough business to be in right now. I mean, that is really... (he shoots her a look) Ahem. That's unfortunate.

OAKEN   Still forty. But I will throw in a visit to Oaken's sauna. Hoo hoo! Hi, family.

Kristoff and Anna turn to see a naked family waving through the window of the steaming sauna.

NAKED FAMILY   Hoo hoo!

KRISTOFF   ...Ten's all I got. Help me out.

OAKEN   (isolating the carrots) Ten will get you this and no more.

Kristoff **seethes**. **Stalemate**.

ANNA   Okay, just tell me one thing; what was happening on the North Mountain? Did it seem magical?

Kristoff **pulls down** his scarf and gives Anna a firm answer.

KRISTOFF   Yes! Now, back up while I deal with this **crook** here.

Oaken stands up, revealing his seven-foot **stature**.

OAKEN   What did you call me?

크리스토프는 창문 밖을 가리킨다. 썰매에 쌓여 있는 얼음덩어리들이 눈에 덮여 있는 것이 보인다.

안나 아, 이런. 얼음 장사는 지금 굉장히 힘들겠어요. 제 말은요, 진짜로… (크리스토프가 안나를 힐끗 쳐다본다) 으흠, 운이 없는 거죠.

오켄 그래도 40량입니다. 하지만 덤으로 우리집에서 사우나를 할 수 있게 해 드릴게요. 댁내 다 안녕하죠!

크리스토프와 안나는 몸을 돌린다. 김이 무럭무럭 나는 사우나 창문을 통해 발가벗은 가족이 손을 흔들고 있는 것이 보인다.

발가벗은 가족 안녕하쇼!

크리스토프 가지고 있는 게 10량밖에 없어요. 좀 도와주쇼.

오켄 (홍당무만 따로 떼어놓고는) 10량으로는 이것만 가져가쇼. 다른 것은 안 되오.

크리스토프는 울화통이 터질 지경이다. 이러지도 못하고 저러지도 못할 상황이다.

안나 자, 자, 한 가지만 말해 주세요. 북쪽 산에서 어떤 일이 벌어졌나요? 마법을 부린 것 같았어요?

크리스토프가 스카프를 아래로 내리고는 안나에게 확실하게 답해준다.

크리스토프 그래요! 자, 이제 뒤로 물러나세요. 여기 있는 이 사기꾼에게 손 좀 봐주게.

오켄이 일어선다. 그러자 키가 7피트나 되는 덩치가 드러난다.

오켄 너 지금 뭐라고 했나?

---

motion out the window 창문 밖을 가리키다
sled 썰매
seethe 화가 부글부글 끓어오르다
stalemate 어쩔 수가 없는 상태, 진퇴양난

pull down 끌어내리다
crook 사기꾼, 악당
stature 키

48

I Know How to Stop This Winter

▶ 12.mp3

EXT. WANDERING OAKEN'S TRADING POST AND SAUNA–NIGHT
Oaken **stomps out** the door, carrying Kristoff with one arm.

KRISTOFF Okay. Okay, I'm... Ow! Whoa!

Oaken throws Kristoff, who **face-plants in** the snow.

OAKEN Bye bye.

Oaken slams the door. Kristoff sits up. His reindeer, Sven, **canters over**, **snorts**, and **nudges** him, **expectantly**.

KRISTOFF No Sven, I didn't get your carrots.

Sven huffs in his face. Kristoff turns away and sees something. He points to a **dilapidated** barn.

KRISTOFF But I did find us a place to sleep. And it's free.

INT. WANDERING OAKEN'S TRADING POST AND SAUNA–NIGHT
Anna stands watching Oaken and all his great height as he squeezes behind the counter and sits down low again.

OAKEN (teddy bear) I'm sorry about this violence. I will add a quart of lutefisk, so we'll have good feelings. Just the outfit and boots, yah?

Anna looks between the Kristoff's supplies and the door. CUT TO:

INT. OAKEN'S STABLES–NIGHT
Kristoff, now unfrozen, relaxes on a bed of hay, playing his **lute** and singing to (and for) Sven.

"Reindeer(s) are Better than People"

KRISTOFF REINDEERS ARE BETTER THAN PEOPLE. / SVEN, DON'T YOU THINK THAT'S TRUE?

실외. 떠돌이 오켄의 잡화점 및 사우나–밤
오켄이 한 손으로 크리스토프를 들고는 씩씩거리며 문밖으로 나간다.

크리스토프 알았어, 알았어, 난 그냥, 아! 이런!

오켄이 크리스토프를 내던지자 크리스토프는 눈 속에 머리를 거꾸로 처박힌다.

오켄 바이. 바이.

오켄이 문을 쾅 닫는다. 크리스토프는 일어나 앉는다. 크리스토프가 데리고 다니는 스벤이 깡충깡충 달려오더니 코를 킁킁거리며 뭘 달라는 듯이 크리스토프를 코로 문지른다.

크리스토프 아냐. 스벤, 홍당무는 구하지 못했어.

스벤이 크리스토프의 얼굴에 입김을 확 내뿜는다. 크리스토프는 얼굴을 돌리다 뜻밖의 것을 보게 된다. 크리스토프는 다 낡은 헛간을 가리킨다.

크리스토프 하지만 우리가 잘 곳은 찾아냈지. 게다가 거기는 공짜야.

실내. 떠돌이 오켄의 잡화점 및 사우나–밤
엄청나게 키가 큰 오켄이 카운터 뒤로 비집고 들어와 다시 낮은 자세로 앉는 광경을 안나는 선 채로 지켜본다.

오켄 (아주 부드러운 목소리로) 이런 말썽이 생겨서 죄송해요. 제가 기분을 풀어드리는 뜻으로 루트피스크를 1리터 드릴게요. 그러니까 옷하고 부츠만 필요하신 거죠?

안나는 크리스토프가 고른 물품과 문을 번갈아 바라본다. 장면 전환

실내. 오켄의 마구간–밤
이제 몸이 녹은 크리스토프는 건초더미로 된 침대에 편안하게 누워서 류트를 치면서 스벤에게 노래하고 있다. 스벤을 위해서 노래한다고 말할 수도 있다.

"순록이 사람보다 낫다네"

크리스토프 순록은 사람보다 낫다네. / 스벤, 그렇게 생각하지 않니?

---

stomp out 발을 쿵쿵 거리며 ~에서 나가다
face-plant in ~에 얼굴을 처박고 떨어지다
canter over 종종 걸음으로 다가오다
snort 콧방귀를 뀌다

nudge 코로 문지르다
expectantly 기대에 차서
dilapidated 낡아서 허물어질 것 같은
lute 류트(기타와 비슷한 간단한 악기)

KRISTOFF (AS SVEN) (throwing his voice) YEAH, PEOPLE WILL BEAT YOU & CURSE YOU & CHEAT YOU. / EVERY ONE OF EM'S BAD, EXCEPT YOU. / (speaking) Oh, thanks, Buddy. / (singing, as Kristoff) BUT PEOPLE SMELL BETTER THAN REINDEERS. / SVEN, DON'T YOU THINK I'M RIGHT? / (As Sven) THAT'S ONCE AGAIN TRUE, / FOR ALL EXCEPT YOU. / (As Kristoff) YOU GOT ME. LET'S CALL IT A NIGHT. / (As Sven) GOOD NIGHT. / (As Kristoff) DON'T LET THE FROSTBITE BITE.

The door opens. Anna enters.

ANNA Nice duet.

Kristoff sits up with a start... sees who it is.

KRISTOFF Oh, it's just you. What do you want?

Memorize!

워크북 p.86

ANNA I want you to take me up the North Mountain.

KRISTOFF I don't take people places.

He lays back down, closes his eyes.

ANNA Let me rephrase that...

A sack of supplies lands in Kristoff's lap.

KRISTOFF Umph.

He sits up. Looks in the bag.

ANNA Take me up the North Mountain.... Please.

He eyes her. He clearly doesn't take orders.

크리스토프 (스벤이 된 것처럼) (큰 목소리로) 그래. 사람들은 순록을 때리고, 욕하고, 속이지. / 사람들은 모조리 나빠, 너만 빼고. / (말한다) 어, 고마워, 친구. / (크리스토프가 되어 노래한다) 하지만 사람들은 순록보다 냄새가 좋다네. / 스벤, 내 말이 맞다고 생각하지 않니? / (스벤이 되어) 그것도 맞다네. / 너만 빼고는 그렇단 말이지. / (크리스토프가 되어) 난 무슨 말인지 모르겠는데. 이제 그만 자자. / (스벤이 되어) 잘 자. / (크리스토프가 되어) 동상에 걸리지 말고.

문이 열린다. 안나가 들어온다.

안나 멋진 2중창이네요.

크리스토프는 놀라서 일어나 앉는다. 누군지 알 것 같다.

크리스토프 아, 누군가 했더니 당신이군요. 왜 왔어요?

안나 저를 북쪽 산으로 데리고 가줬으면 좋겠어요.

크리스토프 저는 사람을 어디다 데려다 주는 일은 하지 않아요.

크리스토프는 다시 누워서 눈을 감는다.

안나 다른 말로 바꿔서 할게요.

용품이 들어 있는 자루가 크리스토프의 무릎으로 털썩 떨어진다.

크리스토프 윽.

크리스토프가 일어나 앉아 자루 안을 살핀다.

안나 저를 북쪽 산으로 데리고 가주세요.

크리스토프가 안나를 살펴본다. 다른 사람의 명령대로 움직이는 젊은이가 아닌 것이 분명하다.

---

throw one's voice 노래를 부를 때 소리를 내지르다
curse 욕하다
frostbite 동상
duet 이중창

with a start 깜짝 놀라서
rephrase 달리 표현하다
lap 무릎
eye 살펴보다

50

ANNA	Look, I know how to stop this winter.		안나 이것 좀 보세요. 어떻게 하면 이 겨울을 끝낼 수 있는지 난 알고 있어요.

He considers, lies back down, pulls his hat over his eyes.

크리스토프는 이 말에 대해서 생각해 보더니 다시 눕고는 모자를 끌어 눈을 가린다.

KRISTOFF We leave at dawn…. And you forgot the carrots for Sven.

크리스토프 새벽에 떠나죠. 그런데 말이죠. 스벤이 먹을 홍당무를 잊어버리셨군요.

A bag of carrots hits Kristoff in the face.

홍당무 한 자루가 크리스토프의 얼굴에 떨어진다.

KRISTOFF Ugh!

크리스토프 아이쿠!

ANNA Oops. Sorry. Sorry. I'm sorry. I didn't… (catching herself) We leave now. Right now.

안나 어머, 죄송. 죄송해요. 정말 미안해요. 일부러 그런 건 아니… (하던 말을 끊는다) 지금 떠나야 해요. 지금 당장이요.

She steps back outside and waits, anxiously. Annoyed, Kristoff offers Sven a carrot. Sven has a bite. Then Kristoff has a bite, **contemplating**.
SLAM CUT TO:

안나는 다시 나가서는 초조하게 기다린다. 짜증이 난 크리스토프는 홍당무를 하나 스벤에게 준다. 스벤은 그것을 씹어 먹는다. 그러자 크리스토프도 생각에 잠긴 채 홍당무를 씹는다. 장면이 급하게 변한다

EXT. MOUNTAIN HIGH–NIGHT
Sven races, **top speed**, up a narrow cliff, pulling the sled, which **skids precariously**. Kristoff **mans** the reins. Anna sits beside him.

실외. 산 꼭대기-밤
스벤이 썰매를 끌면서 좁은 절벽 위를 전속력으로 질주하고 있다. 썰매가 위태롭게 미끄러진다. 크리스토프는 고삐를 잡고 있다. 안나는 크리스토프 옆에 앉아 있다.

KRISTOFF (trying to scare Anna) **Hang on!** We like to go fast!

크리스토프 (안나를 겁주려고) 꼭 잡아요! 우리는 빨리 달리는 걸 좋아하니까요!

ANNA (fearless) I like fast!

안나 (전혀 겁을 내지 않으며) 나도 빨리 달리는 걸 좋아해요!

Anna leans back and puts her feet up on the dashboard.

안나는 뒤로 기대고는 발을 대시보드에 올려놓는다.

KRISTOFF Whoa, whoa! Get your feet down.

크리스토프 이런, 이런! 발을 내려놔요.

He pushes her feet down.

크리스토프는 안나의 발을 밀어 아래로 내려놓는다.

KRISTOFF This is fresh lacquer. Seriously, were you raised in a barn?

크리스토프 이건 라커 칠을 새로 한 거란 말이에요. 이건 농담이 아닌데요, 헛간에서 자라서 그렇게 버릇이 없어요?

Kristoff spits on the dash to clean it. The **spit** flies back and hits Anna in the face.

크리스토프는 대시보드에 침을 발라서는 깨끗하게 닦는다. 침이 튀어서 안나의 얼굴에 맞는다.

ANNA (grossed out) Ew. No, I was raised in a castle.

안나 (역겨워서) 으. 아닌데요. 난 왕궁에서 자랐어요.

She wipes off her face.

안나가 얼굴을 닦는다.

---

contemplate 곰곰이 생각하다
top speed 전속력으로
skid 미끄러지다
precariously 위험하게

man 기계 등을 조작하다. 여기서는 고삐를 잡는다는 의미
hang on 꼭 잡다
spit 침을 뱉다
grossed out 역겨워하는

Day **13**   진정한 사랑 같지는 않아요

Doesn't Sound Like True Love

▶ 13.mp3

Memorize!

워크북 p.92

KRISTOFF   So tell me, what made the Queen **go all ice-crazy?**

ANNA   …Oh well, it was all my fault. I got engaged but then she **freaked out** because I'd only just met him, you know, that day. And she said she wouldn't **bless** the marriage…

KRISTOFF   Wait. You got engaged to someone you just met?

ANNA   Yeah. Anyway, **I got mad** and so she got mad and then she tried to walk away, and I grabbed her glove…

KRISTOFF   Hang on. You mean to tell me you got engaged to someone you just met?!

ANNA   Yes. **Pay attention.** But the thing is she wore the gloves **all the time,** so I just thought, maybe she has a thing about dirt.

KRISTOFF   Didn't your parents ever warn you about strangers?

Anna **eyes** Kristoff **up and down**, then **slides away from** him.

ANNA   Yes, they did…. But Hans is not a stranger.

크리스토프 그렇다면 여왕은 왜 이렇게 세상을 꽁꽁 얼게 만들지 못해서 미처 날뛰었는지 말 좀 해줄래요?

안나 아, 그건 말이죠. 다 내 잘못이에요. 내가 약혼을 했는데 말이죠. 언니가 완전히 기겁을 한 거예요. 그날 막 만난 사람이었거든요. 그리곤 언니는 내 결혼을 축복해 줄 수 없다고 했어요…

크리스토프 잠깐만요, 방금 만난 사람하고 약혼을 했다고요?

안나 그래요. 좌우지간에 그래서 내가 화를 냈죠. 그랬더니 언니도 화를 내고는 가버리려고 하는 거예요. 그래서 내가 언니 장갑을 잡았죠.

크리스토프 잠깐 기다려봐요. 그러니까 당신은 방금 만난 사람하고 약혼을 했다고 말하는 거예요?!

안나 그래요. 내 말을 좀 잘 들어요. 어쨌든 중요한 점은, 언니는 항상 장갑을 끼고 있었다는 거예요. 그래서 언니는 먼지라면 질색을 하는구나, 라고 생각했죠.

크리스토프 부모님이 낯선 사람은 조심하라는 얘기를 해주시지 않았어요?

안나는 크리스토프의 위아래를 훑어보더니 슬쩍 물러난다.

안나 그래요, 하셨죠. 하지만 한스는 낯선 사람이 아니에요.

---

go all ice-crazy 미친 듯이 세상을 온통 꽁꽁 얼어붙게 만들다
freak out 질겁하다
bless 축복해 주다
get mad 화를 내다

pay attention 주의를 기울이다
all the time 항상
eye someone up and down ~를 위아래로 훑어보다
slide away from ~에게서 슬그머니 떨어지다

52

KRISTOFF	Oh yeah? What's his last name?	크리스토프	아, 그래요? 성(姓)이 뭐예요?
ANNA	...Of-the-Southern-Isles?	안나	남쪽 섬의, 라고 하는 것 같아요.
KRISTOFF	What's his **favorite** food?	크리스토프	무슨 음식을 제일 좋아하죠?
ANNA	...Sandwiches.	안나	샌드위치요.
KRISTOFF	Best friend's name?	크리스토프	제일 친한 친구 이름은요?
ANNA	Probably John.	안나	아마 존일 거예요.
KRISTOFF	Eye color.	크리스토프	눈 색깔은요?
ANNA	**Dreamy.**	안나	꿈꾸는 눈빛이에요.
KRISTOFF	Foot size...?	크리스토프	발 크기는요?
ANNA	Foot size doesn't **matter.**	안나	발 크기는 아무래도 좋아요.
KRISTOFF	Have you **had a meal with** him yet? What if you hate the way he eats? What if you hate the way he **picks his nose?**	크리스토프	그 사람하고 식사는 같이 해봤어요? 그 사람이 지저분하게 먹으면 어떻게 하려고 그래요? 또 그 사람이 코를 이상하게 후비면 어떻게 하려고 그래요?
ANNA	Picks his nose?	안나	코를 후벼요?
KRISTOFF	And eats it.	크리스토프	코딱지를 후벼서 먹죠.
ANNA	Excuse me, sir. He is a prince.	안나	이보세요, 선생. 그 사람은 왕자에요.
KRISTOFF	All men do it.	크리스토프	남자는 모두 그렇거든요.
ANNA	Ew. Look it doesn't matter; it's true love.	안나	으, 하여간 그런 건 중요하지 않아요. 우리 사랑은 진정한 사랑이에요.
KRISTOFF	Doesn't sound like true love.	크리스토프	그건 진정한 사랑 같지는 않은데요.
ANNA	Are you some sort of love expert?	안나	당신이 뭐 사랑 전문가라도 돼요?
KRISTOFF	No. But I have friends who are.	크리스토프	그렇지는 않지만 사랑 전문가인 친구들은 있죠.
ANNA	You have friends who are love experts.... I'm not **buying** it.	안나	당신 친구들이 사랑 전문가라고요? 믿을 수가 없어요.

Sven suddenly stops, ears **perked in alarm.**

갑자기 스벤이 발을 멈추더니 귀를 쫑긋 세우고는 경계한다.

KRISTOFF	(to Anna) Stop talking.	크리스토프	(안나에게) 말 좀 그만해요.
ANNA	No, no, no. I'd like to meet these...	안나	아니죠. 그건 아니죠. 그렇게는 안 돼요. 난 그 사람들을 만나고 싶…

---

favorite 가장 좋아하는
dreamy 꿈을 꾸는 듯한
matter 중요하다
have a meal with ~와 식사를 같이 하다

pick one's nose 코를 후비다
buy 상대의 말을 믿다
perk 귀 등이 쫑긋 서다
in alarm 주의를 하느라

53

Kristoff **clamps his hand over** Anna's mouth.

KRISTOFF I mean it. SHHH.

Kristoff stands, looks into the dark woods surrounding them. **Sensing** something behind them, he holds up his lantern. Its light **reflects off**… EYES. Several.

KRISTOFF Sven, go. Go!

Sven takes off.

ANNA What are they?

KRISTOFF Wolves.

Flashes of white **dart** through the woods. Kristoff hops into the back of the sled, grabs a **torch**. **Lights** it.

ANNA Wolves. What do we do?

KRISTOFF I've got this. You just… don't fall off and don't **get eaten**.

ANNA But I wanna help.

KRISTOFF No.

ANNA Why not?

KRISTOFF Because I don't trust your judgement.

ANNA Excuse me?!

A wolf jumps at them, but Kristoff **kicks it off**.

KRISTOFF Who marries a man she just met?

Anna grabs the lute, swings it right at Kristoff's head.

ANNA It's true love!

크리스토프가 안나의 입을 손으로 막는다.

크리스토프 말하지 말아요. 진짜로 하는 말이에요. 쉿.

크리스토프는 일어서더니 주위의 컴컴한 숲을 주시한다. 뒤에 뭔가가 있다는 것을 감지한 크리스토프가 램프를 들어올리자, 갑자기 불빛을 반사하는 눈동자들이 여러 개 보인다.

크리스토프 스벤, 달려, 달려!

스벤이 달린다.

안나 저것들은 뭐죠?

크리스토프 늑대예요.

숲 속에 흰 색이 휙휙 날뛰는 것이 보인다. 크리스토프는 썰매 뒤편으로 펄쩍 뛰어들더니 횃불을 집어 들고는 불을 붙인다.

안나 늑대구나. 어떻게 하면 돼요?

크리스토프 우리에겐 이게 있거든요. 당신은 그냥 썰매에서 떨어지지만 않으면 돼요. 떨어져서 늑대 먹이나 되지 말아요.

안나 하지만 나도 도움이 되고 싶어요.

크리스토프 돕지 말아요.

안나 왜요?

크리스토프 당신의 판단력을 믿을 수 없으니까요.

안나 뭐라고요?!

늑대가 썰매로 뛰어오르려고 하자 크리스토프가 발로 차버린다.

크리스토프 방금 만난 남자하고 결혼하는 여자가 세상에 어디 있어요!

안나가 류트를 집더니 크리스토프의 머리를 향해서 직방으로 휘두른다.

안나 그건 진정한 사랑이에요!

---

clamp one's hand over ~을 손으로 꽉 막다
sense 느끼다
reflect off 빛이 ~에 반사되다
dart 휙 뛰다

torch 횃불
light ~에 불을 붙이다
get eaten 잡아먹히다
kick off ~을 발로 차 떨어뜨리다

Elsa Will Thaw It

▶ 14.mp3

He screams, as she… **BAM**!... swings past Kristoff and knocks a wolf away.

KRISTOFF   (shocked) Whoa.

Just then Kristoff is **yanked** off the sled by another wolf. The torch **goes flying**. Anna catches it, shocked.

ANNA   Christopher!

Kristoff grabs onto a loose rope hanging from the back of the sled and **holds on for dear life** as he's dragged behind.

KRISTOFF   It's Kristoff!

A wolf jumps on Kristoff's back.

KRISTOFF   AH!

Anna thinks fast, uses the torch to **light** a blanket **on fire**.

ANNA   Duck!

Anna throws the flaming blanket right at him. He ducks. The blanket hits the wolves. They tumble off Kristoff.

KRISTOFF   You almost set me on fire!

Anna **reaches out a hand**, pulls Kristoff back onto the sled.

ANNA   But I didn't.

Sven cries out. There is a massive **gorge** ahead.

ANNA   Get ready to jump, Sven!

KRISTOFF   You don't tell him what to do!

Kristoff shoves a satchel into her arms then **scoops** her **up**.

KRISTOFF   I do!

크리스토프가 비명을 지른다. 안나가 휘두른 류트는 크리스토프를 빗겨가더니 쾅 소리를 낸다. 늑대가 썰매에서 떨어져나간다.

크리스토프 (충격을 받아) 와, 이런.

바로 그때 또 다른 늑대가 크리스토프를 썰매에서 끌어내린다. 햇불이 공중으로 날아간다. 안나가 놀라서 햇불을 낚아챈다.

안나 크리스토퍼!

크리스토프는 썰매 뒤에 느슨하게 매어 놓은 밧줄을 잡는다. 그리고는 뒤에 끌려가면서 죽을힘을 다해서 놓치지 않고 밧줄에 매달린다.

크리스토프 크리스토프예요!

그때 늑대가 크리스토프의 등에 올라탄다.

크리스토프 이런!

안나는 머리를 빨리 굴리더니 햇불로 썰매에 있던 담요에 불을 붙인다.

안나 몸을 숙여요!

안나가 불이 붙은 담요를 크리스토프에게 정통으로 던진다. 크리스토프는 몸을 숙인다. 담요가 늑대 여러 마리를 덮친다. 늑대들이 크리스토프에게서 떨어진다.

크리스토프 당신은 나를 불태워죽일 뻔했잖아요!

안나가 손을 내밀어 크리스토프를 썰매 뒤로 끌어올린다.

안나 하지만 그렇게 하지 않았잖아요.

스벤이 히잉 소리를 낸다. 앞에 엄청난 골짜기가 가로놓여 있다.

안나 뛰어넘을 준비를 해, 스벤!

크리스토프 스벤에게 이래라저래라 하지 말아요!

크리스토프는 가방을 안나의 팔에 던지더니 안나를 들어올린다.

크리스토프 그런 건 내가 하는 거니까요!

---

bam 쾅하고 부딪히는 소리
yank 끌어내리다
go flying 날아가 버리다
hold on 꼭 잡다
for dear life 죽을힘을 다해서

light something on fire ~에 불을 붙이다
reach out a hand 손을 내밀다
gorge 깊은 골짜기
scoop up 들어 올리다

Kristoff tosses Anna onto Sven, then unhooks Sven's harness from the sled.

KRISTOFF   Jump, Sven!

Sven jumps the gorge with Anna on his back.
Kristoff goes flying off behind them, still on the sled.
Anna and Sven land safely on the other side of the gorge.
Kristoff's sled **loses momentum**. It's not going to **make it**. He leaps off. He **flaps his arms**, **claws at** the air.
He slams into the snowy edge of the cliff. Hanging by his hands, he looks down to see his sled hit the ground far below and **burst into flames**.

KRISTOFF   (shocked sadness) ... But I just paid it off.

Suddenly, he starts to slip. He claws at the loose snow, but it's clearly hopeless. He's going down.

KRISTOFF   Uh-oh. No, no, no.

To make matters worse, an AXE comes flying right at his face.

KRISTOFF   AH! No, no, no!

The axe slams into the snow, inches from his nose.

ANNA   (O.S.) Grab on!

Kristoff grabs on.

ANNA   Pull, Sven! Pull!

REVEAL: The axe is tied to a rope, then wrapped around Sven. Anna helps Sven pull Kristoff to safety.

Kristoff rolls onto his back, exhausted. Anna peeks down at the burning sled.

Memorize!

워크북 p.98

ANNA   Whoa.... I'll replace your sled and everything in it.

Kristoff **groans**.

ANNA   And I understand if you don't want to help me anymore.

Anna walks off, sadly. Sven comes over and nuzzles Kristoff.

크리스토프는 안나를 스벤에게 던진다. 그리고는 썰매와 스벤을 연결시킨 끈을 푼다.
크리스토프 뛰어, 스벤!

스벤은 안나를 등에 태운 채 골짜기를 뛰어넘는다.
크리스토프는 썰매를 탄 채 안나와 스벤 뒤를 따라 골짜기를 뛴다.
안나와 스벤은 골짜기 맞은편에 무사히 내린다.
크리스토프가 탄 썰매는 속도가 떨어진다. 썰매가 맞은편까지 가지 못할 것 같자 크리스토프는 썰매에서 뛰어내린다. 크리스토프는 팔을 휘저으며 공기를 손톱으로 할퀸다.
크리스토프는 눈 덮인 절벽의 벼랑에 쾅 부딪힌다. 손으로 벼랑을 잡으며 크리스토프는 밑을 내려다본다. 썰매가 까마득하게 보이는 바닥에 떨어지더니 화염에 휩싸인다.

크리스토프 (너무 놀라운 광경에 슬퍼진다) 아, 이런, 방금 돈을 다 갚은 건데.

갑자기 미끄러지기 시작하는 크리스토프는 눈을 손톱으로 잡지만 절망적이다. 크리스토프는 아래로 미끄러진다.

크리스토프 어어, 이런, 안 돼, 안 돼.

설상가상으로 도끼가 정통으로 얼굴로 날아온다.

크리스토프 아니! 안 돼, 안 돼, 이러면 안 돼!

도끼는 크리스토프의 바로 코앞에 있는 눈에 박힌다.

안나 (소리만 들린다) 잡아요!

크리스토프가 도끼를 잡는다.
안나 끌어, 스벤! 끌어당겨!

도끼는 밧줄에 매어져 있는데, 그 밧줄은 또 스벤에게 매어져 있다. 안나는 스벤이 크리스토프를 안전하게 끌어올리는 것을 돕고 있다.
크리스토프는 지쳐서 눕는다. 안나가 불타고 있는 썰매를 내려다본다.

안나 와, 이런. 당신 썰매는 새것으로 바꿔드릴게요. 그 안에 있었던 것들도 모두 다요.

크리스토프가 신음소리를 낸다.

안나 그리고 당신이 이제는 나를 도와주지 않으려고 해도 다 이해할게요.

안나가 슬픈 표정으로 걸어가버린다. 스벤이 크리스토프에게 다가오더니 코로 비벼댄다.

---

lose momentum 가속도를 잃다, 힘을 잃다
make it 성공시키다
flap one's arms 팔을 허우적거리다
claw at 떨어지지 않으려고 ~을 손톱으로 할퀴다

burst into flames 폭발해서 화염에 휩싸이다
to make matters worse 설상가상(雪上加霜)으로
groan 신음소리를 내다

KRISTOFF	Of course I don't want to help her anymore. In fact, this whole thing has ruined me for helping anyone ever again. (AS SVEN) But she'll die on her own. (AS SELF) I can live with that.

Through their conversation, they watch Anna **go the wrong way**... turn, go the other wrong way, turn, **trip**...

KRISTOFF	(AS SVEN) But you won't get your new sled if she's dead. (AS SELF, knowing he**'s got a point**) ...You know sometimes I really don't like you.

Sven licks Kristoff happily.

KRISTOFF	(to Anna) **Hold up.** We're coming!
ANNA	(excited) You are?! (catching herself) I mean, sure. I'll let you **tag along**.

DISSOLVE TO:

EXT. SHARP MOUNTAIN RIDGE–DAWN
Kristoff, Sven and Anna walk on a narrow rim of a mountain. DISSOLVE TO:

EXT. MOUNTAIN FOREST CLEARING–DAY
As they **step out of** the thick trees, Anna catches sight of something far below.

ANNA	Arendelle.
KRISTOFF	It's completely frozen.
ANNA	...But it'll be fine. Elsa will thaw it.
KRISTOFF	Will she?
ANNA	(uncertain) ...Yeah. Now come on. This way to the North Mountain?

She points straight ahead.

KRISTOFF	More like this way.

He points her finger up towards a **perilously mighty** mountain. DISSOLVE TO:

크리스토프 물론 나는 저 여자를 이제는 더 이상 도와주고 싶지 않아. 사실 이런 일을 겪고 나니까 이제는 그 어느 누구라고 도와주고 싶은 마음이 싹 달아났어. (스벤이 되어) 하지만 저 여자는 혼자 놔두면 죽을 텐데. (자신이 되어) 그런 건 나하고 상관없어.

그렇게 서로 얘기를 하면서 둘은 안나가 길을 잘못 드는 것을 본다. 안나는 돌더니 또 길을 잘못 든다. 이번에는 돌더니 넘어진다.

크리스토프 (스벤이 되어) 하지만 저 여자가 죽으면 새 썰매는 날아가는 거지. (자신이 되어, 스벤의 말이 일리가 있다는 것을 알고는) 있잖아, 어떤 때는 난 네가 정말 싫어.

스벤이 즐거운 표정으로 크리스토프를 핥아준다.

크리스토프 (안나에게) 그대로 있어요. 우리가 갈게요.

안나 (신이 나서) 올 거예요? (자제하며) 내 말은… 그래요, 뭐, 뒤따라오는 건 괜찮아요. 장면이 서서히 바뀐다

실외. 험준한 산등성이–새벽
크리스토프, 스벤, 그리고 안나는 좁은 산등성이 길을 걷고 있다. 장면이 서서히 바뀐다

실외. 숲속의 빈터–낮
산림 지대에서 벗어나자 안나의 눈에 저 멀리 아래에 보이는 광경이 들어온다.

안나 아렌델 왕국이네.

크리스토프 완전히 꽁꽁 얼었네요.

안나 하지만 괜찮을 거예요. 언니가 녹여줄 거예요.

크리스토프 언니가 그렇게 할까요?

안나 (반신반의하며) 그럴 거예요. 자, 그건 그렇고 갑시다. 이쪽으로 가면 북쪽 산이 나오나요?

안나가 곧장 앞을 가리킨다.

크리스토프 이쪽으로 가야겠죠?

크리스토프는 안나의 손가락을 험준하게 솟아오른 산 쪽으로 들어올린다. 장면이 서서히 바뀐다

go the wrong way 다른 길로 가다	**tag along** 따라가다
trip 발이 걸려 넘어지다	**step out of** ~에서 나오다
have got a point 일리가 있다	**perilously** 위협이 될 정도로, 위험하게
hold up 기다려라	**mighty** 웅장한

57

I Like Warm Hugs

▶ 15.mp3

EXT. FROZEN **WILLOW TREES**–DAY
Anna, Kristoff, and Sven walk beneath frozen willows. The hanging branches **glisten** like Christmas lights. Sven knocks them with his antlers. They tinkle like chimes.

ANNA   I never knew winter could be so beautiful.

Suddenly, a voice comes in from nowhere. We'll call that voice OLAF.

OLAF   (O.S.) Yeah… It really is beautiful, isn't it? But it's so white. You know, how about a little color? Must we **bleach** the joy out of it all? I'm thinking like maybe some crimson, chartreuse…

While this is going on, Anna and Kristoff look around for the source of the **rambling**. They look at Sven–could he actually be talking? Sven looks back at them, his antlers tangled in branches, just as baffled as they are.
In the meantime, a nose-less snowman, Olaf, wanders up behind them.

OLAF   How 'bout yellow… no, not yellow. Yellow and snow? **Brrrr**… no go.

He stops between Kristoff and Anna. They look down at him. How did he get there? He suddenly looks up at Anna.

OLAF   Am I right?

Anna SCREAMS! **Reflexes** take over and she kicks Olaf's head, sending it flying off his body and into Kristoff's arms.

OLAF   (cheery, to Kristoff) Hi!

KRISTOFF   You're **creepy**.

실외, 얼어붙은 버드나무들 – 낮
안나, 크리스토프, 그리고 스벤은 얼어붙은 버드나무 아래를 걷는다. 늘어진 가지들은 크리스마스 때 걸어놓는 장식 전등처럼 반짝인다. 스벤이 뿔로 그 가지들을 들이받자 가지들은 차임벨이 울리는 소리가 난다.

안나 겨울이 이렇게 아름다운지는 예전에는 미처 몰랐어요.

갑자기 어디에선가 목소리가 들린다. 그 목소리의 주인공을 올라프라고 하자.

올라프 (목소리만 들린다) 그건 그래. 정말 아름답지 않니? 하지만 너무 하얘. 그래서 말인데, 색깔을 좀 주면 어떨까? 우리는 꼭 겨울 풍경의 이 아름다움을 모두 이렇게 하얗게 표백시켜야 되나 말이야? 심홍색이나 황록색을 좀 주면 어떨까, 하고 생각하고 있는데 말이야.

이런 말이 들리는 동안 안나와 크리스토프는 사방을 둘러보면서 이런 소리가 어디서 나는지 찾는다. 둘은 스벤을 본다. 스벤이 진짜로 말을 할 수 있는 건가? 그러자 가지에 뿔이 엉킨 스벤도 둘을 바라본다. 자신도 어리둥절한 표정이다.
둘이 그러고 있는 동안 코가 없는 눈사람인 올라프가 뒤로 다가온다.

올라프 그러면 노란색은 어떨까? 아냐, 노란색은 안 되겠어. 노란색과 눈이라, 브르르, 안 되는 거야.

올라프는 크리스토프와 안나 사이에서 멈춘다. 두 사람은 이 친구가 어떻게 여기에 있는 거지, 라는 표정으로 올라프를 내려다본다. 올라프는 갑자기 안나를 올려다본다.

올라프 내 말이 맞지 않아요?

안나가 비명을 지른다! 안나는 본능적으로 올라프의 머리를 발로 찬다. 그러자 올라프의 머리가 크리스토프의 팔로 날아간다.

올라프 (유쾌한 목소리로 크리스토프에게) 안녕!

크리스토프 이 징그러운 놈아.

---

willow tree 버드나무
glisten 반짝이다
bleach 표백하다
rambling 횡설수설

Brrrr 추워서 부르르 떠는 소리
reflex 반사 신경
creepy 징그러운

Kristoff tosses the head back to Anna and they commence **a game of hot potato.**

ANNA	I don't want it!
KRISTOFF	Backatchya!
OLAF	Please don't drop me.
ANNA	Don't!
KRISTOFF	Come on, it's just a head.
ANNA	No!

Olaf's body runs at Anna, arms waving.

OLAF	(O.S.) All right, we got off to a bad start.
ANNA	Ew, ew, the body!

Anna slams Olaf's head back on the body, **upside down.** Olaf smiles happily, then looks confused.

OLAF	Wait, what am I looking at right now? Why are you **hanging off** the earth like a bat?
ANNA	(sympathetic) …Okay. Wait one second.

Anna **kneels** in front of Olaf and **rights** his head.

OLAF	Oooh! Thank you!
ANNA	You're welcome.
OLAF	Now I'm perfect.

She looks over his innocent face, gets an idea.

ANNA	Well, almost.

She **digs into** Kristoff's satchel, holds up a carrot just as Olaf turns toward her. The carrot **accidentally slams all the way through** his head.

OLAF	Woo! Head rush!
ANNA	Oh! Too hard. I'm sorry! I-I, I was just…. Are you okay?

크리스토프는 올라프의 머리를 안나에게 던진다. 그러자 둘은 뜨거운 감자를 상대방에게 던지듯 귀찮은 존재인 올라프의 머리를 상대방에게 계속 던져버린다.

안나 난 이런 건 싫어요!

크리스토프 나도 그래요!

올라프 나를 떨어뜨리지는 마세요.

안나 떨어뜨리지 말아요!

크리스토프 눈사람의 대갈통인데요, 뭐.

안나 안 돼요!

올라프의 몸통이 팔을 휘두르며 안나에게 뛰어간다.

올라프 자, 자, 시작이 좋지 않았어요.

안나 윽, 윽, 몸통이 여기 있구나!

안나는 올라프의 머리를 몸통에 쾅 내려박는다. 머리가 거꾸로 박힌다. 올라프는 즐거운 듯이 웃다가 혼란스러운 표정을 짓는다.

올라프 잠깐만요, 내가 지금 뭘 보고 있는 거죠? 왜 당신들이 박쥐처럼 땅에 거꾸로 매달려 있는 거예요?

안나 (그도 그럴 것이라고 생각해서) 알았어. 잠깐만 기다려봐.

안나가 올라프 앞에 무릎을 꿇고는 머리를 제대로 붙인다.

올라프 와, 고마워요!

안나 천만에.

올라프 이제 완전해졌네요.

올라프의 순진한 얼굴을 훑어보던 안나에게 아이디어가 떠오른다.

안나 뭐, 완전히 다 된 것은 아니고.

안나는 크리스토프의 가방을 뒤져 홍당무를 집어든다. 이때 올라프가 안나에게 얼굴을 돌린다. 홍당무는 그만 올라프의 머리를 완전히 꿰뚫는다.

올라프 와! 끝내주네!

안나 이런! 너무 세게 박았네. 미안! 그냥 내가 저… 괜찮니?

---

a game of hot potato 뜨거운 감자처럼 귀찮은 것을 떠넘기는 것
upside down 거꾸로
hang off ~에 매달리다
kneel 무릎을 꿇다

right ~을 바로잡다
dig into ~에 손을 넣어 뒤지다
accidently 실수로, 어쩌다
slam all the way through ~을 관통해서 쾅 들어가다

Olaf sees a tiny piece of carrot **sticking out** between his eyes. He **lights up**.

OLAF   Are you kidding me? I am wonderful! I've always wanted a nose. (**going cross-eyed** to look at his tiny nose) So cute. It's like a little baby unicorn.

Anna reaches behind Olaf to the **bulk** of the carrot sticking out the back of his head, and pushes it forward.

OLAF   What? Hey! Whoa. (seeing his now big nose) Oh, I love it even more! Hah…. All right, let's **start** this thing **over**. Hi everyone. I'm Olaf. And I like warm hugs.

Olaf **opens his arms wide to** Anna. That **triggers** a memory. It takes her a moment to place it, but then she does.

ANNA   Olaf?... That's right, Olaf.

OLAF   …And you are?

ANNA   Oh, um… I'm Anna.

OLAF   And who's the funky-looking donkey over there?

ANNA   That's Sven.

OLAF   Uh-huh. And who's the reindeer?

ANNA   …Sven.

Olaf looks from Kristoff to Sven, confused.

OLAF   Oh. They're… oh, okay. (accepting it) Makes things easier for me.

Sven tries to bite Olaf's nose.

OLAF   Ha. Aw, look at him tryin' to kiss my nose. (gushes) I like you, too!

ANNA   Olaf, did Elsa **build** you?

OLAF   Yeah. Why?

Curious, Kristoff takes one of Olaf's **twig** arms off, **studies** it. It seems to be **moving in sync with** his other arm.

올라프는 두 눈 사이에 홍당무가 조금 나와 있는 것을 보더니 활짝 웃는다.

올라프 무슨 말씀이세요. 전 너무너무 좋아요! 코가 있었으면 하고, 얼마나 바랐는데요. (사팔눈으로 자신의 작은 코를 바라보며) 너무 귀엽네요. 아기 유니콘의 뿔 같아요.

안나는 올라프의 뒤로 팔을 뻗어 머리 뒤로 많이 튀어나온 홍당무를 앞으로 민다.

올라프 왜 그래요? 이봐요! 와. (커진 코를 보며) 아, 더 좋네요! 하. 좋아요, 다시 시작하죠. 여러분, 안녕. 저는 올라프예요. 그런데 저는 따뜻하게 안아주는 걸 좋아하죠.

올라프는 안나에게 팔을 쫙 벌리고 안아주기를 기다리고 있다. 그러자 안나의 기억이 되살아난다. 잠깐 기억을 더듬던 안나는 누군지 생각이 난다.

안나 올라프? 그래 맞아. 올라프야.

올라프 그러면 당신 이름은요?

안나 아, 음, 난 안나야.

올라프 그러면 저기 시건방지게 생긴 당나귀는 누구예요?

안나 쟤는 스벤이야.

올라프 그래요? 저 순록은 누구예요?

안나 …스벤.

올라프가 크리스토프에서 스벤으로 시선을 옮기면서 혼란스러운 표정을 짓는다.

올라프 아, 그러니까 쟤들은… 알았어요. (현실을 받아들이며) 나야, 뭐, 더 잘된 거지.

스벤이 올라프의 코를 씹어 먹으려고 한다.

올라프 하. 와, 쟤가 내 코에 키스하려고 하는 것 좀 봐요. (감정이 격해져서) 나도 네가 좋아!

안나 올라프, 엘사 언니가 너를 만들었니?

올라프 그래요. 왜요?

크리스토프가 호기심이 생겨 나뭇가지로 만든 올라프의 팔을 하나 뽑아서 살펴본다. 그 나뭇가지는 나머지 팔과 동작을 맞추어 움직이는 것 같다.

---

stick out 삐죽 나오다
light up 얼굴이 환해지다
go cross-eyed 곁눈질로 보다
bulk 어떤 물체의 대부분

start over 처음부터 다시 시작하다
open one's arms wide to ~에게 팔을 활짝 벌리다
trigger 촉발시키다
build 만들다

ANNA	Do you know where she is?
KRISTOFF	(studying the arm) Fascinating...
OLAF	Yeah. Why?

안나 언니가 어디 있는지 아니?
크리스토프 (팔을 살펴보며) 참 신기하네.
올라프 알아요. 왜요?

Memorize!

워크북 p.104

ANNA	Do you think you could show us the way?
OLAF	Yeah. Why?
KRISTOFF	(bending the arm) How does this work?

Olaf's **dismembered** arm **slaps Kristoff across the face**.

OLAF	Stop it, Sven. Trying to **focus** here. (to Anna) Yeah, why?
KRISTOFF	I'll tell you why. We need Elsa to bring back summer.
OLAF	(shocked) Summer? (sinking into wistfulness) Oh, I don't know why but I've always loved the idea of summer, and sun, and all things hot.
KRISTOFF	Really? I'm guessing you don't have much experience with heat.
OLAF	**Nope.** But sometimes I like to close my eyes and imagine what it'd be like when summer does come. DISSOLVE TO:

안나 길을 안내해 줄 수 있니?
올라프 해드릴 수 있죠. 그런데 왜요?
크리스토프 (팔을 구부리며) 이게 어떻게 움직이는 거지?
뽑힌 올라프의 팔이 크리스토프의 뺨을 때린다.
올라프 그만해, 스벤. 우리가 하는 말에 집중해. (안나에게) 해드릴 수 있죠. 그런데 왜요?
크리스토프 내가 대답해 줄게. 엘사가 여름을 되돌려 놓아야 하거든.
올라프 (충격을 받은 듯이) 여름요? (무엇을 동경하는 듯이) 아, 왜 그런지 이유는 모르겠지만, 난 여름이랑, 태양이랑, 뜨거운 것은 모두 생각만 해도 아주 좋아요.
크리스토프 정말? 내 생각에는 넌 열을 가까이 할 기회가 없을 것 같은데.
올라프 그래, 하지만 난 여름이란 것이 오면 어떻게 되나 하고 눈을 감고 상상하는 걸 좋아하거든.
장면이 서서히 바뀐다

---

twig 나뭇가지
study 살피다
move in sync with ~와 동시에 똑같이 움직이다
dismembered 사지(四肢)가 떨어진

slap someone across the face ~의 뺨을 찰싹 때리다
focus 정신을 집중하다
nope no의 구어체 버전

61

Let's Go Bring Back Summer!

▶ 16.mp3

OLAF'S FANTASY WORLD–PERFECT SUMMER DAY
Olaf walks through a **grassy meadow** with the sun shining behind him. HE SINGS.

"In Summer"

OLAF   BEES'LL BUZZ / KIDS'LL BLOW **DANDELION FUZZ** / AND I'LL BE DOING WHATEVER SNOW DOES IN SUMMER.

Olaf now lies in the sand on a beach.

OLAF   A DRINK IN MY HAND / MY SNOW UP AGAINST THE BURNING SAND / **PROB'LY** GETTING **GORGEOUSLY TANNED** IN SUMMER.

Olaf sails in a boat.

OLAF   I'LL FINALLY SEE A SUMMER BREEZE / BLOW AWAY A WINTER STORM

Olaf floats in the water. All his pieces begin to separate.

OLAF   AND FIND OUT WHAT HAPPENS TO **SOLID WATER** / WHEN IT GETS WARM.

Olaf **tumbles on** a sandy beach with sand-snowmen.

OLAF   AND I **CAN'T WAIT TO** SEE / WHAT MY BUDDIES ALL THINK OF ME / JUST IMAGINE HOW MUCH COOLER I'LL BE IN SUMMER...

올라프의 환상의 세계–완벽한 여름날
올라프가 푸른 초원을 걸으며 노래한다. 올라프의 뒤에 태양이 비추고 있다.

"여름에는"

올라프 벌들은 붕붕거리고 / 아이들은 민들레 씨를 날리네 / 그리고 난 여름에 눈으로 할 수 있는 일은 다 하고 있다네.

이제 올라프는 해변의 백사장에 누워 있다.

올라프 손에 마실 것을 한 잔 쥐고 / 내 눈을 뜨겁게 달궈진 백사장에 누이면 / 아마 여름에 내 피부는 멋지게 탈 거야.

올라프가 배를 타고 있다.

올라프 드디어 여름에 부는 산들바람이 / 겨울의 눈보라를 쫓아내는 것을 보게 될 거야

올라프는 물 위에 둥둥 떠 있다. 몸이 분해되기 시작한다.

올라프 그러자 언 물이 / 따듯해지면 어떻게 되는지 알게 된다네.

올라프는 모래로 만든 눈사람들과 함께 백사장에서 구른다.

올라프 그런데 난 내 친구들이 모두 날 / 어떻게 생각하는지 알고 싶어 궁금해 죽겠네 / 여름에는 내가 얼마나 멋진지 한 번 상상이나 해보게!

---

grassy meadow 짙푸른 초원
dandelion fuzz 민들레 씨앗
prob'ly probably를 소리 나는 대로 표기한 것
gorgeously 멋있게

tanned 햇볕에 탄
solid water 얼음
tumble on ~에서 구르다
can't wait to do ~이 하고 싶어 좀이 쑤시다

Olaf and the seagull **break out into** a tap-dance.

OLAF	DA DA… DA DOO / AH BAH BAH BAH BAH BAH BOO.

올라프와 갈매기가 갑자기 탭댄스를 추기 시작한다.

올라프 다다… 다두 / 아바바바바바부

Olaf and another snowman drink hot chocolate in a **hot tub**.

OLAF	THE HOT AND THE COLD ARE BOTH SO INTENSE / PUT 'EM TOGETHER, IT JUST MAKES SENSE!

올라프와 다른 눈사람이 뜨거운 물이 든 욕조에서 핫초코를 마시고 있다.

올라프 뜨거운 것과 차가운 것은 둘 다 너무 강렬해 / 그래서 둘을 한데 모아 놓는 것이 말이 된다는 거지!

Olaf tap dances with a **gaggle** of seagulls.

OLAF	RATDADAT DAD DADA DOO…

올라프가 갈매기 무리와 탭댄스를 춘다.

올라프 래트다다트 다드 다다 두…

Olaf bounds down a grassy hill.

OLAF	WINTER'S A GOOD TIME TO **STAY IN** AND **CUDDLE** / BUT PUT ME IN SUMMER AND / I'LL BE A…

올라프는 푸른 언덕 아래로 데굴데굴 구른다.

올라프 겨울은 방안에서 몸을 웅크리고 있기에는 좋은 계절이라네 / 하지만 날 여름으로 데려다 주게 그러면 난…

He stops at a puddle, looks down at it. Smiles. Hops over it.

OLAF	HAPPY SNOWMAN!

올라프는 웅덩이에서 멈추고는 밑을 내려다본다. 올라프는 미소를 짓더니 뛰어넘는다.

올라프 난 행복한 눈사람이 된다네!

Olaf runs with a **checkered blanket** that he **spreads out**. He relaxes and stares at the blue sky.

OLAF	WHEN LIFE GETS ROUGH I LIKE TO HOLD ON TO MY DREAM / OF RELAXING IN THE SUMMER SUN JUST **LETTING OFF STEAM**!

올라프는 체크무늬 담요를 들고 뛰다가 담요를 깐다. 올라프는 편한 자세로 푸른 하늘을 바라본다.

올라프 살기가 힘들어지면 난 내 꿈을 꼭 잡는다네 / 스트레스를 풀면서 여름의 작렬하는 태양 속에서 늘어지게 쉬는 꿈을!

Sven, Anna, Kristoff and Olaf have a picnic.

OLAF	OH THE SKY WILL BE BLUE / AND YOU GUYS'LL BE THERE TOO / WHEN I FINALLY DO WHAT FROZEN THINGS DO IN SUMMER!
KRISTOFF	I'm gonna tell him.
ANNA	Don't you dare.
OLAF	IN SUMMER!

스벤, 안나, 크리스토프 그리고 올라프가 피크닉을 즐기고 있다.

올라프 아, 하늘은 푸르고 / 여러분들도 모두 함께 있을 거야 / 드디어 내가 꽁꽁 언 것이 여름에 할 수 있는 일을 하고 있을 때!

크리스토프 저 친구에게 얘기해 주어야겠어.

안나 절대 하지 말아요.

올라프 여름에는!

---

break out into 갑자기 ~을 하기 시작하다
hot tub 뜨거운 물을 받은 욕조
gaggle 거위나 갈매기 등의 무리
stay in 실내에 있다

cuddle 웅크리다
checkered blanket 바둑판무늬 담요
spread out 펼치다
let off steam 긴장을 풀다, 스트레스를 풀다

Olaf sings the final note. We swing around him and return to: **REALITY**. He then **straightens up** and smiles.

OLAF   So, come on! Elsa's this way. Let's go bring back summer!

Olaf grabs Anna's hand and pulls her along up the mountain.

ANNA   (laughing) I'm coming!

Sven hops along, happily following them. Kristoff watches all of them like they're **nuts**.

KRISTOFF   Somebody's got to tell him.   DISSOLVE TO:

EXT. ARENDELLE, VILLAGE—DAY
A layer of solid ice coats everything. People huddle around weak fires. Anxiety runs high amongst the villagers and guests. We pass two CITIZENS fighting over a woodpile.

CITIZEN ONE   No. No. You've got the **bark** facing down. The bark needs to be face-up .

CITIZEN TWO   Bark down is drier.

CITIZEN ONE   Bark up.

CITIZEN TWO   Bark down.

CITIZEN ONE   Bark up.

Like a light in the dark, Hans moves through the crowd.

HANS   Cloak. Does anyone need a cloak?

Memorize!

워크북 p.114

GERDA   Arendelle is indebted to you, Your Highness.

HANS   The castle is open. There's soup and hot glögg in the Great Hall.

He hands the **stack** of cloaks to a **guard**.

HANS   Here. **Pass** these **out**.

Just then the Duke approaches Hans.

올라프가 마지막 노래 구절을 뽑고 있다. 노래 부르는 올라프를 비추던 카메라가 현실로 돌아온다. 올라프가 자세를 바로잡더니 미소를 짓는다.

올라프 자, 어서 와요! 엘사는 이쪽으로 가면 있어요. 어서 가서 여름을 다시 찾아옵시다.

올라프가 안나의 손을 잡더니 산 위로 끌어당긴다.

안나 (웃으며) 간다, 가!

스벤은 즐거운 표정으로 깡충거리며 뒤쫓아간다. 크리스토프는 이런 광경을 보며 다들 미쳤다는 듯한 표정을 짓는다.

크리스토프 누군가는 저 친구에게 얘기를 해주어야 해. 장면이 서서히 바뀐다

실외. 아렌델 왕국의 마을—낮
모든 것이 단단한 얼음으로 뒤덮여 있다. 사람들은 약한 불 주위에 웅크리고 있다. 마을 사람들과 손님들 사이에는 불안감이 고조되고 있다. 카메라가 모닥불에 대해서 다투고 있는 시민 두 사람을 비춘다.

시민1 안 돼. 그렇게 하면 안 돼. 나무껍질이 있는 쪽을 아래로 놨잖아. 껍질은 위를 보게 해야 하는 거야.

시민2 껍질을 아래로 놔야 나무가 더 마르게 되는 거야.

시민1 껍질이 위야.

시민2 껍질은 아래야.

시민1 껍질은 위야.

암흑을 비추는 한 줄기 광명처럼 한스가 군중들 사이를 다니고 있다.

한스 망토요. 망토가 필요한 사람 있습니까?

게르다 왕자님. 아렌델 왕국은 왕자님에게 신세를 톡톡히 지고 있습죠.

한스 성문은 열려 있습니다. 대연회실에서 수프와 따뜻한 글루그를 드실 수 있어요.

한스는 경비병에게 망토 한 뭉치를 건넨다.

한스 자, 나눠주게.

바로 그때 대공이 한스에게 다가온다.

---

reality 현실
straighten up 몸을 펴다
nuts 미친
bark 나무껍질

cloak 망토
stack 무더기, 더미
guard 경비병
pass out 나눠주다

64

DUKE	Prince Hans, are we just expected to sit here and freeze while you **give away** all of Arendelle's **tradable goods**?
HANS	(tall and confident) Princess Anna has given her orders and…
DUKE	And that's another thing; has it dawned on you that your princess may be **conspiring with** a **wicked sorceress** to destroy us all?

Han's nice eyes turn to threatening slits.

HANS	Do not question the Princess. She left me in charge, and I will not hesitate to protect Arendelle from **treason**.
DUKE	(**flabbergasted**, offended) Treason?!

Suddenly they hear the alarmed whinny of Anna's horse. It returns alone, bucking and kicking. Hans grabs its reins.

HANS	Whoa! Whoa! Whoa, boy. Easy. Easy.
CROWD	(various) Princess Anna's horse. What happened to her? Where is she?

Hans steadies the horse, looks up at the mountain. He sees all the **panicked** faces of the kingdom looking to him.

HANS	…Princess Anna is in trouble. (calling out) I need volunteers to go with me to find her!

Volunteers, some from Arendelle, some from other lands, rush up to offer their services.

DUKE	I volunteer two men, my Lord! (quietly to his thugs) Be prepared for anything, and should you encounter the Queen, you are to put an end to this winter. Do you understand?

His two thugs sneer.   CUT TO:

대공 한스 왕자님, 왕자님이 아렌델 왕국의 교역에 쓸 수 있는 제품들을 모두 공짜로 나눠주고 있는 동안 우리는 그냥 여기 앉아서 얼어 죽어야 하나요?

한스 (당당한 자세로) 안나 공주님이 명령을 내리셨기 때문에…

대공 이건 또 다른 문제입니다만, 당신의 그 공주님이 사악한 마법사와 짜고 우리를 모두 괴멸시키려고 하는 건 아닌지, 하는 생각이 들지는 않았나요?

한스의 부드러운 눈이 위협할 때처럼 가늘게 찢어진다.

한스 공주님을 의심하지 마십시오. 공주님은 나에게 아렌델 왕국 관리의 책임을 맡기셨으니, 난 아렌델 왕국에 대한 반역은 조금도 용인하지 않겠소.

대공 (어안이 벙벙하고, 불쾌하다) 반역이라고요?!

갑자기 안나의 말이 우는 소리가 들린다. 그 말은 혼자 돌아온 것이다. 안나의 말이 등을 구부리며 껑충 뛰면서 안절부절못한다. 한스가 말의 고삐를 잡는다.

한스 자, 자, 자. 착하지. 진정해. 진정해.

군중 (여러 명이 동시에 말한다) 안나 공주님의 말이다. 무슨 일이 있었던 거지? 공주님은 어디 있어?

한스가 말을 진정시키고는 산 위를 올려다본다. 한스는 왕국의 백성들이 모두 겁에 질려 자신을 보고 있는 것을 알아차린다.

한스 안나 공주님이 위험에 빠졌습니다. (소리친다) 나와 함께 공주님을 구하러 갈 사람은 앞으로 나오시오!

아렌델 왕국의 백성을 비롯해서 다른 곳에서 온 사람들도 지원하겠다고 앞으로 나선다.

대공 난 두 사람을 보내겠습니다, 왕자님! (자신의 부하들에게 조용히 말한다) 만약의 사태에 대비하게. 여왕을 만나게 되면 이 겨울을 끝내도록 하게. 내 말이 무슨 뜻인지 알겠지?

부하 두 명은 썩은 미소를 짓는다.

장면 전환

---

give away 공짜로 나눠주다
tradable goods 교역물자
conspire with ~와 음모를 꾸미다
wicked 사악한

sorceress 마녀
treason 대역, 반역
flabbergasted 어안이 벙벙한
panicked 공포에 질린

Climbing the Mountain

▶ 17.mp3

EXT. THE NORTH MOUNTAIN –DAY
Anna, Kristoff, Sven and Olaf move through a **hostile** terrain. Wind-swept **icicles face horizontal**.

실외. 북쪽 산–낮
안나, 크리스토프, 스벤 그리고 올라프는 험준한 산악 지대를 통과하고 있다. 바람 때문에 고드름 덩어리들이 수평으로 삐죽하게 나와 있다.

Memorize!

워크북 p.120

KRISTOFF So how exactly are you planning to stop this weather?

ANNA (confident) Oh, I am gonna talk to my sister.

KRISTOFF That's your plan? My ice business is riding on you talking to your sister.

ANNA **Yup.**

Kristoff, so **stunned** by her casual plan, doesn't look where he's going and ends up with an ice-spike to the nose. He **stops short**, GULP, moves carefully around the spike.

KRISTOFF So you're not at all afraid of her?

ANNA Why would I be?

OLAF (oblivious) Yeah. I bet Elsa's the nicest, gentlest, warmest person ever.

Olaf backs right into an icicle. It runs through his torso.

OLAF Oh, look at that. I've been **impaled**.

He **laughs** it **off**.

DISSOLVE TO:

크리스토프 그러니까 이런 날씨를 어떻게 멈추겠다는 건지, 정확하게 어떤 계획을 가지고 있는 거죠?

안나 (자신 있게) 아, 언니하고 얘기하는 거죠.

크리스토프 그게 계획이에요? 그러니까 내가 하고 있는 얼음 장사는 당신이 언니하고 얘기하는 것에 달려 있다는 거네요.

안나 그렇죠.

크리스토프는 안나의 태평스러운 계획에 너무 놀라서 앞을 보지 않고 걷다가 바로 코앞에 삐죽한 얼음덩어리가 있는 것을 보고는 움찔 놀라서 그 자리에 선다. 침을 꿀떡 삼키고는 조심스럽게 얼음덩어리를 피해 돌아간다.

크리스토프 그러니까 당신은 언니가 전혀 무섭지 않다는 거네요?

안나 내가 언니를 왜 무서워해요?

올라프 (얼음이 삐죽 나와 있는 것을 보지 못하고) 그래요. 엘사는 이 세상에서 제일 상냥하고 부드럽고 따뜻한 사람이에요.

올라프가 뒷걸음치다가 삐죽한 얼음덩어리에 상반신을 푹 찔린다.

올라프 이런, 저것 좀 봐. 내가 얼음에 푹 찔렸네.

올라프는 웃어넘긴다.

장면이 서서히 바뀐다

---

hostile 험악한
icicle 고드름
face horizontal 수평으로 향하다
yup yes의 구어체 버전

stunned 어안이 벙벙한
stop short 급정거하다
impale 막대기 등으로 꿰뚫다
laugh off ~을 웃으며 털어버리다

EXT. STEEP MOUNTAIN FACE–DAY
Anna and Kristoff **hit** what looks like a **dead end**. The face of the mountain **goes straight up**.

ANNA   What now?

Kristoff looks around, sighs. Digs in his **rucksack**.

KRISTOFF   ...It's too steep. I've only got one rope, and you don't know how to climb mountains.

ANNA   Says who?

Sven nudges Kristoff, who **looks up** to see Anna trying to climb the cliff's **flat face**.

KRISTOFF   (finding her ridiculous) What are you doing?

ANNA   (straining) ...I'm going to see my sister.

KRISTOFF   You're going to kill yourself.

Kristoff watches her searching for **footholds** and **handholds**.

KRISTOFF   I wouldn't put my foot there.

ANNA   (O.S.) You're distracting me.

KRISTOFF   Or there. How do you know Elsa even wants to see you?

ANNA   (O.S.) I'm just blocking you out cause I gotta concentrate here.

KRISTOFF   You know, most people who disappear into the mountains want to be alone.

ANNA   (O.S.) Nobody wants to be alone. Except maybe you...

KRISTOFF   I'm not alone.... I have friends, remember?

Anna kicks a foot above her head to catch a foothold.

ANNA   You mean the love experts?

실외. 깎아지른 듯한 산–낮
안나와 크리스토프는 막다른 길에 다다른 것처럼 보인다. 산이 깎아지른 듯이 솟아 있다.

안나 이건 또 뭐야?

크리스토프가 사방을 둘러보며 한숨을 쉬더니 배낭을 뒤진다.

크리스토프 너무 가파르네요. 밧줄은 하나밖에 없는데 당신은 산을 오를 줄 모르니.

안나 누가 그런 소리를 해요?

스벤이 크리스토프에게 다가와 쿡쿡 찌른다. 올려다보니 안나가 깎아지른 듯한 산을 기어오르고 있다.

크리스토프 (무모한 짓을 한다고 생각해서) 무슨 짓을 하고 있는 거예요?

안나 (힘을 쓰며) 언니를 만나러 가야겠어요.

크리스토프 그러다가 죽겠어요.

크리스토프는 안나가 발을 디딜 데와 손으로 잡을 데를 찾는 것을 보고 있다.

크리스토프 나라면 거기에다 발을 디디지는 않을 거예요.

안나 (목소리만 들린다) 당신 때문에 집중이 안 되잖아요.

크리스토프 거기에도 놓지 않을 거예요. 엘사가 당신을 만나보고 싶어 할지 어떻게 알아요?

안나 (목소리만 들린다) 난 여기를 올라가는 것에 집중해야 하니까 당신이란 존재는 없다고 생각할게요.

크리스토프 그런데 말이죠, 대부분 혼자 있고 싶어 하는 사람들이 산으로 숨는 거예요.

안나 (목소리만 들린다) 혼자 있고 싶어 하는 사람은 있을 수 없어요. 당신이라면 또 모를까…

크리스토프 난 혼자가 아니에요. 난 친구가 있단 말이에요, 잊지 않았죠?

안나는 발 디딜 곳을 찾느라 발을 머리 위로 들어올린다.

안나 그 사랑 전문가란 사람들 말이에요?

---

hit 맞부딪치다
dead end 막다른 길
go straight up 높이 치솟다
rucksack 배낭

look up 올려다보다
flat face 깎아지른 절벽
foothold 발을 놓을 곳
handhold 손으로 잡을 곳

KRISTOFF   Yes, the love experts!

Anna realizes she**'s stuck**.

ANNA   ...Please tell me I'm almost there.

REVEAL: she's only about six feet up. Her muscles shake.

ANNA   ...Does the air seem a bit **thin** to you up here?

Kristoff smiles, **getting a kick out of** her.

KRISTOFF   Hang on.

He pulls the rope from his bag. Just then Olaf steps out from behind a rock and waves to Kristoff.

OLAF   Hey, Sven? Not sure if this is going to solve the problem, but I found a staircase that leads exactly where you want it to go.

ANNA   Ha ha. **Thank goodness.** Catch!

Anna drops off the cliff. Kristoff catches her.

ANNA   Thanks! That was like a crazy **trust exercise**.

She hops down, **brushes off** her dress, and bounds off. Kristoff watches after her, **digging** her fearless **pluck**.

크리스토프 맞아요. 사랑 전문가들이 요!

안나는 꼼짝도 못하게 됐다는 것을 알아차린다.

안나 거의 다 왔다고 말 좀 해줘요.

사실은 6피트 정도밖에 올라가지 못했다. 안나의 팔다리가 후들거린다.

안나 이렇게 높은 곳에 올라오면 공기가 좀 희박해지나요?

크리스토프는 안나가 재미있어서 미소를 짓는다.

크리스토프 기다려요.

크리스토프는 가방에서 밧줄을 잡아당긴다. 그때 올라프가 바위 뒤에서 나와서는 크리스토프에게 손을 흔든다.

올라프 이봐, 스벤? 내 말이 이 문제를 해결하는 데 도움이 될지는 잘 모르겠지만 말야. 내가 계단을 발견했는데. 그 계단이 너희들이 가고 싶어 하는 곳과 직방으로 통하거든.

안나 하하. 이렇게 고마울 데가. 날 받아요!

안나가 절벽에서 떨어진다. 크리스토프가 안나를 받는다.

안나 고마워요! 서로 상대방을 얼마나 믿을 수 있는지 미친 짓을 한 것 같아요.

안나가 풀쩍 뛰어내리더니 드레스를 터는 깡충깡충 뛰어간다. 크리스토프는 무슨 일이 있어도 조금도 두려워하지 않는 안나가 마음에 들어 뒷모습을 지켜본다.

---

be stuck 옴짝달싹 못하다
thin 희박한
get a kick out of ~에서 재미를 느끼다
Thank goodness 휴, 다행이다

trust exercise 한 명이 넘어가며 쓰러지면 뒤에서 잡아주는 게임
brush off ~에서 털어내다
dig 이해하다, 좋아하다
pluck 용기

We Can Be Like That Again

▶ 18.mp3

EXT. BASE OF THE ICE PALACE–DAY
Anna, Kristoff, and Olaf approach Elsa's **elegant** ice palace.

ANNA   Whoa.

KRISTOFF   (in awe) Now that's ice. I might cry.

ANNA   **Go ahead. I won't judge.**

Anna climbs the steps with Olaf. Sven tries to follow. His **hooves slip out**. He scrambles but can't **get traction**. Kristoff **runs to his aide**.

KRISTOFF   All right, take it easy. I gotcha.

Kristoff settles Sven back down the stairs and pats him.

KRISTOFF   You stay right here, buddy.

Sven obediently plops his reindeer butt down and wags his tail. Kristoff climbs the stairs, admiring the ice details.

KRISTOFF   ...Flawless.

Anna arrives at the door. Hesitates.

OLAF   ...Knock.... (she doesn't) Just knock.... (she doesn't. To Kristoff) Why isn't she knocking...? Do you think she knows how to knock?

Anna finally KNOCKS. The sound echoes inside. The ice doors slide open.

ANNA   Ha. It opened. That's a first.

Anna goes to step in. Kristoff follows. She gets a thought, stops him.

ANNA   You should probably wait out here.

실외. 얼음 궁전 입구–낮
안나, 크리스토프, 그리고 올라프는 엘사가 지은 우아한 얼음 궁전에 도착한다.

안나 와.

크리스토프 (놀라며) 와, 얼음이네. 울고 싶을 정도예요.

안나 어서 울어요. 운다고 내가 뭐라고 그러지는 않을게요.

안나는 올라프와 함께 계단을 올라간다. 스벤도 따라가려고 한다. 그러나 스벤의 발굽이 미끄러져 옆쪽으로 벌어진다. 스벤이 다시 한 발자국 옮기려고 하지만 완전히 미끄러지고 만다. 크리스토프가 스벤을 도우러 옆으로 달려온다.

크리스토프 자, 자, 살살 해. 잡았다.

크리스토프는 스벤을 잡아 계단에 제대로 놓고는 두드려준다.

크리스토프 꼼짝 말고 여기 있어, 친구.

스벤은 고분고분하게 엉덩이를 털썩 내리고는 꼬리를 흔든다. 크리스토프는 얼음으로 만든 건축물을 보면서 감탄하며 계단을 올라간다.

크리스토프 완벽해.

안나가 성문에 다다른다. 그리고는 멈칫한다.

올라프 노크를 해요… (안나는 노크를 하지 않는다) 그냥 노크를 하면 되는데… (그래도 안나가 노크를 하지 않자, 크리스토프에게) 왜 노크를 안 하지? 안나는 노크하는 법을 알고나 있는 거예요?

드디어 안나가 문을 노크한다. 노크 소리가 성 안에 울려 퍼지더니 얼음 문이 스르르 열린다.

안나 하. 열렸네. 언니가 문을 연 건 처음이야.

안나가 안으로 들어가려고 한다. 크리스토프가 뒤따라 가려고 하자, 안나는 무슨 생각이 났는지 크리스토프를 제지한다.

안나 아, 당신은 여기 밖에서 기다리는 게 좋겠어요.

---

elegant 우아한
go ahead 어서 해라
I won't judge 상대의 행동이 좋은지 나쁜지 판단하지 않겠다는 의미
hoove 발굽

slip out 미끄러져서 발이 수평이 되지 않는다는 의미
get traction 걸을 수 있는 마찰력이 생기다
run to someone's aide ~를 도우러 급히 오다

KRISTOFF	What?
ANNA	Last time I introduced her to a guy, she froze everything.
KRISTOFF	But, it's a palace made of ice. Ice is my life.
OLAF	Bye, Sven.

Olaf starts to **head inside**. Anna stops him.

ANNA	You too, Olaf.
OLAF	Me?
ANNA	Just give us a minute.
OLAF	Okay.

As Anna walks inside. Olaf starts counting.

OLAF	One... two...

Kristoff **joins in**.

OLAF AND KRISTOFF	Three... four...

INT. ELSA'S PALACE–DAY
Anna walks into a great **foyer**. The place is beautiful, but also **eerie**.

Memorize!

워크북 p.126

ANNA	Elsa? It's me... Anna?!

Anna slips. **Steadies herself**.

ELSA	(O.S.) Anna.

Elsa steps out of the shadows onto a balcony. She sees Anna, looks to her **longingly**.
Anna **can't help but be struck by** Elsa's beauty.

ANNA	Elsa, you look different.... It's a good different.... And this place is amazing.
ELSA	(cautious, polite) Thank you, I never knew what I was capable of.

크리스토프 뭐라고요?

안나 내가 저번에 언니에게 남자를 소개시켰더니, 언니가 세상을 온통 모두 얼려버렸거든요.

크리스토프 하지만 이건 얼음으로 만든 궁전이잖아요. 난 얼음으로 먹고사는 사람이에요.

올라프 안녕, 스벤.

올라프가 안으로 들어가려고 한다. 안나는 올라프도 제지한다.

안나 너도 기다려, 올라프.

올라프 나도?

안나 언니와 단 둘이 얘기하게, 잠깐만 시간을 줘.

올라프 알았어.

안나가 안으로 들어가자 올라프는 숫자를 세기 시작한다.

올라프 하나… 둘…

크리스토프도 같이 센다.

올라프와 크리스토프 셋… 넷…

실내. 엘사의 궁전-낮
안나는 웅장한 로비로 들어간다. 로비는 아름답지만 기괴한 기운이 감돈다.

안나 언니? 나야. 안나?!

안나는 미끄러지다가 자세를 바로잡는다.

엘사 (목소리만 들린다) 안나야.

엘사가 그림자가 진 곳에서 나와 발코니로 향한다. 엘사는 안나를 보더니 그리운 듯 쳐다본다.
안나는 아름다운 언니의 모습에 놀라지 않을 수 없다.

안나 와, 언니, 변했네. 달라 보이니까 좋은데. 그리고 여기는 굉장해.

엘사 (조심스럽고도 정중한 어조로) 고마워. 난 내가 어떤 능력이 있는지 몰랐어.

---

head inside 안으로 향하다
join in 끼어들다
foyer 로비
eerie 기괴한

steady oneself 넘어지려다 자세를 바로잡다
longingly 그리워하듯
can't help but do ~을 하지 않을 수 없다
be struck by ~에 감탄하다

Anna starts to climb the stairs.

ANNA   ...I'm so sorry about what happened. If I'd known...

Elsa **backs up**, away from Anna.

ELSA   **(on guard)** No, it's okay. You don't have to apologize.... But you should probably go, please.

ANNA   But I just got here.

ELSA   ...You belong in Arendelle.

ANNA   So do you.

Anna takes another step up. Elsa backs up more.

ELSA   No, I belong here. Alone. Where **I can be who I am** without hurting anybody.

ANNA   ...Actually, about that...

OLAF   (O.S.) 58... 59... 60.

ELSA   Wait. What is that?

Olaf comes running in the front door. He waves.

OLAF   Hi, I'm Olaf and I like warm hugs.

ELSA   (shocked) Olaf?

Olaf stops beside Anna, looks up at Elsa, **intimidated**.

OLAF   **(bashful)** You built me. You remember that?

ELSA   (astonished) And you're alive?

OLAF   Um... I think so?

Anna **kneels down** beside Olaf.

ANNA   He's just like the one we built as kids.... We were so **close**. We can be like that again.

Elsa smiles, but then a memory returns to her.   FLASH CUT TO:

안나는 계단을 올라가기 시작한다.

안나 전에 있었던 일은 정말 미안해. 진작 알았더라면…

엘사는 안나에게서 멀어지려고 뒷걸음을 친다.

엘사 (경계를 하며) 아냐, 괜찮아. 사과할 필요는 없어. 하지만 넌 가는 것이 좋겠어. 부탁이야.

안나 이제 막 도착했는데.

엘사 넌 아렌델 왕국의 사람이야.

안나 언니도 마찬가지야.

안나는 한 걸음 더 올라간다. 엘사는 더 뒷걸음을 친다.

엘사 아냐. 난 여기 사람이야. 난 혼자 있어야 하는 사람이야. 여기가 아무도 해치지 않으면서 내 본래의 모습대로 살 수 있는 곳이지.

안나 사실, 그 문제에 관한 건데…

올라프 (소리만 들린다) 쉰여덟, 쉰아홉, 예순.

엘사 잠깐, 저건 뭐니?

올라프가 정문으로 뛰어 들어오며 손을 흔든다.

올라프 이봐요, 난 올라프에요. 난 따뜻하게 안아주는 걸 좋아해요.

엘사 (충격을 받은 듯) 올라프?

올라프는 안나 옆에서 멈추고는 엘사를 올려다본다. 엘사의 모습에 압도당한 듯하다.

올라프 (수줍게) 당신이 날 만들었잖아요? 기억나요?

엘사 (너무 놀라서) 그런데 아직 살아 있었니?

올라프 그럼요. 어, 어, 그렇게 생각하고 있는데요?

안나가 올라프 옆에서 무릎을 꿇는다.

안나 우리가 어렸을 때 만들었던 눈사람과 똑같아. 우리는 그때 아주 친했잖아. 우리는 다시 그렇게 지낼 수 있어.

엘사는 미소짓는다. 그때 옛날 기억이 되살아난다.   플래시 컷

---

back up 뒷걸음치다
on guard 경계하며
I can be who I am 내 본래 모습대로 살 수 있다
intimidated 겁먹은

bashful 수줍은
astonished 어안이 벙벙한
kneel down 무릎을 꿇다
close 사이가 가까운, 친밀한

두려움에 떨며 살 필요는 없어

You Don't Have to Live in Fear

▶ 19.mp3

FLASHBACK: Young Anna is struck by Elsa's powers.

YOUNG ELSA   Anna!

Young Anna falls **unconscious**. Young Elsa **races to** her.   FLASH CUT TO:

THE PRESENT: Elsa's face **sinks in pain**.

ELSA   No, we can't.

Elsa turns and heads up the **second story** steps.

ELSA   Goodbye, Anna.

ANNA   Elsa, wait…

ELSA   (calling back) I'm just trying to protect you.

Elsa continues to **flee**. Anna **pursues**.

ANNA   You don't have to protect me. I'm not afraid. Please don't shut me out again.

Anna SINGS.

"First Time in Forever, **Reprise**"

ANNA   PLEASE DON'T SLAM THE DOOR. / YOU DON'T HAVE TO **KEEP YOUR DISTANCE** ANYMORE. / 'CAUSE FOR THE FIRST TIME IN FOREVER, / I FINALLY UNDERSTAND. / FOR THE FIRST TIME IN FOREVER / WE CAN FIX THIS HAND IN HAND. / WE CAN HEAD DOWN THIS MOUNTAIN TOGETHER. / YOU DON'T HAVE TO LIVE

과거 회상 장면: 어린 안나가 엘사의 마법에 맞는다.

엘사 안나야!

어린 안나가 떨어져 의식을 잃는다. 어린 엘사가 안나에게 달려간다.   플래시 컷

다시 현재로 돌아온다: 엘사의 얼굴이 고통으로 일그러진다.

엘사 아니, 그렇게 지낼 수는 없어.

엘사는 몸을 돌려 한 층 더 높은 계단으로 올라간다.

엘사 안나야, 잘 가라.

안나 언니, 기다려.

엘사 (안나에게 소리친다) 난 너를 보호하려고 그러는 거야.

엘사는 계속 도망친다. 안나는 쫓아간다.

안나 언니는 나를 보호할 필요가 없어. 난 두렵지 않아. 제발 다시는 나를 내쫓지 마.

안나가 노래한다.

"생전 처음으로, 후렴"

안나 문을 쾅 닫지 말아요. / 언니는 이제 나를 멀리 할 필요가 없어요. / 왜냐하면 난생 처음으로, / 난 드디어 이해했기 때문이에요. / 난생 처음으로, / 우리는 서로 손을 맞잡고 이 문제를 해결할 수 있어요. / 우리는 같이 이 산을 내려갈 수 있어요. / 언니는 두려움에 떨

---

unconscious 의식을 잃은
race to ~에게 급히 달려가다
sink in pain 고통으로 얼굴이 일그러지다
second story 2층

flee 도망치다
pursue 뒤쫓다
reprise 노래의 후렴
keep one's distance 거리를 두다

IN FEAR. / 'CAUSE FOR THE FIRST TIME IN FOREVER, / I WILL BE RIGHT HERE.

They arrive on the top floor, Elsa's **main living space**. Elsa turns back to Anna, grateful, but **determined**.

ELSA Anna, / PLEASE GO BACK HOME. / YOUR LIFE AWAITS. / GO ENJOY THE SUN / AND **OPEN UP** THE GATES.

ANNA Yeah, but…

ELSA I know! / YOU **MEAN WELL**, / BUT LEAVE ME BE. / YES, I'M ALONE BUT I'M ALONE AND FREE.

Elsa opens up the balcony doors

ELSA JUST STAY AWAY AND YOU'LL BE SAFE FROM ME.

ANNA ACTUALLY, WE'RE NOT.

ELSA WHAT DO YOU MEAN YOU'RE NOT?

ANNA I GET THE FEELING YOU DON'T KNOW?

ELSA WHAT DO I NOT KNOW?

ANNA ARENDELLE'S IN DEEP DEEP DEEP DEEP SNOW.

ELSA What?

Elsa **looks past Anna's shoulder** out white-peaked mountains.

ANNA You kind of **set off** an **eternal** winter… everywhere.

ELSA Everywhere?

ANNA It's okay, you can just **unfreeze** it.

ELSA No, I can't. I don't know how.

ANNA Sure you can. I know you can.

며 살 필요가 없어요. / 왜냐하면 난생 처음으로, / 내가 바로 여기에 있을 테 니까요.

자매는 엘사가 주로 생활하는 꼭대기 층에 다다른다. 엘사는 마음속으로 고마워하며 안나에게 몸을 돌린다. 하지만 결심은 단호 하다.

엘사 안나야. / 집으로 돌아가렴. / 네 생활이 기다리고 있잖니. / 가서 태양을 만끽하렴 / 그리고 성문을 활짝 열렴.

안나 그래요, 하지만……

엘사 나도 안단다! / 네 뜻은 잘 알아. / 하지만 날 내버려두렴. / 그래, 난 혼자 야, 하지만 난 혼자라 자유로워.

엘사는 발코니 문을 연다.

엘사 나한테 가까이 오지 말아라. 그러 면 너는 나에게서 해를 입지 않아 안전 하단다.

안나 사실 우리는 안전하지 않아요.

엘사 안전하지 않다니 무슨 말이니?

안나 언니는 모르는 것 같아요.

엘사 내가 뭘 모른다는 거니?

안나 아렌델 왕국은 완전히 눈에 파묻 히고 또 파묻혔어요.

엘사 뭐라고?

엘사는 안나의 어깨 너머로 하얗게 눈이 덮인 산봉우리를 본다.

안나 언니는 말하자면 영원한 겨울을 깔아버린 거야. 이 세상 모든 곳에.

엘사 이 세상 모든 곳에?

안나 하지만 괜찮아, 언니가 그냥 다시 녹여놓으면 되는 거야.

엘사 아냐, 난 할 수 없어. 난 어떻게 하 는지 모르는 걸.

안나 아냐, 언니는 할 수 있어. 언니는 할 수 있다는 걸 난 잘 알아.

---

main living space 주로 생활하는 곳
determined 결의가 굳은
open up 활짝 열다
mean well 선의를 지니고 있다

look past someone's shoulder ~의 어깨 너머를 보다
set off 촉발시키다
eternal 영원한
unfreeze 얼었던 것을 녹이다

Snow starts to **swirl** around the room.

ANNA	CUZ FOR THE FIRST TIME IN FOREVER,
ELSA	(panicking) I'M SUCH A FOOL! / I CAN'T BE FREE!
ANNA	YOU DON'T HAVE TO BE AFRAID.
ELSA	NO ESCAPE / FROM THE STORM INSIDE OF ME!

The snow **picks up**. Anna tries to fight through it.

ANNA	WE CAN WORK THIS OUT TOGETHER.
ELSA	I CAN'T CONTROL THE CURSE!
ANNA	WE'LL REVERSE THE STORM YOU'VE MADE.
ELSA	ANNA, PLEASE, YOU'LL ONLY MAKE IT WORSE!
ANNA	DON'T PANIC.
ELSA	THERE'S SO MUCH FEAR!
ANNA	WE'LL MAKE THE SUN SHINE BRIGHT.
ELSA	YOU'RE NOT SAFE HERE!
ANNA	WE CAN FACE THIS THING TOGETHER...

But as Anna sings, we **lose sight of** her in the thickening **blizzard** taking over the room.

ELSA	NO!
ANNA	(O.S.) WE CAN CHANGE THIS WINTER WEATHER, / AND EVERYTHING WILL BE...

Anna's voice disappears in the storm as Elsa cries out.

ELSA	I CAN'T!

Elsa's fear, so strong, **sucks** the blizzard back into her and then it **bursts** out, **unwittingly**, like a sharp snowflake.

방에 눈이 휘날리기 시작한다.

안나 왜냐하면 난생 처음으로,

엘사 (공포에 질려) 난 정말 바보야! / 난 자유로울 수가 없다네!

안나 언니는 두려워할 필요가 없어요.

엘사 도망칠 수가 없어 / 내 안에 들끓고 있는 폭풍우로부터!

방안에 휘날리고 있는 눈의 기세가 더욱 맹렬해진다. 안나는 눈과 싸우려고 한다.

안나 우리는 같이 이것을 해결할 수 있어요.

엘사 난 이 저주를 제어할 수가 없어!

안나 언니가 만들어놓은 눈보라를 우리는 되돌릴 수가 있어요.

엘사 안나야, 제발 부탁이다. 넌 더 악화시킬 뿐이란다!

안나 겁먹지 말아요.

엘사 너무 무섭구나!

안나 우리는 태양이 다시 밝게 빛나게 할 수 있어요.

엘사 넌 여기 있으면 안전하지가 않아!

안나 우리가 같이 맞서면 돼요.

안나가 노래 부르는 동안 방안의 눈보라는 더욱 거세져 안나의 모습이 보이지 않게 된다.

엘사 안 돼!

안나 (목소리만 들린다) 우리는 같이 이 겨울을 바꿔놓을 수 있어요. / 그러면 모든 것이…

안나의 목소리는 눈보라 속에서 들리지 않게 된다. 엘사가 소리친다.

엘사 난 할 수 없단다!

너무나 강력한 엘사의 두려움은 눈보라를 다시 엘사의 내부로 빨아들이더니 부지불식간에 날카로운 눈송이로 변화시켜 외부로 폭발시킨다.

---

swirl 회오리바람처럼 선회하다
cuz because의 약어인 cause를 발음 나는 대로 표기한 것
pick up 맹렬해지다
lose sight of ~을 보지 못하게 되다

blizzard 눈보라
suck 빨아들이다
burst 폭발하다
unwittingly 부지불식간에

Anna is STRUCK right in the heart. She **grasps** her **chest in pain** and **stumbles back**. She falls to her knees.
Elsa gasps when she sees Anna. Just then, Olaf and Kristoff rush into the room to Anna's side.

안나는 그 눈송이에 심장을 강타당한다. 안나는 고통스러워 가슴을 부여잡고는 뒤로 비틀거린다. 안나는 무릎을 꿇는다. 엘사는 안나를 보더니 놀라서 숨을 흑 들이쉰다. 바로 그때 올라프와 크리스토프가 방안으로 달려 들어와 안나 곁으로 간다.

Memorize!

워크북 p.132

KRISTOFF	Anna. Are you okay?
ANNA	I'm okay... I'm fine.

크리스토프 안나, 괜찮아요?
안나 난 괜찮아요… 별일 없어요.

Anna **gets to her feet**, determined to hide the pain.

자신의 고통을 숨기려고 단단히 마음먹은 안나가 일어선다.

ELSA	(scared) Who's this? Wait, it doesn't matter. You have to go.
ANNA	No, I know we can figure this out together...
ELSA	(desperate) How? What power do you have to stop this winter? To stop me?

엘사 (겁이 나서) 이 사람은 누구니? 아니, 그건 중요한 게 아니지. 넌 가야겠어.

안나 아냐. 우리는 같이 이 문제를 해결할 수 있어.

엘사 (필사적으로) 어떻게? 너한테 무슨 힘이 있어서 이 겨울을 막을 수 있단 말이니? 나를 어떻게 막아?

Anna doesn't have the answer. Kristoff sees spiky ice shadows creeping down the walls. Puts a protective arm around Anna.

안나는 대답할 말이 없다. 크리스토프는 벽 얼음에 뾰족한 금이 가고 있는 것을 본다. 크리스토프는 안나를 보호하려는 듯이 팔을 벌린다.

KRISTOFF	Anna, I think we should go.
ANNA	(close to tears) No. I'm not leaving without you, Elsa.
ELSA	(**heartbroken** but **decisive**) Yes, you are.

크리스토프 안나, 우리는 가야 할 것 같아요.

안나 (눈물을 글썽이며) 안 돼요. 언니, 난 언니를 여기 두고 가지는 않을 거야.

엘사 (가슴이 찢어질 것 같지만 단호하게) 아냐. 넌 가야 해.

Elsa waves her arms and builds a giant, **menacing** snowman. We'll call him MARSHMALLOW.   SLAM CUT TO:

엘사는 팔을 휘둘러 위협적으로 생긴 거대한 눈사람을 만든다. 이 눈사람을 마시멜로우라고 부르기로 한다.
장면이 급작스럽게 전환된다

---

grasp 부여잡다
chest 가슴
in pain 고통스러워
stumble back 뒤로 비틀거리다

get to one's feet 일어서다
heartbroken 가슴이 찢어질 듯한
decisive 단호한
menacing 위협적인

Marshmallow Got Mad

▶ 20.mp3

EXT. ICE PALACE–DAY
Marshmallow holds Anna and Kristoff by the **scruff** of their necks in one hand and Olaf in the other.

ANNA   Stop. Put us down!

OLAF   (to Marshmallow) You are a lot stronger than I think you realize.

Marshmallow tosses Kristoff and Anna down the steps.

MARSHMALLOW   (like a **bouncer**) Go away!

Anna and Kristoff slide past Sven, who's got his tongue stuck to the ice railing.

OLAF   (O.S.) Heads up!

Olaf's head **smashes into** a **snowbank** nearby.

ANNA   Olaf!

OLAF   Watch out for my butt!

Anna and Kristoff **duck** as the rest of Olaf slams into the snowbank. Marshmallow turns to go back into the castle.
Incensed, Anna tries to march back up the stairs.

ANNA   It is not nice to throw people!

Kristoff grabs her, pulls her back.

KRISTOFF   All right **feisty pants**. **Calm down**. Woaw. Just let the snowman be.

ANNA   Let me at him. I want to get him. I…. Okay. I'm calm.

실외. 얼음 궁전–낮
마시멜로우는 한 손으로 안나와 크리스토프의 목덜미를 잡고, 또 한 손으로는 올라프를 잡는다.

안나 그만해. 우리를 내려놔!

올라프 (마시멜로우에게) 자네는 말야, 네가 느끼는 것보다 힘이 훨씬 세단 말야.

마시멜로우는 크리스토프와 안나를 계단 아래로 던진다.

마시멜로우 (유흥업소의 문지기가 말썽꾼을 퇴치하는 것처럼) 꺼져!

둘은 바닥으로 미끄러져 내려가 스벤 옆을 지나간다. 스벤의 혀는 꽁꽁 언 난간에 붙어 있다.

올라프 (목소리만 들린다) 조심해!

올라프의 머리가 옆에 있는 눈더미에 쾅 부딪힌다.

안나 올라프!

올라프 내 엉덩이가 내려오니까 조심해!

안나와 크리스토프가 피하자 올라프의 나머지 몸뚱이가 눈더미에 박힌다.
마시멜로우가 몸을 돌려 성 안으로 들어가려고 한다.
화가 난 안나가 다시 계단을 올라가려고 한다.

안나 사람을 내던지는 것은 점잖지 못한 짓이야!

크리스토프가 안나를 잡아 끌어내린다.

크리스토프 자, 자, 이 말괄량이 아가씨야, 진정해요. 휴. 눈사람을 그냥 내버려둬요.

안나 저놈한테 가야겠어요. 저놈을 잡아야겠어요. 내가 그냥… 알았어요. 진정했어요.

---

scruff 목덜미
bouncer 극장 등의 문 앞에서 지키는 경비원
smash into ~에 쾅 박히다
snowbank 눈더미

duck 자세를 낮춰 피하다
incensed 화가 잔뜩 난
feisty pants 말괄량이 아가씨
calm down 진정해라

Anna backs down… for a moment. Then she grabs a snowball and throws it at Marshmallow.
The tiny little ball hits Marshmallow's back, not making even the slightest dent. But it's enough to infuriate him. He ROARS. Spikes shoot out of his joints.

안나는 물러서는 듯하더니 눈뭉치를 집어서 마시멜로우에게 던진다.
작은 눈뭉치는 마시멜로우의 등에 맞는다. 눈뭉치는 너무 작아서 마시멜로우에게는 간지럽지도 않은 정도다. 그러나 마시멜로우는 눈뭉치에 맞았다는 것 자체에 엄청 화를 낸다. 마시멜로우가 으르렁거린다. 관절 부분에서 뾰족한 얼음덩어리들이 솟아난다.

Memorize!   워크북 p.138

KRISTOFF	Uh-oh. Now you made him mad!
OLAF	…I'll distract him. You guys go.

크리스토프 이런, 저 친구를 화나게 만들었잖아요!
올라프 내가 저 친구의 주의를 흐트러뜨릴 테니까, 당신들은 빨리 도망쳐요.

Kristoff pushes Anna along. Sven runs off in the opposite direction. Olaf's belly and butt fall and follow Sven.

크리스토프가 안나를 민다. 스벤은 반대 방향으로 도망친다. 올라프의 배와 엉덩이가 떨어지며 스벤을 뒤쫓는다.

OLAF	No, no, not you guys.

올라프 아니, 아니, 너희들 보고 도망치라고 한 게 아냐.

Marshmallow **goes charging after** Anna and Kristoff as Olaf's head falls and lands face down in snow.

마시멜로우는 안나와 크리스토프 뒤를 쫓는다. 올라프의 머리가 떨어지며 눈에 얼굴을 박는다.

OLAF	**(muffled)** This just got a whole lot harder.

올라프 (눈에 막혀 소리가 잘 들리지 않는다) 이거 참, 생각보다 훨씬 어려워지는데.

Anna and Kristoff leap and slide down a steep slope. They tumble to a stop at the bottom just as Marshmallow **lands hard** right behind them. They're off again… through a **maze** of **conifers** that **sag** under the weight of the snow, Marshmallow **hot on their trail**.

안나와 크리스토프는 가파른 비탈길로 뛰어들어 미끄러져 바닥으로 굴러 떨어진다. 바로 그때 마시멜로우가 바로 뒤에 쿵 떨어져 서 있는 것이 보인다.
안나와 크리스토프는 다시 도망친다. 두 사람은 나무에 쌓인 눈 무게 때문에 축 늘어진 침엽수들 사이로 난 미로 같은 길을 빠져나가지만 마시멜로우가 바로 뒤에서 따라오고 있다.

KRISTOFF	This way!

크리스토프 이쪽으로!

Anna grabs a branch of a sagging tree and releases all of the snow. The tree snaps upright, knocking Marshmallow back.

안나가 축 늘어진 가지를 잡아서는 눈을 모두 털어낸다. 나무가 다시 위로 발딱 서자 나뭇가지에 맞은 마시멜로우는 뒤로 자빠진다.

KRISTOFF	(impressed) Ho-ho-ho!
ANNA	I got him!

크리스토프 (감탄하며) 하하하!
안나 내가 해냈어요!

Anna and Kristoff burst out of the conifer forest and almost run right off a cliff. They stop short, **toes on the edge**.

안나와 크리스토프는 침엽수 숲을 급히 빠져나와 달리다 절벽으로 떨어질 뻔한다. 둘은 절벽 가장자리에 발가락을 건 채 급정거를 한다.

KRISTOFF	Whoa, stop!
ANNA	It's a hundred foot drop.
KRISTOFF	It's two hundred.

크리스토프 와, 멈춰요!
안나 깊이가 100피트는 되겠네요.
크리스토프 200피트에요.

Kristoff ties the rope around Anna and pulls tight.

크리스토프는 안나를 밧줄로 묶더니 꽉 친다.

ANNA	Ow.

안나 와.

---

go charging after ∼를 공격하려고 뒤를 쫓아가다
muffled 눈더미에 입이 막혀 소리가 잘 나오지 않는다는 의미
land hard 육중하게 떨어진다는 의미
maze 미로

conifer 침엽수
sag 축 늘어지다
hot on someone's trail ∼의 뒤를 바짝 쫓다
toe on the edge 가장자리에 발가락을 걸고 멈췄다는 의미

He drops to his knees and starts digging a U-shape in the snow with a **pick axe**.

ANNA	What's that for?
KRISTOFF	I'm digging a snow **anchor**.
ANNA	(not trusting) Okay. What if we fall?
KRISTOFF	There's twenty feet of **fresh powder** down there; it'll be like landing on a pillow.... Hopefully.

They hear an angry ROAR coming closer.

KRISTOFF	Okay, Anna. On three.

Anna **preps for** the jump like a boxer getting ready to fight.

ANNA	Okay. You tell me when...
KRISTOFF	One...
ANNA	...I'm ready to go...
KRISTOFF	Two...
ANNA	(**pumped up**) ...I was BORN ready! Yes!
KRISTOFF	Calm down.

A huge tree flies through the air toward them.

ANNA	(O.S.) TREE!

Anna jumps and pulls Kristoff over the edge with her. They hang upside down over the cliff by the rope. The rope catches their fall.

KRISTOFF	Whoa! That happened.

Back up top, Olaf **emerges from** the woods. He's a complete mess, all his body parts are in the wrong places. He **huffs and puffs**, struggling to run.

OLAF	Ah. Ah. **Man**, am I out of shape.

He stops. Puts his body back together in the right order.

크리스토프는 무릎을 꿇더니 곡괭이로 눈을 U자 모양으로 파기 시작한다.

안나 그건 어디다 쓸 거예요?

크리스토프 눈 닻을 파는 거예요.

안나 (믿지 못하겠다는 듯이) 알았어요. 그런데 우리가 떨어지면 어떻게 되는 거예요?

크리스토프 절벽 아래에는 방금 내린 눈이 20피트는 쌓여 있어요. 베개 위에 떨어지는 것이나 다름없죠… 희망사항이 그렇다는 뜻이죠.

화가 나서 으르렁거리는 소리가 더 가까이 다가온다.

크리스토프 자, 자, 안나. 셋에 뛰는 거예요.

안나는 권투선수가 싸울 준비를 하는 것처럼 뛸 준비를 한다.

안나 됐어요. 숫자를 세요.

크리스토프 하나…

안나 난 준비가 돼 있으니까요.

크리스토프 둘…

안나 (결의에 차서) 난 태어날 때부터 준비가 된 사람이에요! 자, 갑시다!

크리스토프 진정해요.

공중에서 커다란 나무가 두 사람을 향해 날아온다.

안나 (목소리만 들린다) 나무다!

안나는 절벽 아래로 뛰어내린다. 그 바람에 크리스토프도 함께 떨어진다. 밧줄 때문에 두 사람은 절벽에 거꾸로 매달려 있는 형국이 된다. 밧줄 덕택에 떨어지지 않고 있는 것이다.

크리스토프 왜! 이런 일도 생기네.

절벽 위의 상황을 보자면, 올라프가 숲에서 나온다. 올라프는 몸 전체가 뒤죽박죽으로 붙어 있어서 완전히 엉망진창이 되었다. 올라프는 숨을 헉헉 쉬면서 뛰느라고 생각하고 있다.

올라프 아, 아, 이런, 완전히 엉망이 되었네.

올라프는 걸음을 멈추더니 몸을 제대로 붙인다.

---

pick axe 곡괭이
anchor 닻
fresh powder 새로 내린 눈을 뜻함
prep for prep은 prepare의 약어. ~에 대해 준비하다

pumped up 결의에 차서
emerge from ~에서 나타나다
huff and puff 숨을 헉헉대다
man 이런, 아이쿠

OLAF There we go. Hey, Anna! Sven! Where'd ya guys go? We totally lost Marshmallow back there!	올라프 자, 됐어. 이봐, 안나! 스벤! 너희들은 도대체 어디로 간 거야? 우리는 벌써 저쪽에서 마시멜로우를 완전히 따돌렸어!
Marshmallow steps up behind Olaf. Olaf turns to face him.	마시멜로우가 올라프의 뒤에 성큼 나타난다. 올라프가 몸을 돌려 바라본다.
OLAF (happily) Hey. We were just talking about you. All good things, all good things.	올라프 (즐거운 표정으로) 이봐, 우리는 방금 네 이야기를 하고 있었어. 물론 좋은 얘기만 했어, 진짜야.
Marshmallow roars and approaches Kristoff's snow anchor.	마시멜로우가 으르렁거리더니 크리스토프가 파놓은 눈 닻으로 간다.
OLAF NO!	올라프 안 돼!
Olaf jumps onto Marshmallow's leg trying to stop him, but not making much of a difference.	올라프가 마시멜로우의 다리에 올라타서 막으려고 하지만 그런다고 별 효과는 없다.
OLAF This is not making much of a difference!	올라프 그렇게 한다고 뭐 별로 달라지는 것도 없잖아!
Marshmallow **flicks** Olaf **off** his leg and right over the cliff.	마시멜로우는 다리를 흔들어 올라프를 떼어내 절벽 아래로 떨어뜨린다.
OLAF WHOA!	올라프 와!
Olaf passes Anna and Kristoff	올라프는 안나와 크리스토프를 지나 날아간다.
ANNA Olaf!	안나 올라프!
OLAF Hang in there, guys!	올라프 버텨, 친구들!
Marshmallow starts **yanking** Kristoff and Anna's rope **up**.	마시멜로우는 크리스토프와 안나가 매달려 있는 밧줄을 끌어올리기 시작한다.
ANNA Wait, what?	안나 잠깐, 이게 뭐야?
Kristoff's head hits the cliff.	크리스토프의 머리가 절벽에 부딪힌다.
KRISTOFF Aargghh!	크리스토프 아이쿠!
Kristoff **passes out** and hangs like a **rag doll**.	크리스토프는 의식을 잃고 봉제인형처럼 매달려 있다.
ANNA Kristoff!	안나 크리스토프!
Marshmallow pulls them up. He roars and breathes snow all over them.	마시멜로우가 두 사람을 끌어올린다. 마시멜로우는 으르렁거리더니 두 사람에게 온통 눈을 뱉어내면서 이렇게 말한다.
MARSHMALLOW Don't come back!	마시멜로우 다시는 오지 마!
ANNA (**grossed out** by his **snow breath**) Ugh. We won't.	안나 (마시멜로우가 눈을 뱉을 때 내는 입 냄새가 역겹다) 윽, 오지 않을 거야.
Anna **whips out** a knife and cuts the rope. Kristoff **comes to** just as they fall. They both SCREAM! SLAM!	안나는 칼을 꺼내더니 밧줄을 자른다. 둘 다 절벽 아래로 떨어지는 그 순간에 크리스토프는 정신을 차린다. 안나와 크리스토프는 둘 다 비명을 지른다! 쾅!

---

flick off ~을 털어버리다
yank up ~를 휙 끌어올리다
pass out 의식을 잃다
rag doll 봉제인형
grossed out 역겨워하는

snow breath 인간은 bad breath(입 냄새)를 풍기지만 눈사람은 snow breath를 풍긴다
whip out 휙 꺼내다
come to 의식을 회복하다

Your Hair is Turning White

▶ 21.mp3

REVEAL: Anna opens her eyes to **find herself buried up to her shoulders** in the soft thick snow. She laughs.

ANNA   Hey, you were right. Just like a pillow.

She looks up to see Olaf's upper half **hanging onto** Kristoff's boots, which are sticking out of the snow.

OLAF   (shaking the boots) I can't feel my legs! I can't feel my legs!

Suddenly, Kristoff's head **pops up**. He **spits out** snow.

KRISTOFF   Those are my legs.

Olaf's bottom goes running by.

OLAF   (to Kristoff) Ooh. Hey, **do me a favor**, grab my butt.

Kristoff grabs Olaf's head and puts it on his body.

OLAF   Oh, that feels better.

Sven walks up and **sniffs** Olaf's nose.

OLAF   Hey, Sven!

Olaf turns to Anna and Kristoff just as Sven goes to **bite off** his nose... and just misses.

OLAF   He found us. (to Sven, funny voice) Who's my cute little reindeer?

KRISTOFF   Don't talk to him like that.

안나가 눈을 떠서 보니 자신은 어깨까지 부드러운 눈에 묻혀 있다는 것을 알게 된다. 안나가 웃는다.

안나 이봐요, 당신 말이 맞았어요. 꼭 베개에 떨어지는 것 같았어요.

안나가 고개를 들어 올라프의 상체가 눈 위로 불쑥 튀어나온 크리스토프의 부츠에 매달려 있는 것을 본다.

올라프 (부츠를 흔들며) 내 다리가 느껴지지가 않아! 내 다리가 없는 것 같아!

갑자기 크리스토프의 머리가 푹 튀어나온다. 크리스토프가 눈을 뱉어낸다.

크리스토프 그건 내 다리야.

올라프의 하체가 달아난다.

올라프 (크리스토프에게) 이런, 이봐요, 부탁 좀 합시다. 내 엉덩이를 붙잡아줘요.

크리스토프는 올라프의 머리를 잡고는 몸체에 붙인다.

올라프 아, 이제 좀 낫네.

스벤이 다가와 올라프의 코에 대고 킁킁 냄새를 맡는다.

올라프 이봐, 스벤!

올라프가 안나와 크리스토프가 있는 쪽으로 머리를 돌리는 순간에 스벤이 올라프의 코를 물어뜯으려고 하다가 간발의 차이로 놓친다.

올라프 스벤이 우리를 찾아냈어. (스벤에게 우스꽝스러운 목소리로) 내 귀여운 꼬마 순록이 누구게?

크리스토프 그 애한테 그런 식으로 말하지 마.

---

find oneself buried up to one's shoulders 어깨까지 파묻혔다는 것을 알게 되다
hang onto ~에 매달리다
pop up 팍 나오다

spit out 뱉어내다
do me a favor 부탁을 하나 들어달라
sniff ~의 냄새를 킁킁 맡다
bite off ~을 물어뜯다

Kristoff goes over to help Anna, who is stuck in the snow.

KRISTOFF   Here.

He lifts her out easily.

ANNA   (impressed) Whoa!

KRISTOFF   You okay?

ANNA   Thank you.

They meet eyes. Wait. Is that chemistry?

ANNA   …Um…. How's your head?

She touches the spot where he **banged** his head.

KRISTOFF   (in pain) Ah! Ooh!

He **catches himself. Waves off the pain with a giggle.**

KRISTOFF   I mean, it's fine. Ah… I'm good. Ha. I've got a thick skull.

OLAF   I don't have a **skull**…. Or bones.

Memorize!

워크북 p.148

KRISTOFF   …So….

This **awkwardness is killing him.**

KRISTOFF   (shy) Now what?

ANNA   (shy) Now what? (then… panicking) Now what?! Oh! What am I gonna do? She **threw** me **out**. I can't go back to Arendelle with the weather like this. And then there's your ice business…

KRISTOFF   Hey, hey, don't worry about my ice business… (noticing something) Worry about your hair!

크리스토프는 눈 속에 파묻혀 있는 안나를 도우러 간다.

크리스토프 자 자.

크리스토프가 안나를 손쉽게 눈에서 들어 올린다.

안나 (감탄하며) 와!

크리스토프 괜찮아요?

안나 고마워요.

두 사람의 눈이 마주친다. 이런. 전기가 통하는 건가?

안나 저… 머리는 어때요?

안나는 크리스토프가 머리를 부딪힌 곳을 어루만진다.

크리스토프 (아파서) 아, 오우!

크리스토프는 신음소리를 자제하며 낄낄 웃으면서 아픈 것을 잊어버리려고 한다.

크리스토프 아 그러니까, 괜찮다구요. 아, 난 괜찮아요. 어, 두개골이 두껍거든요.

올라프 난 두개골도 없고, 뼈도 없어.

크리스토프 그런데…

크리스토프는 거북스러워 죽을 지경이다.

크리스토프 (수줍어하며) 이제 어떻게 하죠?

안나 (수줍어하며) 이제 어떻게 하냐고요? (갑자기 겁에 질린다) 정말, 이제 어떻게 하지?! 아, 어떻게 하지? 언니는 나를 내쫓었어. 날씨가 아직 이런데 아렌델로 돌아갈 수도 없고. 그리고 당신 얼음 장사도 그렇고…

크리스토프 이봐요, 이봐, 내 얼음 장사는 걱정할 필요가 없단 말이에요. (무엇인가를 보고는) 당신 머리 걱정이나 하지 그래요?

They meet eyes 두 사람이 눈을 마주친다는 의미
bang 부딪히다
catch oneself 하던 말이나 행동을 자제하다
wave off the pain with a giggle 웃으며 아픈 것을 떨쳐버리다

skull 두개골
awkwardness 거북스러움
be killing someone 무엇 때문에 죽을 것 같다는 의미
throw out ~를 내쫓다

She thinks he means it looks bad. She **smoothes** it **down**.

ANNA What? I just **fell off a cliff**. You should see your hair.

KRISTOFF No, yours is turning white.

She grabs her **braid** as a **tendril** turns white.

ANNA White? It's what?

KRISTOFF It's because she struck you; isn't it?

ANNA Does it look bad?

KRISTOFF (thinking) …No.

안나는 크리스토프가 자신의 머리가 엉망 진창이라고 말하는 줄 안다. 안나는 머리를 가지런히 한다.

안나 뭐요? 난 방금 절벽에서 떨어졌단 말이에요. 당신 머리는 어떤지 한번 보세요.

크리스토프 내 말은 그게 아니에요. 당신 머리가 하얗게 변하고 있어요.

안나는 머리카락이 하얗게 변하고 있는 머리채를 잡는다.

안나 하얗게 변한다고요? 뭐지?

크리스토프 언니가 당신에게 마법을 던졌기 때문에 그런 것 아니에요?

안나 보기에 흉해요?

크리스토프 (생각해보고는) 뭐, 그렇지는 않아요.

Olaf's head pops up. He's holding his head up off his body to join the conversation.

OLAF You hesitated.

KRISTOFF No, I didn't. Anna, you need help. Now, come on.

He heads towards the **sunset**. Sven and Olaf follow.

OLAF Okay! Where are we going?

KRISTOFF To see my friends.

ANNA (**catching up**) The love experts?

OLAF Love experts?!

KRISTOFF Yes. And don't worry; they'll be able to fix this.

ANNA How do you know?

He looks her over, remembering the moment he saw the trolls heal her as a child.

KRISTOFF …Because I've seen them do it before.

As they round the **bend**, **the sun sets** and Olaf turns to Sven.

OLAF I like to consider myself a love expert. CUT TO:

올라프의 머리가 톡 튀어나온다. 올라프는 몸에서 머리를 떼어내어 위로 올리고는 이야기에 끼어든다.

올라프 뭘, 대답할 때 우물쭈물했으면서.

크리스토프 아냐, 우물쭈물하지 않았어. 안나, 당신은 도움이 필요해요. 자, 갑시다.

크리스토프는 석양이 지는 쪽으로 향한다. 스벤과 올라프가 뒤따른다.

올라프 좋아! 그런데 어디로 가는 거야?

크리스토프 내 친구들을 만나러.

안나 (따라잡으며) 사랑 전문가들이요?

올라프 사랑 전문가들?!

크리스토프 그래요. 그런데 걱정은 하지 말아요. 그분들이 이 문제를 잘 해결할 수 있으니까요.

안나 당신이 어떻게 알아요?

크리스토프는 안나를 살펴보면서, 트롤들이 어린 안나를 치료했던 장면을 봤던 것을 회상한다.

크리스토프 난 그분들이 전에 이런 문제를 해결했던 것을 본 적이 있으니까요.

일행이 모퉁이를 돌자 해가 진다. 올라프가 스벤에게 몸을 돌리더니 말한다.

올라프 난 사랑 전문가로 자처하고 싶어. 장면 전환

---

smooth down ~을 가지런히 하다
fall off a cliff 절벽에서 떨어지다
braid 땋은 머리
tendril 머리술

sunset 석양
catch up 따라잡다
bend 모퉁이
the sun sets 해가 지다

Meet My Family

▶ 22.mp3

INT. ELSA'S PALACE–DAY
Elsa paces, **distraught**. She talks to herself.

ELSA   (**mantra-style**) Get it together. Control it. Don't feel. Don't feel. Don't FEEL!

She hears ice **cracking**. Stops. Looks around. She's left a sharp wake of ice spikes behind her on the floor. They grow up the wall, taking over the castle.
DISSOLVE TO:

EXT. BLACK MOUNTAINS–NIGHT
The Northern Lights are bright. Olaf stares at them **in awe** as he rides on Sven's back.

OLAF   Look, Sven. The sky's awake.

Behind Olaf and Sven, Anna walks with Kristoff. She shivers.

KRISTOFF   Are you cold?

ANNA   ...A little.

He reaches like he might put an arm around her, but decides against it. He looks around as if he doesn't know what to do, then gets a thought.

KRISTOFF   Wait. Come here.

He takes her hand and pulls her around a bend into a **rock-lined pass**. Steam **vents**, powered by the **volcanic activity**, **dot** the path. He holds her hands over one of them.

ANNA   Oooh.... That's nice.

They continue on the path, walking from vent to vent.

KRISTOFF   (taking a deep breath) So, about my friends... well, I say friends, they're more like family....

실내. 엘사의 궁전-낮
심란하고 울분에 가득 찬 엘사가 서성이며 혼잣말을 하고 있다.

엘사 (주문을 외우듯이) 정신을 차려야 해. 조절을 해야 해. 느끼지 마. 느끼지 마. 아무 것도 느끼지 마!

엘사의 귀에 얼음이 갈라지는 소리가 들린다. 엘사는 걸음을 멈추고 사방을 둘러본다. 엘사가 지나간 자리에는 날카로운 얼음이 생긴다. 그 얼음은 벽을 타고 자라며 성을 뒤덮고 있다.
장면이 서서히 바뀐다

실외. 검은 산-밤
오로라가 밝게 빛나고 있다. 스벤의 등에 탄 올라프가 오로라를 보며 감탄하고 있다.

올라프 저것 좀 봐, 스벤. 하늘이 깨어나고 있어.

올라프와 스벤의 뒤에서 안나가 크리스토프와 함께 걷고 있다. 안나는 떨고 있다.

크리스토프 추워요?

안나 조금요.

크리스토프는 안나에게 팔을 두르려는듯 하더니 그만둔다. 크리스토프는 어떻게 하면 좋을지 모르겠다는 듯이 사방을 둘러보다 좋은 생각이 떠오른다.

크리스토프 잠깐만요. 이리 와봐요.

크리스토프는 안나의 손을 잡고 모퉁이를 돌아 가장자리에 바위들이 늘어서 있는 길로 데려간다.
길에는 화산 활동으로 뜨거운 김이 풍풍 솟아나고 있다. 크리스토프는 안나의 손을 김이 나는 곳에 얹는다.

안나 아, 좋네요.

일행은 김이 솟는 곳마다 들르며 계속 길을 간다.

크리스토프 (숨을 깊게 들이쉬며) 자, 이제 내 친구들에 관해서 말하겠는데요. 친구들이라고 했지만, 사실은 가족이나 다름없죠.

---

distraught 심란한
mantra-style 주문을 외우듯이
crack 갈라지다
in awe 놀라울 정도로 감탄하여

rock-lined pass 양옆으로 바위들이 늘어서 있는 길
vent 수증기 등이 나오는 것
volcanic activity 화산활동
dot 점점이 수놓다

Anyway, when I was a kid, it was just me and Sven... until they took me in.

ANNA (moved) They did?

KRISTOFF (**nervous ramble**) Yeah. I don't want to scare you, they can be a little bit inappropriate... and loud... very loud... they're also stubborn at times, and a little **overbearing**. And heavy. Really, really heavy. But they're fine.... You'll **get it**. They mean well.

Anna touches Kristoff's arm, **reassuringly**.

ANNA Kristoff, they sound wonderful.

Kristoff smiles, appreciating her **sincerity**.

KRISTOFF Okay then....

Mustering the courage, Kristoff steps forward and with a wave of the arms announces...

KRISTOFF Meet my family.

REAVEAL: he's surrounded by rocks.

KRISTOFF (to the rocks) Hey, guys!

As Kristoff and Sven move through the rocks, waving and greeting, Olaf and Anna stand frozen, **dumbfounded**.

ANNA (to herself) ...They're rocks.

OLAF (realizing) He's crazy. (**covertly**, to Anna) I'll distract them while you run. (Loud and slow to a rock) Hi, Sven's family! It's nice to meet you! (quietly to Anna) Anna, because I love you, I insist you run. (to the rock) I understand you're love experts! (to Anna) Why aren't you running?

하여튼 간에 내가 어렸을 때는 난 스벤밖에 없었어요. 이 친구들이 나를 받아들이기 전까지는요.

안나 (감동해서) 그랬어요?

크리스토프 (초조해서 횡설수설한다) 그랬어요. 내가 뭐 당신한테 겁주려고 이런 말을 하는 건 아닌데요. 이 친구들은 좀 이 상황에 어울리지 않을 수도 있어요. 그리고 말을 크게 해요. 아주 크게요. 그리고 또 어떤 때는 고집이 세요. 그리고 좀 위압적이죠. 또 무거워요. 아주, 아주 무겁죠. 하지만 선량해요. 아시게 될 거예요. 마음이 따뜻해요.

안나가 자신은 괜찮다는 듯이 크리스토프의 팔에 손을 댄다.

안나 크리스토프, 아주 멋진 분들이네요.

크리스토프는 안나의 말에 진정성이 느껴져 미소를 짓는다.

크리스토프 그렇다면 됐어요.

용기를 얻은 크리스토프는 앞으로 나아가더니 두 팔을 흔들며 이렇게 말한다.

크리스토프 우리 가족과 인사하세요.

그러나 크리스토프는 바위에 둘러싸여 있을 뿐이다.

크리스토프 (바위들에게) 안녕, 여러분!

크리스토프와 스벤이 바위들 사이를 지나다니며 손을 흔들고 인사를 나누는 동안 올라프와 안나는 어안이 벙벙해서 얼어붙은 채 서 있을 뿐이다.

안나 (혼잣말로) 바위들인데.

올라프 (정신이 들어서) 크리스토프는 미쳤어요. (안나만 들리게) 내가 크리스토프의 정신을 빼놓을 테니가 당신은 도망쳐요. (바위에게 천천히 크게 말한다) 안녕, 스벤의 가족 여러분! 만나서 반가워요! (조용히 안나에게) 안나, 난 당신을 사랑해요. 그러니까 당신은 도망쳐요. (바위에게) 여러분들이 사랑 전문가라는 것은 알고 있어요! (안나에게) 왜 도망치지 않는 거예요?

---

nervous ramble 초조해서 횡설수설하는 것
overbearing 위압적인
get it 이해하다, 알게 되다
reassuringly 안심시키듯이

sincerity 진지함
muster the courage 용기를 내다
dumbfounded 어안이 벙벙한
covertly 몰래

Anna **snaps out of her shock** and starts backing away.

ANNA Okay. Um… I'm gonna go…

Just then the rocks around her start rolling.

ANNA (panicking) Kristoff!

Olaf lights up and chases the rocks, who surround Kristoff and **unfold as** trolls.

BULDA KRISTOFF'S HOME!

TROLLS (VARIOUS) Kristoff! Kristoff's home! It's been too long! Kristoff's home!

Olaf jumps around all excitedly.

OLAF (excitedly) Kristoff's home.

He then stops, confused, and looks to one of the trolls.

OLAF Wait? Kristoff?

Anna watches, shocked and confused.
The trolls all **want Kristoff's attention**. One troll **yanks** him **down** with a **boulder**'s strength.

TROLL ONE Oh, lemme look at you!

Another troll tries to pull off his clothes.

TROLL TWO Oh, take off your clothes, Kristoff; I wash them.

KRISTOFF (holding up his pants) Ah! No. I'm gonna keep my clothes on, thank you. Great to see you all. Where's grandpa?

MUSHROOM KID TROLL He's **napping**. But look, I grew a **mushroom**.

TROLL SCOUT KID And I earned my fire crystal.

KIDNEY STONE TROLL I passed a **kidney stone**.

PICK ME UP TROLL Pick me up.

안나는 충격에서 깨어나 뒷걸음치기 시작한다.

안나 알았어. 어, 가려고 해.

바로 그때 안나 주위에 있던 바위들이 구르기 시작한다.

안나 (공포에 질려서) 크리스토프!

얼굴이 환해진 올라프는 바위들을 쫓아간다. 바위들은 크리스토프를 둘러싸더니 트롤로 변신한다.

불다 크리스토프가 돌아왔다!

트롤들 (동시에 여러 명이 말한다) 크리스토프! 크리스토프가 돌아왔다! 너무 오래간만이야! 크리스토프가 돌아왔다!

올라프가 너무 신이 나서 껑충껑충 뛴다.

올라프 (신이 나서) 크리스토프가 돌아왔어.

그리고 나서 올라프는 혼란스러워 동작을 멈추고는 트롤을 본다.

올라프 잠깐, 크리스토프?

충격을 받아 혼란스러운 안나는 이 광경을 지켜보고 있다.

트롤들은 모두 크리스토프의 주의를 끌고 싶어 한다. 트롤 하나가 바위 덩어리의 억센 힘으로 크리스토프를 밑으로 끌어내린다.

트롤1 와, 얼굴 좀 보자!

다른 트롤은 크리스토프의 옷을 벗기려고 한다.

트롤2 옷을 벗어, 크리스토프. 내가 빨아줄게.

크리스토프 (바지를 추켜 세우며) 아! 아냐. 옷은 입고 있을게, 고마워. 여러분 모두 만나서 반가워. 할아버지는 어디 갔어?

버섯 아이 트롤 주무시고 계셔. 그런데 이것 좀 봐. 내가 버섯을 길렀어.

트롤 스카우트대원 아이 그런데 난 불수정을 받았어.

신장 결석 트롤 난 신장 결석을 하나 뺐다네.

안아줘 트롤 날 안아줘.

---

snap out of one's shock 충격에서 깨어나다
unfold as ~으로 변신하다
want someone's attention ~의 주목을 받고 싶다
yank down ~를 획 끌어내리다

boulder 바위
nap 낮잠을 자다
mushroom 버섯
kidney stone 신장 결석

The kid troll jumps on Kristoff's arm. Kristoff sinks under the weight of him. Anna still stares, confused, then realizes…

ANNA   Trolls? They're trolls.

Silence. All troll eyes turn to Anna. **Blink**. Blink.

Memorize!

워크북 p.154

BULDA   …He's brought a girl!

TROLLS   (TOGETHER) He's brought a girl!

Suddenly Anna is surrounded by trolls. They **body-surf**/roll Anna over to Kristoff. She falls into his arms.

ANNA   What's going on?

KRISTOFF   I've learned to just **roll with it**.

Bulda climbs on top of her husband, Cliff, to **get a good look at** Anna. She **studies her like she's a piece of cattle**.

BULDA   Let me see. Bright eyes. **Working nose**. Strong teeth. Yes, yes, yes. She'll do nicely for our Kristoff.

ANNA   Wait. Oh. Um. No.

KRISTOFF   You've got the wrong idea. That's not why I brought her here.

ANNA   Right. We're not. I'm not…

Anna laughs, uncomfortable, not knowing what to say.

BULDA   (to Anna) What's the issue, dear? Why are you holding back from such a man?

아이 트롤이 크리스토프의 팔로 뛰어오른다. 그 무게 때문에 크리스토프는 주저앉는다.
아직도 혼란스러워 지켜만 보고 있던 안나는 사태를 깨닫는다.

안나 트롤인가? 맞아, 트롤이구나.

침묵이 흐른다. 트롤들은 모두 안나에게 몸을 돌리고, 눈을 계속 깜빡거린다.

불다 크리스토프가 아가씨를 데려왔다!

트롤 (다같이) 크리스토프가 아가씨를 데려왔다!

갑자기 트롤들이 안나를 둘러싼다. 트롤들이 안나를 크리스토프에게 밀자, 안나는 크리스토프의 팔에 안긴다.

안나 무슨 일이에요?

크리스토프 트롤들이 하자는 대로 하는 게 좋다는 걸 배웠어요.

불다는 남편인 클리프 위로 기어 올라가 안나를 자세히 본다. 불다는 마치 가축을 조사하듯 안나를 살펴본다.

불다 가만 보자. 눈은 밝고, 코는 반듯하고, 이빨은 튼튼하네. 그래, 그래, 맞아. 우리 크리스토프에게 잘 맞는 아가씨로군.

안나 잠깐만요. 아, 이런, 아니에요.

크리스토프 잘못 알고 있어요. 내가 이 아가씨를 여기 데려온 것은 그런 일 때문이 아니에요.

안나 맞아요! 우리는 그런 사이가 아니에요. 나는 아니에요.

안나는 거북스럽고 무슨 말을 해야 좋을지 몰라서 그냥 웃는다.

불다 (안나에게) 문제가 뭐니, 아가씨? 왜 이런 남자를 마다하는 거니?

.blink 눈을 깜빡이다
body-surf 몸으로 밀다
roll with it 하는 대로 따라하다, 대세에 몸을 맡기다
get a good look at ~를 잘 보다

study someone like someone's a piece of cattle ~를 마치 가축을 검사하듯이 살펴보다
working nose 제대로 생긴 코

Your Life is in Danger

▶ 23.mp3

Bulda SINGS.

"Fixer-Upper"

TROLLS (VARIOUS) IS IT THE **CLUMPY** WAY HE WALKS? / OR THE **GRUMPY** WAY HE TALKS? / OR THE PEAR-SHAPED, SQUARE-SHAPED WEIRDNESS OF HIS FEET? / AND THOUGH WE KNOW HE WASHES WELL / HE ALWAYS **ENDS UP SORTA SMELLY.** / BUT YOU'LL NEVER MEET A FELLA WHO'S AS SENSITIVE AND SWEET.

TROLLS (CHORUS) SO HE'S A BIT OF A FIXER UPPER, / SO HE'S GOT A FEW FLAWS, / HIS PECULIAR BRAIN, DEAR. / HIS **THING FOR** THE REINDEER / THAT OUTSIDE A FEW OF NATURE'S LAWS. / SO HE'S A BIT OF A FIXER UPPER, / BUT THIS WE'RE CERTAIN OF, / YOU CAN FIX THIS FIXER UPPER UP WITH A LITTLE BIT OF LOVE.

KRISTOFF Can we just stop talking about this?! We've got a real actual problem here.

BULDA I'll say... / (To Anna) IS IT THE WAY THAT HE RUNS SCARED?

TROLLS (VARIOUS) OR THAT HE'S **SOCIALLY IMPAIRED?**

불다가 노래한다.

"조금만 고치면 아주 좋은 애야"

트롤들 크리스토프가 어정쩡하게 걸어서 그러니? / 아니면 어정쩡하게 말해서 그러니? / 아니면 발 모양이 먹는 배처럼 사각형이어서 그러니? / 그리고 우리야 다 크리스토프가 몸을 잘 씻는다는 걸 잘 알지만 / 걔는 항상 결국엔 냄새가 좀 나지. / 하지만 그렇게 자상하고 상냥한 남자는 어디에 가도 만날 수 없단다.

트롤들 (후렴) 그러니까 걔는 조금만 고치면 아주 좋은 애야. / 그러니까 결점은 조금 있지 / 머리가 좀 특별나단다. 애야. / 순록을 좋아하는 것이라든가 / 그거야 자연의 법칙을 좀 벗어나기는 하지. / 그러니까 걔는 조금만 고치면 아주 좋은 애야. / 하지만 이건 확실한 거야. / 네가 조금만 사랑해 주면 조금만 고치면 되는 애라 금방 고칠 수 있는 거야.

크리스토프 그런 이야기는 이제 좀 그만할 수 없어요! 우리는 진짜 중요한 문제가 있단 말이에요.

불다 그러니까 내가 하는 말이... / (안나에게) 크리스토프가 겁이 날 때 뛰는 것 때문에 그러니?

트롤들 아니면 걔가 사교적이지 못해서 그러니?

---

fixer-upper 조금만 개선하면 되는 물건이나 사람
clumpy 서투른, 거북스러운
grumpy 퉁명스러운
end up 결국 ~이 되다

sorta sort of를 소리 나는 대로 표기한 것. 약간이란 의미
smelly 냄새가 나는
thing for 이상하게도 ~을 아주 좋아하는 현상. ~에 집착하는 현상
socially impaired 사회성이 결핍된

KID TROLL	OR THAT HE ONLY LIKES TO **TINKLE** IN THE WOODS?
TROLLS (VARIOUS)	ARE YOU HOLDING BACK YOUR FONDNESS DUE TO HIS **UNMANLY BLONDENESS?** / OR THE WAY HE COVERS UP THAT HE'S THE HONEST GOODS?
TROLLS	(CHORUS) HE'S JUST A BIT OF A FIXER UPPER, / HE'S GOT A COUPLE A' BUGS.
KRISTOFF	No, I don't.
TROLLS	HIS ISOLATION IS CONFIRMATION OF HIS DESPERATION FOR HEALING HUGS. / SO HE'S A BIT OF A FIXER UPPER, / BUT WE KNOW WHAT TO DO. / THE WAY TO FIX UP THIS FIXER UPPER / IS TO **FIX** HIM **UP WITH** YOU.

The girl trolls sweep Anna away. The boys take Kristoff.

KRISTOFF	(to the male trolls) Enough! She's engaged to someone else. Okay?!

TROLLS **beat**. Blink. Blink. The boy trolls turns, huddle…

TROLLS (VARIOUS)	SO SHE'S A BIT OF A FIXER UPPER, / THAT'S A MINOR THING. / THIS QUOTE "ENGAGEMENT" IS A **FLEX** ARRANGEMENT.
KID TROLL	AND BY THE WAY, I DON'T SEE NO RING.
TROLLS (VARIOUS)	SO SHE'S A BIT OF A FIXER UPPER, / HER BRAIN'S A BIT **BETWIXT**. / GET THE **FIANCE** OUT OF THE WAY / AND THE WHOLE THING WILL BE FIXED!

트롤 아이 아니면 크리스토프가 숲속에서만 오줌을 누는 것을 좋아해서 그러니?

트롤들 너는 크리스토프가 남자답지 않게 금발이라서 사랑을 마다하는 거니? / 아니면 그 애 성품이 아주 솔직하다는 것을 감추고 있어서 그러는 거니?

트롤들 (후렴) 걔는 조금만 고치면 아주 좋은 애야. / 걔는 벼룩이 좀 있어.

크리스토프 아뇨, 없어요.

트롤들 걔가 사람들과 떨어져서 사는 것은 누가 따듯하게 안아주는 것을 너무나 바라고 있다는 표시지. / 그러니까 걔는 조금만 고치면 아주 좋은 애야. / 우리는 어떻게 하면 되는지 잘 알고 있어. / 조금만 고치면 아주 좋은 애를 고치는 방법은 / 바로 너를 그 애하고 붙여주는 거야.

여자 트롤들이 안나를 휙 데리고 간다. 남자 트롤들은 크리스토프를 데리고 간다.

크리스토프 (남자 트롤들에게) 그만 좀 해요! 저 여자는 다른 남자랑 약혼했단 말이에요. 알겠어요?!

트롤들은 잠시 멍하게 있다가 눈을 깜빡거린다. 남자 트롤들이 몸을 돌리더니 한데 모여서 상의한다.

트롤들 그러니까 저 여자는 약간 고치면 되겠네. / 그건 별문제가 아냐. / 그 '약혼'이란 것은 언제든지 바꿀 수 있는 거니까.

트롤 아이 그런데. 내가 보니까 반지가 없던데.

트롤들 그러니까 저 여자는 약간 고치면 되겠네. / 머리가 약간 혼미한 거야. / 그 약혼한 남자를 방해되지 않게 치우면 / 만사가 잘 되는 거야!

---

tinkle 오줌을 누다
unmanly 사내답지 못한
blondeness 금발인 것
fix A up with B A에게 B를 붙여주다(남녀 관계에서)

beat 잠깐 동안 멍하니 있다
flex 유연한, 변화시킬 수 있는
betwixt 약간 고장난
fiance 약혼자

GIRL TROLLS WE AREN'T SAYING YOU CAN CHANGE HIM

TROLLS (VARIOUS) 'CAUSE PEOPLE DON'T REALLY CHANGE. / WE'RE ONLY SAYING THAT LOVE'S A FORCE / THAT'S POWERFUL AND STRANGE. / PEOPLE MAKE BAD CHOICES IF THEY'RE MAD OR SCARED OR STRESSED. / BUT **THROW A LITTLE LOVE THEIR WAY** / (THROW A LITTLE LOVE THEIR WAY) / AND YOU'LL BRING OUT THEIR BEST! / TRUE LOVE BRINGS OUT THE BEST!

Kristoff looks over at Anna. She actually looks shockingly beautiful dressed in **moss**, lit by **shimmering** crystals.

ALL TROLLS EVERYONE'S A BIT OF A FIXER UPPER, / THAT'S WHAT IT'S ALL ABOUT FATHER, SISTER, BROTHER / WE NEED EACH OTHER / TO RAISE US UP AND ROUND US OUT

By this time Kristoff and Anna are being **ushered into** a **pit** by the **sheer force of numbers**.

TROLLS EVERYONE'S A BIT OF A FIXER UPPER, / BUT **WHEN PUSH COMES TO SHOVE,** / THE ONLY FIXER UPPER FIXER THAT CAN FIX A FIXER UPPER IS / TRUE / TRUE / TRUE / TRUE / LOVE

During this last bit Anna and Kristoff are looking at each other differently. Hmmm. Maybe those trolls are right? Sparks! Chemistry!

Memorize!

워크북 p.160

TROLL PRIEST Do you, Anna, take Kristoff to be your trollfully wedded...

여자 트롤들 네가 저 남자를 변화시킬 수 있다고 말하는 건 아냐.

트롤 왜냐하면 사람들은 진짜로 변하는 건 아니기 때문이지. / 우리는 말하고 있을 뿐이야, 사랑이란 힘이라고 / 강력하고 이상한 힘이라고. / 사람들은 화가 나거나 겁을 먹었거나 스트레스가 심하면 선택을 제대로 하지 못해. / 하지만 그 사람들이 있는 쪽으로 사랑을 던지면 / (그 사람들이 있는 쪽으로 사랑을 던지면) / 그 사람들은 제일 좋은 선택을 하게 되지! / 진정한 사랑이 있으면 최선의 선택을 하게 된다네!

크리스토프는 안나를 건너다본다. 이끼 모양의 드레스를 입고 번쩍이는 수정으로 장식을 한 안나는 정말로 너무 아름다워 보인다.

모든 트롤들 누구나 약간 고치면 되지, / 아버지, 누나, 형들이란 다 그런 거야 / 우리는 서로 필요한 거야 / 서로 성숙해지고 원숙하려면

이렇게 노래할 즈음 크리스토프와 안나는 트롤들이 워낙 많이 미는 통에 구덩이에 들어가게 된다.

트롤들 누구나 약간 고치면 되지, / 하지만 어쩔 수 없는 때가 되면 / 약간 고치면 되는 사람을 고칠 수 있는 것은 / 진정한 / 진정한 / 진정한 / 진정한 / 사랑이라네

이 마지막 소절을 부를 때 안나와 크리스토프는 서로 바라보면서 지금까지와는 다른 감정을 느낀다.
글쎄, 트롤들의 말이 맞을지도 모르지. 스파크가 일어나는 것 같다. 전기가 찌르르 통하는 것 같다!

트롤 사제 안나, 그대는 크리스토프를 트롤식으로 적법한 남편으로…

---

throw A B's way A를 B 쪽으로 던지다
moss 이끼
shimmer 번쩍거리다
usher A into B A를 B 안으로 안내하다

pit 구덩이
sheer force of numbers 순전히 숫자의 힘으로
when push comes to shove 대안이 없으면, 최악의 상황이 닥치면

ANNA	Wait, what?!
TROLL PRIEST	You're getting married.
TROLLS	LOVE!

Just then, Anna **collapses**. Kristoff catches her. She's shivering something fierce.

KRISTOFF	Anna?

He pulls off her **cape** and hat.

KRISTOFF	She's as cold as ice.

Just then Grand Pabbie **pushes his way through the crowd**. Trolls **clear the way for** Pabbie. He stops at the edge of the pit.

GRAND PABBIE	There's strange magic here!
KRISTOFF	Grand Pabbie!
GRAND PABBIE	Bring her to me, Kristoff.

Kristoff helps Anna over. Pabbie **looks into** her weak eyes.

GRAND PABBIE	Anna, your life is in danger. There is ice in your heart, put there by your sister. If not **removed**, to solid ice will you freeze, forever.
ANNA	What…? No.
KRISTOFF	So remove it, Grand Pabbie.

안나 잠깐만요. 뭐라고요?!

트롤 사제 그대들은 결혼식을 올리고 있는 겁니다.

트롤들 사랑!

바로 그때 안나가 쓰러지자 크리스토프가 잡는다. 안나는 몸을 몹시 떤다.

크리스토프 안나?

크리스토프가 안나의 망토와 모자를 벗긴다.

크리스토프 안나는 얼음처럼 차가워요.

바로 그때 파비 영감이 트롤 무리를 헤치며 온다. 트롤들이 파비에게 길을 비켜준다. 파비는 구덩이 가장자리에 걸음을 멈춘다.

파비 할아버지 여기에는 이상한 마법이 걸려 있군!

크리스토프 파비 할아버지!

파비 할아버지 그 아이를 내게 데리고 와라, 크리스토프.

크리스토프가 안나를 도와서 파비에게 가게 한다. 파비는 약해진 안나의 눈을 들여다본다.

파비 할아버지 안나야. 네 생명이 위태롭단다. 네 심장에 언니가 찔러 넣은 얼음이 박혀 있어. 그것을 제거하지 않으면 넌 영원히 단단한 얼음으로 굳어버린단다.

안나 뭐라고요? 안 돼요.

크리스토프 그러니까, 파비 할아버지, 그 얼음을 빼주세요.

---

collapse 주저앉다, 쓰러지다
cape 망토
push one's way through the crowd 모여 있는 사람들을 헤치고 나아가다

clear the way for ~에게 길을 내주다
look into ~을 들여다보다
remove 제거하다

To Thaw a Frozen Heart

▶ 24.mp3

Memorize!

워크북 p.166

GRAND PABBIE	I can't. If it was her head, that would be easy. But only an act of true love can thaw a frozen heart.
ANNA	An act of true love?
BULDA	(**googley**, to her **hubby**) A true love's kiss, perhaps?

A bunch of trolls give each other kisses.
Anna shivers again, collapsing into Kristoff's arms. More of her hair turns white.

KRISTOFF	Anna, we've got to get you back to Hans.
ANNA	(still weak) …Hans.
KRISTOFF	Help us out, Sven.

Kristoff grabs Sven's **antlers**. Sven **pulls** them **out**.
Kristoff helps Anna onto Sven and **hops up behind** her.

KRISTOFF	Come on, Olaf!

Sven **takes off**. Olaf grabs Sven's tail, rides with them.

OLAF	I'm coming! Let's go kiss Hans! Who is this Hans?!
	CUT TO:

파비 할아버지 나는 할 수 없단다. 머리라면 쉽지. 하지만 얼어붙은 심장은 진정한 사랑을 담은 행동 아니면 녹일 수 없단다.

안나 진정한 사랑을 담은 행동이요?

불다 (자기 남편에게 애교를 떨며) 진정한 사랑을 담은 키스가 아닐까요?

트롤 한 무리가 서로 키스한다.
안나가 다시 몸을 떨다가 크리스토프의 팔에 쓰러진다. 머리카락 한 줌이 또 하얗게 변한다.

크리스토프 안나, 당신을 한스에게 다시 데려가야겠어요.

안나 (여전히 힘없는 목소리로) 한스.

크리스토프 우리를 꺼내줘, 스벤.

크리스토프가 스벤의 뿔을 잡자, 스벤이 두 사람을 꺼낸다.
크리스토프가 안나를 스벤 등에 태우고는 자신도 뒤에 올라탄다.

크리스토프 자, 가자, 올라프!

스벤이 출발한다. 올라프는 스벤의 꼬리를 잡고 같이 간다.

올라프 내가 간다! 가서 한스에게 키스하자! 그런데 한스가 누구예요?
장면 전환

EXT. ELSA'S PALACE–DAWN
Hans and the **men tread cautiously** towards the castle.

실외. 엘사의 얼음 궁전–새벽
한스와 부하들은 조심스럽게 엘사의 얼음 궁전으로 다가간다.

---

googley 애교를 떨며, 사랑이 가득한 눈으로	**hop up behind** 풀쩍 뛰어올라 ~의 뒤에 타다
hubby husband(남편)의 약어, 애칭어	**take off** 출발하다
antler 사슴 등의 뿔	**men** 부하들
pull out ~를 끌어올리다	**tread cautiously** 조심스럽게 걷다

HANS   We are here to find Princess Anna. Be on guard, but no harm is to come to the Queen. Do you understand?

The Duke's thugs exchange a look. Suddenly, a mass of snow rises from the ground behind Hans. It's Marshmallow, Elsa's snow guard.

MARSHMALLOW   Go away!

He slams a fist inches from Hans. Hans **deftly dodges out of the way**. All of the guards **take up arms** against Marshmallow, who quickly knocks them over. Marshmallow throws down a guard and his horse, who topple over Hans. Marshmallow raises his foot to stomp on Hans, but Hans **barrel-rolls himself** to safety. He sees his sword, leaps, and grabs it.
Just then, Elsa peeks out the front doors.
The Duke's two thugs see her.

DUKE'S THUG   The Queen.

The thugs charge up the stairs.

INT. ELSA'S PALACE–DAY
The guards burst through the ice doors.
Elsa flees to the top floor of her palace. The guards pursue.
They **trap** her on the top floor, raise their **crossbows**.

ELSA   (scared) No. Please.

One of the thugs shoots an arrow right at Elsa. At the last moment she creates an ice wall. It stops the arrow, inches from her face.
The thugs **reposition** to take another shot.

ELSA   Stay away!

Elsa shoots ice at the thugs. They duck out of the way and continue the attack.

THUG   Get her! Get her!

Elsa **fights for her life**.

BACK OUTSIDE: Hans is nearly crushed by Marshmallow. He rolls away. Jumps to his feet. And with agile might, he slices Marshmallow's leg off with his sword. Marshmallow stumbles back, off balance. And falls off over the cliff, but not before striking Hans. Hans goes over the edge.

한스 우리는 안나 공주님을 찾으러 여기 왔다. 조심해라. 하지만 여왕을 해치지 않도록 해라. 알겠나?

대공의 부하들이 의미심장한 시선을 교환한다. 갑자기 한스 뒤에서 눈덩어리가 솟아오른다. 엘사의 눈사람 경호원인 마시멜로우다.

마시멜로우 꺼져!

마시멜로우가 한스에게 주먹을 휘두르지만 몇 인치 빗나간다. 한스는 재빨리 피한다. 부하들은 모두 칼을 빼서 마시멜로우에게 대항한다. 마시멜로우는 금방 이들을 쓰러뜨린다.
마시멜로우가 말을 탄 부하 한 명을 쓰러뜨리자 말과 부하가 한스에게 굴러 떨어진다. 마시멜로우는 발을 들어올려 한스를 짓밟으려 한다. 한스는 데굴데굴 굴러서 위기를 모면한다. 한스는 자신의 칼이 보이자 뛰어서 집는다.
바로 그때 엘사가 정문을 통해 밖을 내다본다.
대공의 부하들의 눈에 엘사가 보인다.

대공의 부하 여왕이다.

대공의 부하들이 계단을 뛰어오른다.

실내. 엘사의 얼음 궁전–아침
대공의 부하들이 얼음 문을 박차고 뛰어든다.
엘사는 궁전의 꼭대기 층으로 도망친다. 부하들이 쫓아간다.
부하들이 엘사를 꼭대기 층으로 몰아넣고는 석궁을 겨눈다.

엘사 (겁을 먹고는) 안 돼. 이러지 마.

부하들 중 한 명이 엘사에게 정통으로 화살을 쏜다. 화살에 맞기 직전 엘사는 얼음벽을 만든다. 화살은 엘사의 얼굴에서 불과 몇 인치 떨어진 지점에서 멈춘다.
부하들은 다시 쏘려고 자세를 취한다.

엘사 물러나!

엘사는 부하들에게 얼음을 쏜다. 부하들은 몸을 숙여 피하더니 계속 공격한다.

부하들 여왕을 잡아라! 잡아!

엘사는 자신의 생명을 지키려고 싸운다.

카메라는 다시 밖에서 벌어지는 장면을 비춘다. 한스는 마시멜로우의 발에 짓뭉개질 뻔한다. 한스는 데굴데굴 구르더니 벌떡 일어선다. 그리고는 날렵하게 칼을 휘둘러 마시멜로우의 다리를 벤다. 마시멜로우는 뒤로 비칠거리더니 중심을 잃고는 절벽으로 떨어진다. 그러나 떨어지기 전에 한스를 친다. 한스는 절벽으로 떨어진다.

---

deftly 날렵하게
dodge out of the way 몸을 피하다
take up arms 무기를 빼서 겨누다
barrel-roll oneself 몸을 뒹굴어 피하다

trap ～를 궁지에 몰아넣다
crossbow 석궁
reposition 무기 등을 다시 발사할 채비를 하다
fight for one's life 목숨을 보존하려고 필사적으로 싸우다

REVEAL: Hans clings to the ice steps. His men help him up and they rush into the ice palace.

INT. ICE PALACE–DAY
Elsa is surrounded. It's **do or die**. In two swift moves, Elsa traps one thug in a cage of spikes that threaten his neck.
The other she pushes back with a wall of ice… up against the balcony doors… which BURST and CRACK.

OUT ONTO THE BALCONY: The balcony doors shatter. The thug is pushed to the edge. He's inches away from **falling to his death**.

BACK INSIDE: Hans and his men run in. See the destruction and the thugs near death.

HANS   Queen Elsa! Don't be the monster they fear you are.

Elsa **snaps out of her rage**. She sees the men, frightened, moments from death. She stops. Elsa looks to Hans, overwhelmed, frightened.

The wall **retreats from** the thug on the balcony. The ice spikes lower from the second thug's neck. He **takes advantage** and aims his crossbow at Elsa's back.

Seeing it. Hans runs and pushes the crossbow up just as the arrow releases. The arrow hits the ice **chandelier**, hanging directly above Elsa.

The chandelier comes CRASHING DOWN.
Elsa dives out of the way but she falls in the blast.

All we see is ice smashing like glass, and all we hear is the sound of it shattering as it **rings out**.   CUT TO BLACK.

한스가 얼음 계단에 매달려 있는 것이 보인다. 부하들이 한스를 끌어올린다. 한스와 부하들은 얼음 궁전을 향해 달린다.

실내. 얼음 궁전–낮
엘사는 포위되어 있다. 죽기 아니면 살기이다. 엘사는 두 번 잽싸게 몸을 놀려 대공의 부한 한 명을 삐죽한 얼음 우리 안으로 몰아넣어 목을 위협하고 있다.

다른 한 명은 얼음벽으로 밀어 발코니 문 쪽으로 몰고 있다. 발코니 문이 터져 금이 가고 있다.

발코니가 보인다. 발코니 문이 산산조각난다. 대공의 부하는 발코니 가장자리로 몰린다. 뒷걸음을 치던 부하는 발코니로 밀려서 떨어져 죽기 일보 직전이다.

다시 궁전 안이 보인다. 한스와 부하들이 뛰어든다. 궁전이 부숴진 것과 대공의 부하들의 목숨이 경각에 달려 있는 것이 보인다.

한스 엘사 여왕님! 사람들이 당신을 괴물이라고 무서워하는데, 그런 괴물이 되면 안 됩니다.

분노로 이글거리던 엘사는 정신을 차린다. 엘사는 죽기 일보 직전의 남자들을 보고는 겁에 질리더니 행동을 멈춘다. 엘사는 한스를 보더니 압도당하면서 겁에 질린다.

발코니에서 떨어지려고 하던 남자를 밀던 얼음벽이 물러난다. 두 번째 남자의 목을 겨누고 있던 삐죽한 얼음이 물러난다. 그 자는 이때가 기회라는 듯이 석궁으로 엘사의 등을 쏘려고 한다.

이것을 본 한스는 달려가 막 화살이 발사되려고 하는 석궁을 밀친다. 얼음 상들리에가 석궁에 맞는다. 상들리에는 엘사의 머리 바로 위에 있다.

상들리에가 떨어져 박살난다.
엘사는 몸을 피하지만 그 바람에 넘어진다.

보이는 것이라고는 얼음이 유리처럼 부서지고 있는 것뿐이다. 들리는 것이라고는 얼음이 부서지는 소리가 울리고 있는 것뿐이다.   화면이 어두워진다

---

do or die 죽기 아니면 살기
fall to one's death 떨어져 죽다
snap out of one's rage 걷잡을 수 없는 분노를 진정시키고 제 정신을 찾다

retreat from ~에서 물러나다
take advantage 기회를 이용하다
chandelier 상들리에
ring out 울려퍼지다

I'm a Danger to Arendelle

▶ 25.mp3

FADE IN ON:
Elsa's face as her eyes **flutter open**.
She sits up. She's surrounded by stone.

INT. ARENDELLE, **DUNGEON**–DAY
Elsa looks to the nearby window. Tries to rush to it. She's pulled **taut** by giant **shackles** that fit like iron gloves. She**'s chained to** the wall.

Elsa **strains to** look out a window....
INSET WINDOW: Arendelle is outside, **frozen solid** and getting further buried under the ice and snow that is falling.

Memorize!

워크북 p.172

ELSA	No.... What have I done?

Hans enters. He hangs a torch by the door.

ELSA	Why did you bring me here?
HANS	I couldn't just let them kill you.
ELSA	But I'm a danger to Arendelle. Get Anna.
HANS	Anna has not returned....

Elsa looks to the storm with worry.

HANS	If you would just stop the winter, bring back summer... please.

Elsa meets his eyes, **desperate**.

ELSA	Don't you see... I can't.

Hans sees the sincerity in her eyes.

ELSA	You have to tell them to let me go.

화면이 서서히 밝아진다
눈을 깜빡이는 엘사의 얼굴이 보인다.
엘사가 일어나 앉는다. 사방이 돌로 둘러싸여 있다.

실내. 아렌델 왕국, 지하 감옥–낮
엘사는 가까이 있는 창문 쪽을 보면서 그리로 달려가려고 한다. 그러나 엘사는 커다란 족쇄에 단단히 묶여 있어서 움직일 수가 없다. 그 족쇄는 마치 철 장갑처럼 꽉 끼인다. 엘사는 벽에 묶여 있는 것이다.

엘사는 창문 밖을 내다보려고 용을 쓰고 있다.
작은 화면을 통해 단단하게 얼어 있는 아렌델 왕국이 보인다. 왕국은 얼음과 계속 내리고 있는 눈 때문에 점점 더 묻히고 있다.

엘사 이런, 내가 무슨 짓을 한 거지?

한스가 들어오며 횃불을 문에 건다.

엘사 왜 나를 여기 데리고 온 거죠?

한스 그자들이 당신을 죽이도록 내버려 둘 수는 없었어요.

엘사 하지만 내가 여기 있으면 아렌델 왕국은 위험해요. 안나를 데려다 줘요.

한스 안나는 돌아오지 않았어요…

엘사는 걱정스러운 눈길로 눈보라를 보고 있다.

한스 당신이 이 겨울을 끝내고 다시 여름이 돌아오도록 하면 되는 건데요…

엘사는 절박한 눈길로 한스의 눈을 바라본다.

엘사 모르겠어요? 난 그렇게 할 수 없어요.

한스는 엘사가 진심을 드러내고 있다는 것을 눈빛 속에서 읽는다.

엘사 나를 내보내도록 그자들에 말해야 해요.

---

flutter open 깜빡거리며 눈을 뜨다
dungeon 지하 감옥
taut 팽팽한
shackle 족쇄

be chained to ∼에 쇠사슬로 묶여 있다
strain to do ∼을 하려고 애를 쓰다
frozen solid 완전히 꽁꽁 얼은
desperate 필사적인, 절망적인

94

Hans walks to the door. He takes the torch.

HANS   I will do what I can.

He opens the door and leaves.
Elsa, distraught, hears cracking. She looks down as her shackles begin to **freeze over**. The storm outside **picks up**.   CUT TO:

EXT. THE FJORDS–DAY
Sven **charges down** the mountain with Kristoff and Anna on his back.
Olaf slides along beside them, penguin-style.
Anna shivers in Kristoff's arms. She's weakening. Kristoff **takes off** his hat and **puts** it **on** her head.

KRISTOFF   Just hang in there. (to Sven) Come on, buddy, faster!

They arrive at the walls of Arendelle. Olaf slides past them, out of control.

OLAF   I'll meet you guys at the castle!

KRISTOFF   Stay out of sight, Olaf!

OLAF   I will!

He disappears into the village streets.

OLAF   (O.S.) Hello!

TOWNSWOMAN   (O.S.) Ah! It's alive!   CUT TO:

EXT. CASTLE COURTYARD–DAY
Guards see Kristoff and Anna approaching.

GUARD   It's Princess Anna!

Sven **skids to a stop** outside the gates. Kristoff slides off, holding Anna, and carries her to the gate.

KRISTOFF   I've got you.

Anna looks up at him, **gratefully**.

ANNA   …Are you g-gonna be okay?

KRISTOFF   (**touched**, reassuring) Don't worry about me.

한스는 문으로 걸어가서 햇불을 든다.
한스 최대한 해볼게요.

한스는 문을 열고 나간다.
심란한 엘사의 귀에 쨍 하는 소리가 들린다. 밑을 내려다보니 족쇄가 얼어붙고 있는 것이 보인다. 밖의 눈보라는 더욱 거세지고 있다.   장면 전환

실외. 피오르드–낮
크리스토프와 안나를 태운 스벤이 산을 빠른 속도로 내려오고 있다. 올라프는 펭귄처럼 옆에서 미끄럼을 타면서 내려온다.
안나는 크리스토프의 팔에 안겨 떨고 있다. 안나의 몸은 약해지고 있는 것이다. 크리스토프는 모자를 벗어 안나의 머리에 씌워준다.

크리스토프 조금만 참아요. (스벤에게) 자, 자, 친구, 더 빨리 가자!

일행은 아렌델 왕국의 성벽에 다다른다. 올라프는 속도를 조절하지 못해서 일행의 옆을 미끄러져 계속 내려간다.

올라프 성에서 봐!

크리스토프 사람들 눈에 띄지 마, 올라프!

올라프 그럴게!

올라프는 마을의 거리로 사라진다.

올라프 (목소리만 들린다) 여러분, 안녕!

마을 여자 (목소리만 들린다) 아! 눈사람이 살아 있네!   장면 전환

실외. 성의 뜰–낮
경비병들이 크리스토프와 안나가 다가오는 것을 본다.

경비병 안나 공주님이다!

스벤이 성문 밖에서 급정거를 한다. 크리스토프는 안나를 안고 내려서는 성문으로 간다.

크리스토프 내가 안고 있어요.

안나는 고마운 눈길로 크리스토프를 올려다본다.

안나 괜찮겠어요?

크리스토프 (안나의 마음씨에 감동하고는 안나를 안심시킨다) 내 걱정은 하지 마세요.

---

freeze over 얼어붙다
pick up 폭풍 등이 거세지다
charge down 밑으로 돌진하다
take off 벗다

put on ~에 씌워주다
skid to a stop 미끄러지다 급정거하다
gratefully 감사하는 마음으로
touched 감동한

Just then the castle gates open. Gerda, Kai, and a **handmaid** rush to help Anna.

GERDA   Anna! Oh, you had us worried sick.

KAI   My Lady. You are freezing.

GERDA   You poor girl, you're freezing. Let's get you inside.

KRISTOFF   Get her warm and find Prince Hans, immediately.

KAI   We will. Thank you.

Anna **is swept away from** Kristoff and into the palace grounds.

KRISTOFF   Make sure she's safe!

Kristoff is shut out as the castle gates **close on** him.
Kristoff stands there with Sven **for a beat**, staring with worry at the closed gates.
Finally, he sighs, turns and walks off. Sven **reluctantly** follows.   CUT TO:

바로 그때 성문이 열린다. 게르다, 카이 그리고 시녀가 안나를 부축하러 뛰어나온다.

게르다 안나 공주님! 우리가 얼마나 걱정했다고요.

카이 공주님. 몸이 얼었네요.

게르다 이런, 가엾게도, 몸이 얼었잖아요. 안으로 들어가세요.

크리스토프 공주님을 따듯하게 해드리고, 한스 왕자를 즉시 찾아오세요.

카이 그렇게 할게요. 고마워요.

게르다와 카이는 안나를 크리스토프에게서 빼앗듯이 데리고 성 안으로 들어간다.

크리스토프 공주님을 안전하게 지켜주세요!

성문이 쾅 닫히자 크리스토프는 성 밖에 남겨진다.
크리스토프는 걱정스러운 눈빛으로 성문을 바라보면서 스벤과 함께 잠깐 서 있다.
마침내 크리스토프는 한숨을 쉬며 몸을 돌려 걸어간다. 스벤은 내키지 않는다는 듯이 따라간다.   장면 전환

---

handmaid 시녀
A be swept away from B A를 B에게서 빼앗듯이 받다
close on ~의 면전에서 닫히다

for a beat 잠깐 동안
reluctantly 마지못해

All That's Left Now is to Kill Elsa

▶ 26.mp3

INT. LIBRARY–DAY
Hans stands with the **dignitaries** and guards.

HANS   I'm going back out to **look for** Princess Anna.

FRENCH DIGNITARY   You cannot risk going out there again.

HANS   If anything happens to her…

SPANISH DIGNITARY   If anything happens to the Princess, **you are all** Arendell **has left**.

Hans hesitates, realizing how much this kingdom has come to **depend on** him.
Is he really all they have left?
Just then the door opens and Gerda and Kai bring in Anna.

KAI   He's in here. Prince Hans.

HANS   Anna.

Hans rushes to Anna. She **falls into his arms**.

HANS   You're so cold.

ANNA   (weak, but desperate) Hans, you have to kiss me.

HANS   What?

ANNA   Now. Here we go.

She tries to kiss him, but is too weak to **pull herself up** in his arms.

GERDA   We'll give you two some privacy.

Everyone **shuffles out**, **leaving** Hans and Anna **alone**.

HANS   What happened out there?

ANNA   Elsa struck me with her powers.

실내. 도서실–낮
한스가 귀빈들 및 경비병들과 함께 서 있다.

한스 안나 공주님을 찾으러 다시 나가야겠소.

프랑스 귀빈 다시 나가는 것은 아주 위험합니다.

한스 안나 공주님에게 무슨 일이라도 생기면…

스페인 귀빈 공주님에게 무슨 일이 생긴다면 아렌델 왕국에는 왕자님밖에 없습니다.

한스는 주저한다. 아렌델 왕국의 운명이 자신에게 달려 있다는 것을 깨닫는다. 정말로 아렌델 왕국에는 자신밖에 없는 것일까?
바로 그때 문이 열리면서 게르다와 카이가 안나를 데리고 온다.

카이 한스 왕자님이 여기 계십니다.

한스 안나.

한스가 안나에게 달려간다. 안나는 한스의 팔에 무너지듯 안긴다.

한스 당신의 몸이 너무 차군요.

안나 (몸이 쇠약해질 대로 쇠약해졌지만 필사적으로 말한다) 한스, 키스해 주세요.

한스 뭐라고요?

안나 지금 당장이요, 어서요.

안나는 한스에게 키스하려고 하지만 너무 쇠약해져서 한스의 팔에서 몸을 일으킬 수가 없다.

게르다 두 분만 계시도록 해 드리겠습니다.

한스 거기서 무슨 일이 있었던 거요?
안나 언니가 마법으로 나를 쳤어요.

---

dignitary 귀빈, 고관
look for ~를 찾다
you are all A had left A에 남은 사람은 당신뿐입니다
depend on ~에 의지하다

fall into someone's arms ~의 팔에 풀썩 안기다
pull oneself up 몸을 일으키다
shuffle out 머뭇거리며 나가다
leave A alone A를 혼자 내버려두다

HANS	You said she'd never hurt you.
ANNA	I was wrong.

Anna **crumbles**, weak.

HANS	Anna.

Hans carries her to a couch, **sets her down**.

ANNA	(shivering more) She froze my heart and only an act of true love can save me.
HANS	(understanding) A true love's kiss.

He takes her **chin** in his hand and gives her a **tender** smile. He leans in slowly... gently...
Then he stops.

HANS	Oh, Anna. If only there was someone out there who loved you.
ANNA	What?

Hans gets up, leaving her there.

ANNA	...You said you did.

He goes to the window and shuts the curtains.

Memorize!

워크북 p.182

HANS	As thirteenth in line in my own kingdom, I didn't stand a chance. I knew I'd have to **marry into the throne** somewhere...
ANNA	What are you talking about?
HANS	(**putting out** the candles) As **heir**, Elsa was **preferable**, of course. But no one was getting anywhere with her. But you...
ANNA	Hans?
HANS	You were so desperate for love you were willing to marry me, just like that.

한스 언니가 당신을 절대로 해치지는 않을 거라고 했잖아요.

안나 내가 잘못 생각했던 거예요.

안나는 힘이 빠져 주저앉는다.

한스 안나.

한스는 안나를 안아서 소파로 데려가 눕힌다.

안나 (더욱 몸을 떨며) 언니가 내 심장을 얼려버렸어요. 그래서 진정한 사랑을 담은 행동만이 나를 구할 수 있어요.

한스 (무슨 말인지 이해한다) 그래서 진정한 사랑을 담은 키스를 해달라는 거군요.

한스는 손으로 안나의 턱을 든다. 그리고는 안나에게 부드러운 미소를 짓는다. 한스는 천천히 부드럽게 얼굴을 숙인다. 그러더니 멈칫한다.

한스 이런, 안나. 이 세상에 당신을 사랑하는 사람이 있다면 참 좋을 텐데.

안나 뭐라고요?

한스는 안나를 소파에 내버려둔 채 일어선다.

안나 나를 사랑한다고 했잖아요.

한스는 창문으로 가서 커튼을 닫는다.

한스 우리 왕국에서는 나는 13번째라서 기회가 없었죠. 그래서 어딘가에 가서 결혼을 해서 왕위를 차지해야만 된다는 것을 알고 있었죠.

안나 도대체 무슨 말을 하고 있는 거예요?

한스 (촛불을 끄며) 물론 왕위 계승자인 엘사가 더 좋았죠. 하지만 엘사에게 가까이 갈 수 있는 사람은 없었어요. 하지만 당신은…

안나 한스?

한스 당신은 사랑에 너무 굶주려서 얼른 나하고 결혼하려고 했던 거예요. 그것뿐이에요.

---

crumble 주저앉다
set someone down ~를 앉히다, 눕히다
chin 턱
tender 부드러운

marry into the throne 왕가(王家) 집안의 남자나 여자와 결혼하다
put out 불을 끄다
heir 상속자, 여기서는 왕위 계승자
preferable 더 좋은

Hans crosses the room, grabs a **pitcher** of water from a table and goes to the **fireplace**.

HANS   I figured, after we married, I'd have to **stage** a little accident for Elsa.

Hans pours the water on the fireplace, putting out the fire.
Anna tries to stop him. She falls to the floor, weak.

ANNA   Hans. No, stop.

HANS   But then she **doomed herself,** and you were dumb enough to go after her.

ANNA   Please.

HANS   (chuckles) All that's left now is to kill Elsa and bring back summer.

한스는 방을 가로질러 탁자 위에 있는 물병을 집어들고는 벽난로로 간다.

한스 우리가 결혼한 다음에 사고가 일어난 것처럼 꾸며서 엘사를 처치하려고 했던 거요.

한스는 벽난로에 물을 부어 불을 끈다. 안나는 한스의 행동을 저지하려고 하지만 너무 약해서 바닥에 쓰러진다.

안나 한스, 안 돼요, 그러지 마세요.

한스 그런데 엘사는 스스로 파멸의 길을 걸었던 거요. 그리고 당신은 멍청하게도 엘사의 뒤를 쫓아갔던 거고.

안나 제발.

한스 (웃는다) 이제 남은 일이라곤 엘사를 죽여서 여름을 되돌리는 것밖에는 없소.

Hans approaches Anna.

ANNA   ...You're no match for Elsa.

He **bends down**, takes her chin in his hand again, this time not so gently.

HANS   No, you're no match for Elsa. I, on the other hand, am the hero who is going to save Arendelle from destruction.

She **wrenches her face out of his hands**.

ANNA   (anger) You won't get away with this.

Hans rises and crosses to the door.

HANS   Oh, I already have.

Hans leaves and **shuts** her **in**, locking the door. Anna struggles to the door, yanks on the locked handle.

ANNA   (hoarse and weak) Please, somebody help.

The rest of her hair turns white and she crumbles to the floor.   CUT TO:

한스가 안나에게 다가간다.

안나 당신은 언니 상대가 안 돼.

한스는 몸을 굽혀 다시 안나의 턱을 손으로 쳐든다. 이번에는 전처럼 부드럽지는 않다.

한스 아니, 당신은 엘사의 상대가 안 되지. 그러나 나는 아렌델 왕국을 파멸의 위기에서 구한 영웅이 되는 거야.

안나는 한스의 손아귀에서 얼굴을 비틀어 빼낸다.

안나 (분노에 차서) 이런 짓을 하고도 무사할 줄 알아?

한스는 몸을 일으켜 문으로 간다.

한스 아, 그런 건 걱정하지 마. 난 이미 그런 짓을 하고도 무사하니까.

한스는 나가면서 문을 잠가 안나를 방안에 가둔다. 안나는 필사적으로 문으로 가서 잠긴 손잡이를 잡아당긴다.

안나 (쇠약해진 쉰 목소리로) 살려 주세요.

안나의 나머지 머리카락이 모두 하얗게 변한다. 안나는 바닥에 주저앉는다.   장면 전환

---

pitcher 주전자
fireplace 벽난로
stage 음모 등을 꾸미다, 획책하다
doom oneself 스스로 무덤을 파다, 스스로 파멸의 길을 걷다

bend down 몸을 굽히다
wrench one's face out of someone's hands ~의 손에 잡혀 있는 자신의 얼굴을 비틀어 빼다
shut in 가두어두다

Day 27 엘사 여왕에게 사형을 선고하노라

I Sentence Queen Elsa to Death

▶ 27.mp3

INT. **COUNCIL CHAMBER**–NIGHT
The Duke looks out the window at the growing snowstorm. He **rubs** his arms and shivers.

실내, 궁전 회의실–밤
대공이 창밖을 통해 더욱 사나워지는 눈보라를 바라보고 있다. 대공은 팔을 문지르더니 몸을 떤다.

Memorize!

워크북 p.188

DUKE   It's getting colder by the minute. If we don't do something soon, we'll all **freeze to death**.

Hans comes in, **putting on** his most distraught **face**.

SPANISH DIGNITARY   Prince Hans.

HANS   Princess Anna is... dead.

VARIOUS DIGNITARIES   What...? No.... **Mon dieu**.

Hans stumbles, weak with grief. The men **help him to a chair**.

DUKE   What happened to her?

HANS   She was killed by Queen Elsa.

DUKE   Her own sister.

HANS   (really putting it on) At least we got to say our marriage vows... before she died in my arms.

He bows his head in a brilliant display of **teary grief**.

DUKE   There can be no doubt now; Queen Elsa is a monster and we are all **in grave danger**.

SPANISH DIGNITARY   Prince Hans, Arendelle looks to you.

대공 시시각각으로 점점 더 추워지네. 지금 곧 무슨 조치를 취하지 않으면 우리는 모두 얼어 죽게 될 거야.

한스가 아주 심란한 표정을 지으며 들어온다.

스페인 귀빈 한스 왕자님.

한스 안나 공주님이… 죽었습니다.

여러 귀빈들 뭐라고요? 이런, 세상에.

한스는 슬픔에 겨워 몸을 비틀거린다. 사람들이 부축해서 의자에 앉힌다.

대공 왜 죽었나요?

한스 엘사 여왕이 죽였어요.

대공 자기 동생인데.

한스 (진짜로 교묘하게 연기를 한다) 하지만 적어도 우리는 결혼 서약은 했습니다. 안나 공주님이 내 팔에 안겨서 죽기 전에요.

한스는 눈물을 글썽이며 슬픔에 잠겨 고개를 숙이는 교묘한 연기를 한다.

대공 이제는 의심의 여지가 없습니다. 엘사 여왕은 괴물이라서 우리는 모두 엄청난 위험에 빠진 겁니다.

스페인 귀빈 한스 왕자님, 아렌델 왕국은 당신에게 큰 기대를 걸고 있습니다.

---

council chamber 대신들의 회의실
rub 문지르다
freeze to death 얼어 죽다
put on ~ face 가식적으로 ~한 얼굴 표정을 짓다

Mon dieu 프랑스어로 My God(세상에)란 의미
help someone to a chair ~을 도와 의자에 앉히다
teary grief 눈물을 글썽이며 슬픔에 잠기는 것
in grave danger 심각한 위험에 처한

100

Hans nods; he knows what he's being asked to do, and he'll do it with the perfect amount of **authority** and **gravitas**.

HANS   With a heavy heart, I charge Queen Elsa of Arendelle with treason and sentence her to death.

INT. ELSA'S DUNGEON–DAY
The **cell** ices over. Elsa looks out at the storm that is **devastating** Arendelle, then hears the guards approaching.

GUARD   (O.S.) She's dangerous. Move quickly and with resolve.

Elsa pulls at her shackles. They crack. Just as the door busts open, the weight of the ice crumbles the walls. The men duck out of the way.
Hans pushes his way into the room… sees…
The back wall is blown open. Broken shackles rest on the floor. Elsa **is gone**.
                                                                CUT TO:

EXT. MOUNTAIN SLOPE–DAY
Kristoff heads into the mountains. Sven lags behind, not wanting to follow. He looks back at the kingdom, then shakes his head. Enough.
He runs past Kristoff. Stops and turns to face him. He snorts and grunts.

KRISTOFF   What is it, buddy?

Sven nudges Kristoff with his antlers.

KRISTOFF   Hey, watch it. What's wrong with you?

Sven snorts with more **conviction**, **moos**, **brays**.

KRISTOFF   (avoiding) …I don't understand you when you talk like that.

Kristoff tries to walk on ahead, but Sven uses his antlers to lift Kristoff off the ground.

KRISTOFF   Ah! Stop it! Put me down!

Sven drops him hard then "yells" at him once more.

KRISTOFF   No, Sven! We're not going back!

Sven shakes his head, angrily.

KRISTOFF   She's with her true love.

한스가 고개를 끄덕인다. 사람들이 자신에게 어떻게 해달라고 하는지 한스는 잘 알고 있다. 이제 권위와 위엄을 적절히 보여주며 그것을 하면 되는 것이다.

한스 극히 유감스럽지만 아렌델의 엘사 여왕에게 반역죄를 물어 사형을 선고하노라.

실내. 엘사가 갇혀 있는 지하 감옥-낮
감옥은 얼어 있다. 엘사는 아렌델 왕국을 파멸로 몰고 있는 눈보라를 내다보고 있다. 경비병들이 다가오는 소리가 들린다.

경비병 (목소리만 들린다) 여왕은 위험한 인물이야. 재빨리 그리고 단호하게 행동해야 해.

엘사가 족쇄를 잡아끌자 뚝 끊어진다. 문이 벌컥 열리자 얼음 무게 때문에 벽이 무너진다. 경비병들이 몸을 피한다.
한스가 경비병들을 제치고 들어선다. 방안의 광경이 눈에 들어온다.
뒷벽이 날아가 뻥 뚫려 있고 부서진 족쇄는 바닥에 나뒹굴고 있다. 엘사는 사라졌다.
                                                        장면 전환

실외. 산기슭-낮
크리스토프가 산으로 들어가고 있다. 스벤은 가기 싫은 듯이 뒤처져 가고 있다. 스벤은 아렌델 왕국을 뒤돌아보며 머리를 흔든다. 이제는 더 이상 못 참겠다는 표정을 짓는다.
스벤은 크리스토프에게 달려가 앞을 가로막고 콧방귀를 뀌며 낮은 소리를 낸다.

크리스토프 왜 그래, 스벤?

스벤이 뿔로 크리스토프를 쿡쿡 찌른다.

크리스토프 이봐, 조심해. 왜 그러는 거니?

스벤은 자신의 생각이 맞다는 자신감이 더욱 들어 콧방귀를 뀌고는 낮은 소리로 울다가 큰 소리를 낸다.

크리스토프 (스벤의 콧김을 피하며) 네가 그런 식으로 이야기하면 난 도대체 네가 무슨 말을 하는지 이해하지 못하겠단 말야.

크리스토프는 앞으로 나아가려고 한다. 스벤은 뿔로 크리스토프를 땅에서 들어올린다.

크리스토프 이런, 그만해! 날 내려놔!

스벤은 크리스토프를 쿵 소리를 내며 내려놓더니 다시 한 번 고함을 치는 시늉을 한다.

크리스토프 안 돼, 스벤! 우리는 돌아가면 안 돼!

스벤은 화가 나서 머리를 흔든다.

크리스토프 안나는 자신의 진정한 사랑과 함께 있단 말이야.

---

authority 권위
gravitas 명석하고 진지한 것
cell 감방
devastate 완전히 파괴하다

be gone 사라지다
conviction 자신감
moo 소 우는 소리를 내다
bray 당나귀 우는 소리를 내다

Sven makes an "of-course-she-isn't" face. Kristoff **gets it**; he's **made his point**. Just then the wind picks up. Kristoff looks back at the kingdom. Sees a violent winter storm swirling over the castle. Sharp ice claws its way up the castle, **encasing** it.

KRISTOFF Anna.

Without hesitating, he **dashes back down** the mountain. Sven runs after him, catches up. Kristoff grabs Sven's harness and jumps onto his back.   CUT TO:

스벤은 '무슨 그런 말도 안 되는 소리를 하느냐'는 표정을 짓는다. 크리스토프는 무슨 뜻인지 이해한다. 스벤이 핵심을 잘 전달했던 것이다.
바로 그때 바람이 거세진다. 크리스토프는 아렌델 왕국을 뒤돌아본다. 맹렬한 눈보라가 성을 휘감고 있는 것이 보인다. 성 위로 날카로운 얼음이 성을 할퀴듯이 감싸고 있다.

크리스토프 안나.

크리스토프는 망설이지 않고 산을 맹렬한 기세로 내려간다. 스벤은 크리스토프 뒤를 달려 따라잡는다. 크리스토프는 스벤의 마구를 쥐고는 스벤의 등에 올라탄다
장면 전환

---

get it 이해하다, 알아차리다
make one's point 자신의 의사를 알리다

encase 둘러싸다
dash back down 서둘러 다시 아래로 내려가다

True Love

▶ 28.mp3

INT. LIBRARY–NIGHT
Anna shivers by the door. She looks up to see ice overtaking the ceiling.
The door handle suddenly **jiggles**. Stops. Jiggles again.

ANNA　(barely a whisper) Help.

CLICK. The door **swings open**. We see a carrot in the lock and hear a giggle
of victory. Olaf takes the carrot, puts it back on his face. Then he sees Anna
lying there.

OLAF　Anna. Oh no.

He runs to the fireplace. **Throws in** some fresh wood, including one of his own
arms, which he quickly **rescues**, before **striking a match** and **relighting** the fire.

ANNA　Olaf? Olaf. Get away from there.

OLAF　Whoa! So this is heat... (considering) I love it.

He reaches a twig finger toward the flames. It **catches on fire**.

OLAF　Ooh! But don't touch it!

He **shakes the flame out**, as he rushes over to help Anna to the fire.

Memorize!　　워크북 p.194

OLAF　So, where's Hans? What happened to your kiss?

ANNA　I was wrong about him. It wasn't true love.

OLAF　(confused innocence) Huh. But we ran all the way here.

실내. 도서실–밤
안나가 문 옆에서 떨면서 얼음이 천장을
덮고 있는 것을 올려다보고 있다.
문의 손잡이가 갑자기 덜그럭거리다 멈추
고는 다시 덜그럭거린다.

안나 (거의 들리지 않는 소리로) 살려줘요.

'딸깍'하는 소리가 들린다. 문이 벌컥 열린
다. 열쇠 구멍에 홍당무가 박혀 있는 것이
보이고 뜻을 이루어 기분이 좋아 웃는 소
리가 들린다. 올라프가 홍당무를 빼서는 자
기 얼굴에 다시 박는다. 그리고는 안나가
누워 있는 것을 본다.

올라프 안나. 야, 이런.

올라프는 벽난로로 뛰어가서는 자신의 팔
까지 포함해서 나무를 새로 넣다가, 성냥
을 켜서 불을 다시 지피기 전에 자신의 팔
은 도로 건진다.

안나 올라프니? 올라프, 불 옆에 있으
면 안 돼. 비켜.

올라프 왜! 이런 게 열이구나… (느껴보
더니) 야, 좋네.

올라프는 나뭇가지로 만든 자신의 손가락
을 불길에 댄다. 손가락에 불이 붙는다.

올라프 이런! 좋기는 좋지만 만지면 안
되겠네!

올라프는 안나를 불 옆으로 데려가려고 급
히 뛰어가며 손가락을 흔들어 불을 끈다.

올라프 그런데 한스는 어디 있어요? 키
스는 어떻게 됐어요?

안나 그 사람을 잘못 봤어. 진정한 사랑
이 아니었어.

올라프 (순진한 올라프는 혼란스럽다)
그래요? 우리가 여기까지 그 먼 길을
달려왔는데 말이죠.

---

jiggle 달그락거리다
swing open 활짝 열리다
throw in ~을 던져 넣다
rescue 회수하다

strike a match 성냥을 켜다
relight 다시 불을 붙이다
catch on fire 불이 붙다
shake the flame out 흔들어 불을 끄다

| ANNA | Please Olaf, you can't stay here; you'll melt. |
| OLAF | I am not leaving here until we find some other act of true love to save you. |

He sits down behind her, stubbornly. Leans his back against hers and thinks.

OLAF	...Do you happen to have any ideas?
ANNA	I don't even know what love is.
OLAF	(**confident**) That's okay, I do....

Olaf hops back up and puts a **soothing** hand on her shoulder.

OLAF	Love is... **putting someone else's needs before yours**, like, you know, how Kristoff brought you back here to Hans and left you forever.
ANNA	...Kristoff loves me?
OLAF	Wow, you really don't know anything about love, do you?

안나 올라프, 여기 있으면 안 돼! 넌 녹아버릴 거야.

올라프 당신을 구할 수 있는 진정한 사랑의 행위를 다시 발견할 때까지는 여기에서 한 발짝도 떠나지 않을 거예요.

올라프는 고집을 피우며 안나 뒤에 앉아서 등을 기대고는 생각에 잠긴다.

올라프 무슨 좋은 생각이 있어요?

안나 난 사랑이 뭔지도 모르겠어.

올라프 (자신 있게) 괜찮아요. 내가 아니까…

올라프는 펄쩍 일어나더니 안나의 어깨에 손을 얹으며 위로한다.

올라프 사랑이란 말이죠, 자신의 욕구보다는 상대방의 욕구를 먼저 챙기는 것을 뜻해요. 그러니까 말이죠, 당신을 여기 있는 한스에게 데려다 주고는 아주 떠나버린 크리스토프가 한 행동 같은 것이죠.

안나 크리스토프가 날 사랑한다고?

올라프 이런, 당신은 사랑이 뭔지 전혀 모르죠?

His face starts to melt.

| ANNA | Olaf, you're melting. |
| OLAF | (sweet and **reassuring**) Some people are worth melting for. |

But then... his face REALLY melts. He **panics**, pushes the snow back in place.

| OLAF | Just maybe not right this second. |

Suddenly, the window blows open, cold wind **sweeps in**.

| OLAF | Don't worry, I've got it! |

Olaf **flitters** to the window. He pulls one panel of it shut but struggles with the second panel.

올라프의 얼굴이 녹기 시작한다.

안나 올라프, 넌 녹고 있어.

올라프 (상냥한 목소리로 안심시키듯이) 어떤 사람을 구하기 위해서는 난 녹아도 돼요.

그러나 올라프의 얼굴이 정말로 녹는다. 올라프는 겁에 질려 눈을 밀어올린다.

올라프 하지만 지금 당장은 그러는 게 좋지 않은 것 같네요.

갑자기 창문이 벌컥 열리면서 찬바람이 휙 들어온다.

올라프 걱정하지 마세요. 다 방법이 있어요!

올라프는 허둥지둥 창문으로 가서는 창을 하나 끌어당겨 닫았지만 두 번째 것은 뜻대로 되지 않는다.

---

confident 자신감이 있는
soothe 위로하다
put someone else's needs before yours 다른 사람의 욕구를 자신의 욕구보다 우선시하다

reassuring 안심시키는
panic 갑작스럽게 공포에 떨다
sweep in 휙 몰려들어오다
flitter 종종걸음으로 걷다

OLAF	(determined) We're going to get through... (distracted) Oh, wait. Hang on; I'm getting something.

He breaks an icicle off the window, uses it as a **telescope** and sees... Kristoff and Sven running back down the mountain.

OLAF	It's Kristoff and Sven! They're coming back this way.
ANNA	...They-they are?
OLAF	Wow, he's really moving fast. Huh.... I guess I was wrong. I guess Kristoff doesn't love you enough to leave you behind.

Anna tries to get to her feet.

ANNA	Help me up, Olaf. Please.

He hurries over, tumbling over the couch, knocking over the chess set and **water jugs**.

OLAF	No, no, no, no, no. You need to stay by the fire and keep warm.
ANNA	I need to get to Kristoff.
OLAF	(clueless) Why...? (realizing) Oh, oh, oh, I know why.

He hops around in an excited display of hope.

OLAF	There's your act of true love, right there, riding across the fjords like a **valiant, pungent** reindeer king! Come on!

The walls crack under the ice pressure.

OLAF	Look out!

They **rush out** the room just as the ceiling collapses.

INT. CASTLE HALLWAY–DAY
Anna and Olaf struggle down the hall. Ice spikes grow and **block** their path.

올라프 (단호하게) 반드시 해낼 거예요… (다른 일에 신경을 쓴다) 아, 잠깐만요, 기다려봐요. 뭔가가 있어요.

올라프는 창문에서 고드름을 떼어내더니 망원경으로 만들어 밖을 본다. 크리스토프와 스벤이 급히 산을 내려오고 있다.

올라프 크리스토프와 스벤이에요! 다시 이쪽으로 오고 있어요.

안나 오고 있다고?

올라프 야, 정말 빨리 오고 있네요. 허, 그런데 내가 틀렸던 것 같네요. 크리스토프는 당신을 남겨두고 떠날 수 있을 만큼 당신을 사랑하는 건 아닌가 보군요.

안나가 일어서려고 한다.

안나 날 좀 일으켜줘, 올라프.

올라프가 허둥지둥 안나에게로 가면서 소파에서 넘어지는가 하면, 장기 세트랑 물병을 쓰러뜨린다.

올라프 안 돼요, 안 돼. 당신은 불 옆에 있어야 해요. 몸을 따뜻하게 해야 해요.

안나 난 크리스토프에게 가야 해.

올라프 (영문을 몰라서) 왜요? (이제 이해하고는) 아, 아, 알겠어요.

올라프는 희망이 넘친다는 듯이 깡충깡충 뛰어다닌다.

올라프 바로 저기에 당신이 기다리던 진정한 사랑의 행동을 보여줄 사람이 용감하게 피오르드를 건너서 오고 있군요. 냄새가 끝내주는 순록의 왕, 어서 오세요!

얼음의 압력에 못 이겨 벽이 갈라진다.

올라프 조심해요!

지붕이 무너지기 직전에 둘은 방을 급히 빠져나간다.

실내. 성의 복도–낮
안나와 올라프는 복도를 허둥지둥 빠져나가고 있다. 삐죽한 얼음덩어리들이 자라서 길을 막는다.

---

distracted 다른 것에 주의가 쏠려
telescope 망원경
water jug 물주전자
clueless 멍 때리는

valiant 용맹스러운
pungent 냄새가 지독한
rush out ~에서 급히 빠져나가다
block 막다

OLAF   We're trapped.

Anna looks around desperately **for a way out**.

EXT. FJORD–DAY
Elsa runs, but **is nearly blinded by** the snow and wind.

EXT. CASTLE–DAY
Anna and Olaf bust open a window. The storm is so strong it sweeps the window panes away.

OLAF   Slide, Anna.

It's a long, snowy way down. But **what choice do they have**? They slide down the iced-covered building.
Anna arrives at the bottom, weak but **uninjured**. Olaf gathers snow along the way. He arrives at the bottom as a giant snowball.

OLAF   We made it!

He **shakes off** the extra snow as Anna **struggles to her feet**.

올라프 우리는 갇혔어요.

안나는 빠져나갈 길을 찾아 필사적으로 사방을 둘러보고 있다.

실외. 피오르드–낮
엘사는 뛰고 있지만 눈과 바람 때문에 앞이 거의 보이지 않는다.

실외. 성–낮
안나와 올라프는 창문을 확 열어제낀다. 눈보라가 너무 세서 창문 유리가 날아가 버린다.

올라프 미끄럼을 타고 내려가요, 안나.

내려가는 길은 멀고도 눈투성이다. 그러나 선택의 여지가 없다. 둘은 얼음으로 뒤덮인 건물을 타고 미끄러진다.
안나는 바닥에 도착한다. 몸은 쇠약하지만 다친 데는 없다. 올라프는 내려오면서 눈이 묻어 바닥에 내려오자 거대한 눈덩어리 같다.

올라프 성공했어요!

안나가 힘겹게 일어서려고 하는 동안 올라프는 몸을 흔들어 묻는 눈을 털어낸다.

---

for a way out 나갈 길을 찾아서
be nearly blinded by ~때문에 거의 앞이 안 보인다
What choice do they have? 그들에게 어떤 선택의 자유가 있겠는가, 즉 그들에게는 선택의 여지가 없다는 의미

uninjured 다치지 않고
shake off 몸을 흔들어 털어버리다
struggle to one's feet 고생해서 일어나다

I Knew You Could Do It

▶ 29.mp3

EXT. FJORD–DAY
Kristoff and Sven bound off the mountain and **sprint** across the frozen fjord waters and right into the heart of the storm. Its **white-out** wind pushes them back. But they fight through.

KRISTOFF Come on, buddy, faster! CUT TO:

Anna and Olaf reach the shore of the fjords.

ANNA Kristoff!

The wind lifts Olaf up and pulls him apart. He goes swirling off into the storm.

OLAF Keep going, Anna!

Anna struggles on.

ANNA Kristoff! PAN TO:

Kristoff rides Sven past cracking, frozen ships. Sven struggles over the **uneven** surface.

KRISTOFF Come on! Come on!

Suddenly, a **mangled** ship, risen by ice, **capsizes** over them. They **give it all they've got** as debris falls all around them and the mast shatters. They make it past just as the entire ship slams down and cracks the thick ice beneath their feet.
The ice opens up. Sven bravely jumps over a gap. But it's too wide. He bucks Kristoff to safety, but lands in the freezing water and disappears below.

KRISTOFF Sven? Sven!

At first there's nothing but the wind and the tumbling icy water. But suddenly, Sven **surfaces** and claws his way to a floating ice chunk. He calls out, signaling for Kristoff to go on.

실외. 피오르드–낮
크리스토프와 스벤은 산을 날듯이 뛰어 내려와서는 얼어붙은 피오르드를 질주하여 몰아치는 눈보라의 정중앙으로 돌진한다. 천지를 하얗게 물들이고 있는 맹렬한 눈보라 때문에 둘은 뒤로 물러나지만 다시 뚫는다.

크리스토프 자, 스벤, 빨리 가자!
장면 전환

안나와 올라프는 피오르드 해안가에 도착한다.

안나 크리스토프!

바람 때문에 올라프는 공중으로 뜬 다음 몸이 분해된다. 올라프는 눈보라 소용돌이 속으로 빨려 들어간다.

올라프 계속 가요, 안나!

안나는 힘겹게 걸어간다.

안나 크리스토프! 카메라가 회전한다

크리스토프를 태운 스벤이 쩍쩍 갈라지는 소리를 내는 얼어붙은 배 옆을 지나가고 있다. 스벤은 울퉁불퉁한 표면 때문에 고생하고 있다.

크리스토프 자, 어서 가자!

얼음 때문에 위로 솟은 망가진 배가 갑자기 크리스토프와 스벤 위로 쓰러진다. 배의 잔해가 사방에서 떨어지고 돛대가 부서지는 와중에 둘은 젖 먹던 힘까지 다 내서 그 자리를 피한다. 배가 완전히 얼음에 쿵 부딪혀 두꺼운 얼음이 발밑에서 갈라지는 그 순간에 둘은 그 옆을 스친다.
얼음이 완전히 갈라진다. 스벤은 용기를 내어 얼음 틈 사이를 건너뛴다. 하지만 그 사이가 너무 넓다. 스벤은 등을 구부려 크리스토프를 안전한 곳으로 튕겨 보내지만 자신은 차가운 물속에 빠져 밑으로 사라진다.

크리스토프 스벤? 스벤!

처음에는 바람 소리와 차가운 물이 출렁거리는 소리만 들렸지만 갑자기 스벤이 물 위로 떠올라 떠 있는 얼음덩어리에 발을 걸쳐 기어오른다. 스벤은 크리스토프에게 소리친다. 계속 가라는 신호를 보내는 것이다.

---

sprint 전속력으로 질주하다
white-out 눈이나 안개 같은 자연 현상 때문에 앞이 안 보이는 것
uneven 울퉁불퉁한
mangled 망가진, 엉망이 된

capsize 뒤집히다
give it all they've got 그들은 최대한 노력을 기울이다. 여기서는 젖 먹던 힘까지 다 내서 도망친다는 의미
surface 표면에 떠오르다

KRISTOFF   Good boy.   CUT TO:

Anna moves blindly across the fjord. Anna's hands frost over an icy blue. She stumbles on, determined. But she's **running out of time**.
She **clutches her chest**. The color in her eyes fades, **the inevitable** is coming.   CUT TO:

Kristoff, lost in the white-out, doesn't know which way to turn. But then he hears a faint…

ANNA   (O.S.) Kristoff.

KRISTOFF   Anna…? Anna!   WHITE OUT TO:

Elsa struggles through her own storm, but the fear is **consuming** her. A dark shadow approaches. It's Hans.

HANS   Elsa. You can't run from this!

Elsa **backs away from** him.

ELSA   …Just take care of my sister.

HANS   Your sister? She returned from the mountain weak and cold. She said you froze her heart.

ELSA   What? No.

HANS   I tried to save her, but it was too late. Her skin was ice. Her hair turned white…

Elsa's face sinks as she realizes what she has done.

HANS   Your sister is dead… because of you.

Elsa drops to her knees, emotionally broken. And with that, the swirling storm suddenly stops. The snow freezes **mid-air**, **hangs suspended**, trapped in grief. Citizens and dignitaries rush to the wall's edge and look out to see…
Anna, barely able to move but now able to see across the fjords to…

ANNA   (a whisper) Kristoff.

KRISTOFF   Anna.

Anna pushes on towards Kristoff. He runs top speed towards her. There's still a lot of fjord to cross, but Kristoff is giving it all he's got. He's going to make it.
But then, Anna hears the sound of a sword being drawn from its scabbard. She turns and sees Hans, behind Elsa, as he raises his sword over his head.

ANNA   Elsa.

크리스토프 장하다. 스벤.   장면 전환

안나는 앞이 보이지 않는 피오르드를 걸어 간다. 안나의 손은 푸른빛을 내며 얼어붙는다. 안나는 비틀거리지만 단호한 자세로 걷는다. 그러나 시간이 다 되고 있다.
안나는 가슴을 부여잡는다. 눈이 희미해진다. 운명의 시간이 다가오고 있는 것이다.   장면 전환
온통 하얗게 물든 눈보라 속에서 크리스토프는 방향을 잃는다. 그러나 그때 희미한 소리가 들린다.

안나 (목소리만 들린다) 크리스토프.

크리스토프 안나…? 안나!
                              화면이 하얘진다

엘사도 눈보라를 헤치며 걷고 있지만 두려움 때문에 지쳐 있다. 검은 그림자가 다가온다. 한스다.

한스 엘사. 당신은 세상을 이렇게 해놓고 도망칠 수는 없어!

엘사는 한스를 보자 뒷걸음을 친다.

엘사 내 동생을 보살펴 줘요.

한스 당신 동생? 당신 동생은 허약해진 몸으로 추위에 떨면서 산에서 돌아왔어. 당신이 자신의 심장을 얼려놓았다고 하더군.

엘사 뭐라고요? 이런.

한스 난 당신 동생을 살리려고 했지만 너무 늦었어. 피부는 얼음장처럼 얼고, 머리는 하얗게 변했지.

엘사는 자신이 무슨 짓을 했는지 알게 되자 얼굴이 일그러진다.

한스 당신 동생은 죽었소. 당신 때문이오.

엘사는 감정이 복받쳐서 무릎을 꿇는다. 그러자 사납게 몰아치던 눈보라가 갑자기 멎는다. 눈은 공중에서 얼어붙어 맴돈다. 슬픔에 잠겨 있는 것이다.
왕국의 백성들과 귀빈들은 성벽 가까이 모여들어 밖을 내다본다.
안나는 거의 움직일 수 없지만 피오르드를 바라볼 수는 있다.

안나 (속삭인다) 크리스토프.

크리스토프 안나.

안나는 몸을 끌어 크리스토프가 있는 쪽으로 다가간다. 크리스토프는 전속력으로 안나에게 뛰어온다. 피오르드를 다 건너려면 아직도 멀었지만 크리스토프는 젖 먹던 힘까지 다 내서 필사적으로 뛴다. 크리스토프는 성공한다.
그러나 그때 안나의 귀에 칼을 칼집에서 뽑는 소리가 들린다. 안나가 고개를 돌리자 엘사의 뒤에서 한스가 칼을 뽑아 머리 위로 쳐드는 모습이 보인다.

안나 언니.

---

run out of time 시간이 얼마 남지 않다
clutch one's chest 가슴을 부여잡다
the inevitable 피할 수 없는 것. 여기서는 심장이 얼어 죽는 운명을 뜻함

consume 지치게 하다
back away from ~를 피해 뒷걸음치다
mid-air 공중에
hang suspended 떨어지지 않고 공중에 떠있다

Anna looks back at Kristoff as he runs for her. She gives him a longing look, but then turns away from him and then…
Using all of her remaining strength, as Hans **brings his sword down**, Anna **throws herself in front of** Elsa.

ANNA   NO!

In that instant, Anna freezes to solid ice. The sword hits her instead of Elsa. The sword **shatters** completely. The force of it sends Hans flying back and knocks him out.

ELSA   Anna!

Elsa rushes to Anna and touches her sister's frozen face.

ELSA   Oh, Anna… no… no, please no.

Olaf walks up and sees Anna, frozen.

OLAF   (confused, sad) Anna?

Elsa hugs Anna and cries.
Kristoff watches **in shocked despair**. Sven steps up to his side.
Citizens and dignitaries on the castle walls bow their heads.
All of Arendelle is joined in **somber silence**.
But then, Anna warms. She begins to thaw.
Olaf looks up and gasps. Kristoff and Sven notice, light up.
Anna bends her arm and **embraces** Elsa.

ELSA   Wha-? Anna?

Anna opens her eyes. She smiles at Elsa, **relieved**.

ANNA   Oh, Elsa.

They embrace.

Memorize!

워크북 p.200

ELSA   …You sacrificed yourself for me?

ANNA   (weak) …I love you.

Olaf realizes what's happened. He's so excited about it, he lifts his head right off his body and **exclaims**…

OLAF   An act of true love will thaw a frozen heart.

안나는 자신을 향해 뛰어오는 크리스토프를 뒤돌아본다. 안나는 크리스토프가 빨리 다가와 도와주었으면 좋겠다고 간절히 바라는 눈길을 보내지만 불가능한 일이라 눈길을 돌리는…
한스가 칼을 내리치는 순간 안나는 남아 있는 힘을 다 쥐어짜내어 엘사 앞에 몸을 던진다.

안나 안 돼!

그 순간 안나의 몸은 얼어붙어 돌덩어리처럼 굳어진다. 칼은 엘사가 아니라 안나를 내리친다. 칼은 산산이 부서진다. 그 반동으로 한스는 공중을 날아가 떨어진다.

엘사 안나야!

엘사는 안나에게 급히 다가가 동생의 얼어붙은 얼굴을 만진다.

엘사 아, 안나야. 안 돼, 안 돼, 정말 안 돼.

올라프가 다가와 얼어붙은 안나를 본다.

올라프 (혼란스럽고도 슬픈 표정으로) 안나?

엘사는 안나를 안고 운다.
크리스토프는 너무 놀랍고도 절망스러워 바라보고 있다. 스벤이 옆으로 다가온다. 왕국의 백성들과 귀빈들은 성벽에서 고개를 숙인다.
아렌델 왕국의 모든 신민들은 슬픔에 잠겨 침묵을 지킨다.
그때 안나의 몸이 따뜻해진다. 녹기 시작한 것이다.
올라프는 위를 올려다보며 숨을 흑 들이쉰다. 크리스토프와 스벤도 이것을 알아차리고는 표정이 밝아진다.
안나는 팔을 구부려 엘사를 안는다.

엘사 어, 안나야?

안나가 눈을 뜬다. 안나는 안심이 되어 엘사에게 미소를 짓는다.

안나 아, 언니.

자매는 서로 껴안는다.

엘사 네가 나 때문에 목숨을 버렸니?

안나 (약한 목소리로) 언니를 사랑해.

사태를 파악한 올라프는 너무 신이 나서 자기 머리를 몸통에서 떼어 들어 올리고는 소리친다.

올라프 진정한 사랑을 담은 행동이 얼어붙은 심장을 녹일 수 있도다.

---

bring one's sword down 칼을 내리치다
throw oneself in front of ~의 앞에 자신을 내던지다
shatter 산산조각이 나다
in shocked despair 너무 실망스러운 일이라 충격을 받아

somber silence 암울한 침묵
embrace 껴안다
relieved 안심이 되어
exclaim 선언하다, 외치다

ELSA   (processing) Love... will thaw... (realizing) Love.... Of course.

Elsa looks at Anna with **confidence**.

ANNA   Elsa?

ELSA   Love.

Elsa lifts her arms, and the ground shakes and cracks. The ice and snow breaks away and rises high into the air.
Beneath their feet the **bow** of a ship thaws.
The entire fjord melts and other boats **right themselves**.
The villagers come out to see the warmth returning.
In one final wave, Elsa draws all of the snow into a giant snowflake in the sky, then waves it away, leaving only a warm summer day.

ANNA   I knew you could do it.

OLAF   (melting, good-naturedly) **Hands down**, this is the best day of my life… and quite possibly the last.

ELSA   Oh, Olaf. Hang on, little guy.

Elsa waves her hand and surrounds Olaf with a swirl of cold air. He **refreezes**. Above his head she leaves a little, **perpetually**-snowing storm cloud. Olaf loves it.

OLAF   Hey, my own personal **flurry**.

Kristoff sees Hans trying to get to his feet. He marches toward him, prepared for a fight. But Anna puts up a hand and stops him.

ANNA   Uh. Uh. Uh.

She'll handle this. She goes over to Hans.

HANS   (confused) Anna? But she froze your heart.

ANNA   The only frozen heart around here is yours.

엘사 (올라프의 말을 되뇌며) 사랑을 담은 행동이 녹일… (무슨 뜻인지 깨닫는다) 사랑을… 물론 그렇지.

엘사는 자신 있게 안나를 바라본다.

안나 언니?

엘사 그래, 사랑이야.

엘사가 팔을 들자 땅이 흔들리며 갈라진다. 얼음과 눈이 갈라지며 공중으로 솟아오른다.
자매의 발밑에서 뱃머리가 녹는다.
피오르드가 모두 녹자 다른 배들도 제대로 물 위에 뜨게 된다.
마을 주민들이 여름이 다시 오는 것을 보러 나온다.
엘사가 마지막으로 팔을 휘두르자 눈이 모두 하나로 뭉친다. 그리고는 거대한 눈뭉치가 되어 공중으로 떠오른다. 엘사가 팔로 그 눈뭉치를 멀리 보내자 이제는 따듯한 여름 날씨만 남게 된다.

안나 난 언니가 해낼 줄 알았어.

올라프 (녹고 있지만 기분이 좋다) 내 평생 이렇게 기분 좋은 날은 없었어. 이거야 두말하면 잔소리지. 그리고 이게 아마 내 마지막 날이 되겠지.

엘사 아, 올라프. 기다려, 이 친구야.

엘사가 손을 흔들자 올라프의 주위에 찬 공기가 맴돈다. 올라프는 다시 언다. 올라프의 머리 위에는 작은 눈보라를 만들어내는 구름이 계속 맴돌고 있다. 올라프는 기분이 너무 좋다.

올라프 이것 좀 봐, 내 개인용 눈보라야.

크리스토프의 눈에 한스가 일어나려고 하는 것이 보인다. 크리스토프는 싸울 준비를 하면서 한스에게 다가간다. 하지만 안나는 손을 올려 제지한다.

안나 어, 어, 가만있어요.

안나가 한스를 처리할 것이다. 안나가 한스에게 다가간다.

한스 (혼란스러워서) 안나? 하지만 당신 언니가 심장을 얼렸잖아요.

안나 여기서 심장이 얼어붙은 사람은 당신밖에 없어요.

---

confidence 자신감
bow 배의 이물(뱃머리)
right oneself 자신을 바로세우다. 여기서는 물이 얼어붙어 갇혀 있던 배가 얼음이 녹자 자세를 바로잡는다는 의미

hands down 명백히
refreeze 다시 얼다
perpetually 영원히
flurry 흩뿌리는 눈

She turns away from him, **proud of her words**. But not yet satisfied, she turns back and **punches him right in the face**.

HANS   Ah! Whoa, whoa, whoa!

He falls overboard.
Elsa comes over to Anna and hugs her. Over her shoulder, Kristoff meets Anna's eyes. She smiles brighter, happy.   DISSOLVE TO:

안나는 자신이 한 말에 대견스러워하며 돌아선다. 그러나 어쩐지 흡족하지 않다. 그래서 안나는 뒤돌아서서는 한스의 얼굴에 정통으로 한 방 먹인다.

한스 아! 어어, 이런 이런!

한스가 배에서 떨어진다.
엘사는 안나에게 다가와 안는다. 엘사의 어깨 너머로 크리스토프는 안나와 눈을 맞춘다. 안나는 밝게 미소를 짓는다. 너무 행복하다.   화면이 서서히 바뀐다

---

proud of one's words 자신이 한 말이 자랑스러운   **punch someone right in the face** ~의 얼굴을 정통으로 치다

We are Never Closing the Gates Again ▶ 30.mp3

EXT. ARENDELLE–DAY
It's a beautiful summer day. The **mighty** ships have been repaired and are **sailing away**.
On one of the ships, HANS **is thrown into a brig**.

FRENCH DIGNITARY   (to Kai) I will return this **scoundrel** to his country. We shall see what his twelve big brothers think of his behavior.

KAI   Arendelle thanks you, my Lord.

Down on the dock, Arendelle guards lead the Duke and his two thugs to their ship.

DUKE   This is unacceptable. I am innocent. I'm a victim of fear. I've been traumatized. (bad acting) Ow! My neck hurts. Is there a doctor I could… No? And I demand to see the Queen!

Kai steps down from the **gangplank** to the dock.

KAI   I have a message from the Queen. (reading a **scroll**) Arendelle will henceforth and forever no longer do business of any sort with Weaseltown.

DUKE   Weselton. It's Weselton!

The guards usher him and his thugs onto their ship.

EXT. VILLAGE SQUARE–DAY
Anna runs through the crowd, pulling a **blindfolded** Kristoff along behind her. She's so excited she **can't stand it**.

ANNA   Come on. Come on. Come on. Come on!

실외. 아렌델 왕국–낮
아름다운 여름이다. 웅장한 배들은 수리를 마치고 미끄러지듯 항해하고 있다.
배 한 척에는 한스가 구금실에 갇혀 있다.

프랑스 귀빈 (카이에게) 제가 이 나쁜 놈을 자기 나라로 데려가겠습니다. 형들 12명이 이 자가 저지른 일을 어떻게 생각할지 두고 봅시다.

카이 아렌델 왕국을 대신해서 감사드립니다.

아래 부두에서는 아렌델 왕국의 경비병들이 대공을 비롯해 부하 2명을 그들이 타고 온 배로 데려가고 있다.

대공 이건 부당합니다. 나는 죄가 없어요. 나는 너무 무서워서 그랬던 거요. 나는 트라우마를 겪었던 거요. (서투른 연기를 한다) 아이고! 목이 아파요. 진찰을 받아야겠는데 의사가 있나요? 없어요? 그러면 여왕을 꼭 만나야겠어요!

카이가 배와 부두 사이에 걸쳐놓은 판자를 건너 부두로 내려온다.

카이 여왕님의 전언입니다. (두루마리에 적힌 글을 읽는다) 아렌델 왕국은 차후에 영원히 위즐타운과 여하한 교역도 행하지 않을 것이노라.

대공 웨슬턴이요. 웨슬턴이란 말이요!

경비병들이 대공 및 부하들을 배에 태운다.

실외. 마을 광장–낮
안나가 눈을 가린 크리스토프를 뒤에 끌고 군중 사이를 뛰어간다. 안나는 너무 신이 나서 조용히 갈 수가 없다.

안나 자, 자, 어서 와요, 어서 오란 말이에요!

---

mighty 웅장한
sail away 바다나 강 위를 미끄러지듯이 가다
be thrown into a brig 배의 영창에 갇히다
scoundrel 악당

gangplank 배와 육지를 연결하는 판자
scroll 두루마리
blindfolded 눈가리개를 한
can't stand it 참을 수가 없다

She runs him right into a pole.

KRISTOFF Pole.

ANNA Oops. Sorry.

EXT. ARENDELLE DOCKS–DAY
Anna skips to the perfect spot and stops.

ANNA (stopping) Okay. Okay. Here we are.

She **takes off** the blindfold. Kristoff opens his eyes. Before him sits the most beautiful, **souped-up** sled. Sven poses in front of it–**Vanna White**-style.

Memorize!

ANNA I owe you a sled.

KRISTOFF (**blown away**) Are you serious?

ANNA Yes. And it's the latest model.

KRISTOFF No. I can't accept this...

ANNA You have to. **No returns. No exchanges.** Queen's orders. She's named you the official Arendelle Ice Master and Deliverer.

Sven shows off the Ice-Master-and-Deliverer medal like he's king of the bucks.

KRISTOFF What? **That's not a thing.**

But he can't help but admire her enthusiasm.

ANNA Sure it is. And it even has a cup holder.... Do you like it?

KRISTOFF Like it?

He sweeps her up high overhead and spins her around.

KRISTOFF I love it.... I could kiss you!

He drops her, suddenly **embarrassed**.

안나를 크리스토프를 기둥에 정면으로 박아버린다.

크리스토프 기둥이네요.

안나 아이쿠. 미안해요.

실외. 아렌델의 부두–낮
안나는 딱 알맞은 장소로 깡충깡충 뛰어가서는 멈춘다.

안나 (걸음을 멈추며) 자, 자, 다 왔어요.

안나는 눈가리개를 푼다. 크리스토프가 눈을 뜬다. 크리스토프 앞에 이 세상에서 제일 아름다운, 성능을 개조한 썰매가 놓여 있다. 스벤은 썰매 앞에 배우 바나 와이트처럼 요염한 포즈를 취하고 서 있다.

안나 당신한테 썰매를 빚졌잖아요.

크리스토프 (너무 뜻밖이라 놀라서) 진담으로 하는 말이에요?

안나 그렇죠. 그리고 이건 최신 모델이에요.

크리스토프 안 돼요. 받을 수 없어요.

안나 받아야 해요. 반품도 안 되고, 교환도 안 돼요. 여왕의 명령이에요. 그리고 여왕이 당신을 아렌델 왕국의 공식적인 얼음 관리인 및 공급인으로 임명했어요.

스벤은 마치 자신이 사슴들의 왕이라도 된 듯이 얼음 관리인 및 공급인 메달을 자랑한다.

크리스토프 뭐라고요? 이건 말도 안 돼요.

하지만 크리스토프는 안나의 열의에 찬탄을 금할 수가 없다.

안나 무슨 소리예요. 완전히 말이 되는 거예요. 그리고 이 썰매에는 컵받침도 있어요. 마음에 들어요?

크리스토프 마음에 드냐고요?

크리스토프는 안나를 번쩍 머리 위로 들어 올리고는 빙빙 돌린다.

크리스토프 너무 좋아요. 키스라도 하고 싶어요!

크리스토프는 갑자기 쑥스러워져서 안나를 내려놓는다.

---

take off 떼다
souped-up 차량 등을 개조하여 성능을 높인
Vanna White 미국 여배우의 이름
blown away 감동받은

no returns 반품 사절
no exchanges 교환 사절
That's not a thing 말이 안 되는 소리다
embarrassed 쑥스러운, 창피한

KRISTOFF   ...I could. I mean I'd like to. I'd... may I? We. me.... I mean, may we? Wait, what?

She gives him a quick kiss on the cheek.

ANNA   We may.

He smiles and goes for it. It's a true love's kiss, alright.
We move past them to find Olaf enjoying the summer.
With his snow cloud safely **overhead**, he's free to smell the flowers, which he does. Then **sneezes** his carrot nose off.
Sven catches it between his teeth. Olaf gasps as Sven sucks the whole carrot into his mouth. It's gone.
Olaf's face sinks in sadness. But not to fear, Sven **spits** the carrot back out and **jams** it into Olaf's face where it belongs. It's completely covered in reindeer **spit**, but Olaf doesn't seem to **mind**. He hugs Sven happily.   CUT TO:

EXT. CASTLE COURTYARD–DAY
The gates to the castle are wide open. In the courtyard, stands Elsa.

ELSA   Are you ready?

Villagers cheer. Elsa stops and creates an **ice rink**. The people, skates at the ready, hop onto it and **twirl about**.
Elsa then freezes the fountain in a beautiful design and adds some snow flurries for atmosphere.
Anna comes slipping in. Elsa catches her.

ANNA   I like the open gates.

ELSA   We are never closing them again.

Elsa then waves her hand and magical ice skates (literally made of ice) form on Anna's boots.

ANNA   What? Oh, Elsa, they're beautiful, but you know I don't ska...

Elsa grabs Anna's hands and pulls her along on the ice. Anna slips and slides, but laughs in delight.
Sven goes slipping past. Kristoff runs after him.

크리스토프 할 수도 있다는 거죠. 내 말은, 하고 싶다는 거죠. 하고 싶다는… 할 수 있어요? 우리가, 내가, 내 말은, 우리가 할 수 있냐는 거죠? 잠깐, 뭐하는 거예요?

안나가 크리스토프의 뺨에 재빨리 키스한다.
안나 키스할 수 있어요.

크리스토프는 미소를 짓더니 키스한다. 이거야말로 진정한 사랑의 키스다.
카메라는 안나와 크리스토프를 놔두고 여름을 즐기는 올라프에게 다가간다.
안전하게 눈구름을 머리 위에 이고 있는 올라프는 꽃향기를 맡으며 여름을 만끽해도 된다. 실제로 올라프는 꽃향기를 맡는다. 그러자 재채기가 나서 홍당무가 달아난다.
스벤이 그 홍당무를 잡아서 이빨 사이로 넣는다. 올라프는 스벤이 홍당무를 통째로 입안으로 넣자 숨을 흑 들이쉰다. 홍당무가 사라졌다.
올라프의 얼굴이 완전히 울상이 된다. 그러나 걱정할 것은 조금도 없다. 스벤이 홍당무를 뱉어내서는 원래 있던 자리에 다시 콱 박기 때문이다. 홍당무는 순록의 침으로 뒤범벅됐지만 올라프는 조금도 신경 쓰지 않는 것 같다. 올라프는 너무 좋아서 스벤을 껴안는다.   장면 전환

실외. 성안의 뜰–낮
성문은 활짝 열려 있다. 성 안의 뜰에 엘사가 서 있다.

엘사 준비됐나요?

백성들이 환호한다. 엘사는 걸음을 멈추고는 스케이트장을 만든다. 스케이트를 신고 있던 사람들이 스케이트장으로 뛰어 들어가 신나게 돈다.
그런 다음 엘사는 분수를 얼려 아름다운 장식을 만들고, 공중에 눈가루가 흩날리도록 한다.
슬쩍 들어오는 안나를 엘사가 잡는다.

안나 난 성문을 활짝 여는 게 좋아.

엘사 우리는 다시는 성문을 닫지 않을 거야.

엘사는 손을 흔들어 마법으로 안나의 부츠 밑에다 문자 그대로 얼음으로 된 스케이트를 만들어 붙인다.

안나 이건 뭐야? 아, 언니, 참 예뻐, 하지만 난 스케이트를 못 탄다는 건 언니도 알잖아.

엘사는 안나의 손을 잡고 스케이트장으로 끌고 간다. 안나는 미끄러지면서 허둥지둥 스케이트를 타지만 그래도 너무 즐거워 웃는다.
스벤이 미끄러지며 옆을 지나간다. 크리스토프가 스벤 뒤를 쫓는다.

---

overhead 머리 위에
sneeze 재채기하다
spit 뱉다
jam 콱 박다

spit 침
mind 신경을 쓰다
ice rink 스케이트장
twirl about 빙글빙글 돌다

KRISTOFF Look out. Reindeer coming through!

Olaf skates and helps Elsa coach Anna.

OLAF That's it. Glide and **pivot** and glide and pivot.

We pull away slowly, into the sky. We arrive at a **bird's-eye view** to see that
where the castle had **crumbled** has been repaired with an ice.
All is right in Arendelle.   FINAL FADE OUT.

크리스토프 조심하세요. 순록이 나갑니다!

올라프가 스케이트를 타면서 엘사가 안나를 코치하는 것을 돕는다.

올라프 됐어요, 그렇게 하는 거예요. 미끄러지고 돌고, 미끄러지고 돌고.

카메라가 서서히 멀어지면서 하늘로 향한다. 하늘에서 내려다 본 성의 전경(全景)이 나타난다. 성의 무너진 부분을 얼음으로 수리한 모습이 보인다.
아렌델 왕국은 태평성대를 누리고 있다.
마지막 장면이 서서히 사라진다

---

pivot 제자리에서 빙그르 돌다
bird's-eye view 조감도(鳥瞰圖)

crumble 무너지다

30장면으로 끝내는
스크린 영어회화 – 도리를 찾아서

구성
· 전체 대본
· 훈련용 워크북
· mp3 CD

강윤혜 해설 | 408면 | 18,000원

국내 유일! 〈도리를 찾아서〉 전체 대본 수록!

〈니모를 찾아서〉의 흥행 신화를 잇는 픽사 30주년 기념작!
〈도리를 찾아서〉의 30장면만 익히면 영어 왕초보도 영화 주인공처럼 말할 수 있다!

난이도	첫걸음 | 초 급 중 급 | 고 급	기간	30일
대상	영화 대본으로 재미있게 영어를 배우고 싶은 독자	목표	30일 안에 영화 주인공처럼 말하기